编译文库·马克思主义

常青 著

国家社科基金一般项目"中国国家治理体系和治理能力现代化的财产哲学定位研究"（20BZX025）阶段性成果

马克思博士论文句读

Sentence Reading of Marx's Doctoral Thesis

图书在版编目（CIP）数据

马克思博士论文句读 / 常青著. -- 北京：中央编译出版社，2024. 7. -- ISBN 978-7-5117-4786-0

Ⅰ. A811

中国国家版本馆CIP数据核字第2024QJ5881号

马克思博士论文句读

责任编辑	彭永强
责任印制	李　颖
出版发行	中央编译出版社
网　　址	www.cctpcm.com
地　　址	北京市海淀区北四环西路69号（100080）
电　　话	（010）55627391（总编室）　（010）55627308（编辑室） （010）55627320（发行部）　（010）55627377（新技术部）
经　　销	全国新华书店
印　　刷	佳兴达印刷（天津）有限公司
开　　本	710毫米×1000毫米　1/16
字　　数	339千字
印　　张	21.5
版　　次	2024年7月第1版
印　　次	2024年7月第1次印刷
定　　价	108.00元

新浪微博：@中央编译出版社　　　微　信：中央编译出版社（ID: cctphome）
淘宝店铺：中央编译出版社直销店（http://shop108367160.taobao.com）　（010）55627331

本社常年法律顾问：北京市吴栾赵阎律师事务所律师　闫军　梁勤
凡有印装质量问题，本社负责调换，电话：（010）55627320

前 言

这本《马克思博士论文句读》的写作既有它的机缘巧合,也有它的必要性和实际的需要。

在很久以前我就已经注意到了马克思博士论文,并粗略读过,但因为当时兴趣不在于此,并且该文读来极为费劲,所以浅尝辄止,没有品出什么味道。不过有几点印象较深:第一点是马克思认为,在这篇论文里他已经解决了一个在希腊哲学史上至今尚未解决的问题。这让人联想到了老师们经常批评学生的说法:"你们能有什么创新?把填补空白这样的话从文中去掉。"马克思恰恰宣称自己填补了哲学史上的空白,这种"大逆不道"着实让人惊讶。第二点是马克思博士论文的题目实在是不起眼。《德谟克利特的自然哲学和伊壁鸠鲁的自然哲学的差别》这个题目看来太普通了,让人直接理解为那种作比较研究的论文,这与马克思宣称的创新形成了鲜明对比。第三点是纳闷于马克思选择的研究对象。马克思博士论文让人感到了强烈的压抑和不安,因为古代作家、教父和近代作家们对伊壁鸠鲁哲学群起而攻之,马克思从一开始就将自己置于了险境。这在大多数人看来都是不可理解的。或许正是因为这许多挥之不去的引人关注之处,当时机一旦来临的时候,那就必然要一探究竟了。在我到中山大学哲学系访学时,这个机会姗姗而来。我的合作导师徐俊忠先生开有一门名为《马克思早期著作研究》的选修课程,讲述包括马克思博士论文在内的一系列马克思早期著作。一来因为徐老师的讲解深入浅出、引人入胜,二来是这些著作大多不被人所重视,三来其对马克思博士论文重点部分进行了解读,再加上访学期间有一些空余时间,使我产生了深入学习和研究马克思博士论文的想法。经过一个酝酿阶段以后,开始了本书的写作,用以回应当年的疑惑与遗憾。由于我所在的广西师范大学马克思主义学院正在推出"马列经典句读丛书",于是将本书命名为《马克思博士论文句读》。

随着学习的深入,我有一个强烈的感觉,那就是,我国学界尚没有认识到博士论文的真正价值。据我观察,这种情况的产生有三个基本原因。

首先是主流路径依赖。由于我国有关马克思主义的译著一开始就受苏联的影响,于是形成了以此为基础的主流阐释。关于马克思的一个既有观点是,他的早期著作是不成熟的,甚至很多人认为马克思博士论文是唯心主义的。但是,苏联解体和中国特色社会主义事业取得的巨大成功形成的鲜明对比,使一部分人开始质疑主流阐释。加强对包括马克思博士论文在内的早期著作的研究就成为一个必然要求。但总的来看,这仍然是个小的流向。

其次是马克思和恩格斯的交叉走向。在与一位侃侃而谈的大咖交流时,他除了向我们介绍发表了多少C刊和拿过多少国家项目外,还极其神秘地向我们讲出了他的一个观点,他认为马克思主义哲学其实是恩格斯的哲学。的确,某种程度上是这样的。列宁早就说过"马克思没有遗留下'逻辑'(大写字母的)",而为我们所熟知的《路德维希·费尔巴哈和德国古典哲学的终结》等马克思主义哲学著作大多出自恩格斯之手。但当我们考察马克思和恩格斯的人生经历及他们的治学之路后就会发现一个有趣的现象,马克思和恩格斯的人生之路是交叉走向的。作为青年博士的马克思日益将自己的重点置于和实践更为紧密的经济学方面,最终写出了被誉为工人阶级圣经的皇皇巨著《资本论》。作为工厂主的恩格斯日益将自己的重点置于上层建筑领域,最终写出了包括《反杜林论》等在内的马克思主义基本原理类著作。这种交叉恰如马克思在《青年在选择职业时的考虑》中所言:"在选择职业时,我们应该遵循的主要指针是人类的幸福和我们自身的完美。"《德谟克利特的自然哲学和伊壁鸠鲁的自然哲学的差别》的完成就是马克思作为哲学博士的新哲学确立的标志,而《政治经济学批判大纲》的完成就是恩格斯作为工厂主的批判资本主义实践的理论总结。作为哲学博士,马克思将哲学应用于经济实践,以实现"世界的哲学化"。作为工厂主,恩格斯用实践推动哲学的发展,以实现"哲学的世界化"。两位伟大导师都以他们特定的实际行动践行了为人类谋幸福、为自身谋完美的人生指针。在这种交叉人生中,恩格斯的哲学著作越来越多,而马克思在经济学方面的著作日益占据主要地位。在主流阐释者对马克思早期著作有意无意的忽视中,马克思博士论文随之覆盖上了厚厚的尘土,人们能看到的只剩下了恩格斯的哲学著作,反倒作为哲学博士的马克思的最重要的哲学著作沦落到了门可罗雀的地步,这也实在令人大跌眼镜。借用马克思在博士论文中引用大卫·休谟的话说,就是"如果人们迫使哲学在每一场合为自己的结论辩护,并在对它不满的任何艺术和科学面前替自己申辩,对理应到处都承认享有最高权威的哲学来说,当然是一种侮辱。这就令人想起一个被指控犯了背叛自己臣民的叛国罪的国王"。与此相反,马克思和恩格斯在这种交叉中却是互相呼应的,马克思在《〈政治经济学批判〉序言》中称恩格斯《政治经济学批判大纲》为"批判经济学范畴的天才大纲",恩格斯则在《路德维希费尔巴哈和德国古典哲学的终结》中称,马克思《关于费尔巴哈的提纲》为"包含着新世界观的天才萌芽的第一个文件"。尽管恩格斯没有在马克思博士论文上回应马克思的哲学成就,但他在《提纲》上回应了马克思的哲学成就,就像马克思在《大纲》上回应他的经济学成就一样。这就是他们的奇妙人生。不能理解这种人生也就无法理解他们的著作。

最后是马克思博士论文本身的博大精深。马克思说:"希腊人的自我意识在精神领域内也占有同样的地位。它是精神的太阳系。"希腊哲学的博大精深为世人共识,在这个博大精深的基础上完成的马克思博士论文自然带有博大精深的特征。即使马克思这样的巨人,要想完成《德谟克利特的自然哲学和伊壁鸠鲁的自然哲学的差别》这样看似简单的题目,也只有举起显微镜才行。因为浩荡的主流已经给伊壁鸠鲁打上了深深的德谟克利特物理学抄袭者的烙印,马克思的这个题目无异于与一众神仙打架,如果没有博大精深的知识,那是无法哪怕前进一步的。而如果这个题目一旦完成,就的确是填补了希腊哲学史上的一个空白,伊壁鸠鲁自然哲学以独立的面貌出现了。马克思因而在他的博士论文中就创立了具有抽象的个别性形式的自我意识的唯物主义,实现了哲学革命之目的。但在马克思博士论文中发生的、在"天上的闪电和滚滚雷鸣"中发生的哲学革命,仍然为很多人所不知,就像人们嘲笑伊壁鸠鲁的神不存在一样。那是因为伊壁鸠鲁的这些神的确居住在现实世界的空隙中。马克思为了顺利推进他的哲学革命，不得不忍受这篇论文在形式方面和其他方面的缺点，不得不采取了很多隐蔽的手段对抗所谓主流的压制。他的很多观点是用文学的形式、戏剧人物的隐喻、正话反说和跨学科的手法等方式表现出来的，只有在这些方式所呈现的空隙中才能窥见一二。如果缺乏古典学养、文学素养和跨学科能力，换言之，没有广博的知识，可能会把马克思博士论文等同于天书，何谈发现它的价值。

有关马克思博士论文的研究已经取得了一些进展，但据大家的观点来看，还不太理想。国内的研究状况不容乐观。从著作的出版来看，专门研究马克思博士论文的不足十部。从论文的发表来看，数量也不是太多。国外的研究状况与国内类似，研究马克思的文献非常之多，但专门研究马克思博士论文的也相对较少。国内国外研究成果主要是三类，博士论文的相关背景的知识考证，对博士论文涉及的主题进行探讨，以及脚注、附录和正文的解读等。就马克思博士论文正文的解读来看，都是概论式的，或为内容概要、或为简要解释、或为概念分析等，其为对博士论文内容的提纲挈领。这种做法的好处是抓住了重点，起到了很好的领学作用。但基于前面三个基本原因的分析，对马克思博士论文的深入解读，尤其是对其全文的逐句解读是非常必要的，不如此，难以充分展示它的价值。这也就是《马克思博士论文句读》写作的立意所在。

还有，这也是马克思主义财产哲学研究的需要。学界认为财产哲学是一个新提法、新课题、新方法、新学派和全新领域。这一方向的起源是我于中央党校（国家行政学院），在边立新老师指导下完成的博士论文《财产哲学研究》。由于财产哲学本身的强大生命力，到了广西师范大学以后，在各个方面都取得了意想不到的突破，形成了持续的影响力。尤其值得一提的是，我所首设的《马克思主义财产哲学概论》课程已在全国多所高校开课。就我对财产哲学的研究进展来看，已经覆盖了马克思恩格斯的大部分著作，但早期著作是一个薄弱的环节，尤其是马克思博士论文。当我花时间仔细研究过马克思博士论文后，惊喜地发现，其中的基本概念，诸如原子与虚空等，在原理上是非常有助于我的财产哲学扎根与纵深发展的，于是将这一段时间的注意力集中于此。

希望本书对那些像曾经的我一样的惑者有圆梦之效，希望借此引起更多人对马克思早期著作的关注，特别是对马克思博士论文的关注。

常 青

2023 年 8 月

目 录

第一部分 《德谟克利特的自然哲学和伊壁鸠鲁的自然哲学的差别》写作的基本情况 …………………………………………………………… 1
    一、写作背景 ………………………………………………………… 3
    二、内在逻辑及主要内容 …………………………………………… 9
    三、传播概况 ………………………………………………………… 16
    四、研究现状 ………………………………………………………… 20

第二部分 《德谟克利特的自然哲学和伊壁鸠鲁的自然哲学的差别》全文句读 …………………………………………………………………… 39
    献词和序言部分句读 ………………………………………………… 41
    正文部分句读 ………………………………………………………… 51
    新序言（片断）部分句读 …………………………………………… 159

第三部分 《德谟克利特的自然哲学和伊壁鸠鲁的自然哲学的差别》的深入解读与延展 ………………………………………………… 161
    《德谟克利特的自然哲学和伊壁鸠鲁的自然哲学的差别》空隙中的哲学革命 ……………………………………………………… 163
    遮蔽、隐喻与空隙：《德谟克利特的自然哲学和伊壁鸠鲁的自然哲学的差别》中的哲人形象与哲学革命 ………………………… 180

第四部分　延伸阅读经典著作选编 ·················· 197
　　卡·马克思　关于伊壁鸠鲁哲学的笔记 ············ 199

第五部分　延伸阅读书目 ···························· 327

后　　记 ·· 331

第一部分

《德谟克利特的自然哲学和伊壁鸠鲁的自然哲学的差别》写作的基本情况

一、写作背景

(一) 时代背景

马克思博士论文的写作，与其所处的时代背景密切相关。在英国率先完成工业革命、法国发生 1789 年大革命的社会巨变时期，号称"神圣罗马帝国"的普鲁士王国，其实内部已经千疮百孔，日薄西山，在宗教禁锢、封建专制约束等种种因素的共同作用下，德国人民的思想世界黯淡无光，对自由的渴求十分迫切。在这种背景下，轰轰烈烈的法国大革命为封建落后的德国带来了光芒，为德国人民带来了人权、自由和平等的启蒙思想。马克思正是出生于这样一个时代。

1818 年 5 月 5 日，卡尔·马克思出生在深受法国大革命影响的德意志联邦普鲁士王国莱茵省特里尔城的一个犹太人律师家庭。在拿破仑战争时期，特里尔城以及莱茵河畔的其他地区都被划归法国，由法国按照法国大革命时期的基本原则进行统一管理，这也使这座城市充满了不同于德国其他城市的独特氛围——言论自由与立宪自由的氛围。马克思的父亲就是在这座自由的城市里成长起来的一名律师，他具有理性主义、宗教自由主义和政治自由主义思想，这些思想也对马克思起着潜移默化的作用。马克思对"自由"的思考在中学期间就已经表现出来，他的中学毕业论文名为《青年在选择职业时的考虑》，在文中，马克思表达了自己初期形成的职业观、价值观，也体现了追求自由、追求人类幸福的思想。这些迹象表明，马克思的生活环境对少年时期的马克思产生了巨大的影响，为他宏大的思想世界种下了一颗种子。

与法国的战争和种种内部矛盾促使普鲁士贵族效仿各大兴起的民族国家，引进英法等国的资本主义生产方式，进行施泰因—哈登堡改革，走上了"工业救国"的资本主义道路，但由于封建贵族的反动力量实在太大，德国资本主义生产关系在攻坚克难中缓慢地发展着。德国新兴的资产阶级迫切需要更深刻的社会变革，为资本主义的发展扫清道路。在这样的社会历史背景下，德国资产阶级自由主义运动开始崛起了。

德国资产阶级自由主义运动率先在法国大革命影响比较深入、思想比较活跃的耶拿大学展开。自由主义的思想浪潮在德国汹涌奔波，首先是以海涅为代表的小资产阶级激进主义的文学政治团体"青年德意志"，他们以文学为武器，要求按照自由主义精神改造德意志国家和社会；接着，"青年黑格尔运动"异军突起，青年黑格尔派在这场变革运动中扮演着一个重要的角色，其自由的思想也吸引了当时正在求学的马克思。

早期的马克思与黑格尔的哲学思想，以及研究黑格尔思想的青年黑格尔派的关系十分密切。最初，他受黑格尔哲学的吸引加入青年黑格尔派，与他们一起辩论、探讨；后又退出了青年黑格尔派，马克思对黑格尔哲学持非常重视的态度，并对其进行了质疑与批判，展开了自己的研究。这种对黑格尔哲学态度的转变与批判的苗头，正体现在了马克思的博士论文中。

（二）现实背景

1836 年，马克思在父亲的支持下转学到柏林大学法律系继续学习。在柏林大学求学期间，马克思学习刻苦，兴趣广泛，在博览群书之余，经常去听柏林大学的老师和同学们讨论哲学、辩论思想。这些老师和同学们都是黑格尔哲学的拥趸，他们自发组成了一个学术团体——"青年黑格尔派"。马克思也曾加入这个团体，并与其中的老师、同学交流颇深。布鲁诺·鲍威尔是青年黑格尔派的精神领袖，马克思通过与布鲁诺·鲍威尔及青年黑格尔派的交往，在后黑格尔时代正式进入了哲学的殿堂。

不幸的是，马克思的父亲于 1838 年 5 月去世，来自家庭的援助日渐减少，所以对于马克思来说，选择何种职业迫在眉睫。在求学期间，马克思大学时期的导师、柏林大学的神学讲师——布鲁诺·鲍威尔与他亦师亦友。鲍威尔不仅在学业上给予了马克思帮助，还对马克思的职业生涯规划进行了指导，他建议马克思在大学任教，而在大学谋取一个教职，需要撰写一篇博士论文。鲍威尔还建议马克思把论文寄给学术风气比较自由的耶拿大学，因为相较学术氛围日益保守的柏林大学，马克思与耶拿大学的风格更为契合，论文也更容易通过。鲍威尔在给马克思的信中曾写道："如果你献身于具体性的职业，那将是愚蠢的。当前，理论是最富有实践性的职业，我们根本不能预料它将在多大程度上成为实际有用的。"① 这也与马克思本人的职业思想不谋而合。在那个时代，在大学从事教学研究工作，相对来说可以自由地表达自己的思想，马克思作为一个对"自由"的思想研究颇深的理论家，这份职业是最现实，也是最适合他不过的了。因此，在当时的现实背景下，马克思的最好选择就是听从鲍威尔的建议，先写一篇博士论文，之后留在大学任教。在种种因素的共同作用下，《德谟克利特的自然哲学和伊壁鸠鲁的自然哲学的差别》诞生了。

值得一提的是，博士论文也是马克思的职业选择和他伟大的一生的一个重要转折点。马克思虽然遵照父亲的要求，学了法律专业，但是并没有把法律作为主要学科来研究，而是把它排到了哲学和历史后面。因此，他的博士论文也没有以法律作为研究对象，而是以哲学作为研究对象，坚持了他中学时的职业观与职业选择，终生研究理论，不干预生活本身，从事抽象真理的研究。自此，马克思在实现人类历史上的哲学革命的路上越走越远，为无产阶级和全人类的彻底解放提供了科学的理论武器。这种人生正是奠基于马克思的博士论文。

（三）学术背景

早在中学时期，马克思就对历史有着极大的热情，他还对古希腊哲学十分重视，对伊壁鸠鲁的哲学思想也有所研究，甚至是非常熟悉，这也为他日后的博士论文选题、写作奠定了基础。

马克思写作博士论文有一个最重要的学术背景，那就是马克思在柏林大学求学的时期处于后黑格尔时代。而在这个时代，黑格尔的哲学思想已经在整个德国古典哲学体系中达到了顶峰，以至于之后的学术都要笼罩在其光芒之下。因此，黑格尔之后的学者要想在思想上有自己的一番成就，就必须对黑格尔现

---

① ［英］麦克莱伦：《卡尔·马克思传》，王珍译，北京：中国人民大学出版社 2005 年版，第 27 页。

有的思想进行批判，乃至更进一步的超越和转化。

19世纪30年代黑格尔在《哲学史讲演录》中首次提出了伊壁鸠鲁派、斯多亚派和怀疑派是古代的自我意识哲学家的观点。这种观点被青年黑格尔派所接受，他们将黑格尔哲学中的自我意识因素看作哲学的核心概念，并且他们还超越了黑格尔，进一步阐述了他们自己的哲学观点。马克思也曾加入青年黑格尔派。1840年至1842年，马克思受中学时期自主研究的成果、布鲁诺·鲍威尔自我意识哲学以及古希腊哲学研究这三大主要因素的影响，选择了"德谟克利特的自然哲学和伊壁鸠鲁的自然哲学的差别"作为其博士论文的题目，不仅延续了自己中学时期对伊壁鸠鲁哲学思想的研究，还阐述并批判、超越了部分黑格尔哲学思想与青年黑格尔派的观点，通过考察希腊历史上相似的时期来阐明后黑格尔时代的哲学概况。

1. 马克思中学时期对伊壁鸠鲁哲学的研究

张广照在其著作《马克思〈博士论文〉研究读本》中提出，要研究马克思的博士论文，不仅要从他写作博士论文的近期背景探索，更要紧密联系他此前的学术生涯。① 而马克思在中学时期撰写的三篇作文——《论宗教问题的作文》《青年在选择职业时的考虑》《拉丁文作文》，尤其是《论宗教问题的作文》，是非常重要的研究线索。校方评语中对马克思的"宗教知识"评价颇高。② 马克思在中学时代就展现出了深厚的宗教知识理论功底，他的《论宗教问题的作文》中提到了"古代最伟大的哲人、神明的柏拉图""斯多亚学派哲学"，尤其提到了伊壁鸠鲁及其快乐哲学："和基督一致所得到的是这样一种快乐，这种快乐是一个伊壁鸠鲁主义者在其肤浅的哲学中，一个比较深刻的思想家在未被发现的知识奥秘中想要找到而没有找到的"。③ 这也是马克思在中学时代就已经自发开始对古希腊哲学思想进行深入研究，并对伊壁鸠鲁的哲学思想格外崇敬的一个有力证据。

2. 鲍威尔自我意识哲学的影响

在所有研究马克思的学者中，马克思的博士论文的选题与见解受到鲍威尔

---

① 张广照：《马克思〈博士论文〉研究读本》，北京：中央编译出版社2017年版，第14页。
② 《马克思恩格斯全集》第40卷，北京：人民出版社1982年版，第829页。
③ 《马克思恩格斯全集》第40卷，北京：人民出版社1982年版，第822页。

的影响几乎是公认的，而这种影响正是鲍威尔的自我意识哲学带来的。当时的思想学术背景要求意图在学术中有所建树的学者们都对黑格尔的哲学思想进行转变与超越。青年黑格尔派就对黑格尔哲学中的自我意识因素进行了发挥，并将自我意识作为哲学的核心概念来研究。

黑格尔认为自我意识是"从感性世界和知觉世界的存在而来的反思，并且本质上是从他在中的回归"。它并不是和意识不同的另外一种意识，而就是意识的本质或"真理"。自我意识是人之所以为人的一个内在的标志，它使人能够让自己来规定自己，让自己来扬弃自己，扬弃了自然规定性，扬弃了外在独立性。而与此同时，自我意识也因为主体能在外界意识到自身，是绝对精神自我实现的方式，这样绝对精神才能将主观与客观进行统一，才能将自身实现在客观实现中。但是在青年黑格尔派中，布鲁诺·鲍威尔理解自我意识不是通过在对方意识到自身，而是对客体采取否定态度，用主体来否定客体、对客体进行统率。由此可见，鲍威尔的自我意识哲学其实是与黑格尔有一定分歧的。

而也正是因为这种分歧，青年黑格尔派对黑格尔哲学作出了重新解释。在黑格尔看来，绝对精神既是主体又是实体，是自我意识的根据，因此，当自我意识发展到一定阶段时，便会让位于理性。与之相对，青年黑格尔派将普遍性绝对精神同个体的自我意识相对分离开来，使他们所讲的自我意识成为黑格尔的绝对精神的对应物。自我意识在发展中实现人的个体性发展，随着个体相对于整体获得了更为独立的意义，自我意识从而获得了更加独立于绝对精神的意义，从绝对精神的环节转变为绝对精神的对应物，最大限度发挥了自我意识相对于绝对精神的作用——自我意识始终伴随着绝对精神的发展。[①] 而鲍威尔阐述自我意识哲学思想，主要以宗教批判和政治批判两方面展开。学者毛林林认为，在宗教批判方面，鲍威尔认为基督教是古典精神的产物，而古典精神从本质上来说，一是研究古希腊哲学思想中"神"的概念，二是研究罗马哲学思想对"自我意识"的认同。这两种思想一经结合，就导致基督教把人与上帝的关系看作是绝对自我意识的统一。因此，从希腊到罗马再到基督教在近代世

---

① 李鹏华：《马克思博士论文写作背景研究》，载《黑龙江生态工程职业学院学报》，2016年第3期。

界占据统治地位，精神的运动都是自我意识推动的结果。鲍威尔的宗教批判正是基于这一点展开的。① 对于政治批判，鲍威尔认为，只有在真正自由的环境中，人类的本性才能充分表现出来，而这个真正自由的社会不仅需要承认人性的"相通性"，还要在社会政治制度中体现这一点。②

对马克思来说，鲍威尔亦师亦友，他的自我意识哲学思想也对马克思产生了一定的影响。但是这种影响具体是一个什么程度，却是众说纷纭，有人说这种影响决定了马克思的博士论文选题，也有人说这种影响无足轻重。而马克思前期对鲍威尔自我意识哲学的态度是接受，这种态度在他的博士论文中也得到了一定的体现。鲍威尔在研究自我意识的过程中发现，自我意识在晚期的古希腊哲学体系中发展到了一个较高的阶段，体现在晚期古希腊的各哲学流派都强调人们要从心底里自由，维持心灵的自由活动。在古希腊哲学史的漫漫长河中，这一段历史并不引人注意，但是鲍威尔的这个研究成果，使马克思注意到了这个历史时期。在博士论文中，马克思探讨了晚期古希腊哲学体系中，在亚里士多德之后研究自我意识的哲学家的哲学思想，他在为博士论文新写的序言草稿中写道："只是现在，伊壁鸠鲁、斯多亚派和怀疑派体系为人们所理解的时代才算到来了。他们是自我意识的哲学家。"③ 马克思认为这些哲学家都是研究自我意识的哲学家，正说明鲍威尔的自我意识哲学对他的观点有一定的影响。

3. 古希腊哲学研究

马克思在写作博士论文时，认为最重要的就是阐述自由和自我意识，阐述哲学与世界的关系，以及自我意识在改造世界的过程中所发挥的作用。马克思通过考察希腊历史上相似的时期来阐明后黑格尔时代的哲学概况，回到古希腊衰落的时代。

古希腊晚期的哲学主要有三派：伊壁鸠鲁派、斯多亚派和怀疑派。那时候

---

① 毛林林：《马克思对布鲁诺·鲍威尔的扬弃：从自我意识理论出发》，载《山东社会科学》，2020 年第 3 期。
② ［英］大卫·利奥波德：《青年马克思：德国哲学、当代政治与人类繁荣》，刘同舫、万小磊译，广州：中山大学出版社 2017 年版，第 99 页。
③ 《马克思恩格斯全集》第 1 卷，北京：人民出版社 1995 年版，第 103 页。

恰恰是自由精神遭到践踏，精神个性被粗暴否定的时代，与马克思写作博士论文时所处的时代相似。在柏拉图和亚里士多德的时代，因为当时的社会总体趋势是向上的，所以没有个体精神受制约的情况，自然也没有对自由的强烈渴望。由此得出，自由在受到践踏的时候表现最为丰富。到了古希腊晚期，整个古希腊社会经过充分发展，社会和精神错位，自由精神普遍受到践踏，这时人们才意识到自由的难得与宝贵。

在那个时代，有学者研究提出，伊壁鸠鲁以后的哲学呈现整体走衰的趋势，并没有什么研究的价值。古希腊哲学在亚里士多德的时期已经达到了顶峰，甚至连伊壁鸠鲁哲学思想中最重要的原子论，在古希腊中期的德谟克利特那里都已经有了非常完整的表达，因此他们认为，伊壁鸠鲁的原子论不过是对德谟克利特原子论的抄袭。这种观点是极其片面的。提出这种观点的人并没有意识到伊壁鸠鲁的哲学思想与德谟克利特的哲学思想存在着本质上的差别，没有意识到伊壁鸠鲁哲学的一个灵魂——伦理学的作用。这种片面的观点也阻碍了对古希腊历史、社会与哲学的研究。在这种思想背景下，马克思以其对古希腊哲学的深入研究为基础，发现了德谟克利特的自然哲学和伊壁鸠鲁的自然哲学的差别的研究价值。这也是马克思将其作为博士论文选题的一个重要因素。

同时，伊壁鸠鲁的无神论思想也正满足了马克思批判封建专制制度的精神支柱——宗教神学的需要。哲学与宗教的矛盾在后黑格尔时代是一个基本的思想矛盾，也是一个不可忽视的矛盾。不同于黑格尔认为哲学与宗教在内容上是一致的，都是真理的客观化的观点，青年黑格尔派重新阐释了黑格尔哲学，将自我意识和宗教批判相结合，来进行研究与分析。马克思对古希腊哲学的研究，也帮助他对宗教神学进行批判，进而撰写《德谟克利特的自然哲学和伊壁鸠鲁的自然哲学的差别》。

二、内在逻辑及主要内容

（一）内在逻辑

博士论文的题目在保存下来的稿本的目录中是《论德谟克利特的自然哲

学和伊壁鸠鲁的自然哲学的差别》，而获得博士学位后写在封面上的题目则是《德谟克利特的自然哲学和伊壁鸠鲁的自然哲学的差别》。全文由献词、序言、第一部分（一般差别，分五章）、第二部分（具体差别，分五章）和附录（评普鲁塔克对伊壁鸠鲁神学的论战，前言和两章）组成，共有32000字左右。整个逻辑清晰明了，从一般到具体来论述德谟克利特的自然哲学与伊壁鸠鲁的自然哲学的差别，得出这两位哲学家的哲学思想具有本质上的差别的观点。

（二）主要内容

除了博士论文的主体以外，马克思在写作博士论文之前整理的七本《关于伊壁鸠鲁哲学的笔记》也是重要的研究内容。

1.《关于伊壁鸠鲁哲学的笔记》

1839年初，马克思开始全面研究伊壁鸠鲁的哲学，到1840年初产生了研究成果——七本《关于伊壁鸠鲁哲学的笔记》。这七本笔记全文约10万字，其中马克思的评论约39000字（算上附注和附录）。笔记主要摘录了伊壁鸠鲁哲学思想的精华之处，阐述并批判了前人对伊壁鸠鲁哲学思想的质疑、近代哲学界的一些争论，以及一些待解决的问题。马克思还将几条自己写的关于伊壁鸠鲁原子学说的评论附在了这七本笔记之后。这些内容共同形成了马克思对古希腊哲学、罗马哲学和近代众多流派的哲学，特别是伊壁鸠鲁哲学所作的研究结果。马克思的博士论文主体是32000字左右，而这七本笔记中马克思的评论就有39000字左右，更加能凸显其价值。其研究价值巨大，准备材料充分，许多在其他人的著作中只提到过一次的伊壁鸠鲁的某句话马克思都详细收录。甚至至今，这七本《关于伊壁鸠鲁哲学的笔记》都仍然是研究伊壁鸠鲁哲学思想的最重要资料之一。

德谟克利特与伊壁鸠鲁都是古希腊著名的唯物主义哲学家。伊壁鸠鲁的哲学思想对西方思想的影响十分深远，但与此同时，人们都认为他虽然与德谟克利特一样是唯物主义者，但是他抄袭了德谟克利特的哲学。这是一种片面的观点。马克思从中学时期就对伊壁鸠鲁充满了崇敬与尊重，在其中学毕业论文里也表示了对伊壁鸠鲁与古希腊哲学的敬仰，与伊壁鸠鲁的众多思想观点有着很高的一致性,例如关于安静、快乐,关于虚荣心和满足。马克思在写作博士论文期间更是对伊壁鸠鲁进行深入研究,查找无数资料形成《关于伊壁鸠鲁哲学的笔记》,以此来批判人们对他的误解和污蔑,这是前无古人后无来者的事情。

马克思在写作这七本笔记时,以伊壁鸠鲁哲学为主,还研究斯多亚派和怀疑派,一共研究三派哲学,以这三派哲学来论述整个希腊哲学,笔记中德谟克利特哲学思想的内容比重不大。马克思最早的计划是要"联系整个希腊思辨来详细地分析伊壁鸠鲁派、斯多亚派和怀疑派这三派哲学的相互关系"写出一本书,但是出于一些我们无法知道的原因,最后马克思集中研究德谟克利特自然哲学和伊壁鸠鲁自然哲学的差别这个问题,来写作博士论文,通过对二者一般和细节上差别的考察,指出了两个唯物主义者差别的本质。他赞扬和肯定了伊壁鸠鲁的哲学思想,在唯物主义的基础上赞美了人的能动性本质,而且对自己的博士论文评价很高,称自己通过写作这篇论文,解决了一个希腊哲学史上的遗留问题。

总之,伊壁鸠鲁哲学思想是其最关注的问题。在后来正式写作博士论文的过程中,马克思也大量应用了他在笔记里阐述的观点。并且,这七本笔记远远超出了博士论文的研究范围,对古希腊罗马和近代的众多哲学家都有涉及,提出了许多重要的研究观点。要研究博士论文,这七本笔记也是必须要研究的。

2. 博士论文的主要内容

博士论文的主体部分共由五部分组成。

首先是献词。献词中表明了,本篇博士论文是马克思送给威斯特华伦男爵的,威斯特华伦男爵既是马克思未来的岳父,也是他宛如父亲的朋友,马克思借这篇博士论文向他表达"子弟的敬爱之意"。马克思在献词里写道:"您,我的慈父般的朋友,对于我始终是一个活生生的明显证据,证明理想主义不是幻想,而是真理(原句:DerIdealismus keine Einblildung, sondern eine Wahrheit ist)。"值得说明的是,原句中的 Idealismus 一词有唯心主义、理想主义、理念论、观念论等意。贺麟和《马克思恩格斯全集》中文第一版中将这个词译为"理想主义",第二版改为"唯心主义"。这两种译法有着相当大的差别,虽然在德文中这两种意思或许具有相通性,但是如果在这里译成"唯心主义"的话,无论马克思后面对唯心主义的态度如何,在这里都会错误地判断他对老人的评价。故笔者在此写为"理想主义"。

在序言①中,马克思对这篇论文进行了高度的概括。开头即表明"这篇论文如果当初不是预定作为博士论文,那么它一方面可能会具有更加严格的科学形式,另一方面在某些叙述上也许会少一点学究气。但是,由于一些外在的原因,我只能让它以这种形式付印。此外,我认为,在这篇论文里我已经解决了一个在希腊哲学史上至今尚未解决的问题"。他在序言中表明了这篇博士论文的产生原因以及不足之处,认为其科学形式还不够严格,并且有"学究气",但总体来说,还是对自己的成果作出了高度的肯定:"在这篇论文里我已经解决了一个在希腊哲学史上至今尚未解决的问题。"他还表达了查找资料过程中的不易:"关于这篇论文的对象没有任何先前的著作可供参考"、"西塞罗和普卢塔克所说过的废话,到现在人们一直在照样重复",这也一定程度上表达了马克思对前人忽视、攻击伊壁鸠鲁哲学思想的态度的否定。并且,尊敬并研究伊壁鸠鲁的学者也有不足,马克思善意地指出了这一点:"伽桑狄是自己在向伊壁鸠鲁学习哲学,他不能向我们讲授伊壁鸠鲁哲学。"马克思认为"这些体系(伊壁鸠鲁等哲学)是理解希腊哲学的真正历史的钥匙"。序言中还值得注意的是,马克思和其朋友科本在这一时期都借普罗米修斯来表达自己对"自我意识"的推崇。他写道:"哲学,只要它还有一滴血在它那个要征服世界的、绝对自由的心脏里跳动着,它就将永远用伊壁鸠鲁的话向它的反对者宣称:'渎神的并不是那抛弃众人所崇拜的众神的人,而是同意众人关于众神的意见的人。'哲学并不隐瞒这一点。普罗米修斯承认道:老实说,我痛恨所有的神。这是哲学的自白,它自己的格言,借以表示它反对一切天上的和地上的神,这些神不承认人的自我意识具有最高的神性。不应该有任何神同人的自我意识相并列。对于那些以为哲学在社会中的地位似乎已经恶化因而感到欢欣鼓舞的懦夫们,哲学再度以普罗米修斯对众神的侍者海尔梅斯所说的话来回答他们:你好好听着,我绝不会用自己的痛苦去换取奴隶的服役;我宁肯被缚在崖

---

① 《马克思恩格斯全集》第40卷,北京:人民出版社1982年版,第188—190页。

石上，也不愿作宙斯的忠顺奴仆。普罗米修斯是哲学日历中最高尚的圣者和殉道者。"在这一时期，马克思借普罗米修斯的话语表达了自己对自己的勉励与期许。

博士论文的第一部分共有三章，论述了德谟克利特和伊壁鸠鲁二者的自然哲学的一般差别。

第一章是论文的对象。马克思的观点与前人将伊壁鸠鲁派、斯多亚派和怀疑派看作一种不合适的附加物的观点迥然不同。前人认为"伊壁鸠鲁哲学似乎是德谟克利特的物理学和昔勒尼派的道德思想的混合物；斯多亚派好像是赫拉克利特的自然思辨和昔尼克派的伦理世界观的结合，也许再加上一点亚里士多德的逻辑学；最后，怀疑派则仿佛是同这两种独断主义相对立的必不可免的祸害"。而马克思认为这些体系具有历史重要性，本质意义永恒巨大，对于研究希腊哲学史有着重大意义，"如果说那些较早的体系对于希腊哲学的内容较为重要、较有意义的话，那么亚里士多德以后的体系，主要是伊壁鸠鲁派、斯多亚派和怀疑派这一组学派则对希腊哲学的主观形式，对其性质较为重要、较有意义"。虽然马克思后来并没有写出他所提到的那本研究关于伊壁鸠鲁派、斯多亚派和怀疑派哲学的全部概况，以及它们与较早的和较晚的希腊思辨的总体关系的更为详尽的著作，但是他已经表明了要从这些人的思想追溯研究希腊哲学史和整个希腊精神的意愿。

第二章是对德谟克利特的物理学和伊壁鸠鲁的物理学的关系的判断。马克思在开头就直截了当地表明了他的观点与前人的观点不同。前人大多认为伊壁鸠鲁仅仅是德谟克利特思想的剽窃者，而且是一个把握不到精髓的剽窃者。马克思在这一节里将前人攻击和诬蔑伊壁鸠鲁的观点一一列出。

第三章是把德谟克利特的自然哲学和伊壁鸠鲁的自然哲学等同起来所产生的困难。马克思在这一节里表达了前人说伊壁鸠鲁抄袭德谟克利特哲学的观点是自相矛盾的，他用三点证明了这个观点："德谟克利特关于人类知识的真理性和可靠性的判断看来很难弄清楚，他的观点本身是自相矛盾的"、"德谟克利特和伊壁鸠鲁关于科学的可靠性和科学对象的真实性的理论见解上的这种差别，体现在这两个人的不同的科学活动和实践中"、"不能把刚才所指出的那些差别归因于两位哲学家的偶然的个性；它们所体现的是两个相反的方向。我们看到，前面表现为理论意识方面的差别的东西，现在表现为实践活动方面的差别了"。马克思认为，这两位哲学家"一个是怀疑派者，另一个是独断主义者；一个把感性世界看作主观假象，另一个把感性世界看作客观现象。把感性世界看作主观假象的人注重经验的自然科学和实证的知识，他表现了进行实验、到处寻求知识和外出远游进行观察的不安心情。另一个把现象世界看作实在东西的人，则轻视经验，在他身上体现了在自身中感到满足的思维的宁静和从内在原则中汲取自己知识的独立性。但是还有更深的矛盾。把感性自然看作主观假象的怀疑派者和经验主义者，从必然性的观点来考察自然，并力求解释和理解事物的实在的存在。相反，把现象看作实在东西的哲学家和独断主义者到处只看见偶然，而他的解释方法毋宁说是倾向于否定自然的一切客观实在性。在这些对立中似乎存在着某种颠倒的情况。"① 因此，说伊壁鸠鲁抄袭德谟克利特的观点是站不住脚的。

现存的博士论文本身是一份不知由何人抄录的、经马克思修改补充的不完整的稿本。在目录中提到的四、五两章，"德谟克利特的自然哲学和伊壁鸠鲁的自然哲学的一般主要差别"以及"结论"两部分的手稿均未被找到，所以第一部分只有这三章。

第二部分中，马克思论述了德谟克利特的物理学和伊壁鸠鲁的物理学的具体差别。马克思认为，要研究二者物理学思想的具体差别，重点是研究原子论思想的具体差别。德谟克利特认为原子是沿着既定的轨道进行直线运动的，而伊壁鸠鲁认为原子的运动有三种。前两种都与德谟克利特的观点相同，一是直线下落，二是互相排斥引起的运动，但是第三种与德谟克利特明显不同，他认为三是偶然性的偏斜运动，它会偏离直线，离开既定轨道，从而达到"自由"运动的目的。伊壁鸠鲁用原子脱离直线作偏斜运动的论点纠正了德谟克利特的机械决定论，打破了命运的束缚，从而企图从自然的角度来阐明个人的意志自由、个性和独立性。

第一章写伊壁鸠鲁提出原子脱离直线而偏斜，"正像原子由于脱离直线，偏离直线，从而从自己的相对存在中，即从直线中解放出来那样，整个伊壁鸠

---

① 《马克思恩格斯全集》第 40 卷，北京：人民出版社 1982 年版，第 192—208 页。

鲁哲学在抽象的个别性概念，即独立性和对同他物的一切关系的否定，应该在它的存在中予以表述的地方，到处都脱离了限制性的定在。"

第二章写原子的质，"由于有了质，原子就获得同它的概念相矛盾的存在，就被设定为外化了的、与它自己的本质不同的定在。这个矛盾正是伊壁鸠鲁的主要兴趣所在。因此，在他设定原子有某种特性并由此得出原子的物质本性的结论时，他同时也设定了一些对立的规定，这些规定又在这种特性本身的范围内把它否定了，并且反过来又肯定了原子概念。因此，他把所有特性都规定成相互矛盾的。相反，德谟克利特无论在哪里都没有从原子本身来考察特性，也没有把包含在这些特性中的概念和存在之间的矛盾客观化。实际上，德谟克利特的整个兴趣在于，从质同应该由质构成的具体本性的关系来说明质。在他看来，质仅仅是用来说明表现出来的多样性的假设。因此，原子概念同质没有丝毫关系"也论述了二者的差别。

第三章写不可分的本原和不可分的元素（这个标题马克思是用希腊文写的）。在德谟克利特看来，原子仅仅具有一种"元素"，一种物质基质的意义。但是伊壁鸠鲁把作为"本原"即原则的原子同作为"元素"即基础的原子区别开来。"伊壁鸠鲁在矛盾极端尖锐的情况下把握矛盾并使之对象化，因而把成为现象基础的、作为'元素'的原子同存在于虚空中的作为'本原'的原子区别开来；而德谟克利特则仅仅将其中的一个环节对象化。也正是这个差别，在本质世界中，在原子和虚空的领域中使伊壁鸠鲁和德谟克利特分手了。但是，因为只有具有质的原子才是完成的原子，因为现象世界只能从完成的并且同自己的概念相背离的原子中产生，所以，伊壁鸠鲁对这一点作了如下的表述：只有那具有质的原子才成为'元素'，或者说，只有'不可分的元素'才具有质。"

在第四章、第五章中，马克思分别从时间、天体现象两个方面论述了二者的差别，并概括了这个差别的实质。他得出结论："在伊壁鸠鲁那里，包含种种矛盾的原子论作为自我意识的自然科学已实现和完成，有了最后的结论，而这种具有抽象的个别性形式的自我意识对其自身来说是绝对的原则，是原子论的取消和普遍的东西的有意识的对立物。相反，对德谟克利特来说，原子只是一般的、经验的自然研究的普遍的客观的表现。因此，对他说来，原子仍然是纯粹的和抽象的范畴,是一种假设,这种假设是经验的结果,而不是经验的推动原则;所以,这种假设也仍然没有得到实现,正如现实的自然研究并没有进一步受到它的规定那样。"①

但是马克思在赞扬伊壁鸠鲁的同时,也和伊壁鸠鲁产生了一定的分歧,这个分歧主要体现在对"自由"的理解上,并在日后不断深化。马克思认可的是,伊壁鸠鲁认为原子偏离直线的运动体现了自我意识的"自由"的观点,并认为这个观点值得重视,但他并不赞成伊壁鸠鲁认为"自由"是完全脱离现实世界的,只是追求一种自我的心灵宁静的观点。马克思认为,不能以抽象的角度去理解"自由",也不能将人类从现实环境中完全抽离,将二者完全对立,然后以这样极端的视角去理解"自由",马克思认为这样的观点只会滋生迷信的神秘主义观点,这与"自由"背道而驰。而只有不再将人看作抽象的、个别的,个别性在事物的本性中不再占有统治地位,而是将人与周围的现实环境紧密结合起来考察时,"自由"的问题才能得到彻底的解决。

三、传播概况

(一) 在国外的传播概况

马克思博士论文的理论准备工作大致是从 1839 年开始的,马克思首先对古希腊哲学史进行了较为深入的研究,主要围绕伊壁鸠鲁、斯多亚派、怀疑论派进行研究。马克思原计划是撰写关于这三大流派的思想及其哲学地位的相关著作,但由于各种条件的限制,并未能够完全达成最初设定的目标。马克思写了七本《关于伊壁鸠鲁哲学的笔记》,这些笔记在马克思的博士论文里得到了明显的运用,而且对于全面理解和把握马克思博士论文的内容思想具有非常深刻的意义。

正式撰写工作大致始于 1840 年下半年,结束于 1841 年 3 月底。随后,马克思把学位《申请书》(德文和拉丁文各一份)、自传、曾经就读的波恩大学和柏林大学学业证明、学位论文等相关材料寄送至耶拿大学哲学系,随后系主

---

① 《马克思恩格斯全集》第 40 卷,北京:人民出版社 1982 年版,第 209—243 页。

任卡尔·弗里德里希·巴赫曼进行了查阅,并对马克思给予了高度的认可与赞美。4月15日,在马克思未到场的情况下,马克思被授予了博士学位。

1900年,马克思的学生弗兰茨·梅林开始了《卡尔·马克思、弗里德里希·恩格斯和裴迪南·拉萨尔的遗著》的相关编写工作,直到1902年才正式发表,这也是马克思博士论文的第一次发表,但遗憾的是,博士论文里的绝大部分注释被删掉了,并非是全文发表。

苏联政府在十月革命后不惜花重金收购马克思、恩格斯的手稿和文献,由梁赞诺夫主持着手出版《马克思恩格斯全集》俄文第一版,此外,《马克思恩格斯全集》历史考证版(MEGA^1)也同时开始编撰。① 直至1927年,马克思博士论文全文才第一次刊登于《马克思恩格斯全集》历史考证版第1版第1部分第1卷第1分册,考证更为准确、权威、完整的新版本被收录于1975年出版的《马克思恩格斯全集》历史考证版第2版第1部分第1卷。②

自1927年至1935年,在诸多专家学者等的努力下,《马克思恩格斯全集》历史考证版在9年内一共出版了12卷13册(其中第1卷为两册),不幸的是,因为受到苏联在20世纪20年代后期的清洗运动的影响,一批编辑和研究人员遭到逮捕和流放,加之"二战"爆发,《马克思恩格斯全集》第1版夭折了③,极大地挫伤了《马克思恩格斯全集》的相关出版事业。

20世纪60年代末,莫斯科马列研究院同柏林马列研究院达成协议,决定共同合作以重新编辑和出版《马克思恩格斯全集》历史考证版第2版(MEGA^2)。值得注意的是,MEGA^{2}参考借鉴了MEGA^{1}在文献辑录和文本考订方面的某些优点,而不是在MEGA^{1}的原有基础上的继续编辑。MEGA^{2}相较于MEGA^1,在内容的完整度、考证的科学性以及编排的合理性等方面,从客观上说是远远优于MEGA^{1}的。到了1972年,出版了试编版,三年后正式出版了第1卷,到了1990年总共出版了43卷,取得了非常可观的成果。但后来受到苏东剧变的影响,主持这个项目的两个马列研究院已经不复存在了,大批的翻译

---

① 张广照:《马克思〈博士论文〉研究读本》,北京:中央编译出版社2017年版,第35页。
② 聂锦芳:《"Idealismus不是幻想,而是真理"——马克思"博士论文"解读》,载《北京行政学院学报》,2016年第3期。
③ 张广照:《马克思〈博士论文〉研究读本》,北京:中央编译出版社2017年版,第36页。

和研究人员流失，MEGA² 也同样被迫面临夭折的危险。①

（二）在国内的传播概况

1. 马克思博士论文在中国译介与传播的前提

要研究马克思博士论文在国内的传播状况，就不可绕开早期马克思主义在中国的传播。马克思主义最初作为众多西方思潮中的一种，随着西学东渐以及国民爱国自救运动的影响，众多仁人志士，尤其是先进的知识分子积极寻求救国之道，将目光投向西方等先进发达国家，"求经问道"以促进民族自救自强，在此背景下，马克思主义逐渐传入中国。据有关资料，中国书刊首先提到马克思这个名字，可以追溯到 1899 年 2 月，上海广学会出版的 122 号《万国公报》，它刊载了由李提摩太译、蔡尔康撰的《大同学》："德国讲求养民学者，有名人焉，一曰马克思，二曰恩格思（即恩格斯）。"最早在著作中引述马克思名字的中国人是梁启超，他在 1902 年 9 月的《新民丛报》第 18 号上发表了《进化论革命者颉德之学说》，次年发表《二十世纪之巨灵托辣斯》，在注释中提到过马克思，译文译作"麦喀士"，他分别在注释中写道：马克思"日耳曼人，社会主义之泰斗"、"社会主义之鼻祖，德国人，著述甚多"。② 在众多先辈的努力下，马克思、恩格斯及其思想逐渐出现在各种相关的中文译作之中，为后期国人进一步科学认识马克思主义奠定了基础，也为国人接触以及研究马克思博士论文提供了可能。

2. 马克思博士论文在中国的译介与传播

（1）马克思主义传入伊始—新中国成立前

在马克思主义传入伊始至新中国成立前，关于马克思博士论文最早是由谁翻译和介绍的等问题，由于目前笔者还缺少权威性的支撑材料，尚未有相关的定论。此外，由于时间跨度大，马克思主义的相关书籍、文章等浩如烟海，笔者目前尚未能够详细考证并整理出马克思博士论文相关的译介与传播成果，还

---

① 张广照：《马克思〈博士论文〉研究读本》，北京：中央编译出版社 2017 年版，第 36 页。
② 梁启超：《饮冰室合集（文集第五册）》，上海：中华书局 1936 年版，第 79 页。

需笔者以及学界众多学者的共同努力。虽然未能从正面直接介绍马克思博士论文在此阶段的译介传播情况，但是笔者想从马克思的其他著作的译介传播情况侧面展开介绍。

据目前学界的主流观点，马克思博士论文是马克思哲学思想的发端，是马克思主义哲学的逻辑起点，在马克思博士论文中孕育着的一些思想观点，例如自我意识、宗教批判、人的问题、唯物史观等，在马克思后续的著作中大都得到了批判、继承和发展，因此，笔者将这些典型著作的译介传播概况作简要的梳理和介绍，以方便从侧面窥探马克思博士论文中的核心思想在此阶段的译介传播情况。

1920年8月，由陈望道先生翻译的《共产党宣言》由上海社会主义研究社出版，这是我国第一个用中文印刷出版的马克思主义经典著作的全译本，它第一次向国人展示了国际共产主义运动纲领性文件的全貌，很快掀起了社会主义和马克思主义在我国进步知识分子中间的传播热潮，陈望道这一译本，在此后的20多年中数次重印，广为流传。

1930年，由陈启修翻译的《资本论》中文首译本的第一卷第一分册由上海昆仑书店出版。在正式译文之前的《译者例言》和《资本论旁释》中，陈启修阐释了《资本论》在马克思经济学中的重要意义，以及马克思经济学说在世界思想史中的重要地位，这部分内容有助于读者的理解。[①]

当然，在这一阶段里马克思的经典著作在中国的翻译传播远不止这两本著作，一批卓越的马克思主义著作翻译家，翻译了《德意志意识形态》、《马克思恩格斯关于唯物论的断片》、《哲学之贫困》（今译为《哲学的贫困》）等经典著作，极大地促进了马克思主义的传播，在这里笔者不再过多介绍。

（2）中华人民共和国成立后至今

1961年11月，由老一辈哲学家贺麟先生翻译的马克思博士论文由人民出版社以单行本的形式出版，在原有的马克思著作的基础上进一步拓展了马克思哲学的研究视野，此外，贺麟先生的译文基本上被《马克思恩格斯全集》第40卷原文收入，只作了个别字的修改。贺麟先生这一版本的马克思博士论文

[①] 张国伟：《马克思主义著作在中国的出版与传播（1899—1945）》，华东师范大学博士论文，2017年。

为后来对马克思早期思想的研究打下了坚实基础，此外，对于我们整体理解马克思一生的思想演变具有非常重要的意义。

1982 年 2 月，中共中央编译局的《马克思恩格斯全集》第 40 卷在人民出版社出版，这一版本收录了马克思最早的著作：中学毕业论文、马克思和父亲之间的通信、诗作、博士论文等，包括了马克思写作的哲学笔记，这是国人首次见到的包含马克思七本哲学笔记的相对完整的马克思博士论文和中学毕业论文等权威版本，在很大程度上为后继学者研究马克思的博士论文及马克思早期思想提供了相对权威、完整的支撑性材料，意义非常重大。随后至 1986 年，《马克思恩格斯全集》中文第二版的编译工作正式启动，马克思的博士论文、中学毕业论文被收录于新版的第 1 卷。①

四、研究现状

马克思的博士论文《德谟克利特的自然哲学和伊壁鸠鲁的自然哲学的差别》主要考察和批判了德谟克利特与伊壁鸠鲁的自然哲学，探求自由的真义，强调哲学与现实的联系，具有非常重要的意义。博士论文体现出的思想在马克思一生的思想发展进展中具有重要的地位和作用，因此，对马克思博士论文的深入研究，对于理解和把握马克思哲学思想的整个思想脉络无疑具有非常深刻的理论和现实意义。本文通过整理学界目前已有的研究成果，以期在此基础上能够进一步推动对马克思博士论文的相关研究。

（一）研究视角与研究方法

1. 研究视角

本文以国内学者对马克思博士论文的研究为主要视角进行综述，通过研究、总结国内学者的主要思想观点来了解马克思博士论文的研究现状。国内学者运用了文献研究法、比较分析法、历史分析法等研究方法对马克思博士论文

---

① 张广照：《马克思〈博士论文〉研究读本》，北京：中央编译出版社 2017 年版，第 41 页。

进行了研究，本文也以这些方法作为一个重要的切入视角来对学者们的思想进行研究。

2. 研究方法

（1）文献分析法

本文收集了知网上的 300 多篇文献，对马克思博士论文的研究现状进行了相对细致的整理归纳。通过整理相关文献，来分析马克思博士论文目前的研究水平以及相关的成果，指出学界当前的成绩与不足，从而进一步探讨马克思博士论文未来的研究方向与重点。

（2）逻辑分析法

笔者通过梳理相关文献，将学界的思想观点按照一定的逻辑顺序进行分析、归纳，更具条理性地理解和把握当前学界对马克思博士论文的研究现状，然后在此基础上，补齐短板，进一步推动马克思博士论文的相关研究。

（3）历史分析法

笔者通过深入研究马克思博士论文的写作历史背景，以此促进对马克思博士论文中蕴含的思想观点的理解和把握。此外，在整理学界的研究成果时，一方面既总结概括了马克思博士论文的历史意义，另一方面又总结概括了马克思博士论文对当代社会的价值意义。

（二）研究现状

1. 对马克思博士论文的整体性研究

学界目前对博士论文的整体性研究取得较大成果的有鲁路、张雨欣、牟阳等。鲁路的专著《马克思博士论文研究》从博士论文的写作背景、写作动机、写作思路和具体内容等各个角度进行了解读和论述，试图全方位展示博士论文的全貌。

张雨欣的博士毕业论文《马克思博士论文——〈德谟克利特的自然哲学和伊壁鸠鲁的自然哲学的差别〉研究》主要分为以下几部分：一是马克思"博士论文"基调——"普罗米修斯情结"；二是马克思"博士论文"研究方

法——辩证法和"显微镜式的分析方法";三是马克思"博士论文"内容——德谟克利特自然哲学和伊壁鸠鲁自然哲学的差别;四是马克思"博士论文"意义——"现实"自由的获得。① 作者以对马克思产生重要影响的三位哲学家——普罗米修斯、德谟克利特、伊壁鸠鲁为切入点,逐层对马克思的博士论文进行一次完整且全新的解读。

牟阳的《马克思博士论文研究》首先就马克思博士论文撰写的背景展开了分析论证,其中以论文主题的选取、社会背景、具体的学术文化背景的论证为重点;其次,对马克思博士论文进行了文本分析,主要围绕原子论在自然哲学上的含义、古代希腊原子论哲学的历史由来以及对马克思产生的影响展开;最后,在对文本进行解读分析的基础上,分析论证了博士论文中蕴含的思想在整个马克思思想发展过程中的地位和作用。在文中作者对博士论文中的自由思想作了较为深入的论证,如"马克思对自由的渴望,对人性的追求和对神的权威的挑战是他一生坚持的。虽然博士论文时期还是早期探索性的思想,但是却是后来思想的发源地,正是对自己早期思想不断的反思和超越才实现哲学的变革"。②

2. 对马克思博士论文具体思想的研究

(1) 关于德谟克利特和伊壁鸠鲁的自然哲学的研究

德谟克利特与伊壁鸠鲁属于两个不同时期的伟大哲学家,对马克思产生着非常深远的影响。在马克思撰写博士论文时,他有意选择了德谟克利特和伊壁鸠鲁的自然哲学的差异作为论文的主题,以德谟克利特和伊壁鸠鲁的原子论的差别为重要切入点,通过比较得出两者的共同性与差异性。值得注意的是,关于原子论的一些争论,在当时还有很多哲学家和自然科学家秉持着一种相对简单粗暴的态度,认为伊壁鸠鲁的原子论只是对德谟克利特的原子论进行了简单的剽窃,但是"马克思想要证明的观点恰恰与此相反,他认为,伊壁鸠鲁的

---

① 张雨欣:《马克思博士论文——〈德谟克利特的自然哲学和伊壁鸠鲁的自然哲学的差别〉研究》,辽宁大学博士论文,2016年。

② 牟阳:《马克思博士论文研究》,吉林大学硕士论文,2010年。

哲学具有深刻的创新性，其重要性远远超过了德谟克利特"。①

不过随着研究史料的相继问世，伊壁鸠鲁的原子论逐渐得到正名，我国学者也就此方面展开了较为深入的研究。方珏认为，"在《博士论文》中，马克思通过系统地比较古希腊时期的两大原子论者德谟克利特和伊壁鸠鲁在自然哲学上的差别，区分了唯物主义的两种路向，即以前者为代表的决定论的唯物主义和以后者为代表的非决定论的唯物主义"。②陈晓斌、刘同舫认为，马克思的《博士论文》既非常精辟地分析和阐述了德谟克利特与伊壁鸠鲁两者在自然哲学方面的差别，又通过巧妙的文本结构安排和细致深刻的原子论解读向世人传达出了伊壁鸠鲁哲学的"救赎"意味，突出了自然哲学与政治哲学之间的内在关联性。③李成旺认为，马克思的《博士论文》是马克思哲学建树的起点，他通过比较德谟克利特与伊壁鸠鲁两者之间的自然哲学的差别，将伊壁鸠鲁自然哲学中的自我哲学维度展现出来，较为曲折地传达出他对个性自由的追求和向往。④

（2）关于马克思博士论文中自我意识的探讨

自我意识是研究马克思博士论文时不可回避的话题之一，目前已有诸多学者围绕自我意识对马克思博士论文进行了较为深入的研究。周嘉昕、张一兵认为，"自我意识哲学和辩证法的结合在最后的关节点上不可避免地发生了断裂，是理论的矛盾促使马克思从精神的窠臼走向'现实'的大地"。⑤张雨欣认为，"马克思在其'博士论文'阐发了'自我意识'哲学，更通过慷慨激昂地宣扬'自我意识'哲学与大众宗教的对立细致入微地解读了伊壁鸠鲁的原

---

① 张雨欣：《马克思博士论文——〈德谟克利特的自然哲学和伊壁鸠鲁的自然哲学的差别〉研究》，辽宁大学博士论文，2016年。
② 方珏：《偶然性与历史的行动者——基于马克思〈博士论文〉的解读》，载《哲学研究》，2018年第6期。
③ 陈晓斌、刘同舫：《哲学作为一种救赎方式——马克思〈博士论文〉的政治哲学思想解读》，载《哲学动态》，2009年第3期。
④ 李成旺：《自由的追寻与自我意识哲学的局限——马克思〈博士论文〉的展开逻辑与思想史定位》，载《求是学刊》，2012年第5期。
⑤ 周嘉昕、张一兵：《自我意识旗帜背后的辩证法光辉——重读马克思博士论文》，载《理论探讨》，2005年第4期。

子论，与此同时更是逻辑缜密地阐明了哲学的现实化与世界化"。① 程广丽指出：通过比较德谟克利特与伊壁鸠鲁两位古希腊哲学家在自然哲学方面的差别，马克思得出自我意识的缺乏和心灵的自由的缺失，是德谟克利特被束缚于经验科学的致命性后果。相较于伊壁鸠鲁，德谟克利特缺乏自我的主观判断和自我意识，即使亲自走遍半个世界，最终也没有办法达到真正的完善。② 李东分析得出，自我意识原则是诸类矛盾的宣泄口，但经马克思一番探究后，却得到了不同于青年黑格尔派的认识，虽然当时的马克思并未对这种认识高度重视，但这个新的发现却为后来的马克思主义哲学的建立迈出了标志性的第一步，成为他探求"理性的天真"、追求人类解放的逻辑起点。③

(3) 关于马克思博士论文中政治意蕴的探析

政治观是人们在认识世界和改造世界的实践过程中逐渐形成的关于阶级、国家、政治制度等方面的观点和理论。马克思主义政治观则是在辩证唯物论和历史唯物论等思想的指导下，不断与时俱进的、科学的一种理论。国内诸多学者从政治观（政治学）角度对马克思博士论文进行了较为深入的研究。王敏认为，"马克思就是要人们敢于否定外在压迫与他物限制的必然性，就是要唤醒饱受宗教压迫和封建专制之害的人们的自由意识，动员其反叛旧政治秩序，从而实现和达致自由之境的新政治秩序"。④ 朱学平指出，"从表面上看，马克思的思考不是'政治的'，而是'哲学的'，但就其真正本质和终极目标而言，则是真正'政治的'。因此，马克思的《博士论文》是一部真正意义上的'政治'之作，尽管它并未涉及实际政治"。⑤ 温权指出，马克思对伊壁鸠鲁原子偏斜学说的黑格尔主义解读，不如说是一种关于政治哲学批判的空间形而上学叙事，它作为马克思早期激进思想的萌芽，开启了自由、主动地改造不合理现

---

① 张雨欣：《马克思博士论文——〈德谟克利特的自然哲学和伊壁鸠鲁的自然哲学的差别〉研究》，辽宁大学博士论文，2016年。
② 程广丽：《主体性"自我意识"逻辑的初步建构——马克思博士论文的思想导读》，载《武汉大学学报（人文科学版）》，2016年第1期。
③ 李光：《马克思〈博士论文〉中的自我意识原则》，山东大学硕士论文，2012年。
④ 王敏：《原子偏斜与政治自由——马克思博士论文的政治意蕴解读》，载《大连海事大学学报（社会科学版）》，2021年第4期。
⑤ 朱学平：《马克思〈博士论文〉的政治意蕴探析》，载《求是学刊》，2014年第3期。

实的抽象阀门。① 缪昌武、炎冰指出,马克思博士论文从政治学的视角提出"哲学的救赎"、"偶然性之维"和"原子的偏斜运动"与人的自由之关系,彰显了青年马克思的僭越现实、追求自由特立的精神诉求。② 李淑梅则认为,马克思是出于政治兴趣来解释和阐发伊壁鸠鲁的自然哲学,向往民主政治生活的马克思被伊壁鸠鲁原子自由的思想深深吸引,这些思想也得到了马克思的高度重视。但马克思并非一成不变地吸收伊壁鸠鲁的这种自由思想,例如伊壁鸠鲁主张通过避开现实的政治生活去获取自由,马克思则是追求体现人民的自由精神的政治民主制度。③

(4) 关于马克思博士论文中宗教批判的研究

对宗教的批判是马克思众多思想理论中的重要内容之一,国内众多学者也从宗教批判这一视角对马克思博士论文展开了研究。刘同舫、陈晓斌指出,"作为哲人的马克思,其哲学研究的目的就是要把人们从偏见、迷信和宗教中引导、'救赎'到'哲学'的'真理或光明世界',走出柏拉图的'洞穴',由此反抗宗教在神的名义下把人'救赎'到晦暗不明的黑暗中去的荒谬举动"。④ 董浩玉认为,"马克思对伊壁鸠鲁对宗教和神学的批判给予高度的赞扬,启迪了马克思把对人类自由解放观点,从感性认识上升到哲学理性,再变为理性的实践,引导着他成为'现实中的普罗米修斯'而投身政治斗争中"。⑤ 郭亚楠认为,马克思通过深入研究伊壁鸠鲁的自然哲学,发现了伊壁鸠鲁哲学中蕴含的丰富的自我意识和反对大众宗教的思想,马克思对伊壁鸠鲁非常赞赏,并对伊壁鸠鲁的这种自我意识给予高度的赞扬,然后以自我意识为理论武器,逐渐揭开神的神秘面纱和阐明神的本质,最终得出哲学与宗教不可调和且

---

① 温权:《政治哲学批判的空间形而上学叙事——马克思〈博士论文〉对其青年时期激进思想的理论奠基》,载《人文杂志》,2019年第1期。
② 缪昌武、炎冰:《原子与自由——马克思〈博士论文〉的政治学解读》,载《南京社会科学》,2010年第11期。
③ 李淑梅:《马克思博士论文的政治旨趣》,载《马克思主义与现实》,2009年第3期。
④ 刘同舫、陈晓斌:《马克思博士论文中的哲学拯救与宗教批判》,载《社会科学研究》,2012年第5期。
⑤ 董浩玉:《关于马克思博士论文及其当代价值新探》,福建师范大学硕士论文,2014年。

绝对对立的结论，表达了马克思本人对宗教进行的猛烈且尖锐的批判。① 李光经分析得出，马克思认为黑格尔将宗教和哲学调和的做法是错误的，宗教只是自我意识异化的产物，他把神的存在的证明归为对自我意识存在的逻辑证明，神也是自我意识的异化，但马克思与青年黑格尔派不同的是，此时的他已经开始从宗教产生的根源上探索问题了。② 张雨欣指出，马克思认为，进行宗教批判的根据是因为人创造了宗教，而不是宗教创造了人。现实世界是完整的属于人的而不是属于上帝的，因此，马克思进一步指出，人并非抽象地旅居于这个世界之外的存在物，而是真正处于这个世界之中的，是国家和社会的组成部分，如果把宗教那个世界当做真正的世界，完全是对真实世界的颠倒。③

(5) 关于马克思博士论文本体论的研究

本体论是探究世界本原的哲学理论，作为一种基本的哲学形态，它的诞生可以追溯至古希腊哲学的早期阶段，对后世西方哲学的发展与演变产生着非常深远的影响。马克思主义哲学本体论问题也是学界探讨的重要问题之一，许多学者通过研究早期马克思博士论文来探讨关于本体论的问题。何萍指出，"马克思在博士论文中已经超出了黑格尔的本体论学说，建构了实践哲学的本体论范式：马克思通过崇尚偶然性，把人的感性生活世界作为本体论的研究对象；通过分析伊壁鸠鲁可能性范畴的深层内涵，阐发了绝对历史主义的本体论原则"。④ 徐嵩认为，在马克思博士论文中，马克思在相对全面了解古希腊哲学的基础上，将德谟克利特的自然哲学与伊壁鸠鲁的自然哲学进行了系统比较，批判了前人对伊壁鸠鲁的错误认识，肯定了伊壁鸠鲁的原子偏斜理论在论证自由时的重大的本体论意义，体现了马克思本人对自由概念的本体论理解。⑤ 刘新军认为，马克思通过强调自我意识的属人性质，对西方传统的还原论式的本体论进行了否定。随着科学的实践观的逐步形成，以实践为基础、体现人的主

---

① 郭亚楠：《马克思〈博士论文〉宗教批判思想探析》，云南大学硕士论文，2018年。
② 李光：《马克思〈博士论文〉中的自我意识原则》，山东大学硕士论文，2012年。
③ 张雨欣：《马克思博士论文——〈德谟克利特的自然哲学和伊壁鸠鲁的自然哲学的差别〉研究》，辽宁大学博士论文，2016年。
④ 何萍：《马克思博士论文中的本体论问题》，载《学术月刊》，2002年第9期。
⑤ 徐嵩：《马克思对自由概念的本体论证明——马克思博士论文研究一得》，载《马克思主义哲学研究》，2004年（辑刊00期）。

体性和创造性的本体论成为了马克思新世界观的理论基础，青年马克思曾经一度推崇的自我意识的本体论也因此成为了历史。① 马超认为，虽然马克思并未明确指出市民社会是"自我意识"的本体论基础，但是正是这种市民社会的隐喻体现出了马克思前哲学革命的人学出场逻辑，展现出马克思前哲学革命的精神实质和基本线索。②

(6) 关于马克思博士论文中蕴含的辩证法思想的研究

青年马克思受到黑格尔和青年黑格尔派的影响较深，因此在马克思撰写的博士论文里可以很明显看到辩证法的影子。但是值得注意的是，此时的马克思的辩证法思想还不是我们当今所说的马克思主义唯物辩证法，此时的马克思的辩证法思想还远远达不到马克思唯物辩证法的思想高度。学界也对论文中隐藏的辩证法思想展开了研究，并取得了不错的成绩。

张雨欣指出，"马克思'博士论文'的研究方法主要是黑格尔的辩证法与'微镜'式的分析方法，作为'青年黑格尔派'的一员，马克思熟练地运用了辩证法来对德谟克利特的自然哲学与伊壁鸠鲁的自然哲学进行分析，并通过'显微镜'式的分析方法发现了伊壁鸠鲁自然哲学的创新之处"。③ 姜喜咏指出，"马克思运用辩证法解构了伊壁鸠鲁原子概念的内在结构到外化为外在的'元素'直至整个世界的过程，发现了伊壁鸠鲁对原子作为概念和作为外在的世界构造'元素'的同一性，以及在此基础上的本质世界和现象世界的同一性"。④ 孙琳指出，马克思熟练地运用辩证法，将德谟克利特与伊壁鸠鲁的原子论进行了比较，反对德谟克利特的直接忽视偶然性和具有自由精神的"自我意识"的原子论，向我们揭示了其原子论中体现的完全必然性的不可能。⑤

---

① 刘新军：《马克思〈博士论文〉时期的本体论思想初探》，载《山东师范大学学报（人文社会科学版）》，2006年第5期。
② 马超：《市民社会：马克思博士论文的哲学本体论诠释》，载《山西师大学报（社会科学版）》，2011年第5期。
③ 张雨欣：《马克思博士论文——〈德谟克利特的自然哲学和伊壁鸠鲁的自然哲学的差别〉研究》，辽宁大学博士论文，2016年。
④ 姜喜咏：《黑格尔辩证法在马克思博士论文理论建构中的地位和作用论析》，载《湖北社会科学》，2006年第2期。
⑤ 孙琳：《马克思〈博士论文〉原子概念的辩证法解读》，载《北方论丛》，2015年第4期。

白刚认为，马克思的博士论文作为马克思首部正式公开面世的哲学著作，一方面，它是马克思能够在一定程度上区别于黑格尔和青年黑格尔派"解释世界"的"改变世界"的哲学观的萌芽；另一方面，它也是马克思通过借鉴伊壁鸠鲁中的一些科学思想达到超越黑格尔辩证法从而逐步建立自己的辩证法的第一次伟大尝试；此外，它还是马克思追求人的自由解放的"政治蓝图"的第一次铺展。①

（7）马克思博士论文中关于人的问题的研究

纵观马克思思想的发展脉络，关于人的问题，尤其是人的解放是其终其一生、始终未变的理想追求。国内诸多学者也从人的解放的角度对马克思的博士论文进行了深入的研究。冯雪雪认为，"马克思博士论文的题目是《德谟克利特的自然哲学和伊壁鸠鲁的自然哲学的差别》，文中所体现出来的对自我意识的独特理解，是后期马克思探讨个人与国家、个体与共同体关系的理论内核。一切都奠基于对个人自由、自由意志、自我意识的不同理解上，而这种独特的理解是萌芽于博士论文时期的"。②孙熙国指出，"在《博士论文》中，马克思反对伊壁鸠鲁仅仅关注人的精神解放和内心安宁的消极做法，认为人类的解放不在于'在思想中站起来'，而是要摆脱现实的枷锁，在现实的社会关系中站起来，摆脱现实的社会关系的奴役和束缚，成为社会的主人"。③张淳琳认为，"人的问题"是永恒的问题，通过对马克思的《博士论文》中关于人的解放理论的科学内涵和思想理论进行分析、阐释、评价，我们可以追溯到马克思人的解放思想的起源，对于研究马克思关于人的解放思想的发展脉络具有十分重要的意义和价值。④舒心心、穆艳杰认为，马克思博士论文勾画出一幅自由的蓝图，这种自由是充满生机的、是主体性的自由，这种自由的真谛是冲破命运的束缚、打破各种限制，进而去创造，作为一个自由的人去生存，人的生命本意

---

① 白刚：《"博士论文"：马克思哲学的"诞生地和秘密"》，载《马克思主义理论学科研究》，2022年第11期。
② 冯雪雪：《马克思人的解放思想的萌芽——重读马克思的博士论文》，载《马克思主义哲学研究》，2021年第1期。
③ 孙熙国：《是地道的唯心主义哲学还是唯物史观的秘密诞生地——马克思〈博士论文〉与唯物史观的创立》，载《学术月刊》，2013年第5期。
④ 张淳琳：《马克思〈博士论文〉中人的解放思想研究》，湘潭大学硕士论文，2017年。

就是自由。可以从某种意义上说，马克思博士论文是马克思对这个世界的首次自由宣言，是马克思为人类的自由和解放而奋斗的序幕。① 陆婵娟指出，马克思从博士论文开始，对人学思想就开始了理论上的探索，他一方面发扬了传统西方哲学重视人的理性的理念，另一方面扬弃了把人仅仅当作一种自然或绝对精神附属品的旧哲学观点，为人的出场奠定了基础。②

（8）马克思博士论文中关于正义思想的研究

正义是人类从古至今不停追求的一种永恒的价值，也是人类至今还在探索的宏大命题，国内学者也从"正义"这一视角对马克思博士论文展开了不同程度的研究。刘淑仪认为，"青年马克思站在价值规范的角度言说正义，将哲学与世界结合作为实现正义的手段，确立正义观的主体、立法者是现实的人，同时他指出正义的主体所拥有的正义之权利是自由与平等权，通过运用自我意识作为批判正义的武器，最终得以展现马克思的正义图景"。③ 林进平指出，透过马克思对伊壁鸠鲁的自我意识的阐释，可以推定：马克思阐释和认可的伊壁鸠鲁的正义思想也可以视作马克思本人的正义思想，他在此文本中的政治思想一方面认可了伊壁鸠鲁哲学对人的崇高地位的确认，另一方面也是他对近代哲学对自由、平等的信仰和追求的一种传承。④ 王倩指出，博士论文时期的马克思正义观由于缺乏科学的理论作为支撑，还具有激进的革命民主主义思想倾向，对正义的研究与探讨仍然囿于资产阶级权力观的话语体系，以权利范畴作为理论武器，站在人民的立场上，猛烈地对封建阶级和资产阶级的奴役制度进行抨击。⑤ 张燕玲指出，马克思的博士论文实质上是研究马克思正义思想的起点，他的博士论文对后面的一系列理性的建构具有一定的指导性意义，此外，还是马克思的唯物史观基本立场的初步显露，他通过伊壁鸠鲁原子偏离的讨论

---

① 舒心心、穆艳杰：《马克思博士论文中的自由思想探源》，载《社会科学战线》，2014 年第 7 期。
② 陆婵娟：《马克思博士论文的人学思想研究》，广西大学硕士论文，2020 年。
③ 刘淑仪：《世界哲学化与哲学世界化——马克思〈博士论文〉中的正义观探微》，载《西部学刊》，2021 年第 24 期。
④ 林进平：《马克思博士论文中的正义思想探析》，载《华南师范大学学报（社会科学版）》，2007 年第 2 期。
⑤ 王倩：《马克思早期正义思想的萌芽与发展——从〈博士论文〉到〈莱茵报〉》，载《社会主义研究》，2012 年第 5 期。

凸显了"自我意识"的价值意义所在，进而由此阐明了马克思本人的正义思想。①

3. 对马克思博士论文的评价与意义研究

（1）对马克思博士论文的评价研究

学界对马克思博士论文的评价主要聚焦在以下三个方面：第一，马克思当时的哲学立场问题；第二，马克思是否超越了黑格尔和青年黑格尔派；第三，马克思博士论文是否为马克思哲学思想的发端。

第一，马克思博士论文中哲学立场问题。孙伯鍨指出："诚如列宁所指出的：在写博士论文时，'马克思按其观点来说，当时还是一个黑格尔唯心主义者。'然而，马克思这时却试图在唯心主义的基础上冲破黑格尔哲学体系。"② 卜祥记认为，一方面，马克思高度赞扬了伊壁鸠鲁的自我意识哲学，彰显出了马克思本人的自我意识的哲学立场，表达出了他与鲍威尔在自我意识哲学上的相同之处；另一方面，马克思对伊壁鸠鲁哲学的善意批评，则委婉间接地表达了他与鲍威尔潜在的某些差异。③ 姜喜咏指出，马克思在博士论文中高度重视和宣扬了他与青年黑格尔派在原子论的"自我意识"哲学方面的谋合之处，宣扬无神论，具有唯物主义发展倾向和青年黑格尔派的特征，但是从客观上说，"自我意识"依旧是唯心主义抽象概念的灵魂之所在，马克思从整体上说依旧未能脱离黑格尔哲学立场。④ 孙熙国指出，《博士论文》是马克思的第一部哲学著作，一方面，我们可以看到马克思立足于人的现实性，高度关注人的主体意识；另一方面，马克思既强调"定在"中的自由，注重对现实自由和社会现实的探讨，又从"感性"、"对象性"出发，极力阐释人与自然的关系。⑤

---

① 张燕玲：《唯物史观视域下马克思的正义观研究》，贵州师范大学硕士论文，2021。
② 孙伯鍨等：《马克思主义哲学史》第1卷，太原：山西人民出版社1982年版，第39页。
③ 卜祥记：《马克思博士论文时期的哲学立场及其与鲍威尔的潜在差异——兼与罗燕明同志商榷》，载《社会科学战线》，2004年第6期。
④ 姜喜咏：《马克思博士论文的黑格尔哲学立场论析》，载《华南师范大学学报（社会科学版）》，2004年第1期。
⑤ 孙熙国：《是地道的唯心主义哲学还是唯物史观的秘密诞生地——马克思〈博士论文〉与唯物史观的创立》，载《学术月刊》，2013年第5期。

第二，马克思是否超越了黑格尔和青年黑格尔派的问题。范敏认为，"马克思通过对伊壁鸠鲁哲学的论证，使自由意识得到了新的阐释，赋予自我意识新的价值。正是通过这一论证，我们不仅看到了马克思对黑格尔哲学的继承，同时还看到了马克思对黑格尔哲学的超越，并且这时马克思的实践哲学已经初具雏形"。① 徐艳梅认为，在博士论文中，马克思虽未超出黑格尔的方法，但是马克思在两个方面上使他与青年黑格尔派区分开来，一是马克思强调具体的、现实的、感性的自我意识，二是马克思对自由与必然关系的独特理解。② 徐其清认为，马克思博士论文中对黑格尔哲学的继承与吸收主要表现在：一是继承了黑格尔唯心主义哲学的基本观点，把直承黑格尔"绝对精神"而来的精神或"自我意识"看作世界的本原；二是继承了黑格尔哲学的"能动性"原则，按照黑格尔辩证法的基本结构和基本思路理解"原子偏斜运动"；三是继承和吸收了黑格尔辩证法的矛盾学说，用矛盾辩证法分析和解释古希腊的原子论。对黑格尔哲学的批判和超越主要体现在：在宗教问题上，马克思博士论文批判了黑格尔宗教思想的保守性，表现出彻底的、战斗的无神论精神；在哲学与现实世界的问题上，马克思既反对黑格尔把哲学封闭在自己的思想体系之中的做法，也反对青年黑格尔派将二者对立起来的观点，而是强调二者之间的相互作用和辩证统一；在必然和偶然、必然和自由的关系的问题上，马克思博士论文强调偶然性和自我意识的能动创造作用，突破了黑格尔把自由仅仅归结为抽象的逻辑自由和精神上的解放的局限性。③

第三，马克思博士论文是否为马克思哲学思想的发端的问题。曾几何时，学界有不少学者认为马克思在撰写博士论文时，他的思想还属于青年黑格尔派，所以简单机械地将他的博士论文与后来的马克思主义割裂开来，显然这种论断是极为不科学的。相反，如果想要从整体上理解和把握马克思主义，那么就不可能不从整体上去研究马克思在各个时期的思想脉络的变化发展。徐其清

---

① 范敏：《青年马克思对黑格尔的继承与超越——以马克思的博士论文为例》，载《贵州师范大学学报（社会科学版）》，2015 年第 1 期。

② 徐艳梅：《具体的自我意识与定在的自由——论马克思在博士论文中对青年黑格尔派的超越》，载《盐城师范学院学报（人文社会科学版）》，2004 年第 4 期。

③ 徐其清：《论马克思博士论文对黑格尔哲学的继承与超越》，载《安徽理工大学学报（社会科学版）》，2003 年第 1 期。

认为,"博士论文作为马克思公开出版的第一部著作,是马克思哲学的源头和诞生地之所在"。① 张雨欣指出,"青年时期的马克思所写作的'博士论文'是马克思终生著述的思想起点和理论源头,在其'博士论文'中存在着很多马克思日后成熟思想的萌芽"。② 陈慧芯指出,"马克思的《博士论文》被学界先入为主地以马克思晚期成熟的自由思想的注脚来否定其《博士论文》中的巨大价值。而笔者认为正是在《博士论文》的基础上,马克思确立了一生的追求,而后期的所有著作都是来论述达到全面自由的方法论"。③ 孙熙国认为,马克思主义新世界观诞生的重要标志是:从实践和主体出发理解物质世界,进而确立了辩证唯物主义自然观;从实践出发理解人类社会和人自身,把社会和人的本质理解为实践,从而对社会历史和人本身做出唯物主义的回答,确立了社会的客观性。在马克思的博士论文中,出现了相近或相关的表述,博士论文在马克思主义新世界观发展历程中的地位值得重新思考。④ 范敏认为,马克思博士论文既是马克思主义哲学的逻辑起点,又是马克思思想中不可或缺的关键一环,尽管马克思在柏林大学求学期间尚未形成系统性的哲学体系,但这却构成了马克思成熟的思想理论的重要基础,而马克思的博士论文作为马克思主义哲学的逻辑起点,是不容忽视的,因为马克思本人的思想需要经历一个不断丰富、更新、成熟的过程,伟大的理论从来都不是一蹴而就的⑤。

(2) 对马克思博士论文的意义研究

马克思博士论文具有深厚的意义价值,主要包括历史意义和当代价值两个方面。

一是关于马克思博士论文的历史意义。学者李淑梅认为,"马克思在博士

---

① 徐其清:《论马克思博士论文对黑格尔哲学的继承与超越》,载《安徽理工大学学报(社会科学版)》,2003 年第 1 期。
② 张雨欣:《马克思博士论文——〈德谟克利特的自然哲学和伊壁鸠鲁的自然哲学的差别〉研究》,辽宁大学博士论文,2016 年。
③ 陈慧芯:《论自由的实现》,西南大学硕士论文,2019 年。
④ 孙熙国:《是地道的唯心主义哲学还是唯物史观的秘密诞生地——马克思〈博士论文〉与唯物史观的创立》,载《学术月刊》,2013 年第 5 期。
⑤ 范敏:《对马克思青年时期著作意义和价值的再思考——以马克思的博士论文为例》,载《安徽农业大学学报(社会科学版)》,2015 年第 4 期。

论文时期确立的每个人自由的目标成为他毕生的价值追求。即使他后来由激进的民主主义者转向共产主义者,他的哲学观念也发生了变革,但他的这一旨趣是始终不渝的"。① 马超认为,"马克思的前哲学革命开创了一条贯穿整个马克思主义理论体系的基本线索,也就是人的发展线索,关于这条线索,马克思后来在《1857—1858 年经济学手稿》中强调过,那就是整个人类社会发展的历史实质上就是人的自由发展的历史,就是不断实现人的自由解放的历史"。② 孙熙国认为,博士论文是马克思的首部哲学著作,与后来马克思唯物史观的创立有着紧密的联系,对马克思思想的建构与发展具有非常重要的影响。③

李春敏则从空间理论这一角度详细阐释马克思博士论文的伟大历史意义,她认为,马克思博士论文为界定马克思主义空间理论的问题域打下了坚实的基础,将"时间"和"人的自由"联系在一起恰恰是将"空间"解放出来的开始。在此之后,马克思提出了"实践"的范畴,并指出"实践"是人在时空中的有目的的对象性活动,"时间"和"空间"是人的实践活动的两个维度。空间具有了社会属性而不再是纯粹的自然空间,并形成了特定的社会关系的载体,从此意义上说,马克思博士论文在后面马克思建构的空间理论中发挥着非常重要的作用。④ 苏碧莲则从古希腊哲学史这一角度详细阐释马克思博士论文的历史意义,她认为,马克思的博士论文,第一次揭示了伊壁鸠鲁的自然哲学不是对德谟克利特的自然哲学的简单翻版,而是对德谟克利特原子论的创造性发展,第一次指出了伊壁鸠鲁原子偏斜的哲学意义,解决了这个古希腊哲学史上尚未解决的问题。马克思还充分肯定伊壁鸠鲁的无神论思想,弘扬了彻底的、战斗的无神论观点。⑤

白刚、那玉从对《资本论》的影响这一角度详细阐释了马克思博士论文的历史意义,他们认为:从批判的主题、内容、方法上看,马克思博士论文为

---

① 李淑梅:《马克思博士论文的政治旨趣》,载《马克思主义与现实》,2009 年第 3 期。
② 马超:《市民社会:马克思博士论文的哲学本体论诠释》,载《山西师大学报(社会科学版)》,2011 年第 5 期。
③ 孙熙国:《是地道的唯心主义哲学还是唯物史观的秘密诞生地——马克思〈博士论文〉与唯物史观的创立》,载《学术月刊》,2013 年第 5 期。
④ 李春敏:《〈博士论文〉:马克思空间思考的重要起点》,载《天府新论》,2010 年第 4 期。
⑤ 苏碧莲:《马克思〈博士论文〉研究综述》,载《中共南昌市委党校学报》,2014 年第 6 期。

《资本论》的问世提供了古希腊思想起源，也架起了古希腊哲学思想通向《资本论》的"桥梁"。①

二是关于马克思博士论文的当代价值。董浩玉从民主和法治建设、"以人为本"的社会建设、社会主义核心价值观建设、美丽中国建设、人生追求五个维度深入地阐释了马克思博士论文对当代的影响。张雨欣认为，"在'博士论文'中，马克思认为，自由不是伊壁鸠鲁所认为的那种深潜于内心深处的、单个的、抽象人的自由；也不是当今社会所认为的是一小部分人的那种具体自由；而应该是这样一种自由——全人类为了自身更好的生存与发展而努力去追求的境界提升"。②陈世玉认为，马克思的博士论文中阐述的伦理思想虽然诞生于19世纪，但是这种"人学"思想并没有退出历史舞台，仍然对当代社会发展和人的发展具有重要的启示意义，这种启示意义主要体现在：坚持人是目的和人的主体性；坚持物质满足和精神境界的统一。③

王祥从宗教批判的角度阐释马克思博士论文的当代价值，他指出，"马克思的博士论文是承接西方宗教批判和无神论研究的成果，同时也是开辟无神论发展新阶段的重要文献，在马克思主义无神论发展史上具有承上启下的重要里程碑意义，对新时代加强无神论理论研究和宣传教育也具有重要的意义"。④

范敏从生态学这一角度详细阐释了马克思博士论文的当代价值，她指出：马克思博士论文蕴含着丰富的生态学思想，对全球的生态文明建设具有重要的启示作用，尤其是像我国这样的发展中国家。西方资本主义国家利用自身的资本优势，对欠发达国家和地区进行生态殖民和掠夺以及生态风险的转嫁。欠发达地区和国家应该积极寻找自身优势，在遵循自然规律的前提下，大力发展经

---

① 白刚、那玉：《马克思〈博士论文〉：古希腊哲学思想通向〈资本论〉的桥梁》，载《马克思主义与现实》，2022年第2期。
② 张雨欣：《马克思博士论文——〈德谟克利特的自然哲学和伊壁鸠鲁的自然哲学的差别〉研究》，辽宁大学博士论文，2016年。
③ 陈世玉：《马克思〈博士论文〉的伦理思想研究》，湖南师范大学硕士论文，2019年。
④ 王祥：《马克思博士论文的无神论思想及其在新时代的意义》，载《科学与无神论》，2023年第3期。

济，努力实现与发达国家的平等对话。①

刘临达从个体话语与秩序这一角度详细阐释马克思博士论文的当代价值，他认为，马克思博士论文不仅是为获取学位而著的学术"习作"，也是一次依托于现代性话语困境之背景而进行的理论探索。透过这种"理论探索"，可以发现：现代性总体话语和个体话语都要妥善处理秩序与个性的微妙关系，唯有如此，话语对社会运行才能产生积极的作用。回归原典，深入挖掘马克思主义话语知识生产的内在机理，对新时代中国特色话语体系和意识形态话语的知识生产具有方法层面上的启示意义。②

杨又、吴国林则从社会主义当代主体价值的重构层面阐释马克思博士论文的当代价值，他们认为，马克思博士论文是唯物实践主体思想的真正雏形和理论渊源，对我国社会主义当代主体价值的重构具有启示作用，主要体现在：尊重人的主体地位；大力发扬人的实践精神；尊重并发扬人的首创精神。③

（三）总结

1. 当前研究取得的成绩与不足

近年来，学界从多个角度对马克思博士论文进行了不同程度的研究，取得了较为丰硕的成果，在一定程度上为马克思博士论文的进一步研究提供了一定的参考借鉴。笔者经过相对细致的整理，将目前学界对马克思博士论文的研究进行了大致的分类：一是对马克思博士论文进行整体性研究；二是对博士论文的具体思想进行研究。其中，对马克思博士论文具体思想的研究是目前学界大多数学者研究的核心，主要包括：关于德谟克利特和伊壁鸠鲁的自然哲学、自我意识、政治意蕴、宗教批判、本体论、辩证法思想、人的问题、正义思想以及马克思博士论文的评价与意义。

虽然学界对马克思博士论文的研究取得了一定的成绩，但不可否认的是目

---

① 范敏：《马克思博士论文的生态探析》，载《马克思主义哲学研究》，2016年第2期。
② 刘临达：《马克思〈博士论文〉中的个体话语与总体秩序》，载《求索》，2023年第3期。
③ 杨又、吴国林：《唯物主义视域下实践主体的雏形——马克思〈博士论文〉发微》，载《华南理工大学学报（社会科学版）》，2017年第5期。

前学界对博士论文的研究还存在许多的不足，主要体现在以下几方面：一是对马克思博士论文的研究整体上不够重视和深入。笔者在知网上以"马克思博士论文"为主题进行检索，只有300多篇相关文献，相对于马克思其他相关著作的研究，数量较少，也就此可以推知学界对马克思博士论文的相关研究是略显不足的。二是对马克思博士论文的整体性、系统性研究略显不足。通过知网查询，与马克思博士论文相关的学位论文较少，只有35篇，其中只有1篇博士论文，并且这些学位论文大部分是针对马克思博士论文的某一方面进行研究，缺乏整体性和系统性。此外，研究马克思博士论文的著作屈指可数，大部分是以篇章或者段落的形式出现。三是对马克思博士论文的当代价值的研究不够深入。马克思博士论文蕴含着非常丰富的思想，例如自由思想、正义思想等，对当代社会的发展具有非常重要的启示作用。但目前学界对马克思博士论文的当代价值的研究还不够，关于当代价值的内容很多都是在文章片段里短暂地被提及，停留在表面，很少能够联系当代社会的具体问题进行论述。

2. 对马克思博士论文研究的进一步思考

深入研究马克思博士论文，对于理解和把握马克思的思想发展演变具有非常重要的意义。笔者结合目前学界存在的一些不足，提出以下几点拙见：第一，加大对马克思博士论文的研究力度。协力补齐对马克思博士论文的专题、专著研究，可以召开相关的学术研讨会，进一步丰富马克思博士论文的研究成果。第二，回归文本，追根溯源。一方面，回归马克思博士论文文本本身，对于真正了解和把握马克思博士论文的真义起着基础性作用，脱离文本谈研究是不可取的；另一方面，要重视对七本《关于伊壁鸠鲁哲学的笔记》的研究，七本《笔记》是为撰写博士论文而做的准备，从这七本《笔记》中可以窥探马克思早期哲学的发轫与表征，有利于增强我们对马克思博士论文的全面认识，因此对马克思的整体性研究，不能仅仅只针对博士论文文本，还应加强对七本《笔记》的深入研究。第三，多角度深入地挖掘博士论文的内容和思想。目前学界主要针对马克思博士论文中的自我意识、宗教批判等进行研究，但总体上不够深入，内容观点也不乏有雷同之处。此外，对于其他角度的研究也是寥寥无几，缺乏深入的挖掘。因此，对马克思博士论文的研究需要注意角度的多样性和研究的深入性。第四,进一步挖掘马克思博士论文的当代价值。马克思博士论文蕴含着非常丰富的思想,对当代社会的发展与建设具有非常重要的启示作用。因此,要坚持理论联系实际,将马克思博士论文中的伟大思想与当代社会发展的实际联系起来,促进当代社会的进一步发展。

第二部分

《德谟克利特的自然哲学和伊壁鸠鲁的自然哲学的差别》全文句读

献词和序言部分句读
第 1 卷（上）

句读：我们这里选用了 1995 年的版本，虽然某些方面 1982 年的版本更优，但现在接触 1995 年版本的人更多，所以我们的解读围绕此版本展开。

第一部分
博士论文和政论文章

德谟克利特的自然哲学和伊壁鸠鲁的自然哲学的差别[1]

卡·马克思写于 1840 年下半年—1841 年 3 月底
第一次经过删节用原文发表于《卡尔·马克思、弗里德里希·恩格斯和斐迪南·拉萨尔的遗著》1902 年斯图加特版第 1 卷；
全文发表于《马克思恩格斯全集》1927 年历史考证版第 1 部分第 1 卷第 1 分册
署名：哲学博士卡尔·亨利希·马克思

原文是德文、古希腊文和拉丁文
中文根据《马克思恩格斯全集》1975 年历史考证版第 1 部分第 1 卷翻译

句读：这里简要交代了《德谟克利特的自然哲学和伊壁鸠鲁的自然哲学的差别》一文的写作与发行基本情况。

谨将本文献给
敬爱的慈父般的朋友

政府枢密顾问
特里尔的

路德维希·冯·威斯特华伦先生

以表达子弟的敬爱之忱

作　者

句读：马克思说明了本文写作的目的和用途。

德谟克利特的自然哲学和
伊壁鸠鲁的自然哲学的差别

　　句读：诚如人们所知，在古希腊只有一门学问，那就是哲学。哲学是其他一切学科的母学科，包括自然科学和哲学社会科学的所有学科，因此，在下面的论述中把德谟克利特的学说称为物理学太正常不过了。马克思选择这个题目充分证明了他的跨学科背景，按照今天的看法，马克思博士论文的写作至少横跨了哲学、物理学、文学、戏剧、经济学、伦理学和政治学等学科，从而能够在被压抑和遮蔽的现实情况下完成了有关能动的唯物主义的哲学革命、创立新哲学。而今天基于斯密分工理论建立的学科体系、或曰科学体系在相当程度上提高了工业化的效率，但同时也大大抑制了超越工业文明的创新的出现。我们今天学习马克思博士论文从某种意义上来说就是要为人类的新文明探索道路，从根源上来说就是要推动新的财产形态不断出现，以促进人类的幸福、宁静和完美。

　　我敬爱的慈父般的朋友，请您原谅我把我所仰慕的您的名字放在一本微不足道的小册子的开头。我已完全没有耐心再等待另一个机会来向您略表我的敬爱之忱了。

　　句读：路德维希·冯·威斯特华伦先生当时是马克思的准岳父，也就是燕妮的父亲。马克思虽然将自己的博士论文称为"一本微不足道的小册子"，但我们知道，他是把这本小册子作为确证自己婚姻的礼物呈给威斯特华伦先生的，那就意味着马克思实际上已经确信据此可以成就自己的事业，因而能够承担起爱情和婚姻的责任和义务。从这个角度来看，我们实在是应当高度重视马克思博士论文，并给予其应有的地位。

　　但愿一切怀疑观念的人，都能像我一样幸运地景仰一位充满青春活力的老人。这位老人用真理所固有的热情和严肃性来欢迎时代的每一进步；他深怀着令人坚信不疑的、光明灿烂的唯心主义，唯有唯心主义才知道那能唤起世界上一切英才的真理；他从不在倒退着的幽灵所投下的阴影前面畏缩，也不被时代上空常见的浓云密雾所吓倒，相反，他始终以神一般的精力和刚毅坚定的目光，透过一切风云变幻，看到那在世人心中燃烧着的九重天。您，我的慈父般的朋友，对于我始终是一个活生生的明显证据，证明唯心主义不是幻想，而是真理。

句读：需要指出的是，在1956年版本中，这里的"唯心主义"译作"理想主义"。马克思借着对威斯特华伦先生的景仰盛赞理想主义，并称之为真理，从而表达出自己崇尚理想、崇尚真理，并愿意为之与一切障碍做斗争，以实现"那在世人心中燃烧着的九重天"。在这里，马克思表达了以威斯特华伦先生为榜样，为理想主义奋斗终生的志向。

身体的健康，我无需为您祈求。精神就是您所信赖的伟大神医。

句读：马克思祝愿威斯特华伦先生身体健康，并为此表达了乐观主义，因为他相信那种"充满青春活力"的精神抵得过伟大的神医。

序　言

这篇论文如果当初不是预定作为博士论文，那么它一方面可能会具有更加严格的科学形式，另一方面在某些叙述上也许会少一点学究气。但是，由于一些外在的原因，我只能让它以这种形式付印。此外，我认为，在这篇论文里我已经解决了一个在希腊哲学史上至今尚未解决的问题。

句读：马克思在序言中开宗明义地批判了当时的学术教条主义，并说明了这篇论文的创新点。可以说，任何创新的东西都必须抵抗所谓的形式主义、教条主义和主观主义才能存活下去。马克思声称"在这篇论文里我已经解决了一个在希腊哲学史上至今尚未解决的问题"，从而，已经使马克思主义的种子萌芽。尽管这株幼苗由于重重遮蔽而略显单薄，因而长期为人们所忽视，但毫无疑问，这就是马克思主义哲学革命的开始，并在其后的发展中证实了它的强大生命力。因此，新事物一旦出土，它的成长就是不可阻遏的。

专家们知道，关于这篇论文的对象没有任何先前的著作可供参考。西塞罗和普卢塔克所说过的废话，到现在人们一直在照样重复。伽桑狄虽然把伊壁鸠鲁从教父们和整个中世纪即实现了非理性的时代所加给他的禁锢中解救了出来，但是在自己的阐述里也只提供了一个有趣的方面。他竭力要使他的天主教的良心同他的异端知识相适应，使伊壁鸠鲁同教会相适应，这当然是白费气力。这就好比是想在希腊拉伊丝的姣美的身体上披上一件基督教修女的黑衣。确切地说，伽桑狄是自己在向伊壁鸠鲁学习哲学，他不能向我们讲授伊壁鸠鲁哲学。

句读：马克思进一步阐述了伊壁鸠鲁哲学研究的空白现状。人们只是在重复"西塞罗和普卢塔克所说过的废话"，而伽桑狄只是在形式上将伊壁鸠鲁哲学纳入了天主教，实际上也没有什么进步，他自己还没有学到位，更不可能向人们讲授伊壁鸠鲁哲学。

不妨把这篇论文仅仅看作是一部更大著作的先导，在那部著作中我将联系整个希腊思辨详细地阐述伊壁鸠鲁主义，斯多亚主义和怀疑主义这一组哲学。这篇论文在形式方面和其他方面的缺点在那里将被消除。

句读：马克思针对《博士论文》在"形式方面和其他方面的缺点"提出了完善的办法，那就是将之延续为探讨"伊壁鸠鲁主义，斯多亚主义和怀疑主义这一组哲学"和"整个希腊思辨"关系的"一部更大著作"。不过，我们也知道，马克思并没有完成这部更大著作。当时，马克思说："鉴于我正在从事性质完全不同的政治和哲学方面的研究，目前我无法完成这一著作。"不过，后来他也没有完成。当然，马克思很多的著作都没有完成，包括《资本论》。就马克思博士论文来说，我们认为马克思已经实现了哲学革命之目的，因而在实践中不断丰富理论就变成了更重要的任务，也就不需要那部"更大著作"了。

虽然黑格尔大体上正确地规定了上述各个体系的一般特点，但是一方面，由于他的哲学史——一般说来哲学史只能从它开始——的令人惊讶的庞大和大胆的计划，使他不能深入研究个别细节；另一方面，黑格尔对于他主要称之为思辨的东西的观点，也妨碍了这位巨人般的思想家认识上述那些体系对于希腊哲学史和整个希腊精神的重大意义。这些体系是理解希腊哲学的真正历史的钥匙。关于它们同希腊生活的联系，在我的朋友科本的著作《弗里德里希大帝和他的敌人》中有较深刻的提示。

句读：本段强调了伊壁鸠鲁主义、斯多亚主义和怀疑主义这一组哲学的重要性，并批判了黑格尔哲学的不足。这一组哲学是"理解希腊哲学的真正历史的钥匙"，但黑格尔哲学由于不能深入细节，并受其思辨的妨碍，事实上遮蔽了"那些体系"。这也表明，马克思所研究的伊壁鸠鲁哲学并非主流，然而，若非研究非主流也就不可能有马克思博士论文中的哲学革命产生。否则，马克思博士论文也就仅仅只是一篇博士论文，而且是形式主义的博士论文，不可能骄傲地宣称"已经解决了一个在希腊哲学史上至今尚未解决的问题"。虽然如此，当前一些人仍然习惯于用黑格尔哲学去解释马克思博士论文，"这就好比是想在希腊拉伊丝的姣美的身体上披上一件基督教修女的黑衣"。是不是有些尴尬的意味？马克思还指出，科本的著作《弗里德里希大帝和他的敌人》较深刻地提示了"那些体系"同希腊生活的联系，为人们理解他的对象提供了参考。

如果说这里以附录的形式增加了一篇评普卢塔克对伊壁鸠鲁神学的论战的文章，那么这样做，是因为这场论战不是什么个别的东西，而是代表着一定的方向，因为它本身就很恰当地表明了神学化的理智对哲学的态度。

句读：在各种对伊壁鸠鲁不利的言论中，普卢塔克对伊壁鸠鲁的反对尤甚。普卢塔克生平不详，但他的伦语78篇中有3篇是直接针对伊壁鸠鲁主义的，分别是《论信从伊壁鸠鲁不可能生活得幸福》《答克洛特而为其他哲人辩护》和《不为人知地活着是好的生活准则吗》。马克思"以附录的形式增加了一篇评普卢塔克对伊壁鸠鲁神学的论战的文章"，是为了表明"神学化的理智对哲学的态度"。如果说前面马克思是反对自己所处的受黑格尔哲学压制的不利局面，那么这里马克思反对的是伊壁鸠鲁哲学所处的受宗教压制的不利局面，总之，马克思在这里仍然是反主流的。

此外，在这篇评论中，对于普卢塔克把哲学带上宗教法庭的立场是如何地错误，我还没有谈到。关于这点，无需任何论证，只要从大卫·休谟那里引证一段话就够了：

"如果人们迫使哲学在每一场合为自己的结论辩护，并在对它不满的任何艺术和科学面前替自己申辩，对理应到处都承认享有最高权威的哲学来说，当然是一种侮辱。这就令人想起一个被指控犯了背叛自己臣民的叛国罪的国王。"

句读：马克思更进一步表明了他的反宗教态度，具体来说就是不能用宗教的标准来评价哲学，对此，他认为是不言自明的。紧接着马克思用"大卫·休谟那里引证一段话"证明"普卢塔克把哲学带上宗教法庭的立场是如何地错误"。大卫·休谟把哲学比作"享有最高权威的"国王，把这种荒谬现象比作"被指控犯了背叛自己臣民的叛国罪的国王"，而国王怎么可能犯叛国罪呢？然而，如果按照宗教的标准来评价，那必然出现这种荒谬现象。

只要哲学还有一滴血在自己那颗要征服世界的、绝对自由的心脏里跳动着，它就将永远用伊壁鸠鲁的话向它的反对者宣称：

"渎神的并不是那抛弃众人所崇拜的众神的人，而是把众人的意见强加于众神的人。"

句读：哲学绝对不会屈服于这种压制，只要"自己那颗要征服世界的、绝对自由的心脏里"还有一滴血，还在跳动，就会高举自己的主张。马克思用伊壁鸠鲁的话抨击哲学的反对者，声称亵渎神灵的并不是抛弃众人所崇拜的众神的人，而是把众人的意见强加于众神的人。

哲学并不隐瞒这一点。普罗米修斯的自白

"总而言之，我痛恨所有的神"

就是哲学自己的自白，是哲学自己的格言，表示它反对不承认人的自我意识是最高神性的一切天上的和地上的神。不应该有任何神同人的自我意识相并列。

句读：哲学以普罗米修斯的自白作为自己的自白，他说："总而言之，我痛恨所有的神"。普罗米修斯和雅典娜共同创造了人类，并洞悉了神界的脆弱，因此，即使因为人间盗火而被缚于高加索山并遭受酷刑，也绝不向宙斯屈服。马克思以此表明自己反对所有的所谓的主流及其所固化的各种评价标准的决心。马克思强调"人的自我意识是最高神性"，"不应该有任何神同人的自我意识相并列"，指出了博士论文所掀起的哲学革命在于把作为唯物主义者的伊壁鸠鲁所强调的自我意识确定为最高标准，以否定所有的所谓的主流及其所固化的各种评价标准。

对于那些以为哲学在社会中的地位似乎已经恶化因而感到欢欣鼓舞的可怜的懦夫们，哲学又以普罗米修斯对众神的侍者海尔梅斯所说的话来回答他们：

"我绝不愿像你那样甘受役使，来改变自己悲惨的命运，你好好听着，我永不愿意！
是的，宁可被缚在崖石上，
也不为父亲宙斯效忠，充当他的信使。"

句读：马克思继续为哲学辩护，嘲笑那些看不到哲学强大生命力的人为"可怜的懦夫们"。他借普罗米修斯的话来讽刺这些懦夫，将之比作侍者海尔梅斯，称之为了改变自己悲惨的命运而甘当奴隶，并把哲学比作普罗米修斯，不会为了暂时的苟且而效忠于宙斯。这是哲学的宣言，哲学以普罗米修斯所代表的自我意识为最高标准，而不以那些固有的亵渎神灵的"众人的意见"为标准。自我意识的公意是高于宙斯的众意的。

普罗米修斯是哲学历书上最高尚的圣者和殉道者。

句读：马克思确定了普罗米修斯的定位是"哲学历书上最高尚的圣者和殉道者"，也就是马克思自己的人生定位，以及自我意识哲学的定位。

1841 年 3 月于柏林

句读：1839 年底，马克思开始为博士论文的写作搜集资料。1839 年，马克思写下了冠以《关于伊壁鸠鲁哲学的笔记》的七个笔记。1841 年 3 月，马克思完成了题为《德谟克利特的自然哲学和伊壁鸠鲁的自然哲学的差别》的博士论文。1841 年 4 月 15 日，马克思凭借自己的博士论文在耶拿大学获得哲学博士学位。但直到 1902 年，马克思恩格斯死后，马克思博士论文才在弗兰茨·梅林的整理下第一次公开发表，见于《卡尔·马克思、弗里德里希·恩格斯和费迪南·拉萨尔的遗著》1902 年斯图加特版第 1 卷。

目　录

序言

论德谟克利特的自然哲学和
伊壁鸠鲁的自然哲学的差别

第一部分
德谟克利特的自然哲学和
伊壁鸠鲁的自然哲学的一般差别

一、论文的对象
二、对德谟克利特的物理学和伊壁鸠鲁的物理学的关系的判断
三、把德谟克利特的自然哲学和伊壁鸠鲁的自然哲学等同起来所产生的困难
四、德谟克利特的自然哲学和伊壁鸠鲁的自然哲学的一般原则差别
五、结论

第二部分
德谟克利特的自然哲学和
伊壁鸠鲁的自然哲学的具体差别

第一章　原子脱离直线而偏斜
第二章　原子的质
第三章　不可分的本原和不可分的元素
第四章　时间
第五章　天象

附　录
评普卢塔克对伊壁鸠鲁神学的论战

前言

一、人同神的关系

　　1. 恐惧和彼岸的存在物

　　2. 崇拜和个人

　　3. 天意和谪降了的神

二、个人的不死

　　1. 论宗教的封建主义。庸众的地狱

　　2. 众人的渴望

　　3. 上帝选民的高傲

句读：这个目录和后面的正文并不是一一对应的，目录是完整的，而正文的好多内容已经遗失。第一部分的内容只保留了"一、论文的对象""二、对德谟克利特的物理学和伊壁鸠鲁的物理学的关系的判断""三、把德谟克利特的自然哲学和伊壁鸠鲁的自然哲学等同起来所产生的困难"三章，而"四、德谟克利特的自然哲学和伊壁鸠鲁的自然哲学的一般原则差别"和"五、结论"两章没有内容。第二部分的内容全部都在。另外，附录和附注也没有完整地保存下来。但我们认为，马克思博士论文留下来的部分已经足够我们用于参透马克思哲学的奥秘与真谛。退一步说，由前文可知，马克思本来就认为自己的博士论文存在形式方面和其他方面的缺点，如果按照当时的主流标准来看，那将是更不完美的。但是我们也知道，创新性的东西的真正标准是自我意识，而不是什么已经量化了的、路人皆知的东西。所以，不完美的恰恰是完美的，而完美的因为已经失去了发展潜力而只能走向衰落和死亡。马克思深知这一点，因而并不孜孜以求所谓的完美。在其后对《资本论》的评价中，也表达过相同的意思，他说："不论我的著作有什么缺点，它们却有一个长处，即它们是一个艺术的整体。"

正文部分句读

第一部分
德谟克利特的自然哲学和
伊壁鸠鲁的自然哲学的一般差别

一、论文的对象

　　希腊哲学看起来似乎遇到了一出好的悲剧所不应遇到的结局，即平淡的结局。在希腊，哲学的客观历史似乎在亚里士多德这个希腊哲学中的马其顿王亚历山大那里就停止了，甚至勇敢坚强的斯多亚派也没有取得像斯巴达人在他们的庙宇里所取得的那样的胜利：他们把雅典娜紧紧捆在海格立斯身旁，使她不能逃走。

　　句读：马克思对文学艺术非常有研究，尤其是诗歌和戏剧，如果要读懂这篇论文，我们的确是需要一些文学素养的。这里以好的悲剧来比喻希腊哲学延续了序言的内容，普罗米修斯的自白就是好的悲剧《被缚的普罗米修斯》的结局，也是全剧的高潮。而希腊哲学的结局却非常平淡，其客观历史似乎终结于亚里士多德。即使希腊哲学后期勇敢坚强的斯多亚派也没有取得像"斯巴达人在他们的庙宇里所取得的那样的胜利"的扣人心弦的结局。

　　伊壁鸠鲁派、斯多亚派、怀疑派几乎被看作一种不合适的附加物，同他们的巨大的前提很不相称。伊壁鸠鲁哲学似乎是德谟克利特的物理学和昔勒尼派的道德思想的混合物；斯多亚主义好像是赫拉克利特的自然思辨和昔尼克派的伦理世界观的结合，也许再加上一点亚里士多德的逻辑学；最后，怀疑主义则仿佛是同这两种独断主义相对立的必不可免的祸害。这样，人们在把这些哲学说成是更加片面而更具有倾向性的折衷主义时，也就不自觉地把它们同亚历山大里亚哲学联系在一起。最后,亚历山大里亚哲学则被看成是一种完全的幻想和混乱——一种紊乱,在这种紊乱里据说最多只能承认意向的普遍性。

句读:虽然伊壁鸠鲁派、斯多亚派、怀疑派都以巨大的希腊哲学为前提,但它们地位不彰,只被人们视为希腊哲学不合适的附加物,并与亚历山大里亚哲学联系起来,看成"完全的幻想和混乱——一种紊乱,在这种紊乱里据说最多只能承认意向的普遍性"。也就是说,它们最突出的特征就是强调自我意识,因此也被称为自我意识哲学。就伊壁鸠鲁哲学来说,它被认为是德谟克利特的物理学和昔勒尼派的道德思想的混合物。简单地说,伊壁鸠鲁哲学首先是源于德谟克利特唯物主义的,其次才是昔勒尼派的道德思想。但由于人们更看重其中与昔勒尼派有关的"快乐主义",伊壁鸠鲁主义也被称为快乐主义哲学,这里突出的也是自我意识。不过,由于伊壁鸠鲁把追求幸福、宁静纳入其中,人们因而批判伊壁鸠鲁快乐主义的功利性。

的确,有一种老生常谈的真理,说发生、繁荣和衰亡是一个铁环,一切与人有关的事物都注定包含于其中,并且必定要绕着它走一圈。所以,说希腊哲学在亚里士多德那里达到极盛之后,接着就衰落了,这也没有什么可惊奇之处。不过英雄之死与太阳落山相似,而和青蛙因胀破了肚皮致死不同。

句读:为了解释希腊哲学看起来似乎遇到了一出好的悲剧所不应遇到的平淡的结局的现象,人们想起了老生常谈的生命周期理论,认为希腊哲学也经历了发生、繁荣和衰亡的过程,亚里士多德是顶点,其后就衰落了。马克思承认这种规律的普遍性,但也强调不同事物的特殊性,因为"英雄之死与太阳落山相似,而和青蛙因胀破了肚皮致死不同"。

此外,发生、繁荣和衰亡是极其一般、极其模糊的观念,要把一切东西都塞进去固然可以,但要借助这些观念去理解什么东西却办不到。死亡本身已预先包含在生物中,因此对死亡的形态也应像对生命的形态那样,在固有的特殊性中加以考察。

句读:马克思进一步指出,发生、繁荣和衰亡的铁环只是对事物发展的一般认识,无法用于理解具体的东西。因为死亡形态和生命形态都已预先包含在生物中,必须在固有的特殊性中加以考察才有意义。

最后,如果我们回顾一下历史,难道伊壁鸠鲁主义、斯多亚主义和怀疑主义是一些特殊现象吗？难道它们不是罗马精神的原型，即希腊迁移到罗马去的那种形态吗？难道它们不具有性格十分刚毅的、强有力的、永恒的本质，以致连现代世界也不得不承认它们享有充分的精神上的公民权吗？

句读：最后，马克思回顾历史，提出了伊壁鸠鲁主义、斯多亚主义和怀疑主义的特殊性，它们是罗马精神的原型，具有性格十分刚毅的、强有力的、永恒的本质，以至于现代世界也不得不承认它们享有充分的精神上的公民权。通过对这一组哲学的特殊性的阐述，马克思肯定了它们的地位。

我强调指出这一点，只是为了唤起对于这些体系的历史重要性的记忆。但是，这里要研究的并不是它们对于整个文化的一般意义；这里要研究的是它们同更古老的希腊哲学的联系。

句读：进行以上的论述，马克思意在唤起人们对这些长期被忽视的体系的历史重要性的记忆。但其目的并不在于研究它们对于整个文化的一般意义，而在于研究它们同更古老的希腊哲学的联系。这样，马克思就讲明了他的研究对象的重点。

有人认为，希腊哲学是以两类不同的折衷主义体系为终结的，其中一类是伊壁鸠鲁主义、斯多亚主义和怀疑主义这一组哲学，另一类统称为亚历山大里亚的思辨，难道这种看法不应促使人们至少联系这种关系去加以探讨吗？其次，在正在向总体发展的柏拉图哲学和亚里士多德哲学之后，出现了一些新的体系，它们不以这两种丰富的精神形态为依据，而是进一步往上追溯到最简单的学派：在物理学方面转向自然哲学家，在伦理学方面转向苏格拉底学派，难道这不是值得注意的现象吗？再者，在亚里士多德之后出现的体系，仿佛都可以在往昔找到它们现成的基础，这种说法有何根据呢？把德谟克利特和昔勒尼派、赫拉克利特和昔尼克派结合在一起，这又怎样予以说明呢？在伊壁鸠鲁派、斯多亚派和怀疑派那里，自我意识的一切环节都得到充分表现，不过每个环节都表现为一种特殊的存在，难道这是偶然的吗？这些体系合在一起形成自我意识的完整结构，这也是偶然的吗？最后，希腊哲学借以神话般地从七贤开始，并且仿佛作为这一哲学的中心点，作为这一哲学的造物主体现在苏格拉底身上的形象，我指的是哲人——σοψοξ——的形象，这种形象被上述那些体系说成是真正科学的现实，难道这也是偶然的吗？

句读：在这一段落中，马克思列举了四种现象，用于否定"正在向总体发展的柏拉图哲学和亚里士多德哲学"在希腊哲学中的支配地位。这四种现象表明，伊壁鸠鲁主义、斯多亚主义和怀疑主义等哲学都可以追溯到比柏拉图哲学和亚里士多德哲学更早的简单学派，并汇集在被普遍认可的作为希腊哲学造物主的苏格拉底哲人形象上，向上直至神话般的古希腊七贤。这样，马克思就扫清了主流哲学造成的障碍，为他的研究开辟了新道路，并把目标定位于在伊壁鸠鲁派、斯多亚派和怀疑派那里充分表现出来的自我意识哲学。

在我看来，如果说那些较早的体系对于希腊哲学的内容较为重要、较有意义的话，那么亚里士多德以后的体系，主要是伊壁鸠鲁派、斯多亚派和怀疑派这一组学派则对希腊哲学的主观形式，对其性质较为重要、较有意义。然而正是这种主观形式，即这些哲学体系的精神承担者，由于它们的形而上学的规定，直到现在几乎完全被遗忘了。

句读：马克思简略阐述了较早的体系和伊壁鸠鲁派、斯多亚派和怀疑派这一组学派在希腊哲学中的不同意义。前者侧重于希腊哲学的内容，后者则侧重于希腊哲学的主观形式，对其性质较为重要。所不同的是，由于后者的形而上学的规定，这种主观形式，这些精神承担者几乎完全被遗忘了。

关于伊壁鸠鲁派、斯多亚派和怀疑派哲学的全部概况，以及它们与较早的和较晚的希腊思辨的总体关系，我打算在一部更为详尽的著作里加以阐述。

句读：马克思使用排除的方式明确了自己的研究界限。他不会在博士论文中阐述伊壁鸠鲁派、斯多亚派和怀疑派哲学的全部概况，以及它们与较早的和较晚的希腊思辨的总体关系，这些内容被列入将来的一部更为详尽的著作里。

在这里，好像通过一个例子，并且也只从一个方面，即从它们与较早的思辨的联系方面，来阐述这种关系也就足够了。

句读：马克思采用了以小见大的方法来进行研究。进一步明确了自己的研究界限，只是通过一个例子，从一个方面来阐述这种关系。

我选择了伊壁鸠鲁的自然哲学同德谟克利特的自然哲学的关系作为这样一个例子。我并不认为这是一个最便当的出发点。因为，一方面人们有一个根深蒂固的旧偏见，即把德谟克利特的物理学和伊壁鸠鲁的物理学等同起来，以致把伊壁鸠鲁所作的修改看作只是一些随心所欲的臆造；另一方面，就具体情况来说，我又不得不去研究一些看起来好像无关紧要的细枝末节。但是，正因为这种偏见同哲学的历史一样古老，而二者之间的差别又极其隐蔽，好像只有用显微镜才能发现它们，所以，尽管德谟克利特的物理学和伊壁鸠鲁的物理学之间有着联系，但是证实存在于它们之间的贯穿到极其细微之处的本质差别就显得特别重要了。在细微之处可以证实的东西，当各种情况在更大范围表现出来的时候就更容易加以说明了，相反，如果只作极其一般的考察，就会令人怀疑所得出的结论究竟是否在每一个别场合都能得到证实。

句读：这个例子就是"伊壁鸠鲁的自然哲学同德谟克利特的自然哲学的关系"。但对这个例子进行研究是非常具有挑战性的，一方面必须对抗人们对德谟克利特的物理学和伊壁鸠鲁的物理学之间关系的根深蒂固的旧偏见，另一方面又必须去研究一些细枝末节。马克思强调了贯穿到极其细微之处进行研究的重要性，因为，通过见微知著的方法容易说明二者的本质差别，而做极其一般的考察却不容易证实结论的普遍性。

二、对德谟克利特的物理学和伊壁鸠鲁的物理学的关系的判断

一般地说，我的见解和前人的见解关系怎样，只要粗略地考察一下古代人对德谟克利特的物理学和伊壁鸠鲁的物理学的关系的判断，就一目了然了。

句读：就德谟克利特的物理学和伊壁鸠鲁的物理学的关系的判断来说，马克思的见解和前人的见解显著不同，这只需要粗略考察一下古代人对这种关系的判断就一目了然了。

斯多亚派的波西多尼乌斯、尼古拉和索蒂昂指责伊壁鸠鲁，说他把德谟克利特关于原子的学说和亚里斯提卜关于快乐的学说冒充为他自己的学说。[1] 学院派的科塔问西塞罗：在伊壁鸠鲁的物理学中"究竟有什么东西不是属于德谟克利特的呢？伊壁鸠鲁诚然改变了一些地方，但大部分是重复德谟克利特的话。"[2] 西塞罗自己也说："伊壁鸠鲁在他特别夸耀的物理学中，是一个地道的门外汉，其中大部分是属于德谟克利特的；在伊壁鸠鲁离开德谟克利特的地方，在他想加以改进的地方，他都损害和败坏了德谟克利特。"[3] 不过，虽然

有许多人指责伊壁鸠鲁诽谤德谟克利特，但是，据普卢塔克说，莱昂泰乌斯断言，伊壁鸠鲁很尊敬德谟克利特，因为德谟克利特在他之前就宣示了正确的学说，因为德谟克利特更早发现了自然界的本原。[4]在《论哲学家的见解》这一著作中，伊壁鸠鲁被称为按照德谟克利特的观点探究哲理的人。[5]普卢塔克在他的著作《科洛特》中走得更远。当他依次将伊壁鸠鲁同德谟克利特、恩培多克勒、巴门尼德、柏拉图、苏格拉底、斯蒂尔蓬、昔勒尼派和学院派加以比较时，他力求得出这样的结论："伊壁鸠鲁从整个希腊哲学里吸收的是错误的东西，而对其中正确的东西他并不理解。"[6]《论信从伊壁鸠鲁不可能有幸福的生活》这篇论文也充满了类似的敌意的暗讽。

句读：马克思引用了大量的证词，用于说明古代作家对伊壁鸠鲁的不利见解。斯多亚派、学院派等基本都是反对伊壁鸠鲁的，尤其是普卢塔克，他完全否定伊壁鸠鲁的价值。

古代作家的这种不利的见解，在教父们那里仍然保留着。我在附注里只引证了亚历山大里亚的克莱门斯这位教父的一句话[7]，在谈到伊壁鸠鲁时特别值得提到他，因为他把使徒保罗警告人们提防一般哲学的话说成是警告人们提防伊壁鸠鲁哲学的话，说这种哲学连天意之类的东西都没有幻想过。[8]但是，人们一般都倾向于指责伊壁鸠鲁有剽窃行为，在这方面塞克斯都·恩披里柯表现得最为突出，他企图把荷马和厄皮卡尔摩斯的一些完全不相干的语句，硬说成是伊壁鸠鲁哲学的主要来源。[9]

句读：教父们同样否定伊壁鸠鲁的价值。但在马克思看来，克莱门斯和塞克斯都·恩披里柯等对伊壁鸠鲁的批判都是毫无根据的偏见。

众所周知，近代作家大体上也同样认为，伊壁鸠鲁作为一个自然哲学家，仅仅是德谟克利特的剽窃者。莱布尼茨有一段话大致可以代表他们的见解："关于这个伟大人物〈德谟克利特〉，我们所知道的东西，几乎只是伊壁鸠鲁从他那里抄袭来的，而伊壁鸠鲁又往往不能从他那里抄袭到最好的东西。"[10]

句读：近代作家也否定伊壁鸠鲁的价值，以莱布尼茨的言论为代表。但具有讽刺意义的是，我们从下文会知道，莱布尼茨的单子学说从某种程度上就是来源于伊壁鸠鲁的原子学说。因为单子更强调精神性因素，而伊壁鸠鲁的原子学说突出的正是自我意识。

因此，如果说西塞罗认为，伊壁鸠鲁败坏了德谟克利特的学说，但他至少还承认伊壁鸠鲁有改进德谟克利特学说的愿望，还有看到这个学说的缺点的眼力；如果说普卢塔克认为他观点前后不一贯[11]，认为他对坏的东西有一种天生的偏爱，因而对他的愿望也表示怀疑，那么，莱布尼茨则甚至否认他具有善于摘录德谟克利特的能力。

句读：马克思对古代作家、教父和近代作家观点进行了评述，认为他们对伊壁鸠鲁的偏见越来越深。

不过，大家一致认为，伊壁鸠鲁的物理学是从德谟克利特那儿抄袭来的。

句读：但大家都不否认伊壁鸠鲁的物理学和德谟克利特的物理学的渊源关系，只是一致认为伊壁鸠鲁是个抄袭者。

三、把德谟克利特的自然哲学和伊壁鸠鲁的自然哲学等同起来所产生的困难

除了历史的证据之外，许多情况也说明德谟克利特和伊壁鸠鲁的物理学的同一性。原子和虚空这两个本原无可争辩地是相同的。只是在个别的规定中，任意的、因而是非本质的差别看来才占统治地位。

句读：马克思总体上介绍了德谟克利特的自然哲学和伊壁鸠鲁的自然哲学的关系。他首先肯定了二者的同一性，原子和虚空这两个本原无可争辩地是相同的。只是在个别的规定中、非本质的差别方面二者是有区别的，这是把德谟克利特的自然哲学和伊壁鸠鲁的自然哲学等同起来所产生的困难的原因。

不过，这样就留下一个奇特的、无法解开的谜。两位哲学家讲授的是同一门科学，并且采用的是完全相同的方式，但是——多么不合逻辑啊！——在一切方面，无论涉及这门科学的真理性、可靠性及其应用，还是涉及思想和现实的一般关系，他们都是截然相反的。我说他们是截然相反的，现在我将尽力证明这一点。

句读：由于这些差别的存在，"留下一个奇特的、无法解开的谜"。德谟克利特和伊壁鸠鲁"讲授的是同一门科学，并且采用的是完全相同的方式"，但在"这门科学的真理性、可靠性及其应用，还是涉及思想和现实的一般关

系，他们都是截然相反的"。马克思将要证明这种截然相反的情况。

（A）德谟克利特关于人类知识的真理性和可靠性的判断看来很难弄清楚。他有一些自相矛盾的语句，或者不如说，不是这些语句，而是德谟克利特的观点自相矛盾。特伦德伦堡在为亚里士多德心理学作的注释里说，知道这个矛盾的不是亚里士多德，而是晚近的作家，这个说法事实上是不正确的。在亚里士多德的心理学中有这样的话："德谟克利特认为灵魂和理性是同一个东西，因为在他看来，现象是真实的东西。"[1]与此相反，亚里士多德在《形而上学》中却说："德谟克利特断言，或者没有东西是真实的，或者真实的东西对我们是隐蔽的。"[2]亚里士多德的这几段话难道不是自相矛盾吗？如果现象是真实的东西，那么真实的东西怎么会是隐蔽的呢？只有现象和真理互相分离的地方，才开始有隐蔽的东西。但是第欧根尼·拉尔修说，有人曾把德谟克利特算作怀疑主义者。他们引证了他的一句名言："实际上，我们什么也不知道，因为真理隐藏在深渊里。"[3]类似的意见在塞克斯都·恩披里柯那里也可以看到。[4]

句读：马克思举例说明德谟克利特关于人类知识的真理性和可靠性的判断看来很难弄清楚。虽然特伦德伦堡认为亚里士多德并不知道这个矛盾，而是晚近作家发现的。但实际上，这个问题一直存在，无论古代还是晚近。亚里士多德的心理学和《形而上学》中有关德谟克利特对现象是否真实的判断是矛盾的。因此，甚至第欧根尼·拉尔修和塞克斯都·恩披里柯将之归于怀疑主义者。

德谟克利特的这种怀疑主义的、不确定的和内部自相矛盾的观点，在他规定原子和感性的现象世界的相互关系的方式中不过是得到了进一步的发展。

句读：在这里，马克思把德谟克利特的这种怀疑主义的、不确定的和内部自相矛盾的观点引向了原子和感性的现象世界的相互关系，实现了切中博士论文研究对象之目的，并指出这个问题在他的规定方式中得到了进一步的发展。

一方面，感性现象不是原子本身所固有的。它不是客观现象，而是主观的假象。"真实的本原是原子和虚空；其余的一切都是意见、假象。"[5]"只有按照意见才有冷，只有按照意见才有热，而实际上只有原子和虚空。"[6]因此，一实际上不是由若干原子组成，而是"任何一看起来都好像是由于原子的结合而形成的"[7]。因此,只有通过理性才能看见本原,由于本原微小到肉眼都无法看见,所以它们甚至被称为观念。[8]不过另一方面,感性现象是唯一真实的客体,并且"感性知觉"就是"理性",而这种真实的东西是变化着的、不稳定的,它是现象。但是,说现象是真实的东西,这就自相矛盾。[9]因此,时而把这一面,时而把另一面当作主观的或客观的东西。这样矛盾似乎就被消除了,因为矛盾着的两个方面分别被分配给两个世界了。德谟克利特因而就把感性的现实变成主观的假象;不过,从客体的世界被驱逐出去的二律背反,却仍然存在于他自己的自我意识内,在自我意识里原子的概念和感性直观互相敌对地冲突着。

句读:德谟克利特的二律背反"存在于他自己的自我意识内,在自我意识里原子的概念和感性直观互相敌对地冲突着"。他一方面认为,感性现象不是原子本身所固有的。它不是客观现象,而是主观的假象。另一方面又认为,感性现象是唯一真实的客体,并且"感性知觉"就是"理性",而这种真实的东西是变化着的、不稳定的,它是现象。他把感性现象当作主观假象的同时又认为它是真实的东西。因此,德谟克利特为了消除这种自相矛盾,时而把这一面,时而把另一面当作主观的或客观的东西,并根据需要把它们分配给原子世界和现象世界,但这并不能从根源上解决问题。

可见,德谟克利特并没有能摆脱二律背反。这里还不是阐明二律背反的地方,只要明白不能否认它的存在就够了。

句读:马克思指出德谟克利特的自相矛盾客观存在着,并提醒我们这里并不打算花更多的篇幅去阐明二律背反,只要明白不能否认它的存在就够了。

让我们反过来听听伊壁鸠鲁是怎么说的。

句读:下面考察伊壁鸠鲁的说法,用于和德谟克利特的观点相对照。

他说:哲人对事物采取独断主义的态度,而不采取怀疑主义的态度。[10]是的,哲人比大家高明之处,正在于他对自己的认识深信不疑。[11]"一切感官都是真实东西的报道者。"[12]"没有什么东西能够驳倒感性知觉;同类的感性知觉不能驳倒同类的感性知觉,因为它们有相同的效用,而不同类的感性知觉也不能驳倒不同类的感性知觉,因为它们并不是对同一个东西作出判断;概念也不能驳倒感性知觉,因为概念依赖于感性知觉"[13],这是在《准则》中所说的话。当德谟克利特把感性世界变成主观假象时，伊壁鸠鲁却把它变成客观现象。而且在这里他是有意识地作出这种区别的，因为他断言，他赞成同样的原则，但是并不主张把感性的质看作是仅仅存在于意见中的东西。(14)

句读：伊壁鸠鲁与德谟克利特不同，对事物采取独断主义的态度，而不采取怀疑主义的态度。进而，伊壁鸠鲁与德谟克利特的观点相反，他把感性世界变成客观现象，"不主张把感性的质看作是仅仅存在于意见中的东西"。实际上，伊壁鸠鲁认为原子世界和现象世界都是客观的，是原则一致的。

因此，既然对伊壁鸠鲁来说感性知觉是标准，客观现象又符合于感性知觉，那么只好承认那使西塞罗耸耸肩膀的话是正确的结论："太阳在德谟克利特看来是很大的，因为他是一个有学问的人，并且是对几何学有了完备知识的人；太阳在伊壁鸠鲁看来约莫有两英尺大，因为据他判断，太阳就是看起来那么大。"(15)

句读：对于伊壁鸠鲁来说，他把感性知觉当成标准，而客观现象又是符合于感性知觉的，于是就有了西塞罗的借题发挥。马克思这里反讽那些把太阳大小归于感性知觉标准的谬论，这明显是对伊壁鸠鲁的歪曲。

（B）德谟克利特和伊壁鸠鲁关于科学的可靠性和科学对象的真实性的理论见解上的这种差别，体现在这两个人的不同的科学活动和实践中。

句读：在讲清楚德谟克利特和伊壁鸠鲁关于科学的可靠性和科学对象的真实性的理论见解上的差别之后，马克思将讨论深入到由此而产生的这两个人的不同的科学活动和实践中。

在德谟克利特那里，原则是不在现象中表现的，它始终是没有现实性和处于存在之外的，但是，他认为感性知觉的世界是实在的和富有内容的世界。这个世界虽然是主观的假象，但正因为如此，它才脱离原则而保持着自己的独立的现实性；同时作为唯一实在的客体，它本身具有价值和意义。因此，德谟克利特被迫进行经验的观察。他不满足于哲学，便投入实证知识的怀抱。我们已听说过，西塞罗称他为博学之士。他精通物理学、伦理学、数学，各个综合性科目，各种技艺。(16)第欧根尼·拉尔修所列举的德谟克利特的著作的目录就足以证明他的博学。(17)而由于博学的特点是要努力扩大视野，搜集资料，到外部世界去探索，所以，我们就看见德谟克利特走遍半个世界，以便积累经验、知识和观感。德谟克利特自夸道:"在我的同时代人中,我游历的地球上的地方最多,考察了最遥远的东西;我到过的地区和国家最多,我听过的有学问的人的讲演也最多;而在勾画几何图形并加以证明方面,没有人超过我,就连埃及的所谓土地测量员也未能超过我。"[18]

句读:德谟克利特显然倾向于感性世界这一面,侧重于对感性知觉的世界的探索。他认为原则是不在现象中表现的,感性知觉的世界才是实在的和富有内容的世界,它脱离原则而保持着自己的独立的现实性,作为唯一实在的客体,它本身具有价值和意义。因此,德谟克利特不满足于哲学,而是进行经验的观察,投入实证知识的怀抱。所以,他成为了博学之士,这一点为西塞罗、第欧根尼·拉尔修和德谟克利特自己所充分证实。

德米特里在《同名作家传》中,安提西尼在《论哲学家的继承》中都说,德谟克利特曾游历埃及并向祭司学习几何学,曾游历波斯,拜访迦勒底人,并且说他曾到达红海。有些人还说,他曾在印度会见过裸体智者,并且到过埃塞俄比亚。[19] 一方面求知欲使他不能平静,另一方面对真实的即哲学的知识的不满足,迫使他外出远行。他认为是真实的那种知识是没有内容的;而能向他提供内容的知识却没有真实性。古代人述说的关于德谟克利特的轶事可能是一种传闻,但是一种真实的传闻,因为它描述了德谟克利特的本质的矛盾。据说德谟克利特自己弄瞎了自己的眼睛,以使感性的目光不致蒙蔽他的理智的敏锐。[20] 这就是那个照西塞罗的说法走遍了半个世界的人。但是他没有获得他所寻求的东西。

句读:马克思提供了更多的材料证明德谟克利特的阅历之广,紧接着指出了这种行为的根源在于其认识的内在矛盾,即"他认为是真实的那种知识是没有内容的;而能向他提供内容的知识却没有真实性"。最终,在德谟克利特的晚年,这种本质的矛盾彻底爆发了,他弄瞎了自己的眼睛,以使感性的目光不致蒙蔽他的理智的敏锐。因为,游历了半个世界,"没有获得他所寻求的东西"。从这里可以看出,德谟克利特无法整合原则的世界和现象的世界。

伊壁鸠鲁则以一个相反的形象出现在我们面前。

句读:而伊壁鸠鲁在科学活动和实践中与德谟克利特呈现出相反的形象。

伊壁鸠鲁在哲学中感到满足和幸福。他说:"要得到真正的自由,你就必须为哲学服务。凡是倾心降志地献身于哲学的人，用不着久等，他立即就会获得解放，因为服务于哲学本身就是自由。"[21]因此，他教导说："青年人不应该耽误了对哲学的研究，老年人也不应该放弃对哲学的研究。因为谁要使心灵健康，都不会为时尚早或者为时已晚。谁如果说研究哲学的时间尚未到来或者已经过去，那么他就像那个说享受幸福的时间尚未到来或者已经过去的人一样。"[22]德谟克利特不满足于哲学而投身于经验知识的怀抱，而伊壁鸠鲁却轻视实证科学，因为按照他的意见，这种科学丝毫无助于达到真正的完善。[23]他被称为科学的敌人，语言文学的轻视者。[24]人们甚至骂他无知。在西塞罗的书中曾提到，有一个伊壁鸠鲁派说："但是，不是伊壁鸠鲁没有学识，而是那些以为直到老年还应去背诵那些连小孩不知道都觉得可耻的东西的人，才是无知的人。"[25]

句读：伊壁鸠鲁立足于哲学而感到满足和幸福，并鼓励所有人都倾心降志地献身于哲学。在这种认知的前提下，伊壁鸠鲁在科学活动和实践中与德谟克利特正好相反，他轻视实证科学，因而被称为科学的敌人、语言文学的轻视者和无知的人。但伊壁鸠鲁的支持者却认为，那些轻慢哲学而仅重视经验知识的人才是无知的人。

可是，德谟克利特努力从埃及的祭司、波斯的迦勒底人和印度的裸体智者那里寻求知识，而伊壁鸠鲁却以他从未有过任何教师，他是一个自学者而自豪。[26]据塞涅卡叙述，伊壁鸠鲁曾经说过，有些人努力寻求真理而无需任何人的帮助。作为这种人当中的一个，他自己为自己开辟了道路。他最称赞那些自学者。其他的人在他看来是第二流的人物。[27]德谟克利特感觉到必须走遍世界各地，而伊壁鸠鲁却只有两三次离开他在雅典的花园到伊奥尼亚去，不是为了研究，而是为了访友。[28]最后，德谟克利特由于对知识感到绝望而弄瞎了自己的眼睛，伊壁鸠鲁却在感到死亡临近之时洗了一个热水澡，要求喝醇酒，并且嘱咐他的朋友们忠实于哲学。[29]

句读：德谟克利特到处拜师学习，而伊壁鸠鲁则崇尚自学。两种学习途径导致的结果也不相同，德谟克利特对自己的追求感到绝望而弄瞎了自己的眼睛，伊壁鸠鲁却因自己的追求而享受生活，这不能不说是一个讽刺。

（C）不能把刚才所指出的那些差别归因于两位哲学家的偶然的个性；它

们所体现的是两个相反的方向。我们看到，前面表现为理论意识方面的差别的东西，现在表现为实践活动方面的差别了。

句读：马克思在这里对上面两个部分做了小结。他指出，德谟克利特和伊壁鸠鲁的差别不是偶然的，而是理论意识方面和实践活动方面的南辕北辙，二人代表的是两个相反的方向。

最后，我们来考察一下表现思想同存在的关系，两者的相互关系的反思形式。哲学家在他所规定的世界和思想之间的一般关系中，只是为自己把他的特殊意识同现实世界的关系客观化了。

句读：最后，马克思考察了两人的反思形式，反思形式表现思想同存在的关系以及两者的相互关系。马克思指出，就世界和思想之间的一般关系来说，哲学家只不过是把自己的特殊意识和现实世界的关系客观化了。因此，考察这种反思形式就能够发现两人的差别所在。

德谟克利特把必然性看作现实性的反思形式。[30] 关于他，亚里士多德说过，他把一切都归结为必然性。[31] 第欧根尼·拉尔修报道说，一切事物所由以产生的那种原子旋涡就是德谟克利特的必然性。[32]《论哲学家的见解》的作者关于这点说得更为详细："在德谟克利特看来，必然性是命运，是法，是天意，是世界的创造者。物质的抗击、运动和撞击就是这种必然性的实体。"[33] 类似的说法也出现在斯托贝的《自然的牧歌》里[34] 和欧塞比乌斯的《福音之准备》第6卷里[35]。在斯托贝的《伦理的牧歌》里还保存着德谟克利特的一句话[36]，在欧塞比乌斯的第14卷中这句话几乎被一字不差地重复了一遍[37]，即：人们给自己虚构出偶然这个幻影，——这正是他们自己束手无策的表现，因为偶然和强有力的思维是敌对的。同样，西姆普利齐乌斯认为，亚里士多德在一个地方谈到一种取消偶然的古代学说时，也就是指德谟克利特而言的。[38]

句读：德谟克利特的反思形式是必然性，被视为取消偶然性的古代学说。马克思列举了亚里士多德、第欧根尼·拉尔修等许多作家的话证实了这一点。

与此相反，伊壁鸠鲁说："被某些人当作万物主宰的必然性，并不存在，无宁说有些事物是偶然的，另一些事物则取决于我们的任意性。必然性是不容劝说的，相反，偶然是不稳定的。所以，宁可听信关于神灵的神话，也比当物理学家所说的命运的奴隶要好些，因为神话还留下一点希望，即由于敬神将会得到神的保佑，而命运却是铁面无情的必然性。应该承认偶然，而不是像众人所认为的那样承认神。"(39) "在必然性中生活，是不幸的事，但是在必然性中生活，并不是一种必然性。通向自由的道路到处都敞开着，这种道路很多，它们是便捷易行的。因此，我们感谢上帝，因为在生活中谁也不会被束缚住。控制住必然性本身倒是许可的。"(40)

句读：伊壁鸠鲁的反思形式是偶然性，并认为在生活中谁也不会被束缚住，控制住必然性本身倒是许可的，这样人们才不会成为命运的奴隶。从这里的论述可以看出，德谟克利特与伊壁鸠鲁的指向是不同的，前者指向科学规律，而后者指向人文关怀。

在西塞罗的书中曾提到过，伊壁鸠鲁派的韦莱关于斯多亚派哲学说过类似的话："有一种哲学像年迈而又无知的妇人们一样认为，一切都由于命运而发生，我们应该怎样评价这种哲学呢？……伊壁鸠鲁拯救了我们，使我们获得了自由。"(41)

句读：伊壁鸠鲁派嘲讽必然性的反思形式，肯定偶然性的反思形式，落脚点仍然是人文关怀。

为了避免承认任何必然性，伊壁鸠鲁甚至否定了选言判断。(42)

句读：伊壁鸠鲁坚决反对必然性，为此甚至否定了选言判断，因为选言判断本质上还是必然性。

不错，也有人断言，德谟克利特使用过偶然，但是，在西姆普利齐乌斯谈到这一点的两个地方(43)中，一个地方却使另一个地方变得可疑，因为它清楚地表明，不是德谟克利特使用了偶然这一范畴，而是西姆普利齐乌斯把这一范畴作为结论强加给德谟克利特。西姆普利齐乌斯是这样说的，德谟克利特并没有指出一般的创造世界的原因，因此看来他是把偶然当作原因。但是，这里问题并不在于内容的规定，而在于德谟克利特有意识地使用过的那种形式。欧塞比乌斯的报道也与此相似：德谟克利特把偶然当作一般的东西和神性的东西的主宰，并断言这里一切都由于偶然而发生，同时他又把偶然从人的生活和经验的自然中排除掉，并斥责它的宣扬者愚蠢无知。(44)

句读：马克思不同意德谟克利特承认偶然的观点，他强调，在本质上德谟克利特的反思形式只是必然性。他驳斥了西姆普利齐乌斯的观点，并借助欧塞比乌斯的报道予以证实。马克思指出必然性是"德谟克利特有意识地使用过的那种形式",而偶然并不是如此。

在这里,一方面我们看到,这纯粹是基督教主教迪奥尼修斯的臆断,另一方面,我们又看到,在一般的东西和神性的东西开始的地方,德谟克利特的必然性概念同偶然便没有差别了。

句读:马克思批驳这些说法为臆断,而回到"一般的东西和神性的东西开始的地方,德谟克利特的必然性概念同偶然便没有差别了"。退一步说,德谟克利特的必然性反思形式在现象世界是非常明确的。

因此,从历史上看有一个事实是确实无疑的:德谟克利特使用必然性,伊壁鸠鲁使用偶然,并且每个人都以论战的激烈语调驳斥相反的观点。

句读:德谟克利特和伊壁鸠鲁的反思形式是对立的,是必然性与偶然的对立,而且这种对立是毫不妥协的,以至于每个人都以论战的激烈语调驳斥相反的观点。

这种差别的主要后果表现在对具体的物理现象的解释方式上。

句读:这种在反思形式上的必然性与偶然的差别主要表现在物理现象的解释方式上。

在有限的自然里,必然性表现为相对的必然性,表现为决定论。而相对的必然性只能从实在的可能性中推演出来,这就是说,存在着一系列的条件、原因、根据等等,这种必然性是通过它们作为中介的。实在的可能性是相对必然性的展现。我们看到,德谟克利特曾使用过它。让我们从西姆普利齐乌斯那里引证一些材料来作证。

句读:马克思首先界定了德谟克利特必然性的前提,即有限的自然。有限的自然是决定论存在的领域,而在这里,必然性只是相对的必然性。实在的可能性导出相对的必然性。实在的可能性是指存在着一系列的条件、原因、根据等中介条件。相对必然性表现为实在可能性。马克思指出,德谟克利特曾使用过它,并提出引用西姆普利齐乌斯的材料予以证实。

如果一个人感到口渴,喝了水并变得精神舒畅了,那么德谟克利特不会认为偶然是原因,而会认为渴是原因。因为尽管他讲到世界的创造时看来曾使用过偶然这一范畴,但他毕竟断言,在每个个别现象中偶然不是原因,而只是指

出别的原因。例如，挖掘财宝是找到财宝的原因，或者种植橄榄树是橄榄树生长的原因。⁽⁴⁵⁾

句读：德谟克利特在讲到世界的创造时使用过偶然，但他不是把偶然这一范畴当作原因，他断言，在"每个个别现象中偶然不是原因"，而是存在一个必然的其他原因。就如，渴是喝了水并变得精神舒畅了的原因，挖掘财宝是找到财宝的原因，或者种植橄榄树是橄榄树生长的原因等。

德谟克利特在采用这种解释方式来研究自然时所表现的热情和严肃性，以及他认为寻找根据的意图所具有的重要意义，都在他下面这句自白里坦率地表达了出来："我发现一个新的因果联系比获得波斯国的王位还要高兴！"⁽⁴⁶⁾

句读：德谟克利特在科学研究中非常重视必然性解释方式，我们甚至可以认为这是一种必然性崇拜。因为他说："我发现一个新的因果联系比获得波斯国的王位还要高兴！"

伊壁鸠鲁与德谟克利特又正相反。偶然是一种只具有可能性价值的现实性，而抽象的可能性则正是实在的可能性的反面。实在的可能性就像知性那样被限制在严格的限度里；而抽象的可能性却像幻想那样是没有限制的。实在的可能性力求证明它的客体的必然性和现实性；而抽象的可能性涉及的不是被说明的客体，而是作出说明的主体。只要对象是可能的，是可以想象的就行了。抽象可能的东西，可以想象的东西，不会妨碍思维着的主体，也不会成为这个主体的界限，不会成为障碍物。至于这种可能性是否会成为现实，那是无关紧要的，因为这里感兴趣的不是对象本身。

句读：伊壁鸠鲁与德谟克利特相反，他只承认抽象的可能性，这是实在可能性的反面。二人的分野在于，德谟克利特关心的是客体，而伊壁鸠鲁关心的是主体。因此，实在的可能性必被限制在严格的限度里，力求证明客体的必然性和现实性。而抽象的可能性则不同，其指向是思维着的主体，而作为对象的客体"是可能的，是可以想象的就行了"。正因为抽象可能的东西并不会妨碍主体的想象和思考，当然也就不会成为限度和障碍。抽象可能性会否成为现实无关紧要。

因此，伊壁鸠鲁在解释具体的物理现象时表现出一种非常冷淡的态度。

句读：这种思维方式导致伊壁鸠鲁对解释具体的物理现象表现得非常冷淡。

这一点在他给皮托克勒斯的信中可以看得更清楚，这封信我们后面还要加以考察。这里只须注意一下伊壁鸠鲁对先前的物理学家的意见的态度就够了。在《论哲学家的见解》的作者及斯托贝引证哲学家们关于星球的实体、太阳的体积和形状以及诸如此类的东西的不同观点的地方，他们谈到伊壁鸠鲁时总是说：他不反对这类意见中的任何一种意见；在他看来，所有的意见都可能是对的，他坚持可能的东西。(47)的确，伊壁鸠鲁甚至对那种从实在的可能性出发的、为理智所规定的、因而带有片面性的解释方法，也加以驳斥。

句读：伊壁鸠鲁的这种态度在他给皮托克勒斯的信中可以看得更清楚，但马克思并没有对这封信进行详述，而是引用斯托贝等的话证明伊壁鸠鲁对先前的物理学家的意见的态度。总之，伊壁鸠鲁坚持可能的东西，而不是具体的可能性，他同样反对那种从实在的可能性出发的、为理智所规定的、因而带有片面性的解释方法。

因此，塞涅卡在他的《自然问题》中说道：伊壁鸠鲁断言，所有这些原因都可能存在，除此之外他还力图提出一些别的解释，并斥责那些断言在这些原因中只存在某一种原因的人，因为要给只是根据推测推论出来的东西下一个必然的判断，是一种冒险。(48)

句读：马克思引用塞涅卡在他的《自然问题》中的话证明伊壁鸠鲁反对唯一的可能性。伊壁鸠鲁不但认为所有这些原因都可能存在，还力图提出更多可能，他还斥责那些只承认某一种原因的人，因为推测出来的必然性风险巨大。

我们可以看到，这里没有探讨客体的实在根据的兴趣。问题只在于使那作出说明的主体得到安慰。由于一切可能的东西都被看作是符合抽象可能性性质的可能的东西，于是很显然，存在的偶然就仅仅转化为思维的偶然了。伊壁鸠鲁所提出的唯一的规则，即"解释不应该同感性知觉相矛盾"是不言而喻的，因为抽象可能的东西正在于摆脱矛盾，因此矛盾是应该防止的。(49)最后，伊壁鸠鲁承认，他的解释方法的目的在于求得自我意识的心灵的宁静，而不在于对自然的认识本身。(50)

句读：伊壁鸠鲁为了"求得自我意识的心灵的宁静"，并不关心"对自然的认识本身"。他所主张的抽象可能性是为了摆脱矛盾，而不是为了"探讨客体的实在根据",只是为了使"主体得到安慰"。我们可以看到,德谟克利特的必然性是冷冰冰的,只能如此的,而伊壁鸠鲁的偶然是温情脉脉的,它的标准是"解释不应该同感性知觉相矛盾",是属人的。

这里他的态度也是同德谟克利特完全对立的,这当然就不用再加以证明了。

句读:从这里可以看出伊壁鸠鲁的态度与德谟克利特是完全对立的,无需再加以证明。

因此,我们看到,这两个人在每一步骤上都是互相对立的。一个是怀疑主义者,另一个是独断主义者;一个把感性世界看作主观假象,另一个把感性世界看作客观现象。把感性世界看作主观假象的人注重经验的自然科学和实证的知识,他表现了进行实验、到处寻求知识和外出远游进行观察的不安心情。另一个把现象世界看作实在东西的人,则轻视经验,在他身上体现了在自身中感到满足的思维的宁静和从内在原则中汲取自己知识的独立性。但是还有更深的矛盾。把感性自然看作主观假象的怀疑主义者和经验主义者,从必然性的观点来考察自然,并力求解释和理解事物的实在的存在。相反,把现象看作实在东西的哲学家和独断主义者到处只看见偶然,而他的解释方法无宁说是倾向于否定自然的一切客观实在性。在这些对立中似乎存在着某种颠倒的情况。

句读:马克思在这里对该部分进行了总结。指出这两个人在每一步骤上都是互相对立的,并揭示了其中的深层次矛盾,点明了在这些对立中似乎存在着某种颠倒的情况。作为怀疑主义者和经验主义者的德谟克利特,把感性世界看作主观假象,注重经验的自然科学和实证的知识,他表现了进行实验、到处寻求知识和外出远游进行观察的不安心情,从必然性的观点来考察自然,并力求解释和理解事物的实在的存在。作为独断主义者和哲学家的伊壁鸠鲁,把现象世界看作实在东西,轻视经验,在他身上体现了在自身中感到满足的思维的宁静和从内在原则中汲取知识的独立性,他到处只看见偶然,而他的解释方法无宁说是倾向于否定自然的一切客观实在性。

但是很难设想的是,这两个处处彼此对立的人会主张同一种学说。而他们毕竟看起来是互相紧密联系着的。

句读:马克思表明了自己的态度,说伊壁鸠鲁与德谟克利特是不可能主张同一种学说的，虽然他们看起来是互相紧密联系着的。

说明他们两人之间的一般关系，是下一章的课题。

句读：下一章的课题是说明两人的一般关系。

第二部分
论德谟克利特的物理学和伊壁鸠鲁的物理学的具体差别

第一章
原子脱离直线而偏斜

伊壁鸠鲁认为原子在虚空中有三种运动。[1] 一种运动是直线式的下落；另一种运动起因于原子偏离直线；第三种运动是由于许多原子的互相排斥而引起的。承认第一种和第三种运动是德谟克利特和伊壁鸠鲁共同的；可是，原子脱离直线而偏斜却把伊壁鸠鲁同德谟克利特区别开来了。[2]

句读：德谟克利特和伊壁鸠鲁都承认原子在虚空中的两种运动，一种运动是直线式的下落；一种运动是由于许多原子的互相排斥而引起的。但伊壁鸠鲁认为原子在虚空中还有另一种运动，即原子脱离直线而偏斜。由于德谟克利特并不认可此种运动，这就把两人区别开了。

对于这种偏斜运动，很多人都加以嘲笑。西塞罗一接触到这个论题，尤其有说不完的意见。例如，他曾说过这样一段话："伊壁鸠鲁断言，原子由于自己的重量而作直线式的下落；照他的意见，这是物体的自然运动。后来，他又忽然想到，如果一切原子都从上往下坠落，那么一个原子就始终不会和另一个原子相碰。于是他就求助于谎言。他说，原子有一点点偏斜，但这是完全不可能的。据说由此就产生了原子之间的复合、结合和凝聚，结果就形成了世界、世界的一切部分和世界所包含的一切东西。且不说这一切都是幼稚的虚构，伊壁鸠鲁甚至没有达到他所要达到的目的。"[3] 在西塞罗《论神之本性》一书的

第 1 卷中，我们看到他的另一种说法："由于伊壁鸠鲁懂得，如果原子由于它们本身的重量而下落，那么我们对什么都无能为力，因为原子的运动是被规定了的、是必然的，于是，他臆造出了一个逃避必然性的办法，这种办法是德谟克利特所没有想到的。伊壁鸠鲁说，虽然原子由于它们的重量和重力从上往下坠落，但还是有一点点偏斜。作出这种论断比不能为自己所主张的东西进行辩护还不光彩。"(4)

句读：很多人都不同意伊壁鸠鲁的观点，尤以西塞罗为代表，他嘲笑伊壁鸠鲁原子脱离直线而偏斜的运动为臆造。

皮埃尔·培尔也同样地判断说：

"在他〈即伊壁鸠鲁〉之前，人们只承认原子有由重力和排斥所引起的运动。伊壁鸠鲁设想，原子甚至在虚空中便稍微有点偏离直线，他说，因此便有了自由……必须附带指出，这并不是使他臆造出这个偏斜运动的唯一动机；偏斜运动还被他用来解释原子的碰撞，因为他当然看到，如果假定一切原子都以同一速度从上而下作直线运动，那就永远无法解释原子碰撞的可能性，这样一来，世界就不可能产生，所以，原子必然偏离直线。"(5)

句读：皮埃尔·培尔也反对伊壁鸠鲁，认为他臆造出这个偏斜运动的动机是为了解释自由和在原子碰撞中产生世界。

这些论断究竟确实到什么程度，我暂且放下不提。但是，任何人一眼就可以看出，现代的一位伊壁鸠鲁批评者绍巴赫却错误地理解了西塞罗，因为他说：

"一切原子由于重力，即根据物理的原因，平行地往下落，但是由于互相排斥而获得了另一种运动，按西塞罗的说法（《论神之本性》第 1 卷第 25 页），这就是由偶然原因，而且是向来就起作用的偶然原因产生的一种倾斜的运动。"(6)

第一，在前面引证的那一段话里，西塞罗并未把排斥看作是倾斜方向的根据，相反，却认为倾斜方向是排斥的根据。第二，他并没有说到偶然原因，相反，他指责伊壁鸠鲁没有提到任何原因；可见，同时把排斥和偶然原因都看作是倾斜方向的根据，这本身就是自相矛盾的。所以，他说的至多只是排斥的偶然原因，而不是倾斜方向的偶然原因。

句读：马克思没有展开对西塞罗和皮埃尔·培尔观点的分析与批判，但他却借绍巴赫对西塞罗观点的错误理解，说明了很多人都不懂伊壁鸠鲁哲学。

此外，在西塞罗和培尔的论断中，有一个极其显著的特点必须立即指出。这就是，他们给伊壁鸠鲁加上一些彼此互相排斥的动机：似乎伊壁鸠鲁承认原子的偏斜，有时是为了说明排斥，有时是为了说明自由。但是，如果原子没有偏斜就不会互相碰撞，那么用偏斜来论证自由就是多余的，因为正如我们在卢克莱修那里所看到的那样[7]，只有在原子的互相碰撞是决定论的和强制的时候，才开始有自由这个对立面。如果原子没有偏斜就互相碰撞，那么用偏斜来论证排斥就是多余的。我认为这种矛盾之所以产生，是由于像西塞罗和培尔那样，把原子偏离直线的原因理解得太表面化和太无内在联系了。一般说来，在所有古代人中，卢克莱修是唯一理解了伊壁鸠鲁的物理学的人，在他那里我们可以看到一种较为深刻的阐述。

句读：但马克思并没有放过西塞罗和培尔，而是直接攻击了两个人的论断中显著的漏洞，指出"他们给伊壁鸠鲁加上一些彼此互相排斥的动机"，并用卢克莱修的观点反驳了二人。马克思认为，在所有古代人中，卢克莱修是唯一理解了伊壁鸠鲁的物理学的人，在他那里我们可以看到一种较为深刻的阐述。而西塞罗和培尔的说法自相矛盾的原因在于他们对"原子偏离直线的原因理解得太表面化和太无内在联系"。

现在我们来考察一下偏斜本身。

句读：马克思要直接考察偏斜本身了。

正如点在线中被扬弃一样，每一个下落的物体也在它所划出的直线中被扬弃。这与它所特有的质完全没有关系。一个苹果落下时所划出的垂直线和一块铁落下时所划出的一样。因此，每一个物体，就它处在下落运动中来看，不外是一个运动着的点，并且是一个没有独立性的点，一个在某种定在中——即在它自己所划出的直线中——丧失了个别性的点。所以，亚里士多德对毕达哥拉斯派正确地指出："你们说，线的运动构成面，点的运动构成线，那么单子的运动也会构成线了。"[8] 因此，从这种看法出发得出的结论是，无论就单子或原子来说，因为它们处在不断的运动中[9]，所以，它们两者都不存在，而是消失在直线中；因为只要我们把原子仅仅看成是沿直线下落的东西，那么原子的坚实性就还根本没有出现。首先，如果把虚空想象为空间的虚空，那么，原子就是抽象空间的直接否定，因而也就是一个空间的点。那个与空间的外在性相对立、维持自己于自身之中的坚实性即强度，只有通过这样一种原则才能达到，这种原则是否定空间的整个范围的，而这种原则在现实自然界中就是时间。此外，如果连这一点也不赞同的话，那么，既然原子的运动构成一条直线，原子就纯粹是由空间来规定的了，它就会被赋予一个相对的定在，而它的存在就是纯粹物质性的存在。但是我们已经看到，原子概念中所包含的一个环节便是纯粹的形式，即对一切相对性的否定，对与另一定在的任何关系的否定。同时我们曾指出，伊壁鸠鲁把两个环节客观化了，它们虽然是互相矛盾的，但是两者都包含在原子概念中。

句读：马克思首先考察了原子概念，指出原子是物质与形式的统一，是空间与时间的统一，形式与时间是"对一切相对性的否定，对与另一定在的任何关系的否定"。他从点在线中扬弃开始，指出"把原子仅仅看成是沿直线下落的东西，那么原子的坚实性就还根本没有出现"。也就是说原子还没有成为原子，或者说看不到原子。马克思进行了两重论证。第一个论证中，马克思引入了时间的概念，用于否定空间的整个范围，进而证实原子的"与空间的外在性相对立、维持自己于自身之中的坚实性即强度"。这样，原子就是抽象空间的直接否定，因而也就是一个空间的点。失去了时间维度，原子就不能称其为原子。我们还看不到原子，只能看见空间。如果这个论证不能理解，马克思还提出了第二个论证，说明原子的运动构成一条直线是纯粹的空间规定，是一个相对的定在，只能是纯粹物质性的存在。我们只能看到一条线，也看不到原子。这显然是不可能的，因为，原子概念中所包含的一个环节便是纯粹的形式，即对一切相对性的否定，对与另一定在的任何关系的否定，而这一条直线就是一个相对的定在。马克思曾指出，伊壁鸠鲁把物质和形式客观化了，所以产生了矛盾，但两者都是包含在原子概念中的。

在这种情况下，伊壁鸠鲁如何能实现原子的纯粹形式规定，即如何能实现把每一个被另一个定在所规定的定在都加以否定的纯粹个别性概念呢？

句读：马克思提出论题：伊壁鸠鲁如何能实现原子的纯粹形式规定？也就是说，如何能实现否定每一个定在的纯粹个别性概念呢？

由于伊壁鸠鲁是在直接存在的范围内进行活动，所以一切规定都是直接的。因此，对立的规定就被当作直接现实性而互相对立起来。

句读：伊壁鸠鲁的方法是，在直接存在的范围内活动，一切规定都是直接的，把对立的规定当作直接现实性对立起来。

但是，同原子相对立的相对的存在，即原子应该给予否定的定在，就是直线。这一运动的直接否定是另一种运动，因此，即使从空间的角度来看，也是脱离直线的偏斜。

句读：原子对直线的否定表现为脱离直线的偏斜，也就是形式对物质的对立规定的空间表现形式。马克思由原子出发论证了脱离直线而偏斜的运动必然存在。

原子是纯粹独立的物体，或者不如说是被设想为像天体那样的有绝对独立性的物体。所以，它们也像天体一样，不是按直线而是按斜线运动。下落运动是非独立性的运动。

句读：按照原子的概念，它是纯粹独立的物体，被设想为像天体那样的有绝对独立性的物体，所以它"不是按直线而是按斜线运动"，而"下落运动是非独立性的运动"。也就是说，如果我们设定了原子，那它必然存在脱离直线而偏斜的运动。

因此，伊壁鸠鲁以原子的直线运动表述了原子的物质性，又以脱离直线的偏斜实现了原子的形式规定，而这些对立的规定又被看成是直接对立的运动。

句读：马克思在这里阐明了伊壁鸠鲁方法的运用。他把直线运动和脱离直线的偏斜、原子的物质性和原子的形式规定看成是直接对立的运动，从而论述清楚了自己的理论。

所以，卢克莱修正确地断言，偏斜打破了"命运的束缚"[10]，并且正如他立即把这个思想运用于意识那样[11]，关于原子也可以这样说，偏斜正是它胸中能进行斗争和对抗的某种东西。

句读：马克思称赞了卢克莱修正确的断言，认为偏斜类似于意识，是原子"胸中能进行斗争和对抗的某种东西"。这里首次把偏斜和意识联系起来，使原子具有了生命，原子借偏斜打破了"命运的束缚"。

但是，西塞罗指责伊壁鸠鲁说："他甚至没有达到他编造这一理论所要达到的目的；因为如果一切原子都作偏斜运动，那么原子就永远不会结合；或者一些原子作偏斜运动，而另一些原子则作直线运动。这就等于我们必须事先给原子指出一定的位置，即哪些原子作直线运动，哪些原子作偏斜运动。"(12)

句读：西塞罗通过他对原子偏斜理论的认知指责伊壁鸠鲁是错误的。他指出，如果一切原子都作偏斜运动，那么原子就永远不会结合；而如果一些原子作偏斜运动，而另一些原子则作直线运动，那就必须事先给原子指出一定的位置，即哪些原子作直线运动，哪些原子作偏斜运动，这当然是不可能的。

这种指责是有道理的，因为原子概念中所包含的两个环节被看成是直接不同的运动，因而也就必须属于不同的个体，——这是不合逻辑的说法，但它也合乎逻辑，因为原子的范围是直接性。

句读：马克思承认西塞罗的指责有一定合理性。因为"两个环节被看成是直接不同的运动，因而也就必须属于不同的个体"，这与原子概念是相违背的。但反过来说，也是合乎逻辑的，因为原子的范围是直接性，所以，这两个环节是不可分的。不过，西塞罗并不明白这一点。

伊壁鸠鲁很清楚地感觉到这里面所包含的矛盾。因此，他竭力把偏斜尽可能地说成是非感性的。偏斜是"既不在确定的地点，也不在确定的时间"(13)发生的，它发生在小得不能再小的空间里。(14)

句读：伊壁鸠鲁很清楚这里所包含的矛盾，因此，他把偏斜说成是非感性的和地点、空间不确定，以及在极微小空间里发生的。这样做的目的无非是降低人们对他的理论的理解难度。

其次，西塞罗(15)，据普卢塔克说，还有几个古代人(16)，责难伊壁鸠鲁，说按照他的学说，发生原子的偏斜是没有原因的；西塞罗并且说，对于一个物理学家来说，再也没有比这更不光彩的事情了。(17)但是，首先，西塞罗所要求的物理的原因会把原子的偏斜拖回到决定论的范围里去，而偏斜正是应该超出这种决定论的。其次，在原子中未出现偏斜的规定之前，原子根本还没有完成。追问这种规定的原因，也就是追问使原子成为本原的原因，——这一问题，对于那认为原子是一切事物的原因，而它本身没有原因的人来说，显然是毫无意义的。

句读：马克思在这里驳斥西塞罗、普卢塔克和其他几个古代人对伊壁鸠鲁的责难。按照他们的说法，伊壁鸠鲁无法提供发生原子的偏斜的原因，因此是错误的。马克思指出，西塞罗所要求的是物理的原因，这会把原子的偏斜拖回到决定论的范围里去，而偏斜恰恰是超出这种决定论的。再者，偏斜的规定是原子完成的必要条件。其三，马克思从根源上击倒了那些人，因为追问作为一切事物的原因的原子的原因是毫无意义的，它本身就没有原因。

最后，如果说培尔[18]依据奥古斯丁[19]的权威（不过这个权威同亚里士多德和其他古代人相比，是无足轻重的，据奥古斯丁说，德谟克利特曾赋予原子以一个精神的原则）责备伊壁鸠鲁，说他想出了一个偏斜来代替这个精神的原则，那么可以反驳他说：原子的灵魂只是一句空话，而偏斜却表述了原子的真实的灵魂即抽象个别性的概念。

句读：马克思反驳了培尔的观点。培尔依据奥古斯丁的说法，认为德谟克利特曾赋予原子以一个精神的原则，而伊壁鸠鲁只不过是用偏斜来代替这个精神的原则，言下之意是说伊壁鸠鲁偷梁换柱。而马克思指出了"精神的原则"的空洞，而伊壁鸠鲁偏斜"表述了原子的真实的灵魂即抽象个别性的概念"。这里是抽象个别性的概念在博士论文中首次出现的地方，哲学革命也就是因这个概念发生的。

我们在考察原子脱离直线而偏斜的结论之前，还必须着重指出一个极其重要、至今完全被忽视的环节。

句读：马克思提示我们，在做出原子脱离直线而偏斜的结论之前，还必须着重指出一个极其重要、完全被忽视的环节。

这就是，原子脱离直线而偏斜不是特殊的、偶然出现在伊壁鸠鲁物理学中的规定。相反，偏斜所表现的规律贯穿于整个伊壁鸠鲁哲学，因此，不言而喻，这一规律出现时的规定性，取决于它被应用的范围。

句读：马克思指出这一环节就是，"偏斜所表现的规律贯穿于整个伊壁鸠鲁哲学"，并"不是特殊的、偶然出现的规定"。因此，这一规律出现时的规定性可以得到普遍应用。这就突破了伊壁鸠鲁把偏斜说成是非感性的和地点、空间不确定，以及在极微小空间里发生的看法，使之成为普遍规律，这是马克思的重要创新。

抽象的个别性只有从那个与它相对立的定在中抽象出来，才能实现它的概念——它的形式规定、纯粹的自为存在、不依赖于直接定在的独立性、一切相对性的扬弃。须知为了真正克服这种定在，抽象的个别性就应该把它观念化，而这只有普遍性才有可能做到。

句读：抽象的个别性必须观念化、具有普遍性才能"从那个与它相对立的定在中抽象出来，才能实现它的概念"。这个概念包括它的形式规定、纯粹的自为存在、不依赖于直接定在的独立性、一切相对性的扬弃。这里对应上一段的说法，强调偏斜所代表的抽象个别性是具有普遍性的存在。

因此，正像原子由于脱离直线，偏离直线，从而从自己的相对存在中，即从直线中解放出来那样，整个伊壁鸠鲁哲学在抽象的个别性概念，即独立性和对同他物的一切关系的否定，应该在它的存在中予以表述的地方，到处都脱离了限制性的定在。

句读：抽象的个别性概念是对原子脱离直线而偏斜理论的运用，这个概念是指独立性，是指对同他物的一切关系的否定。应该在它的存在中予以表述的地方，到处都脱离了限制性的定在。马克思在这里明确了抽象的个别性的概念，区分了原子脱离直线而偏斜和抽象的个别性的概念，并说明了这一概念在伊壁鸠鲁哲学中应用的一致性。

因此，行为的目的就是脱离、离开痛苦和困惑，即获得心灵的宁静。[20]所以，善就是逃避恶[21]，而快乐就是脱离痛苦[22]。最后，在抽象的个别性以其最高的自由和独立性，以其总体性表现出来的地方，那里被摆脱了的定在，就合乎逻辑地是全部的定在，因此众神也避开世界，对世界漠不关心，并且居住在世界之外。[23]

句读：马克思把抽象的个别性应用范围从物理学领域扩大到人类世界。沿用到行为的目的是脱离、离开痛苦和困惑，即获得心灵的宁静。从而可知，善就是逃避恶，而快乐就是脱离痛苦。最后，当抽象的个别性作为总体摆脱全部定在的地方，也就脱离了世界这个定在。而众神就是抽象的个别性的最高的自由和独立性的总体性表现，因而他们避开世界，对世界漠不关心，并且居住在世界之外。马克思在这里通过行为和众神的实例让人们直观地看到了抽象的个别性，阐明了伊壁鸠鲁哲学的精髓。

人们曾经嘲笑伊壁鸠鲁的这些神，说它们和人相似，居住在现实世界的空隙中，它们没有躯体，但有近似躯体的东西，没有血，但有近似血的东西[24]；它们处于幸福的宁静之中，不听任何祈求，不关心我们，不关心世界，人们崇敬它们是由于它们的美丽，它们的威严和完美的本性，并非为了谋取利益。

句读：这里是借嘲笑伊壁鸠鲁的这些神来嘲笑伊壁鸠鲁的抽象的个别性是臆造的，且对人们来说毫无用处。首先质疑伊壁鸠鲁的这些神能否存在。说"它们和人相似，居住在现实世界的空隙中，它们没有躯体，但有近似躯体的东西，没有血，但有近似血的东西。"其次嘲笑伊壁鸠鲁的这些神脱离现实且中看不中用，说"它们处于幸福的宁静之中，不听任何祈求，不关心我们，不关心世界，人们崇敬它们是由于它们的美丽，它们的威严和完美的本性，并非为了谋取利益。"

不过，这些神并不是伊壁鸠鲁的虚构。它们曾经存在过。这是希腊艺术塑造的众神。西塞罗，作为一个罗马人，有理由嘲笑它们[25]，但是，当普卢塔克说：这种关于神的学说能消除恐惧和迷信，但是并不给人以愉快和神的恩惠，而是使我们和神处于这样一种关系中，就像我们和希尔卡尼亚海的鱼所处的关系一样，从这种鱼那里我们既不期望受到损害，也不期望得到好处[26]，——当他说这番话时，作为一个希腊人，他已完全忘记了希腊人的观点。理论上的宁静正是希腊众神性格上的主要因素。亚里士多德也说："最好的东西不需要行动，因为它本身就是目的。"[27]

句读：马克思在这里也从两个方面反驳了这些观点。首先，他直接指出伊壁鸠鲁的这些神并非虚构的，而是希腊艺术塑造出来的。他讽刺普卢塔克作为希腊人像罗马人西塞罗一样不明白这一点。马克思接着指出了众神的价值。"理论上的宁静正是希腊众神性格上的主要因素。亚里士多德也说：'最好的东西不需要行动，因为它本身就是目的。'"普卢塔克把"我们和神处于这样一种关系中"比作"我们和希尔卡尼亚海的鱼所处的关系一样，从这种鱼那里我们既不期望受到损害，也不期望得到好处"是错误的，这与希腊人的观点是相左的。

现在我们来考察一下从原子的偏斜中直接产生出来的结论。这种结论表明，原子否定一切这样的运动和关系，在这些运动和关系中原子作为一个特殊的定在为另一定在所规定。这个意思可以这样来表达：原子脱离并且远离了与它相对立的定在。但是，这种偏斜中所包含的东西——即原子对同他物的一切关系的否定——必须予以实现，必须以肯定的形式表现出来。这一点只有在下述情况下才有可能发生，即与原子发生关系的定在不是什么别的东西，而是它本身，因而也同样是一个原子，并且由于原子本身是直接地被规定的，所以就是众多的原子。于是，众多原子的排斥，就是卢克莱修称之为偏斜的那个'原子规律'的必然实现。但是，由于这里每一个规定都被设定为特殊的定在，所以，除了前面两种运动以外，又增加了作为第三种运动的排斥。卢克莱修说得对，如果原子不是经常发生偏斜，就不会有原子的冲击，原子的碰撞，因而世界永远也不会创造出来。(28) 因为原子本身就是它们的唯一客体，它们只能自己和自己发生关系；或者如果从空间的角度来表述，它们只能自己和自己相撞，因为当它们和他物发生关系时，它们在这种关系中的每一个相对存在都被否定了；而这种相对的存在，正如我们所看到的那样，就是它们的原始运动，即沿直线下落的运动。所以，它们只是由于偏离直线才相撞。这与单纯的物质分裂毫不相干。(29)

句读：马克思在这里总结从原子的偏斜中直接产生出来的结论。原子脱离并且远离了与它相对立的定在是指原子对同他物的一切关系的否定，这一结论如要实现，就必须以肯定的形式表现出来，也就是我们必须能够看见这种结果。马克思提出："这一点只有在下述情况下才有可能发生，即与原子发生关系的定在不是什么别的东西，而是它本身，因而也同样是一个原子，并且由于原子本身是直接地被规定的，所以就是众多的原子。于是，众多原子的排斥，就是卢克莱修称之为偏斜的那个'原子规律'的必然实现。"因为虚空中只有原子，这种结论的确证必然是通过原子与原子的关系实现的。由于所有的原子都被设定为特殊的定在，其在相互作用中又增加了作为第三种运动的排斥。马克思同意卢克莱修的观点，认为原子经常发生偏斜，产生原子的冲击，原子的碰撞，因而世界也就被创造出来。原子本身是自己的唯一客体，只能自己和自己发生关系，即在空间里自己和自己相撞，一旦和他物发生关系，它们在这种关系中的每一个相对存在都被否定了，从而发生了偏离直线而相撞的现象。这与单纯的物质分裂没有一点关系。这里的阐述讲明了原子概念、空间概念以及原子的三种运动之间的逻辑关系和内在原理。

而事实上，直接存在的个别性，只有当它同他物发生关系，而这个他物就是它本身时，才按照它的概念得到实现，即使这个他物是以直接存在的形式同它相对立的。所以一个人，只有当他与之发生关系的他物不是一个不同于他的存在，相反，这个他物本身即使还不是精神，也是一个个别的人时，这个人才不再是自然的产物。但是，要使作为人的人成为他自己的唯一现实的客体，他就必须在他自身中打破他的相对的定在，即欲望的力量和纯粹自然的力量。排斥是自我意识的最初形式；因此，它是同那种把自己看作是直接存在的东西、抽象个别的东西的自我意识相适应的。

句读：马克思指出直接存在的个别性只有在自己的概念中自己与自己发生关系，即使这种关系是直接存在的对立关系，才能够得到实现。在这里，马克思把直接存在的个别性等同于个人，指出个人与和自己属性相同的一个个别的人发生关系时，即使还不是精神，这个人也不再是自然的产物。作为直接存在的个别性的人要想成为他自己的唯一现实的客体，他就必须在他自身中打破他的相对的定在，即欲望的力量和纯粹自然的力量。也就是说，自己排斥自己，否定自己的自然属性，才能成为真正的人。因而，排斥是自我意识的最初形式，其与那种把自己看作是直接存在的东西、抽象个别的东西的自我意识相适应。马克思在这里实际已经指出原子是具有自我意识的，人当然也是具有自我意识的。

所以，在排斥中，原子概念实现了，按这个概念来看，原子是抽象的形式，但是其对立面同样也实现了，按其对立面来看，原子就是抽象的物质；因为那原子与之发生关系的东西虽然是原子，但是一些别的原子。但是，如果我同我自己发生关系，就像同直接的他物发生关系一样，那么我的这种关系就是物质的关系。这是可能设想的最极端的外在性。因此，在原子的排斥中，表现在直线下落中的原子的物质性和表现在偏斜中的原子的形式规定，都综合地结合起来了。

句读：通过排斥运动，原子的概念得以实现，也就是说抽象的形式和抽象的物质都实现了。原子是在互相排斥中实现彼此的，而原子自身与自身发生关系，就像同直接的他物发生关系一样，这种关系就是物质关系。抽象的形式是主动的，自己就可以实现偏斜。抽象的物质是被动的，在两者互动中才能确证,因此,原子自身与自身发生直接的他物关系只能是物质关系。这样,直线下落中体现的抽象的物质就和偏斜中体现的抽象的形式结合起来了。

同伊壁鸠鲁相反,德谟克利特把那对于伊壁鸠鲁来说是原子概念的实现的东西,变成一种强制的运动,一种盲目必然性的行为。在上面我们已经看到,他把由原子的互相排斥和碰撞所产生的旋涡看作是必然性的实体。可见,他在排斥中只注意到物质方面,即分裂、变化,而没有注意到观念方面,按观念方面来说,在排斥中一切同他物的关系都被否定了,而运动被设定为自我规定。关于这一点,我们可以从下面的事实看得很清楚:他通过虚空的空间完全感性地把同一个物体想象成分裂为许多物体的东西,就像金子被碎成许多小块一样。(30)这样一来,他几乎没有把一理解为原子概念。

句读:马克思在这里通过与德谟克利特对比,更清晰地阐述了伊壁鸠鲁的原子概念。德谟克利特是通过强制的运动,一种盲目的必然性行为实现原子概念的。因此,他把由原子的互相排斥和碰撞所产生的旋涡看作是必然性的实体。旋涡是运动的结果与所在。所以,德谟克利特对原子概念的把握具有片面性,他只注意到了物质的分裂、变化,而没有注意到运动是原子的自我规定,这种自我规定反映着原子的观念方面,按观念方面来说,在排斥中一切同他物的关系都被否定了。这种缺陷导致德谟克利特只能用空间这一维度认识物体,而物体则像金子一样只可以被分类为许多小块。从而,他也不具备把一理解为原子概念的基础。

亚里士多德正确地反驳他说:"因此,应该对断言原初物体永远在虚空中和无限中运动的留基伯和德谟克利特说,这是哪一种运动,什么样的运动适合这些物体的本性。因为如果每一个元素都是被另一个元素强行推动的,那么,每一个元素除了强制的运动之外必然还有一种自然的运动;而这种最初的运动应该不是强制的运动,而是自然的运动。否则就会发生无止境的递进。"(31)

句读:马克思采用亚里士多德的话反驳了德谟克利特。亚里士多德正确地批判了德谟克利特,指出他的强制运动会造成无止境的递进,也就是在虚空中找不到他在现象世界中所谓的"必然性"。从而论证了原子的运动是自我运动、"自然的运动"。因为无论留基伯和德谟克利特如何断言原初物体永远在虚空中和无限中运动，他们都必须明确究竟是什么运动能够满足这些物体的本性。总需要一个最初的推动力，然后才能有一个元素强行推动另一个元素而产生的强制性运动。那么就必然存在物体本性所具有的自然的运动。

因此，伊壁鸠鲁的原子偏斜说就改变了原子王国的整个内部结构，因为通过偏斜，形式规定显现出来了，原子概念中所包含的矛盾也实现了。所以，伊壁鸠鲁最先理解了排斥的本质，虽然是在感性形式中，而德谟克利特则只认识到它的物质存在。

句读：马克思肯定了伊壁鸠鲁的原子偏斜说的重要价值，认为它改变了原子王国的整个内部结构。通过原子脱离直线而偏斜的学说，原子的抽象的形式显现了出来，原子概念中所包含的抽象的形式与抽象的物质的矛盾也实现了。相比于德谟克利特等来说，伊壁鸠鲁最先理解了排斥的本质，把抽象的形式纳入原子概念，虽然他是在感性形式中表述的。

因此，我们还发现伊壁鸠鲁应用了排斥的一些更具体的形式。在政治领域里，那就是契约[32]，在社会领域里，那就是友谊[33]，友谊被称赞为最崇高的东西。

句读：因此，伊壁鸠鲁对排斥的运用在一些非原子领域更容易看到。这些感性的具体的形式，在政治领域里，那就是契约，在社会领域里，那就是友谊，友谊被称赞为最崇高的东西。由此可知，伊壁鸠鲁的领域并非像德谟克利特那样主要集中于物理学，而是宽广得多，这个情况在后文天象一章最为明显。

第二章
原子的质

说原子具有特性，那是同原子概念相矛盾的；因为正如伊壁鸠鲁所说，任何特性都是变化的，而原子却是不变的。[1]尽管如此，认为原子具有特性，仍然是必然的结论。因为被感性空间分离开来的互相排斥的众多原子彼此之间，它们与自己的纯本质必定是直接不同的，就是说，它们必定具有质。

句读：这里的质指的就是特性、特质、质，而不是所谓的本质，不过，在一定条件下质也可以是本质，这是比较容易混淆的。伊壁鸠鲁认为特性是变化的，原子是不变的，所以原子没有特性。但由于原子之间存在排斥运动，所以"它们与自己的纯本质必定是直接不同的，就是说，它们必定具有质"。如果没有质、没有特性，那就只剩下了空间，再进一步说，就剩下无。

因此，在下面的叙述中，我完全不考虑施奈德和纽伦贝格尔的说法："伊壁鸠鲁不认为原子具有质，第欧根尼·拉尔修书中给希罗多德的信第44节和第54节是以后加进去的。"如果事情真是这样的话，那么怎样才能驳倒卢克莱修、普卢塔克以及所有谈到伊壁鸠鲁的著作家的证据呢？而且，第欧根尼·拉尔修提到原子的质的地方，并不只是两节，而是有十节之多，即第42、43、44、54、55、56、57、58、59和61节。这些批评家所提出的理由，说"他们不知道如何把原子的质和它的概念结合起来"，是很肤浅的。斯宾诺莎说，无知不是论据。如果每个人都把古代人著作中他所不理解的地方删去，我们很快就会得到一张白板！

句读：马克思为了给下面的叙述铺平道路，首先否定了施奈德和纽伦贝格尔的说法，他们据第欧根尼·拉尔修书中的记载，说伊壁鸠鲁不认为原子具有质。这种观点与大多数人的观点是相左的，卢克莱修、普卢塔克以及所有谈到伊壁鸠鲁的著作家都说伊壁鸠鲁认为原子具有质。马克思还提到，第欧根尼·拉尔修提到原子的质的地方，并不只是两节，而是有十节之多，即第42、43、44、54、55、56、57、58、59和61节。因此，斥责这些批评家很肤浅。马克思进一步讽刺他们说："斯宾诺莎说，无知不是论据。如果每个人都把古代人著作中他所不理解的地方删去，我们很快就会得到一张白板！"

由于有了质，原子就获得同它的概念相矛盾的存在，就被设定为外化了的、与它自己的本质不同的定在。这个矛盾正是伊壁鸠鲁的主要兴趣所在。因此，在他设定原子有某种特性并由此得出原子的物质本性的结论时，他同时也设定了一些对立的规定，这些规定又在这种特性本身的范围内把它否定了，并且反过来又肯定了原子概念。因此，他把所有特性都规定成相互矛盾的。相反，德谟克利特无论在哪里都没有从原子本身来考察特性，也没有把包含在这些特性中的概念和存在之间的矛盾客观化。实际上，德谟克利特的整个兴趣在于，从质同应该由质构成的具体本性的关系来说明质。在他看来，质仅仅是用来说明表现出来的多样性的假设。因此，原子概念同质没有丝毫关系。

句读：伊壁鸠鲁把原子设定为本质和质的结合体，这样既能使原子"获得同它的概念相矛盾的存在"，可以"被设定为外化了的、与它自己的本质不同的定在"，又因而在坚持吾之本性、否定这些特质在它们自己范围内的有效性，"反过来又肯定了原子概念"。而德谟克利特则把二者割裂，认为"原子概念同质没有丝毫关系"。伊壁鸠鲁通过设定质来否定原子概念，但又通过设定质的范围肯定了原子概念，这是他的原子概念的真谛，是活生生的原子，是能够创造世界的原子。而德谟克利特则不同，他只是把质包含在原子内，用于解释多样性，是死翘翘的原子，就像我们从容器中取出东西，是因为容器中有东西而已。

为了证明我们的论断，首先必须弄明白在这里显得相互矛盾的材料来源。

句读：马克思为了证明自己的论断，首先要梳理"显得相互矛盾的材料来源"。

《论哲学家的见解》一书中说："伊壁鸠鲁断言，原子具有三种特性：体积、形状、重力。德谟克利特只承认有两种：体积和形状；伊壁鸠鲁加上了第三种，即重力。"[2]在欧塞比乌斯的《福音之准备》里，这段话逐字逐句重复了一遍。[3]

句读：《论哲学家的见解》一书的观点为欧塞比乌斯的《福音之准备》所承认，提及伊壁鸠鲁认为原子具有三种特性：体积、形状和重力，而德谟克利特只承认有两种：体积和形状。

这一段话为西姆普利齐乌斯[4]和斐洛波努斯[5]的证据所证实，据他们说，德谟克利特只认为原子有体积和形状的差别。亚里士多德的看法正相反，在他的《论产生和消灭》一书第1卷里，他认为德谟克利特的原子具有不同的重量。[6]在另一个地方（《天论》第1卷里），亚里士多德又使德谟克利特是否认为原子具有重力这一问题成为悬案，因为他说："如果一切物体都有重力，那么就没有一个物体会是绝对轻的；但是，如果一切物体都是轻的，那么就没有一个物体会是重的。"[7]李特尔在他的《古代哲学史》里，以亚里士多德的权威为依据，否定了普卢塔克、欧塞比乌斯、斯托贝的论述[8]；他对西姆普利齐乌斯和斐洛波努斯的证据未予考虑。

　　句读：马克思为了使自己的论点清晰，专门讨论了有关德谟克利特原子的质的矛盾表述。普卢塔克、欧塞比乌斯、斯托贝、西姆普利齐乌斯和斐洛波努斯都认为德谟克利特原子的质只有两种，而李特尔的《古代哲学史》并不这么认为，其论据是亚里士多德的论述，但从引用亚里士多德的话来看，是存在前后矛盾的。

　　我们来看一看，这几个地方是不是真有那么严重的矛盾。在上面的引文里，亚里士多德并没有专门谈到原子的质。相反，在《形而上学》第 7 卷里说道："德谟克利特认为原子有三种差别。因为作为基础的物体按质料来说是同样的东西，但是物体或者因外形不同而有形状的差别，或者因转向不同而有位置的差别，或者因相互接触不同而有次序的差别。"(9) 从这一段话里，至少可以立刻得出一个结论。重力没有作为德谟克利特的原子的一个特性被提到。那分裂了的、彼此在虚空中分散开的物质微粒必定具有特殊的形式，而这些特殊的形式是根据对空间的考察完全外在地得到的。这一结论从亚里士多德的下面一段话中看得更明白："留基伯和他的同事德谟克利特说，充实和虚空都是元素……这二者作为物质，就是一切存在物的根据。有些人认为，有一个唯一的基本实体，其他事物是从这种实体的变化中产生的，同时还把稀薄和稠密看作是一切质的原则，同这些人一样，留基伯和德谟克利特也同样教导说，原子的差别是其他事物的原因，因为作为基础的存在只是由于外形、相互接触和转向不同而有所差别……例如，A 在形状上与 N 有差别，AN 在次序上与 NA 有差别，Z 在位置上与 N 有差别。"(10)

　　句读：马克思专门用此段厘清亚里士多德的话的本意。他指出，在上一段的引文中，亚里士多德没有专门谈到原子的质，言外之意就是对其引用并不正确。相反，他引用《形而上学》第 7 卷中的话证明亚里士多德确认德谟克利特的原子有三种差别：形状的差别、位置的差别和次序的差别，并用亚里士多德论述留基伯和德谟克利特学说的话呼应了这一点。也就是说，重力不是德谟克利特的原子的一个特性，因为德谟克利特的原子特性只是"根据对空间的考察完全外在地得到的。"联系前文可知，德谟克利特的原子论基本可以视作是空间一维的，而伊壁鸠鲁则是多维的。

从这段话可以清楚地看出，德谟克利特只是从现象世界的差别的形成这个角度，而不是从原子本身来考察原子的特性的。此外还可以看出，德谟克利特并没有把重力作为原子的一种本质特性提出来。在他看来，重力是不言而喻的东西，因为一切物体都是有重量的。同样，在他看来，甚至体积也不是基本的质。它是原子在具有外形时即已具备了的一个偶然的规定。只有外形的差别使德谟克利特感兴趣，因为除了外形的差别以外，形状、位置、次序之中再也不包含任何东西了。由于体积、形状、重力在伊壁鸠鲁那里是被结合在一起的，所以它们是原子本身所具有的差别；而形状、位置、次序是原子对于某种他物所具有的差别。这样一来，我们在德谟克利特那里只看见一些用来解释现象世界的纯粹假设的规定，而伊壁鸠鲁则向我们说明了从原则本身得出来的结论。因此，我们要逐个地分别考察他对原子特性的规定。

句读：德谟克利特和伊壁鸠鲁的区别在于，前者"只是从现象世界的差别的形成这个角度"来考察原子的特性的，而后者"是从原子本身来考察原子的特性的"。前者的表述并不能与原子的质的概念相一致，后者从原则本身得出来结论。所以，在伊壁鸠鲁那里体积、形状、重力被结合在一起，"所以它们是原子本身所具有的差别"。马克思在这里对照德谟克利特和伊壁鸠鲁，可知德谟克利特原子论的外在性，他的认识角度是现象世界的差别，因此重力、体积都被视作当然，也只有包含形状、位置、次序的外形能够引起他的兴趣，与之相较，伊壁鸠鲁原子论是从内在出发的，这是二人差别的根源所在。下面的论述展现了伊壁鸠鲁原子论的精妙。

第一，原子有体积。[11]另一方面，体积也被否定了。也就是说，原子并不具有随便任何体积[12]，而是认为原子之间只有一些体积上的变化。[13]应该说只否定原子的大，而承认原子的小[14]，但并不是最小限度，因为最小限度是一个纯粹的空间规定，而是表现矛盾的无限小。[15]因此，罗西尼在他为伊壁鸠鲁《残篇》所作的注释里把一段话译错了，完全忽视了另外的一面，他说：

"但是，伊壁鸠鲁认定那些小得难以置信的原子是如此细微，根据拉尔修第10卷第44节提供的证据，伊壁鸠鲁说过，原子没有体积。"[16]

句读：第一，伊壁鸠鲁认为原子有体积，但体积同时也被否定了。体积并不是任何体积，而是否定原子的大，肯定原子的小，"表现矛盾的无限小"，又不是无限小,因为"最小限度是一个纯粹的空间规定"。为此,马克思特地指出了罗西尼在他为伊壁鸠鲁《残篇》所作的注释里的错译。就今译古或中译西来说,难免存在这样那样的问题,因此,我们学习的真谛实际上是要实现理论上的通透,而不是纠结于译作的某些词汇或表达方法,甚或强迫自己追根寻底。如果我们仔细对照一些原版和译作,难免会大失所望,因为一词多译、多词一译、错译、误译、漏译等现象太普遍了。

我现在不愿意去考虑欧塞比乌斯的说法,照他说,伊壁鸠鲁最先认为原子是无限小的[17],而德谟克利特却承认有最大的原子,——按斯托贝的说法,甚至像世界那么大。[18]

句读:马克思表明,他不愿意滞留于有关原子大小的争论。欧塞比乌斯说伊壁鸠鲁最先认为原子是无限小的,而德谟克利特却承认有最大的原子,斯托贝说甚至像世界那么大。

一方面,这种说法同亚里士多德的证据相矛盾[19],另一方面,欧塞比乌斯,或者不如说他所引证的亚历山大里亚的主教迪奥尼修斯,是自相矛盾的;因为在同一本书里宣称,德谟克利特承认不可分割的、用理性可以直观的物体是自然界的本原。[20]有一点是清楚的:德谟克利特并没有意识到这种矛盾,它没有引起他的注意,而这个矛盾却是伊壁鸠鲁的主要兴趣所在。

句读:马克思指出欧塞比乌斯的说法与亚里士多德和亚历山大里亚的主教迪奥尼修斯的证据都是有出入的。德谟克利特承认不可分割的、用理性可以直观的物体是自然界的本原,他并没有意识到原子的大小中存在的矛盾,而这个矛盾却是伊壁鸠鲁的主要兴趣所在。

伊壁鸠鲁的原子的第二种特性是形状。[21]不过,这一规定也同原子概念相矛盾,并且必须设定它的对立面。抽象的个别性就是抽象的自身等同,因而是没有形状的。因此,原子形状的差别固然是无法确定的[22],但是它们也不是绝对无限的[23]。相反,使原子互相区别开来的形状的数量是确定的和有限的[24]。由此自然而然就会得出结论说,不同的形状没有原子那么多[25],然而,德谟克利特却认为形状有无限多[26]。如果每个原子都有一个特殊的形状,那么,就必定会有无限大的原子[27],因为原子会有无限的差别,不同于其他一切原子的差别,像莱布尼茨的单子一样。因此,莱布尼茨关于天地间没有两个相同的东西的说法，就被颠倒过来了；天地间有无限多个具有同一形状的原子[28]，这样一来，形状的规定显然又被否定了，因为一个形状如果不再与他物相区别，就不是形状了。

　　句读：伊壁鸠鲁的原子的第二种特性是形状，形状规定也是与"原子概念相矛盾，并且必须设定它的对立面"。原子的抽象的个别性表明原子没有形状，因其为抽象的自身等同，如前文所言，抽象个别性在伊壁鸠鲁看来是原子的真实的灵魂，灵魂当然是没有形状的。当设定原子具有形状的时候，就与原子没有形状相矛盾了，也就只能认为原子的形状不是绝对无限的。即是说使不同原子互相区别开来的形状的数量是确定的和有限的。那么，不同的形状数量没有原子那么多，类似于前面的体积，形状也有它的限度。但德谟克利特却认为形状有无限多，从而就有无限大的原子，这样的原子就变成了莱布尼茨的单子，因为原子也会有无限的差别。但是按照伊壁鸠鲁的规定，莱布尼茨关于天地间没有两个相同的东西的说法就被否定了，因为天地间存在着有无限多个具有同一形状的原子，这就又否定了形状的规定，"因为一个形状如果不再与他物相区别，就不是形状了。"伊壁鸠鲁的原子概念因而实现了。

　　最后，极其重要的是，伊壁鸠鲁提出重力作为第三种质[29]，因为在重心里物质具有构成原子主要规定之一的观念上的个别性。所以，原子一旦被转移到表象的领域内，它们必定具有重力。

　　句读：最后一点极其重要，伊壁鸠鲁提出重力是原子的第三种质。从物质的重心来看，其具有构成原子主要规定之一的观念上的个别性，因为物体重量之不同都与重心有关，从而，"原子一旦被转移到表象的领域内，它们必定具有重力。"在这里，伊壁鸠鲁通过物质的重心将重力引入了原子的概念，使原子具有了第三种质。

　　但是，重力也直接同原子概念相矛盾，因为重力是作为处于物质自身之外的观念上的点的物质个别性。然而，原子本身就是这种个别性，它像重心一样，被想象为个别的存在。因此在伊壁鸠鲁看来，重力只是作为不同的重量而存在，而原子本身是实体性的重心，就像天体那样。如果把这一点应用到具体东西上面，那自然而然就会得出老布鲁克尔认为是非常惊人的[30]、卢克莱修要我们相信的结论[31]：地球没有一切事物所趋向的中心，也不存在住在相对的两个半球上的对蹠者。其次，既然只有和他物有区别的、因而外化了的并且具有特性的原子才有重力，那么不言而喻，如果不把原子设想为互相不同的众多原子，而只就其对虚空的关系来设想原子，重量的规定就消失了，因此，不管原子在质量和形状上如何不同，它们都以同样的速度在虚空的空间中运动。[32]因此，伊壁鸠鲁也只在排斥和因排斥而产生的组合方面应用重力，这就使得他有理由断言，只是原子的聚集，而不是原子本身才有重力。[33]

句读：重力也直接同原子概念相矛盾，因为重力是外在的个别性，"作为处于物质自身之外的观念上的点的物质个别性。"而原子本身就是这种个别性，类似于重心，可以被想象为个别的存在。所以，伊壁鸠鲁只是把重力当作重量来看待，原子本身被视作实体性的重心，类似于天体。如果具体的东西像天体一样，那就会得出与老布鲁克尔认为惊人的和卢克莱修要我们相信的结论，"地球没有一切事物所趋向的中心，也不存在住在相对的两个半球上的对蹠者。"这显然是不合理的。再者，必须把原子设定为外化了的和他物有区别的且具有特性的原子，也就是把原子设想为互相不同的众多原子。否则，仅仅按照虚空的标准来设想原子，重量的规定也就无需存在了，"因此，不管原子在质量和形状上如何不同，它们都以同样的速度在虚空的空间中运动。"这当然也是不合理的。最后，马克思解释了伊壁鸠鲁的重力设定。作为处于物质自身之外的观念上的点的物质个别性，原子本身就是重心。"伊壁鸠鲁也只在排斥和因排斥而产生的组合方面应用重力，这就使得他有理由断言，只是原子的聚集，而不是原子本身才有重力。"这样，重力的应用也是有其范围和限度的，一旦突破，就不存在了。

伽桑狄就称赞伊壁鸠鲁，说他仅仅由于受理性的引导，就预见到了经验，按照经验，一切物体尽管重量和质量大不相同，当它们从上往下坠落的时候，速度却是一样的。[34]

句读：马克思用伽桑狄的话肯定了伊壁鸠鲁的推理与经验一致，因为"一切物体尽管重量和质量大不相同，当它们从上往下坠落的时候，速度却是一样"，其与原子在虚空中运动速度相同的结论是一致的。但这并不是伊壁鸠鲁的原子，更不是德谟克利特的原子，而是伽利略的从比萨斜塔上抛下的铁球。不过，当铁球与地面撞击的时候，我们就能感受到重力，铁球也就变成了伊壁鸠鲁的原子。而且，卢克莱修在《物性论》中的论述与此是一致的，他指出："所有的事物都需要经历平静的虚空之旅，虽然是不同的重量，却要以相同的速度移动。"

所以，对原子的特性的考察得出的结果同对偏斜的考察得出的结果是一样的，即伊壁鸠鲁把原子概念中本质和存在的矛盾客观化了，因而提供了原子论科学，而在德谟克利特那里，原则本身却没有得到实现，只是坚持了物质的方面，并提出了一些经验所需要的假设。

句读：马克思肯定了伊壁鸠鲁原子论科学，他"把原子概念中本质和存在的矛盾客观化了"，原子概念的原则得到了实现，而德谟克利特只是坚持了原子概念的物质的方面。

概要来说，原子是空间与时间、物质与形式的统一，在客观上原子是不可分的。但在伊壁鸠鲁那里原子的空间和原子的时间被分离了，物质与体积、形状、重力等形式和个性被分离了，也就把"把原子概念中本质和存在的矛盾客观化了"，因而也就产生了原子的三种运动，进而产生了旋涡和世界。

这是一种很好的研究方法，能够充分揭示事物的内部矛盾。

第三章
不可分的本原和不可分的元素

绍巴赫在上面已提到过的他关于伊壁鸠鲁的天文学概念的论文中说：

"伊壁鸠鲁和亚里士多德一起把本原（不可分的本原，第欧根尼·拉尔修，第10卷第41节）和元素（不可分的元素，第欧根尼·拉尔修，第10卷第86节）加以区别，前者是通过理智可以认识的原子，它们不占有任何空间。[1]它们被称为原子，并非因为它们是最小的物体，而是因为它们在空间里不能被分割，按照这种看法应该认为，伊壁鸠鲁没有赋予原子以任何与空间有关的特性。[2]但是，他在给希罗多德的信中（第欧根尼·拉尔修，第10卷第44、54节），不仅赋予原子以重力，而且还赋予它以体积和形状……因此，我把这些原子算作第二类，它们是从前一种原子中产生的，但又被看作物体的基

本粒子。"⁽³⁾

句读：绍巴赫根据伊壁鸠鲁和亚里士多德的论述将原子分为不可分的本原和不可分的元素两种原子，没有空间特性的、在空间里不能被分割的第一类原子称为不可分的本原，有空间特性，具有重力、体积和形状的原子被称为不可分的元素，它们被认为产生于第一类原子，但又被看作物体的基本粒子。

让我们更仔细地研究一下绍巴赫从第欧根尼·拉尔修的书［第10卷第86节］中引证的一段话。这段话说："例如，认为宇宙是物体和不可触摸的本质，或者认为存在着不可分的元素，以及其他诸如此类的观点。"这里伊壁鸠鲁是在教导皮托克勒斯，他写信给他说，天象学说不同于其他一切物理学说，例如，认为一切都是物体和虚空，认为存在着不可分的基质的学说。很显然，这里没有任何理由认为所谈到的是第二类的原子。也许"宇宙是物体和不可触摸的本质"和"存在着不可分的元素"这两个说法的不同，造成了"物体"和"不可分的元素"之间的差别，在这种情况下，"物体"也许就意味着与"不可分的元素"相对立的第一种原子。但这是完全不可设想的。"物体"是指与虚空相对立的有形体的东西，所以虚空又叫作"无形体的东西"。⁽⁵⁾因此，在"物体"这一概念里既包括原子又包括复合的物体。例如，在给希罗多德的信中说道："宇宙是物体……如果没有我们称之为虚空、空间和不可触摸的本质的东西的话……在物体中，有一些是复合体，另外一些则是构成这些复合体的东西。而这些东西是不可分的和不可改变的……因此，本原必然是不可分的有形体的实体。"⁽⁶⁾可见，在上述这段话中，伊壁鸠鲁谈的首先是与虚空不同的一般有形体的东西，其次是特殊有形体的东西，即原子。

句读：马克思批驳绍巴赫，指出"伊壁鸠鲁谈的首先是与虚空不同的一般有形体的东西，其次是特殊有形体的东西，即原子"。也就是说，不存在什么第一类原子和第二类原子。绍巴赫不能理解伊壁鸠鲁对天象学的阐述，混淆了"宇宙是物体和不可触摸的本质"和"存在着不可分的元素"这两个说法的不同，造成了"物体"和"不可分的元素"之间的差别，在这种情况下，"物体"在他看来也许就意味着与"不可分的元素"相对立的第一种原子。马克思指出"这是完全不可设想的"。因为"物体"与"虚空"相对立，前者是"有形体的东西"，后者是"无形体的东西"，并且"物体"既包括原子又包括复合的物体，它怎么可能是第一类原子？而原子是构成物体的不可分的有形体的实体，是本原。

绍巴赫引证亚里士多德的话也不能证明任何东西。斯多亚派所特别强调的"本原"和"元素"之间的差别(7)，诚然在亚里士多德那里也可以找到(8)，但是，亚里士多德也承认两种说法是等同的。(9) 他甚至明确地说，"元素"主要是指原子。(10) 留基伯和德谟克利特也同样称充实和虚空为"元素"。(11)

句读：马克思引用斯多亚派和亚里士多德等的观点，证明本原和元素是等同的。

在卢克莱修那里，在第欧根尼·拉尔修书中所载伊壁鸠鲁的书信里，在普卢塔克的《科洛特》里(12)，在塞克斯都·恩披里柯那里(13)，都认为原子本身具有特性，因而这些特性也就被规定为自己扬弃自己。

句读：马克思继续引用卢克莱修、第欧根尼·拉尔修、普卢塔克和塞克斯都·恩披里柯等作家的说法，证明"原子本身具有特性，因而这些特性也就被规定为自己扬弃自己"。马克思在这里表明，原子由于本身具有特性，也就产生了扬弃自己的不同阶段，两类原子就是这样的情况。

但是，如果说只有靠理性才能感知的物体具有空间的质，可以被当作二律背反的话，那么说空间的质本身只有靠理智才能被感知，就将是一个更大得多的二律背反。(14)

句读：马克思在这里批判欧塞比乌斯的观点。欧塞比乌斯《福音之准备》第 14 卷第 773 页："伊壁鸠鲁……设想有不能用感官感知的（原子）……"第 749 页："但是，它们〈即原子〉具有自己的、靠理智可以感知的形状。"前者表明靠理性才能感知的物体不具有空间的质，而后者表明空间的质并不是靠理智才能被感知。所以是二律背反的。

最后，绍巴赫引用斯托贝的下面一段话来进一步论证他的见解："伊壁鸠鲁说，……原初的东西（即物体）是简单的；而由它们所组成的复合体全都具有重力。"对斯托贝的这段话，其实还可以加上另外几段话，其中"不可分的元素"是作为一种特殊的原子而被提到：（普卢塔克）《论哲学家的见解》第 1 卷第 246 和 249 页和斯托贝《自然的牧歌》第 1 卷第 5 页。(15) 此外，在这几段话里根本没有肯定地说，原始的原子没有体积、形状和重力。相反，只是提到重力是区别"不可分的本原"与"不可分的元素"的标志。但是，我们在前一章已经说过，重力只是在原子的排斥和由排斥而产生的聚集方面才得到应用。

句读：马克思驳斥了绍巴赫引用斯托贝的话证明自己的观点。用重力的产生原因否定将原子划分为"不可分的本原"与"不可分的元素"。斯托贝、普卢塔克的话并不能证实原始的原子没有体积、形状和重力，而用重力区分两类原子显然是不恰当的，因为伊壁鸠鲁只是把重力用在"原子的排斥和由排斥而产生的聚集方面"。

臆想出"不可分的元素"也并没有得到什么结果。要从"不可分的本原"过渡到"不可分的元素"，就同想直接赋予它们以特性一样，是困难的。但是，我并不绝对否认这种区别。我只是否认存在着两种不同的、固定不变的原子罢了。确切地说，它们是同一种原子的不同规定。

句读：马克思在这里亮明了他的观点，认为"不可分的元素"是一种臆想，没有什么结果。这就好比为原子赋予特性一样，是困难的，不太可能实现从"不可分的本原"过渡到"不可分的元素"。马克思认为"不可分的本原"与"不可分的元素"并不是"两种不同的、固定不变的原子"，"它们是同一种原子的不同规定"。在这里马克思发展和完善了伊壁鸠鲁原子论，是他的一个创新。

在说明这个差别以前，我还要提醒大家注意伊壁鸠鲁的一种手法，即他喜欢把一个概念的不同的规定看作不同的独立的存在。正如原子是他的原则一样，他的认识方式本身也是原子论的。在他那里，发展的每一环节立即就悄悄地转变成固定的、仿佛被虚空的空间从与整体的联系中分离开来的现实。每个规定都采取了孤立的个别性的形式。

句读：马克思为了使读者能够较容易理解这个差别，他先讲了伊壁鸠鲁原子论方法。伊壁鸠鲁的一种手法是把一个概念的不同的规定看作不同的独立的存在。正如原子是他的原则一样，原子的发展的每一环节立即就悄悄地转变成固定的、仿佛被虚空的空间从与整体的联系中分离开来的现实。每个规定都采取了孤立的个别性的形式。也就是说每一个环节都独立了，它们之间又必然是相异化的、相对立的。很多人说马克思博士论文采用的是黑格尔的方法论，但黑格尔的方法论又从哪里来？毋庸置疑，伊壁鸠鲁作为古希腊哲学家的原子论方法是远在黑格尔之前的，我们无理由相信马克思阐述的伊壁鸠鲁的方法是从黑格尔那里学来的。

这种手法从下面一个例子来看就清楚了。

句读：马克思下面举例说明伊壁鸠鲁的这种手法。

无限，或者像西塞罗译作的 infinitio，有时被伊壁鸠鲁用来当作一种特殊的自然。而正是在"元素"被规定为固定的、作为基础的实体的地方，我们也发现，"无限"也变成一种独立存在的东西了。[16]

句读：伊壁鸠鲁把"无限""元素"等都当作"一种独立存在的东西"，而且这两者是联用的，正是在"元素"被规定为固定的、作为基础的实体的地方，我们也发现，"无限"也变成一种独立存在的东西了。

但是，无限，按照伊壁鸠鲁自己的规定，既不是一种特殊的实体，也不是存在于原子和虚空之外的某种东西，相反，无限是虚空的偶然的规定。因此，我们发现"无限"有三种意义。

句读：无限虽然被伊壁鸠鲁变成一种独立存在，但按照它的规定，不是一种特殊的实体，不是存在于原子和虚空之外的某种东西，而是虚空的偶然的规定。由此，马克思发现了"无限"的三种意义。

首先，在伊壁鸠鲁看来，"无限"表示原子和虚空共同具有的一种质。在这个意义上它表示宇宙的无限性，宇宙之所以无限，是由于原子无限多，由于虚空无限大。[17]

句读：第一，"无限"是原子和虚空共同具有的一种质。宇宙的无限性源自于原子无限多、虚空无限大。

其次，无限性是指原子的众多，所以，与虚空相对立的不是一个原子，而是无限多的原子。[18]

句读：第二，由于无限性是指原子的众多，所以，与虚空相对立的是无限多的原子。

最后，如果我们可以从德谟克利特的学说来推断伊壁鸠鲁的话，则"无限"又恰恰意味着它的对立面，即与在自身中被规定的和为它自己所限定的原子相对立的无边无际的虚空。[19]

句读：第三，从德谟克利特的学说来推断伊壁鸠鲁的话，"无限"又恰恰意味着与在自身中被规定的和为它自己所限定的原子相对立的无边无际的虚空。

在所有这些意义——而它们是原子论中唯一的甚至是唯一可能有的意义——中，无限只不过是原子和虚空的一个规定。然而它却被独立化为一个特殊的存在，甚至被作为特殊的自然而与那些原则并列，它表现着那些原则的规定性。

句读：作为原子和虚空的一个规定的无限，"被独立化为一个特殊的存在，甚至被作为特殊的自然而与那些原则并列，它表现着那些原则的规定性"。这里的原则也可以译作原理，具体是指"原子和虚空"。

因此，也许是伊壁鸠鲁自己把原子变成"元素"这样一个规定确定为一种独立的、原始的原子，但是，根据历史上较可靠的材料来推断，情况并不是这样；或者也许，在我们看来更有可能的是，伊壁鸠鲁的学生梅特罗多罗斯最先把不同的规定变成了不同的存在[20]，无论在上述哪一种情况下，我们都必须把个别环节的独立化归因于原子论意识的主观方法。由于人们赋予不同的规定以不同存在的形式，因而人们没有理解它们的差别。

句读：无论肇始于伊壁鸠鲁，还是伊壁鸠鲁的学生梅特罗多罗斯，都必须在"把个别环节的独立化归因于原子论意识的主观方法"的基础上考虑"本原"和"元素"，"由于人们赋予不同的规定以不同存在的形式，因而人们没有理解它们的差别"，所以，"本原"和"元素"都是一种原子。

在德谟克利特看来，原子仅仅具有一种"元素"，一种物质基质的意义。把作为"本原"即原则的原子同作为"元素"即基础的原子区别开来，这是伊壁鸠鲁的贡献。这种区别的重要性在下面就可以看清楚。

句读："把作为'本原'即原则的原子同作为'元素'即基础的原子区别开来"是伊壁鸠鲁的贡献。德谟克利特的原子是那种作为物质基质、基础的"元素"，只有一种意义。

原子概念中所包含的存在与本质、物质与形式之间的矛盾，表现在单个的原子本身内，因为单个的原子具有了质。由于有了质，原子就同它的概念相背离，但同时又在它自己的结构中获得完成。于是，从具有质的原子的排斥及其与排斥相联系的聚集中，就产生出现象世界。

句读：马克思在这里详细阐述了伊壁鸠鲁原子理论。因为单个的原子具有了质，原子概念中所包含的存在与本质、物质与形式之间的矛盾，就能够表现在单个的原子本身内。由于有了质，原子就背离它的概念而成为一个结构，但又在这个结构中得以完成。由此而始，从具有质的原子的排斥及其与排斥相联系的聚集中，就产生出现象世界。这种规定是天才的，否则就只能有一个死的本质世界，而不会有活的现象世界。

在这种从本质世界到现象世界的过渡里，原子概念中的矛盾显然达到自己的最尖锐的实现。因为原子按照它的概念是自然界的绝对的、本质的形式。这个绝对的形式现在降低为现象世界的绝对的物质、无定形的基质了。

句读：原子在本质世界和现象世界不同，前者是"自然界的绝对的、本质的形式"，后者是"现象世界的绝对的物质、无定形的基质了"。因此，本质世界才能过渡到现象世界，原子概念中的矛盾显然也达到自己的最尖锐的实现。从而，伊壁鸠鲁的理论远远超越了德谟克利特的理论。

原子诚然是自然界的实体[21]，一切都由这种实体产生，一切也分解为这种实体[22]，但是，现象世界的经常不断的毁灭并不会有任何结果。新的现象又在形成，但是作为一种固定的东西的原子本身却始终是基础[23]。所以，如果按照原子的纯粹概念来设想原子，它的存在就是虚空的空间，被毁灭了的自然；一旦原子转入了现实界，它就下降为物质的基础，这个物质基础，作为充满多种多样关系的世界的承担者，永远只是以对世界毫不相干的和外在的形式存在。这是一个必然的结果，因为原子既被假定为抽象个别的和完成的东西，就不能表现为那种多样性所具有的起观念化作用和统摄作用的力量。

句读：原子是自然界的实体，一切都由这种实体产生，并最终分解为这种实体，所以，现象世界的经常不断的毁灭并不会有任何结果。无论产生多少新的现象，原子本身始终都是基础。所以，如果按照原子的纯粹概念来设想原子，它的存在就是虚空的空间，是被毁灭了的自然。但当原子进入现实界，它就作为物质基础成为充满多种多样关系的世界的承担者，而以对世界毫不相干的和外在的形式存在。之所以如此，是因为原子既被假定为抽象个别的和完成的东西，也就成为了一成不变的东西，就不可能表现自己为那种多样性所具有的起观念化作用和统摄作用的力量。

抽象的个别性是脱离定在的自由,而不是在定在中的自由。它不能在定在之光中发亮。定在是使得它失掉自己的性质而成为物质的东西的一个元素。因此,原子不会在现象领域显现出来[24],或者在进入现象领域时会下降为物质的基础。原子作为原子只存在于虚空之中。所以,自然界的死亡就成为自然界的不死的实体,卢克莱修也就有理由高呼:

"会死的生命被不死的死亡夺去了。"

句读:抽象的个别性不能在定在之光中发亮,因为它不是在定在中的自由,而是脱离定在的自由,定在是使它失掉自己的性质而成为物质的东西的一个因素。所以,作为抽象的个别性的原子不会在现象领域显现出来,也不会下降到物质的基础,但相反,在进入现象领域时会下降为物质的基础。因而,原子作为原子只存在于虚空之中。那么,自然界的死亡就成为自然界的不死的实体,原子诚然是自然界的实体,它是活在本质世界,活在虚空中的。卢克莱修也就有理由高呼:"会死的生命被不死的死亡夺去了。"

伊壁鸠鲁和德谟克利特在哲学上的区别在于,伊壁鸠鲁在矛盾极端尖锐的情况下把握矛盾并使之对象化,因而把成为现象基础的、作为"元素"的原子同存在于虚空中的作为"本原"的原子区别开来;而德谟克利特则仅仅将其中的一个环节对象化。也正是这个差别,在本质世界中,在原子和虚空的领域中使伊壁鸠鲁和德谟克利特分手了。但是,因为只有具有质的原子才是完成的原子,因为现象世界只能从完成的并且同自己的概念相背离的原子中产生,所以,伊壁鸠鲁对这一点作了如下的表述:只有那具有质的原子才成为"元素",或者说,只有"不可分的元素"才具有质。

句读:这是对本原和元素的原子划分而致的不同世界理论的总结。伊壁鸠鲁把本原的原子、虚空、本质世界和元素的原子、现象基础、现象世界划分开来,并完成了本质世界到现象世界的转化。本原的原子是物质,元素的原子是具有质的完成的原子。伊壁鸠鲁和德谟克利特在本质世界中,在原子和虚空的领域中分手了。伊壁鸠鲁在矛盾极端尖锐的情况下把握矛盾并使之对象化,把成为现象基础的、作为"元素"的原子同存在于虚空中的作为"本原"的原子区别开来,也就是说把两个环节都对象化了、客观化了,而德谟克利特则仅仅将其中的一个环节对象化。因为只有具有质的原子才是完成的原子，因为现象世界只能从完成的并且同自己的概念相背离的原子中产生，所以，伊壁鸠鲁才说：只有那具有质的原子才成为"元素"，或者说，只有"不可分的元素"才具有质。

第四章
时间

既然在原子里，物质作为纯粹的与自身的关系没有任何变易性和相对性，那么由此可以直接得出结论，时间必须从原子概念中，从本质世界中排除掉。因为只有从物质中抽掉时间这个因素，物质才是永恒的和独立的。在这一点上，德谟克利特和伊壁鸠鲁也是一致的。但是在规定脱离了原子世界的时间的方式方法上，在把时间归入什么地方的问题上，他们又不同了。

句读：在原子世界、本质世界中原子是纯粹物质，不包含时间的概念。在这点上，德谟克利特和伊壁鸠鲁也是一致的。如果时间不能从原子概念、本质世界中排除，物质就不可能永恒。反过来说，在原子里，物质作为纯粹的与自身的关系没有任何变易性和相对性，也就不可能存在时间。而脱离原子世界，情况则不同，需要考虑时间，因而规定时间、安置时间，在这里，德谟克利特和伊壁鸠鲁就不一样了。

在德谟克利特看来，时间对于体系没有任何意义，没有任何必要性。他解释时间，是为了取消时间。他把时间规定为永恒的东西，是为了像亚里士多德[1]和西姆普利齐乌斯[2]所说的，把产生和消灭，即时间性的东西，从原子中排除掉。据他说，时间本身就是一个证据，证明并非一切事物都必定有起源，有开始这一环节。

句读：德谟克利特的体系中时间是不重要的，他认为时间可以证明"并非一切事物都必定有起源，有开始这一环节"。他解释时间，是为了取消时间。就如亚里士多德和西姆普利齐乌斯所说，德谟克利特把时间规定为永恒的东西，目的在于把产生和消灭等时间性的东西，从原子中排除掉。

必须承认，这里面有一个较为深刻的思想。那具有想象力的、不能理解实体的独立性的理智，提出了实体在时间中生成的问题。不过，它没有看到，当它把实体当成时间性的东西时，它同时也就把时间变成实体性的东西了，从而也就取消了时间概念，因为成为绝对时间的时间就不再是时间性的东西了。

句读：马克思赞扬了德谟克利特，因为他的理智是具有想象力、不能理解实体的，却能够提出"实体在时间中生成的问题"。他又批评德谟克利特，当时间被用作实体的标准，时间也变成实体性的东西了，从而也就没有了时间，绝对的时间就不再是时间性的东西了。

但是另一方面，这种解决办法是不能令人满意的。从本质世界中排除掉的时间，被移置到进行哲学思考的主体的自我意识中，而与世界本身毫不相干了。

句读：不过，把"从本质世界中排除掉"后的时间安置在"进行哲学思考的主体的自我意识中"的做法不太恰当，因为，这就"与世界本身毫不相干了"。

伊壁鸠鲁却不是这样。在他看来，从本质世界中排除掉的时间，就成为现象的绝对形式。也就是说，时间被规定为偶性的偶性。偶性是一般实体的变化。偶性的偶性是作为自身反映的变化，是作为变换的变换。现象世界的这种纯粹形式就是时间。[3]

句读：伊壁鸠鲁解决了这个问题，他把从本质世界中排除掉的时间安置在现象世界，而不是像德谟克利特那样安置在"进行哲学思考的主体的自我意识中"，并设定为现象的绝对形式。由于偶性是指一般实体的变化，是伴随的现象，如此一来，时间就被成为偶性的偶性。那么，偶性的偶性就是自身反映的变化，是变换的变换。从而，现象世界的这种纯粹形式就是时间。

组合仅仅是具体自然界的被动形式，时间则是它的主动形式。如果我按照组合的定在来考察组合，那么原子就存在于这种组合的背后，存在于虚空中、想象中，而如果我按照原子概念来考察原子，那么这种组合或者完全不存在，或者仅仅存在于主观表象之中；因为它是这样一种关系，在这种关系中，独立的、自我封闭的、彼此似乎毫不相干的原子之间也同样不发生任何关系。相反，时间，即有限事物的变换，当它被设定为变换时，同样是现实的形式，这种现实的形式把现象同本质分离开来，把现象设定为现象，并且使现象作为现象返回到本质中。组合表示的只是原子的物质性以及由原子产生的自然界的物质性。相反，时间在现象世界中的地位，正如原子概念在本质世界中的地位一样，也就是说，时间是把一切确定的定在加以抽象、消灭并使之返回到自为存在之中。

句读：马克思在这里考察了自然界的两种形式：组合和时间。他指出，组合是具体自然界的被动形式，而时间则是具体自然界的主动形式。如果"按照原子概念来考察原子"，"组合或者完全不存在，或者仅仅存在于主观表象之中"，因为原子存在于组合的背后，存在于虚空中、想象中，原子之间毫不相干、"不发生任何关系"。当有了时间以后，本质世界和现象世界就区分开来。由此，在现象世界中，"组合表示的只是原子的物质性以及由原子产生的自然界的物质性"，而现象则"作为现象返回到本质中"。时间的作用是"把一切确定的定在加以抽象、消灭并使之返回到自为存在之中"。原子概念在本质世界中则是对虚空的否定，同样是"把一切确定的定在加以抽象、消灭并使之返回到自为存在之中"。时间的概念：时间，即有限事物的变换，当它被设定为变换时，同样是现实的形式。虚空和想象是一回事。自然界分为本质世界和现象世界，原子是本质世界的否定，时间是现象世界的否定。这样，德谟克利特和伊壁鸠鲁对自然界的概念就有了明显的区分，前者是组合的被动的自然界，而后者是时间的主动的自然界。

从这些考察中可以得出如下结论：第一，伊壁鸠鲁把物质和形式之间的矛盾看成是现象自然界的性质，于是这个自然界就成了本质自然界即原子的映象。其所以如此，是由于把时间与空间、现象的主动形式与现象的被动形式对立起来了；第二，只有在伊壁鸠鲁那里，现象才被理解为现象，即被理解为本质的异化，这种异化本身是在它的现实性中作为这种异化表现出来的。相反，在把组合看成是现象自然界的唯一形式的德谟克利特那里，现象并没有自在地表明它是现象，是一种与本质有区别的东西。因此，如果按照现象的存在来考察现象，那么本质和现象就完全混淆起来了；如果按照现象的概念来考察现象，则本质和现象就完全分开了，因而现象便降低为主观的假象。组合对于现象的本质基础采取漠不关心的和物质的态度。相反，时间却是永恒地吞噬着现象、并给它打上依赖性和非本质性烙印的本质之火；最后，因为在伊壁鸠鲁看来，时间是作为变换的变换，是现象的自身反映，所以，现象自然界就可以正当地被当作客观的，感性知觉就可以正当地被当作具体自然的实在标准，虽然原子这个自然的基础只有靠理性才能观察到。

句读：马克思总结了三个方面用于表达德谟克利特和伊壁鸠鲁有关时间原理的区别：第一，伊壁鸠鲁把物质和形式之间的矛盾看成是现象自然界的性质，于是区分了本质自然界和现象自然界；第二，伊壁鸠鲁把现象理解为本质的异化，而把组合看成是现象自然界的唯一形式的德谟克利特不能做出本质与现象的区分，后者只能将时间规定为永恒；第三，由于时间的存在，伊壁鸠鲁就可以把感性知觉当作具体自然的实在标准，当然，作为这个自然的基础的本质世界的原子的标准仍然是理性。

现象自然界是"本质自然界即原子的映象"，存在着物质和形式、时间与空间、现象的主动形式与现象的被动形式的对立；现象是本质的异化。按现象作为物质的存在来考察现象，本质和现象就会混淆。按现象的概念来考察现象，"则本质和现象就完全分开了，因而现象便降低为主观的假象"。时间对现象的否定使之回到物质本质。因为时间是现象的偶性，是"变换的变换，是现象的自身反映"，所以，现象自然界就可以正当地被确证为客观的，同样，"感性知觉就可以正当地被当作具体自然的实在标准"。而原子则不同，"这个自然的基础只有靠理性才能观察到"，它是观念，是想象中的东西。有关时间的讨论界限都是现象自然界。本质自然界、抽象自然界的标准是理性，本质是原子；现象自然界、具体自然界的标准是感性知觉，本质是时间。

在德谟克利特那里没有区分本质和现象的标准，不能使本质和现象建立联系，不能使本质产生现象、现象回归本质，因此，现象只能被认为是主观的东西。

正因为时间是感性知觉的抽象形式，所以按照伊壁鸠鲁的意识的原子论方式，就产生了把时间规定为自然中的一个特殊存在着的自然的必然性。感性世界的变易性作为变易性，感性世界的变换作为变换，这种形成时间概念的现象的自身反映，都在被意识到的感性里有其单独的存在。因此，人的感性就是形体化的时间，就是感性世界的存在着的自身反映。

第二部分　《德谟克利特的自然哲学和伊壁鸠鲁的自然哲学的差别》全文句读 | 101

　　句读：马克思在这里分析了时间和感性的关系。按照伊壁鸠鲁的原子论式的思维方式，时间就作为感性知觉的抽象形式获得独立，必然成为自然中的一个特殊存在着的自然。从而，"感性世界的变易性作为变易性，感性世界的变换作为变换，这种形成时间概念的现象的自身反映，都在被意识到的感性里有其单独的存在。"因此，对应于"时间是感性知觉的抽象形式"，"人的感性就是形体化的时间，就是感性世界的存在着的自身反映"。

　　注意，"按照伊壁鸠鲁的意识的原子论方式"在1956年版中被译为"按照伊壁鸠鲁所理解的原子的性格"。无论何种译法，所要表达的还是伊壁鸠鲁特有的手法，特有的方法。

　　这可以从伊壁鸠鲁对时间概念的规定里直接得出来，也可以十分确定地用个别例证予以证明。在伊壁鸠鲁给希罗多德的信里[4]，时间是这样被规定的：当被感官所感知的物体的偶性被设想为偶性时，就产生了时间。因此，自身反映的感性知觉在这里就是时间的源泉和时间本身。所以，既不能用类比的方法规定时间，也不能用别的事物来表述时间，而是应该把握住直接的明显性本身；因为自身反映的感性知觉就是时间本身，所以不可能超出时间的界限。

　　句读：上段所述原理可以从伊壁鸠鲁对时间概念的规定里直接得出来，也可以十分确定地用个别例证予以证明。按照伊壁鸠鲁的说法："当被感官所感知的物体的偶性被设想为偶性时，就产生了时间。因此，自身反映的感性知觉在这里就是时间的源泉和时间本身。"这个定义告诉我们，"既不能用类比的方法规定时间，也不能用别的事物来表述时间，而是应该把握住直接的明显性本身。"原因在于"自身反映的感性知觉就是时间本身，所以不可能超出时间的界限"。个别的例证也就来源于时间的直接的明显性本身的那些例证。

　　另一方面，在卢克莱修、塞克斯都·恩披里柯和斯托贝那里[5]，偶性的偶性，自身反映的变化被规定为时间。因此，偶性在感性知觉中的反映以及偶性的自身反映被设定为同一个东西。

　　句读：卢克莱修、塞克斯都·恩披里柯和斯托贝对时间的论证都与此一致。在他们那里时间被规定为"偶性的偶性，自身反映的变化"。"因此，偶性在感性知觉中的反映以及偶性的自身反映被设定为同一个东西。"

　　由于时间和感性之间的这种联系，在德谟克利特那里也可以找到的影象，也就获得更加合乎逻辑的地位。

句读：基于上述时间和感性之间的这种关系，在德谟克利特那里也可以找到的"影象"这一理论，也就获得更加合乎逻辑的地位。

影象是自然物体的形式，这些形式好像一层外壳，从自然物体上脱落下来，并把自然物体移到现象中来[6]。事物的这些形式不断地从它们中流出，侵入感官，从而使客体得以显现出来。因此，是自然在听的过程中听到它自己，在嗅的过程中嗅到它自己，在看的过程中看见它自己。[7] 所以，人的感性是一个媒介，通过这个媒介，犹如通过一个焦点，自然的种种过程得到反映，燃烧起来形成现象之光。

句读：人的感性作为现象自然界标准发挥作用的具体方式，就是通过感官获取影像"而使客体得以显现出来"。"影象是自然物体的形式"，其作为自然物体的外壳不断脱落，不断流出，侵入感官，使人感知客体。"所以，人的感性是一个媒介，通过这个媒介，犹如通过一个焦点，自然的种种过程得到反映，燃烧起来形成现象之光。"

在德谟克利特那里，这是首尾不一贯的地方，因为现象只是主观的东西，而在伊壁鸠鲁那里却是一个必然的结果，因为在伊壁鸠鲁那里感性是现象世界的自身反映，是它的形体化的时间。

句读："影象"这一理论显示了德谟克利特的首尾不一贯，因为在他那里现象只是主观的东西、想象的东西。在伊壁鸠鲁那里"现象之光"却是必然的结果，因为现象可以通过感性知觉这个标准和这个形体化的时间进行把握。

最后，感性和时间的联系表现在：事物的时间性和事物对感官的显现，被设定为事物本身的同一个东西。因为正是由于物体显现在感官面前，它们便消失了。[8] 由于影象不断从物体中分离出来并流入感官，由于影象在自身之外，而不是在自身之内有自己的感性作为另一种自然，因此，它们不能从这种分裂状态中回复过来，所以它们便解体并消失了。

句读：马克思最后总结了感性和时间的联系。感性和时间是一回事，"事物的时间性和事物对感官的显现，被设定为事物本身的同一个东西"，因为感性知觉捕获影像使"物体显现在感官面前，它们便消失了"。感性知觉见证了变化的变化，偶性的偶性，见证了时间。影像（形象）和感性知觉是分离的，当影像被感官感知后并不能回到影像自身,而是消失掉了,被时间分解了。

因此,正如原子不外是抽象的、个别的自我意识的自然形式一样,感性的自然也只是对象化了的、经验的、个别的自我意识,而这就是感性的自我意识。所以,感官是具体自然中的唯一标准,正如抽象的理性是原子世界中的唯一标准一样。

句读:作为本章的结论,马克思对比了本质世界和现象世界,并对它们的定位和标准进行了明确,使时间理论更加清晰化了。他指出原子是"抽象的、个别的自我意识的自然形式",感性的自然是"对象化了的、经验的、个别的自我意识"、感性的自我意识。前者作为原子世界以理性为标准、后者作为具体自然以感官为标准。

第五章
天象

德谟克利特的天文学见解,从他那个时代来看,可能是有洞察力的,不过这些见解并不具有哲学的意义。它们既没有超出经验反思的范围,也没有同原子学说发生较为确定的内在联系。

句读:肯定了德谟克利特的天文学见解在当时的洞察力,否定了它具有哲学意义,因为"没有超出经验反思的范围",且与原子学说没有关联。马克思这里是说德谟克利特自然哲学在天文学中无所建树,从另一个侧面突出了伊壁鸠鲁自然哲学在这一领域中的重要作用。

相反,伊壁鸠鲁关于天体和与天体相联系的过程的理论,或者说关于天象的理论(他用天象这一名称来总括天体和与天体相联系的过程),不仅与德谟克利特的意见相对立,而且与希腊哲学的意见相对立。对于天体的崇敬,是所有希腊哲学家遵从的一种崇拜。天体系统是现实理性的最初的、朴素的和为自然所规定的存在。希腊人的自我意识在精神领域内也占有同样的地位。它是精神的太阳系。因此,希腊哲学家在天体中崇拜的是他们自己的精神。

句读:马克思首先概括了伊壁鸠鲁天象理论及其处境。他指出,伊壁鸠鲁关于天体和与天体相联系的过程的理论就是天象理论，天象这一名称被用来总括天体和与天体相联系的过程。伊壁鸠鲁天象理论与德谟克利特的意见和希腊哲学的意见都是相对立的。对于天体的崇敬发展成为所有希腊哲学家遵从的一种崇拜。由于这种崇敬和崇拜，现实理性的最初的、朴素的和为自然所规定的存在表现为天体系统。希腊人的自我意识在精神领域内也占有同样的绝对地位。"它是精神的太阳系。因此，希腊哲学家在天体中崇拜的是他们自己的精神。"

阿那克萨哥拉是第一个从物理学上解释天空的人，这样，他就在和苏格拉底不同的意义上使天接近了地。就是这个阿那克萨哥拉，当有人问他为何而生时，他回答说："为了观察太阳、月亮和天空。"(1) 而色诺芬尼则望着天空说：一就是神。(2) 毕达哥拉斯派、柏拉图、亚里士多德对天体所抱的宗教态度更是人所共知的。

句读：当时，天体崇拜普遍存在。阿那克萨哥拉也一样，虽然他在某种程度上否定着天体崇拜，因为，他是"第一个从物理学上解释天空的人，这样，他就在和苏格拉底不同的意义上使天接近了地"。但他在回答为何而生时，却说是"为了观察太阳、月亮和天空"。其他的人就更别提了。色诺芬尼把哲学上的"一"等同于神，而"毕达哥拉斯派、柏拉图、亚里士多德对天体所抱的宗教态度更是人所共知的。"

确实，伊壁鸠鲁反对整个希腊民族的观点。

句读：所以说，伊壁鸠鲁是反对整个希腊民族的天体崇拜观点的。

亚里士多德说，有时看起来是概念证实现象，而现象又证实概念。譬如，人人都有一个关于神的观念并把最高的处所划给神性的东西；无论异邦人还是希腊人，总之，凡是相信神的存在的人，莫不如此，他们显然把不死的东西和不死的东西联系起来了；因为不这样也是不可能的。因此，如果有神性的东西存在——就像它确实存在那样，那么我们关于天体的实体的论断也是正确的。但就人的信念而言，这种论断也是同感性知觉相符合的。因为在整个过去的时代中，根据人们辗转流传的回忆来看，无论整个天体或天体的任何部分看来都没有发生什么变化。就连名称，看来也是古代人流传下来直至今天的，因为他们所指的东西，同我们所说的东西是一回事。因为同样的看法传到我们现在，不是一次，也不是两次，而是无数次。正因为原初的物体是某种有别于土和火、空气和水的东西，他们就把最高的地方称为"以太"（由"永恒地流"一词而来），并且给了它一个别名叫作"永恒的时间"⁽³⁾。但是，古代人把天和最高的地方划给神，因为唯有天是不死的。而现在的学说也证明，天是不可毁灭的、没有起始的、不遭受生灭世界的一切灾祸的。这样一来，我们的概念就同时符合关于神的预言。⁽⁴⁾ 至于说天只有一个，这是显然的。认为天体即是众神，而神性的东西包围着整个自然界的看法，是从祖先和古代人那里流传下来并以神话的形式在后人中间保存下来的。其余的东西则是为了引起群众的信仰，当作有利于法律和生活的东西而被披上神话的外衣添加进去的。因为群众把众神说成近似于人，近似于一些别的生物，从而虚构出许多与此有关和类似的东西。如果有人抛开其余的东西，只坚持原初的东西，即认为原初的实体是众神这一信仰，那么他必定会认为这是神的启示，并且认为，正如曾经发生过的那样，在各种各样的艺术和哲学被创造出来，随后又消失了以后，上述这些意见却像古董一样，流传到现在。⁽⁵⁾

  句读：马克思通过这一长段系统叙述了宗教神学的基本原理。宗教神学论证的基本方法来自于亚里士多德，他说："有时看起来是概念证实现象，而现象又证实概念。"这种方法就是用概念和现象互相印证来证神，神的观念和最高的处所就是互相印证的。"人人都有一个关于神的观念并把最高的处所划给神性的东西；无论异邦人还是希腊人，总之，凡是相信神的存在的人，莫不如此。"印证的理由在于，他们把不死的神的观念和不死的最高的处所联系起来了，不这样也是不可能的。照此逻辑，如果有神性的东西存在——就像它确实存在那样，那么我们关于天体的实体性的论断也应当是正确的。回到人的信念，这种论断也是正确的，因为其与感性知觉是相符合的。"在整个过去的时代中，根据人们辗转流传的回忆来看，无论整个天体或天体的任何部分看来都没有发生什么变化。就连名称，看来也是古代人流传下来直至今天的，因为他们所指的东西，同我们所说的东西是一回事。因为同样的看法传到我们现在，不是一次，也不是两次，而是无数次。"这告诉我们，历经时代的漫长变迁，天体系统一直是不变的，是不死的东西。从概念上来说，最初的第一个物体是有别于土、火、气和水的东西，他们就把最高的地方称为"以太"，这来自于

"永恒之流"一词,且给了它一个别名叫作"永恒的时间"。从现象上来说,"古代人把天和最高的地方划给神,因为唯有天是不死的。"同样,"现在的学说也证明,天是不可毁灭的、没有起始的、不遭受生灭世界的一切灾祸的。"这样,"以太"就对应于神,"我们的概念就同时符合关于神的预言。"而天只有一个,这是无需解释的。而有关的宗教信仰包括两个部分:第一部分,"认为天体即是众神,而神性的东西包围着整个自然界的看法,是从祖先和古代人那里流传下来并以神话的形式在后人中间保存下来的。"第二部分,"其余的东西则是为了引起群众的信仰,当作有利于法律和生活的东西而被披上神话的外衣添加进去的。因为群众把众神说成近似于人,近似于一些别的生物,从而虚构出许多与此有关和类似的东西。"这样,"如果有人抛开其余的东西,只坚持原初的东西,即认为原初的实体是众神这一信仰",那么,他必定会认为第二部分是神的启示。事实也是如此,"正如曾经发生过的那样","各种各样的艺术和哲学被创造出来,随后又消失了",但是上述这些意见却像古董一样,流传到现在。宗教神学就是通过概念和现象互证的逻辑,实现以太与神的互证,并通过虚构的东西作为神的启示,证实了天体即是众神的意见。

与此相反,伊壁鸠鲁说:

除了这一切之外,还应当考虑到,人的心灵的最大迷乱起源于人们把天体看作是有福祉的和不可毁灭的,他们具有同这些天体相对立的愿望和行为,而且他们还由于神话而产生怀疑。(6) 至于说到天象,应当认为,运动、位置、亏蚀、升起、降落以及诸如此类现象的发生,不是因为有一个享有一切福祉和不可毁灭的存在物在支配它们、安排它们——或已经安排好它们。因为行动与福祉不相一致,行动的发生大半与软弱、恐惧和需要有关。同样也不应当认为,有一些享有福祉的类似火的物体,能够任意地作出这些运动。如果人们不同意这种看法,那么这种矛盾本身就会引起心灵的最大迷乱。(7)

句读:伊壁鸠鲁不同意以上的观点。他认为人们事实上反对天体崇拜、天体永恒理论。他认为天象"不是因为有一个享有一切福祉和不可毁灭的存在物在支配它们、安排它们——或已经安排好它们"。"因为行动与福祉不相一致","行动的发生大半与软弱、恐惧和需要有关",而"享有福祉的类似火的物体"也不"能够任意地作出这些运动"。"福祉"与"软弱、恐惧和需要"

是对立的，后者往往推动行动。这与前面谈到的"行为的目的就是脱离、离开痛苦和困惑，即获得心灵的宁静。所以，善就是逃避恶，而快乐就是脱离痛苦"是一致的。人们心里的迷乱源于，一方面人们相信天体是有福祉的，另一方面自己却对天体恐惧，并且有与福祉相反的愿望和行为。伊壁鸠鲁认为，天象运动变化并不是因为有什么"享有一切福祉和不可毁灭的存在物在支配它们、安排它们——或已经安排好它们"。行动的发生与软弱、恐惧和需要有关。也就是说，天体自己具有软弱、恐惧和需要，才引起了"运动、位置、亏蚀、升起、降落以及诸如此类现象的发生"。

因此，如果说亚里士多德责备古代人，说他们认为天还需要阿特拉斯做它的支柱[8]，这个阿特拉斯

"站在遥远的西方，

用双肩支撑着天和地的柱石"

（埃斯库罗斯《被锁链锁住的普罗米修斯》第348行及以下各行），那么与此相反，伊壁鸠鲁则责备那些认为人需要天的人；并且他认为支撑着天的那个阿特拉斯本身就是人的愚昧和迷信造成的。愚昧和迷信也就是狄坦神族。

句读：亚里士多德责备古代人，说他们认为天还需要阿特拉斯做它的支柱是错误的。与此相反，伊壁鸠鲁责备的是那些认为人需要天的人，"他认为支撑着天的那个阿特拉斯本身就是人的愚昧和迷信造成的。"他把愚昧和迷信比作狄坦神族，因为阿特拉斯是十二狄坦神之一伊阿珀托斯之子，也就是普罗米修斯的哥哥。

伊壁鸠鲁给皮托克勒斯的整封信，除了最后一节外，讲的都是天体理论。最后一节包含着一些伦理方面的格言。把一些道德准则附在关于天象的学说后面是适当的。这一学说对伊壁鸠鲁说来是有关良心的事。因此，我们的考察将主要依据给皮托克勒斯的这封信。我们将摘录他给希罗多德的信作为补充，伊壁鸠鲁本人在给皮托克勒斯的信中也援引了这封信。[9]

句读：马克思阐述伊壁鸠鲁天体理论的背景情况。他的研究依据主要是伊壁鸠鲁给皮托克勒斯的信和他给希罗多德的信。皮托克勒斯的整封信都有意义，除了最后一节外，讲的都是天体理论，虽然最后一节是关于伦理方面的格言和道德准则，但这是恰当的，因为天象学说对于伊壁鸠鲁说来是有关良心的

事。而给希罗多德的信作为补充也是必要的，毕竟伊壁鸠鲁本人在给皮托克勒斯的信中也援引了这封信。可能是这个原因，现在的好多研究者认为伊壁鸠鲁原子学说实际是政治哲学、伦理学，我们说其中不乏这些因素，但并不仅仅如此，因为前文马克思自己提到的，除了自然哲学、物理学和原子领域外，还涉及政治领域和社会领域等。

第一，不要认为，对天象的认识，无论就整体而言或就个别部分而言，除了和研究其余的自然科学一样能够获得心灵的宁静和坚定的信心之外，还能达到别的目的。(10)我们的生活需要的不是玄想和空洞的假设，而是我们能够过没有迷乱的生活。正如自然哲学的任务一般是研究最主要的事物的原因一样，认识天象时的幸福感也是建立在这个基础上的。关于星辰的升起和降落、星辰的位置和亏蚀的理论本身，并不包含有关幸福的特殊根据；不过，恐惧却支配着那些看见这些现象但不认识它们的性质及其主要原因的人。(11)直到今天，关于天象的理论据说对其他科学所拥有的优越地位才被否定了，这一理论才被置于和其他科学同等的地位。

句读：伊壁鸠鲁认为研究天体的目的仅仅是"获得心灵的宁静和坚定的信心"，在这个意义上，无论就天象理论的整体而言或就个别部分而言，还是研究其余的自然科学，都是一样的。我们需要的是没有迷乱的生活，而不是玄想和空洞的假设。正如自然哲学（1956年版译为生理学，physiologie）的一般任务是研究最主要的事物的原因一样，有关幸福的理论也是建立在认识天象的基础上的。虽然"关于星辰的升起和降落、星辰的位置和亏蚀的理论本身，并不包含有关幸福的特殊根据"，不过，由于"恐惧却支配着那些看见这些现象但不认识它们的性质及其主要原因的人"，所以，天象理论就与幸福感联系了起来。因而，"直到今天，关于天象的理论据说对其他科学所拥有的优越地位才被否定了，这一理论才被置于和其他科学同等的地位。"宗教神学在所有学科中一度占据着支配地位。

但是，关于天象的理论不仅同伦理学的方法，而且同其余的物理学问题的方法也有着特殊的区别，例如存在着不可分的元素等等，这里只有一个唯一的解释与现象相符合。而天象却不会发生这种情况。(12)它们的产生不能归结于一个简单的原因，它们有一个以上的、同现象相符合的本质范畴。因为对自然哲学的研究不应依据空洞的公理和规律。[13]人们常常反复说,对天象的解释不应是简单的、绝对的,而应是多种多样的。这适用于日月的升起和降落[14]、月亮的盈亏[15]、月中人的映象[16]、昼夜长短的变化[17],以及其他天象。

句读:天象理论不同于伦理学和其余的物理学问题的方法。如不可分的元素等问题只存在"一个唯一的解释与现象相符合",因为这些都是按照空洞的公理和规律、法则而推导出来的。而天象(星辰)的产生等问题则"有一个以上的、同现象相符合的本质范畴"。所以,"对自然哲学的研究不应依据空洞的公理和规律。人们常常反复说,对天象的解释不应是简单的、绝对的,而应是多种多样的。这适用于日月的升起和降落,月亮的盈亏,月中人的映象,昼夜长短的变化,以及其他天象。"

这一切到底应如何解释呢?

句读:那这一切到底应如何解释呢?

任何解释都可以接受。只是神话必须加以排除。但是,只有当人们通过追寻现象,从现象出发进而推断出不可见的东西时,神话才会被排除。[18]必须紧紧抓住现象,抓住感性知觉。因此,必须应用类比。这样就可以对天象以及其他经常发生并使其他人特别感到震惊的事物的根据作出说明,从而消除恐惧,使自己从恐惧中解放出来。[19]

句读:任何解释都可以接受。只是神话必须加以排除。但怎样才能排除神话呢?只有追寻现象,进而推断出不可见的东西。必须紧紧抓住现象,抓住感性知觉。因此,必须应用类比。以对天象以及其他经常发生并使其他人特别感到震惊的事物的根据作出说明,从而消除恐惧,破除对天象的迷信。

这大量的解释、众多的可能性不仅要使意识平静下来,消除引起恐惧的原因,而且同时还要否定天体本身中的统一性,即与自身同一的和绝对的规律。各个天体可以时而这样时而那样地运行。这种没有规律的可能性就是它们的现实性的特性。在天体中一切都不是固定的、不变的。[20]解释的多样性同时就会取消客体的统一性。

句读:"这大量的解释、众多的可能性"有多种功用,"不仅要使意识平静下来,消除引起恐惧的原因,而且同时还要否定天体本身中的统一性,即与自身同一的和绝对的规律。"这样,我们就可以认识到"各个天体可以时而这样时而那样地运行。这种没有规律的可能性就是它们的现实性的特性。在天体中一切都不是固定的、不变的"。同样，解释的多样性也就会取消客体的统一性。因此，意识和客体的统一性都被取消掉了。当然，现在的科学已经证明了这一点，太阳有燃尽的一天，地球也会老去，无数流星以它自燃时在空中留下的光束告诉人们天体在不断起始与消亡，所以人类现在不断探索太空移民。

所以，亚里士多德同其他希腊哲学家是一致的，他也认为天体是永恒的和不朽的，因为它们是永远按照同一方式运行的；亚里士多德甚至认为，它们具有特殊的、更高的、不受重力约束的元素，而伊壁鸠鲁与他直接对立，断言情况正好相反。他认为，关于天象的理论与其他一切物理学说的特殊区别在于：在天象中一切都是以多种多样的和没有秩序的方式发生的；在天象中一切都必须用多种多样的、数量不确定的许多理由来解释。伊壁鸠鲁愤怒地、措辞激烈地驳斥对立的意见说，那些坚持一种解释方式而排斥其他一切解释方式的人，那些在天象中只承认统一的、因而是永恒的和神性的东西的人，正在陷入虚妄的解说和占星术士的毫无创见的戏法之中；他们越出了自然科学的界限而投身于神话的怀抱；他们企图完成不可能完成的事情，为毫无意义的东西而枉费精力，他们甚至不知道，心灵的宁静本身在哪里会遭到危险。他们的空谈应该受到蔑视。[21] 必须屏弃这样一种成见：认为只要对那些对象的研究的目的仅仅在于使我们得到心灵的宁静和幸福，这种研究似乎就是不够彻底、不够精细的。[22] 相反，绝对的准则是：一切扰乱心灵的宁静、引起危险的东西，不可能属于不可毁灭的和永恒的自然。意识必须明白，这是一条绝对的规律。[23]

句读：亚里士多德和其他希腊哲学家的观点是一致的，"他也认为天体是永恒的和不朽的"，理由是它们永远在按照同一方式运行。亚里士多德甚至认为，天体具有特殊的、更高的、不受重力约束的元素。这种解释显然违背了物理学，并且把天体神化了。这为伊壁鸠鲁所反对，他断言情况正好相反。他认为，天象理论和其他一切物理学说存在着特殊的区别，因为，"在天象中一切都是以多种多样的和没有秩序的方式发生的"，也就"必须用多种多样的、数量不确定的许多理由来解释"，而不是像物理学那样的唯一解释。伊壁鸠鲁愤怒驳斥对立的意见。他说："那些坚持一种解释方式而排斥其他一切解释方式的人，那些在天象中只承认统一的、因而是永恒的和神性的东西的人，正在陷入虚妄的解说和占星术士的毫无创见的戏法之中"。他指出这些人实际上"越出自然科学的界限而投身于神话的怀抱","企图完成不可能完成的事情,为毫无意义的东西而枉费精力"。所以,"他们甚至不知道,心灵的宁静本身在哪里会遭到危险。"当然,破坏心灵宁静的地方也就是脱离自然科学而进入神话领域的地方。因而,他们的空谈应该受到蔑视。伊壁鸠鲁说:"必须屏弃这样一种成见:认为只要对那些对象的研究的目的仅仅在于使我们得到心灵的宁静和幸福,这种研究似乎就是不够彻底、不够精细的。"他强调:"相反,绝对的准则是:一切扰乱心灵的宁静、引起危险的东西,不可能属于不可毁灭的和永恒的自然。意识必须明白,这是一条绝对的规律。"在这段话里,亚里士多德脱离了物理学去拥抱神学,而伊壁鸠鲁脱离了神学去拥抱物理学,形成了言语矛盾的怪相。总的根源在于,亚里士多德和伊壁鸠鲁的出发点不同。亚里士多德要维护既定的规则和评判标准,不愿意进一步思考,其必然存在保守而致的矛盾。而伊壁鸠鲁的指向是心灵的宁静,他要批判那些既定的但不合理的一切,因此乐于接受多样的解释和各种可能,其必然存在探索和创新中的矛盾。但毫无疑问,保守而致的矛盾预示着存在空间的消逝,而探索和创新中的矛盾则意味着广阔的天地。

于是,伊壁鸠鲁得出结论说:因为天体的永恒性会扰乱自我意识的心灵的宁静,一个必然的、不可避免的结论就是,它们并不是永恒的。

句读:按照伊壁鸠鲁的原则,"因为天体的永恒性会扰乱自我意识的心灵的宁静,一个必然的、不可避免的结论就是,它们并不是永恒的"。

伊壁鸠鲁指出伦理学同其余的物理学问题的方法不适用于天象研究,排除了迷信的方法,指出:一切扰乱心灵的宁静、引起危险的东西,不可能属于不可毁灭的和永恒的自然。这就为研究天象学说指明了方向,并把这一条定义为绝对的规律。他尤其反驳了那种"认为只要对那些对象的研究的目的仅仅在于使我们得到心灵的宁静和幸福,这种研究似乎就是不够彻底、不够精细的"成见,肯定了这一原则的重要性。从这里可以看出,伊壁鸠鲁的追求心灵的宁静和幸福并不是消极避世,而是要让主体需要的抽象可能性存在,这是将问题推向深入的前提。如果主体的这一要求不能得到满足,就会限于迷乱,就不能实现心灵的宁静和幸福。天象崇拜只是给出了一个不存在抽象可能性的唯一答案,显然是难以符合这一条绝对的规律的。而对这一原则的批评只是因为他们陷入了决定论、陷入了实在的可能性和必然性的窠臼不能自拔,决定论、实在的可能性和必然性等原则只适用于伦理学同其余的物理学问题,而不能适用于未知领域,或者是引起恐惧和迷乱的领域,在这些领域中首先必须使我们得到心灵的宁静和幸福,才能深入下去。

伊壁鸠鲁的这种独特的见解究竟应该如何去理解呢?

句读:将要讨论"伊壁鸠鲁的这种独特的见解"是否合理,以及它的理由。

所有论述伊壁鸠鲁哲学的作者,都把这一学说说成是同其他一切物理学,同原子学说不相容的。反对斯多亚派、反对迷信、反对占星术的斗争就被当成了充分的根据。

句读:所有论述伊壁鸠鲁哲学的作者都把它同其他一切物理学、同原子学说相对立,因为,伊壁鸠鲁"反对斯多亚派、反对迷信、反对占星术的斗争",这"被当成了充分的根据"。

我们也曾看到,伊壁鸠鲁本人也把在关于天象的理论中运用的方法同其他物理学的方法区别开来。但是,他的原则的哪一条规定中存在着这种区别的必然性呢?他怎么会产生这种想法呢?

句读:为什么伊壁鸠鲁要"把在关于天象的理论中运用的方法同其他物理学的方法区别开来"?"他的原则的哪一条规定中存在着这种区别的必然性呢?他怎么会产生这种想法呢?"原因何在?

要知道,他不仅同占星术进行斗争,而且也同天文学本身,同天体系统中的永恒规律和理性进行斗争。最后,伊壁鸠鲁同斯多亚派的对立并不能说明什么问题。当天体被说成是原子的偶然复合,天体中发生的过程被说成是这些原子的偶然运动时,斯多亚派的迷信和他们的整个观点就已经被驳倒了。天体的永恒本性因此就被否定了——德谟克利特只限于从上述前提中得出这样一个结论。[24]而且连天体的定在本身也因而取消了。[25]因此,原子论者就不需要新的方法了。

句读:要知道,伊壁鸠鲁"不仅同占星术进行斗争,而且也同天文学本身,同天体系统中的永恒规律和理性进行斗争。最后,伊壁鸠鲁同斯多亚派的对立并不能说明什么问题。"也就是说，他似乎没有理由区分"在关于天象的理论中运用的方法同其他物理学的方法"。依据物理学的方法，"当天体被说成是原子的偶然复合，天体中发生的过程被说成是这些原子的偶然运动时，斯多亚派的迷信和他们的整个观点就已经被驳倒了。"同时，"天体的永恒本性因此就被否定了——德谟克利特只限于从上述前提中得出这样一个结论。"并且同时把天体的定在本身也取消掉了。所以，对原子论者来说，不需要什么新的方法。

这还不是全部困难所在。这里产生了一个更加难于理解的二律背反。

句读：然而，这里却存在一个较大的二律背反，而使伊壁鸠鲁的做法存在理解上的困难。

原子是具有独立性、个别性形式的物质，好像是想象中的重力。但是，重力的最高现实性就是天体。在天体中一切构成原子发展的二律背反——形式和物质之间、概念和存在之间的二律背反都解决了；在天体中一切必要的规定都实现了。天体是永恒的和不变的；它们的重心是在它们自身之内，而不在它们自身之外；它们的唯一行动就是运动，被虚空的空间分隔开的各个天体偏离直线，形成一个排斥和吸引的体系，在这个体系中，它们同样保持着自己的独立性，并且最后从它们自身中产生出时间，作为它们显现的形式。因此，天体就是成为现实的原子。在天体里，物质把个别性纳入它自身之中。因此，在这里伊壁鸠鲁必定会看见他的原则的最高存在，看见他的体系的最高峰和终结点。他声称，他假定有原子存在，是为了给自然奠定不朽的基础。他声称，对他来说重要的是物质的实体性的个别性。但是，只要他发现天体是他的自然的实在性（因为他除了机械的自然外不承认任何别的自然），即独立的、不可毁灭的物质，而天体的永恒性和不变性又是为群众的信仰、哲学的判断、感官的见证所证明了的，那么，他的唯一的意图，就是要使天体降到地上的非永恒性中来，他就要激烈地反对那些崇拜自身中包含着个别性因素的独立的自然的人。这就是他最大的矛盾。

句读：在这段中首先给出了原子的定义："原子是具有独立性、个别性形式的物质，好像是想象中的重力。"随后，马克思根据这一定义对比了原子和天体，指明了其中的更大的二律背反。他说："但是，重力的最高现实性就是天体。在天体中一切构成原子发展的二律背反——形式和物质之间、概念和存在之间的二律背反都解决了；在天体中一切必要的规定都实现了。"按照伊壁鸠鲁的原子论逻辑，结合天体运行的实际情况来看，天体是现实的原子。因为，"天体是永恒的和不变的；它们的重心是在它们自身之内，而不在它们自身之外；它们的唯一行动就是运动，被虚空的空间分隔开的各个天体偏离直线，形成一个排斥和吸引的体系，在这个体系中，它们同样保持着自己的独立性，并且最后从它们自身中产生出时间，作为它们显现的形式。因此，天体就是成为现实的原子。"天体作为物质把个别性纳入它自身之中，那么，伊壁鸠鲁的体系的最高峰和终结点就在这里出现了，天体成为他的原则的最高存在。这样他的原子理论的更大的二律背反就出现了。一方面，他声称，他的原子假说是为了给自然奠定不朽的基础，对他来说原子是物质的实体性的个别性。另一方面，"他发现天体是他的自然的实在性（因为他除了机械的自然外不承认任何别的自然），即独立的、不可毁灭的物质，而天体的永恒性和不变性又是为群众的信仰、哲学的判断、感官的见证所证明了的"。面对这样的二律背反，"他的唯一的意图，就是要使天体降到地上的非永恒性中来，他就要激烈地反对那些崇拜自身中包含着个别性因素的独立的自然的人。这就是他最大的矛盾。"天体实现了伊壁鸠鲁的原子理论，天体成为现实的原子，但天体永恒不变又"为群众的信仰、哲学的判断、感官的见证所证明"，这就意味着他的理论不成立，因为"形式和物质之间、概念和存在之间的"矛盾消失了。他的自然是机械的自然，是地上的非永恒性，而不是天象的自然、永恒的自然。他的原则实现了，但是他却"反对那些崇拜自身中包含着个别性因素的独立的自然的人"，这里"独立的自然"指的就是实现了的原子，就是各种各样的天体。伊壁鸠鲁反对这些人，似乎就是反对自己的原则，这就是他最大的矛盾。

因此，伊壁鸠鲁感觉到，他以前的范畴在这里崩溃了，他的理论的方法正在变成另一种方法。而他感觉到这一点并有意识地说出这一点，这正是他的体系所达到的最深刻的认识，最透彻的结论。

句读：伊壁鸠鲁认识到原子论方法的缺陷，他"感觉到，他以前的范畴在这里崩溃了，他的理论的方法正在变成另一种方法"。但他没有避讳并有意识地说出这一点，因而就可以达到最深刻的认识，并得出最透彻的结论。

我们已经看到了，整个伊壁鸠鲁的自然哲学是如何贯穿着本质和存在、形式和物质的矛盾。但是，在天体中这个矛盾消除了，这些互相争斗的环节和解了。在天体系统里，物质把形式纳入自身之中，把个别性包括在自身之内，因而获得它的独立性。但是，在达到这一点后，它也就不再是对抽象自我意识的肯定。在原子世界里，就像在现象世界里一样，形式同物质进行斗争；一个规定取消另一个规定，正是在这种矛盾中，抽象的、个别的自我意识感觉到它的本性对象化了。那在物质的形态下同抽象的物质作斗争的抽象形式，就是自我意识本身。但是现在，物质已经同形式和解并成为独立的东西，个别的自我意识便从它的蛹化中脱身而出，宣称它自己是真实的原则，并敌视那已经独立的自然。

句读：在原子世界和现象世界中，本质和存在、形式和物质斗争，"一个规定取消另一个规定，正是在这种矛盾中，抽象的、个别的自我意识感觉到它的本性对象化了。"自我意识就是"那在物质的形态下同抽象的物质作斗争的抽象形式"。但是在天体中、在天象世界中这些矛盾都解决了，因此，"个别的自我意识便从它的蛹化中脱身而出，宣称它自己是真实的原则，并敌视那已经独立的自然。"自我意识于是显现出来，于是证明了它的独立存在。抽象的、个别的自我意识在斗争中把自己对象化，但物质与形式和解以后，自我意识这种与抽象物质作斗争的抽象形式就显现出来了，因为物质与形式和解为独立的东西了。于是它敌视天体。物质与形式，抽象物质与抽象形式，抽象形式就是"抽象的、个别的自我意识"。抽象物质与抽象形式是在物质和形式中的，当物质和形式和解为天体，抽象物质与抽象形式的斗争就浮出水面，水落石出了。物质和形式就是"物质的形态"，现在是天体，是"已经独立的自然"。那些使抽象的、个别的自我意识对象化的矛盾中的规定性就是抽象的、个别的自我意识借以表现自己独立性的茧蛹，而现在，抽象的、个别的自我意识已经不需要这些对象化的东西，而化蝶高飞了。这才是它自己，才是它作为真实的原则的自己的真容。

另一方面，这一点可以这样来表达：由于物质把个别性、形式纳入它自身之中，像在天体中的情况那样，物质就不再是抽象的个别性了。它成为具体的个别性、普遍性了。因此，在天象中朝着抽象的、个别的自我意识闪闪发光的，就是它的具有了物质形式的否定，就是变成了存在和自然的普遍的东西。所以，自我意识把天象看作它的死敌。于是，自我意识就像伊壁鸠鲁所做的那样，将人们的一切恐惧和迷乱都归咎于天象。因为恐惧，抽象的个别的东西的消亡，正是普遍的东西。因此，在这里伊壁鸠鲁的真实原则，抽象的、个别的自我意识，已经不再隐蔽了。它从它的隐蔽处走出来，摆脱了物质的外壳，力求通过按照抽象的可能性所作的解释，来消灭那已经独立的自然的现实性，——所谓抽象的可能性是说，可能的东西也可能以别的方式出现；也可能出现可能的东西的对立面。因此，他反对那些简单地，即用一种特定的方式来解释天体的人；因为一是必然的和在自身内独立的东西。

句读：马克思为了说明以上的理论，变换了另一种角度。伊壁鸠鲁的理论超越了德谟克利特的理论，他把个别性、形式纳入物质，就像天体的情况一样，因此，"物质就不再是抽象的个别性了"，它成为能被人们所掌握的具体的个别性、普遍性。这种成了存在和自然的普遍的东西"在天象中朝着抽象的、个别的自我意识闪闪发光"，以物质形式否定了抽象的、个别的自我意识。"所以，自我意识把天象看作它的死敌。"在这种情况下，"自我意识就像伊壁鸠鲁所做的那样，将人们的一切恐惧和迷乱都归咎于天象。"因为带来恐惧，并使抽象的个别的东西消亡的，正是普遍的东西。从而，伊壁鸠鲁的真实原则，抽象的、个别的自我意识，已经不能隐蔽，也不再隐蔽，而是从它的隐蔽处走了出来。它反对唯一的解释，"力求通过按照抽象的可能性所作的解释，来消灭那已经独立的自然的现实性"。关于抽象的可能性，前文在第一部分的论述中已经解释过，但马克思在这里又进行了更为详细的解释，可见这个概念的重要性。马克思指出："所谓抽象的可能性是说，可能的东西也可能以别的方式出现；也可能出现可能的东西的对立面。"因此，伊壁鸠鲁"他反对那些简单地，即用一种特定的方式来解释天体的人；因为一是必然的和在自身内独立的东西。"单一的解释存在的必然性和独立性排除了其他可能性，是为伊壁鸠鲁所不可接受的。

所以，只要作为原子和现象的自然表示的是个别的自我意识和它的矛盾，自我意识的主观性就只能以物质自身的形式出现；相反，当主观性成为独立的东西时，自我意识就在自身中反映自身，以它特有的形态作为独立的形式同物质相对立。

句读：这里总结说，在"作为原子和现象的自然表示的是个别的自我意识和它的矛盾"时，自我意识的主观性就只能借助物质自身的形式出现。需要注意的是，这里的自然并不等同于自然界，而是指自然之事物，整个自然正是这些自然之事物的集合体。相反，当这种情况不存在的时候，就是这种矛盾不存在的情况下，也就是当主观性成为独立的东西之时，自我意识就通过自身中反映自身，它自己作为矛盾之一极，"以它特有的形态作为独立的形式同物质相对立。"这里给我们提供了一个重要的启示，所谓的主观性的东西往往指的是能够体现自我意识的东西，但这些东西本质上还是物质的，只是表现出自我意识而已。只有当自我意识必须而且只能独立否则不能表示其存在的情况下，人们才能看到那些东西在本质上还是物质的。此时自我意识与物质的对立也才是最尖锐，也最泾渭分明的。天象领域就是这种极端的情况。马克思通过对伊壁鸠鲁哲学中抽象的个别的自我意识的层层揭示，发展出了抽象的个别的自我意识的唯物主义，这也是他的又一大创新。

从一开始就可以说，在伊壁鸠鲁的原则将得到实现的地方，这个原则对他说来就不再具有现实性了。因为如果个别的自我意识事实上从属于自然界的规定性，或者自然界事实上从属于自我意识的规定性，那么个别的自我意识的规定性，即它的存在，便会停止，因为只有普遍的东西在它与自身自由地区别开来时，才能同时实现它的肯定。

句读："从一开始就可以说，在伊壁鸠鲁的原则将得到实现的地方，这个原则对他说来就不再具有现实性了。"根据伊壁鸠鲁的手法，原则存在的前提是矛盾，是不同环节的直接对立。而当"个别的自我意识事实上从属于自然界的规定性，或者自然界事实上从属于自我意识的规定性，那么个别的自我意识的规定性，即它的存在，便会停止"，这时，不同规定性合为一体，不再存在矛盾，不同环节也不再直接对立，个别的自我意识失去了表现自己的舞台或介质，也就看不到了。"只有普遍的东西在它与自身自由地区别开来时"，自我意识才能借此实现自己的肯定。

因此，在关于天象的理论中表现了伊壁鸠鲁自然哲学的灵魂。凡是消灭个别的自我意识的心灵的宁静的东西，都不是永恒的。天体扰乱自我意识的心灵的宁静，扰乱它与自身的同一，因为天体是存在着的普遍性，因为在天体中自然已经独立了。

句读：根据上段论述可知，关于天象的理论表现了伊壁鸠鲁自然哲学的灵魂："凡是消灭个别的自我意识的心灵的宁静的东西，都不是永恒的。""天体扰乱自我意识的心灵的宁静，扰乱它与自身的同一"，因为天体是存在着的普遍性，它已无法与自身自由地区别开来，"变成了存在和自然的普遍的东西"，在天体中自然已经独立了，自我意识已经无法将之作为茧蛹，其也只具有"消灭个别的自我意识的心灵的宁静"的扰乱作用。

因此，伊壁鸠鲁哲学的原则不是阿尔谢斯特拉图斯的美食学，像克里西普斯所认为的那样[26]，而是自我意识的绝对性和自由，尽管这个自我意识只是在个别性的形式上来理解的。

句读：马克思首先批判了克里西普斯的谬论，他认为阿尔谢斯特拉图斯的"美食学"是伊壁鸠鲁哲学的故乡。接着指出，伊壁鸠鲁哲学意味着自我意识的绝对性和自由，尽管这个自我意识只是在个别性的形式上来理解的。

如果抽象的、个别的自我意识被设定为绝对的原则，那么，由于在事物本身的本性中占统治地位的不是个别性，一切真正的和现实的科学当然就被取消了。可是，一切对于人的意识来说是超验的东西，因而属于想象的理智的东西，也就全都破灭了。相反，如果把那只在抽象的普遍性的形式下表现其自身的自我意识提升为绝对的原则，那么这就会为迷信的和不自由的神秘主义大开方便之门。关于这种情况的历史证明，可以在斯多亚派哲学中找到。抽象的普遍的自我意识本身具有一种在事物自身中肯定自己的欲望，而这种自我意识要在事物中得到肯定，就只有同时否定事物。

句读：如果"抽象的、个别的自我意识被设定为绝对的原则，那么，由于在事物本身的本性中占统治地位的不是个别性，一切真正的和现实的科学当然就被取消了。"在这同时，"一切对于人的意识来说是超验的东西，因而属于想象的理智的东西，也就全都破灭了。"反过来说，假如"把那只在抽象的普遍性的形式下表现其自身的自我意识提升为绝对的原则，那么这就会为迷信的和不自由的神秘主义大开方便之门。"伊鸠鸠鲁的原则是抽象的、个别的自我意识，而不是抽象的普遍的自我意识。这二者各有其要求。前者否定"一切真正的和现实的科学"，因为这与抽象的可能性相矛盾，前者也否定超验的东西，因为这不符合自我意识的感性直觉原则。而后者则导向迷信和神秘主义，因为其"本身具有一种在事物自身中肯定自己的欲望，而这种自我意识要在事物中得到肯定，就只有同时否定事物。""关于这种情况的历史证明，可以在斯多亚派哲学中找到。"这一段回答了为什么伊壁鸠鲁哲学被实证科学和迷信、神秘主义所排斥反对。因为他反对所有唯一解释的东西，既反对实证科学的决定论，也反对迷信和神秘主义的普遍性的绝对原则。

因此，伊壁鸠鲁是最伟大的希腊启蒙思想家，他是无愧于卢克莱修的称颂的[27]：

人们眼看尘世的生灵含垢忍辱，
在宗教的重压下备受煎熬，
而宗教却在天际昂然露出头来，
凶相毕露地威逼着人类，
这时，有一个希腊人敢于率先抬起凡人的目光
面对强暴，奋力抗争，
无论是神的传说，还是天上的闪电和滚滚雷鸣，
什么都不能使他畏惧……
…………
如今仿佛得到报应，宗教已被彻底战胜，跪倒在我们脚下，
而我们，我们则被胜利高举入云。

句读：马克思赞扬"伊壁鸠鲁是最伟大的希腊启蒙思想家"，并借用卢克莱修的诗歌称颂这个伟大的希腊人，感激他曾经的努力带来今人的胜利。

我们在概论部分的结尾所提出来的关于德谟克利特的自然哲学和伊壁鸠鲁的自然哲学的差别，在自然界的所有领域都得到了进一步的发展和证实。因此，在伊壁鸠鲁那里，包含种种矛盾的原子论作为自我意识的自然科学业已实现和完成，有了最后的结论，而这种具有抽象的个别性形式的自我意识对其自身来说是绝对的原则，是原子论的取消和普遍的东西的有意识的对立物。相反，对德谟克利特来说，原子只是一般的、经验的自然研究的普遍的客观的表

现。因此，对他说来，原子仍然是纯粹的和抽象的范畴，是一种假设，这种假设是经验的结果，而不是经验的推动原则；所以，这种假设也仍然没有得到实现，正如现实的自然研究并没有进一步受到它的规定那样。

句读：马克思在这里回顾了前文，并进行了总结，指出："我们在概论部分的结尾所提出来的关于德谟克利特的自然哲学和伊壁鸠鲁的自然哲学的差别，在自然界的所有领域都得到了进一步的发展和证实。因此，在伊壁鸠鲁那里，包含种种矛盾的原子论作为自我意识的自然科学业已实现和完成，有了最后的结论。"这个结论就是：这种具有抽象的个别性形式的自我意识对其自身来说是绝对的原则，是原子论的取消和普遍的东西的有意识的对立物。原子论的取消就是天象学说、天体崇拜的结果，也就是抽象个别性的取消。普遍的东西就是天体。而具有抽象的个别性形式的自我意识与这两者都是对立的。与之相对照，德谟克利特的原子只是一般的、经验的自然研究的普遍的客观的表现，是他的一种假设，仍然是纯粹的和抽象的范畴。这种假设来自于经验总结，却不是经验的推动原则，是被动的，而不是主动的。所以，他的这种假设也没有得到实现，这为现实的自然研究并没有进一步受到它的规定所证实。

马克思的博士论文通过原子脱离直线而偏斜、原子的质、不可分的本原和不可分的元素、时间，以及最后的天象，在各个环节中细致入微地使伊壁鸠鲁具有抽象的个别性形式的自我意识显现出来，并在天象部分达到它的最高峰和终结点。马克思宣布在这个希腊巨人的引领下，彻底战胜了宗教，并被胜利高举入云。对比德谟克利特的唯物主义假说，伊壁鸠鲁的唯物主义已经在自然界的所有领域都得到了进一步的发展和证实，并且在马克思的推动下高高扬起了"具有抽象的个别性形式的自我意识"的战旗。这就是马克思新哲学的意义所在。

在这里，我们对全文做一个总结。马克思博士论文所发起的哲学革命在于，它证实了具有抽象的个别性形式的自我意识的存在，尽管这种自我意识通常是通过物质的面目表现出来的，但在极端的情况下它就会独立而直接地出现。马克思借此把唯物主义带入了一个新境界，具有抽象的个别性形式的自我意识的唯物主义由此而诞生。回顾那些改变历史的理论的诞生，往往都是以戏剧性的形式开始的。苹果砸在牛顿的脑袋上产生了万有引力定律，图灵被斥为中学生作文而不宜发表的《计算机与智能》（Computing Machinery and Intelligence）恰恰是人工智能的诞生地，同样，作为许多人眼中"不成熟的、唯心主义"的马克思博士论文正是马克思唯物主义哲学革命的完成之所，是马克思主义事业的源动力。

最后，我们借用图灵的一句话作为句读的结束语。他说："We can only see a short distance ahead, but we can see plenty there that needs to be done."

［附注］
第一部分
德谟克利特的自然哲学和
伊壁鸠鲁的自然哲学的一般差别

二、对德谟克利特的物理学和伊壁鸠鲁的物理学的关系的判断

（1）第欧根尼·拉尔修，第10卷第4节："但是，斯多亚派的波西多尼乌斯及其学派以及尼古拉和索蒂昂也［诽谤他说］，……他〈伊壁鸠鲁〉把德谟克利特关于原子的学说和亚里斯提卜关于快乐的学说冒充为他自己的学说。"

（2）西塞罗《论神之本性》第1卷第26章［第73节］："在伊壁鸠鲁的物理学中究竟有什么东西不是来源于德谟克利特呢？他［伊壁鸠鲁］诚然改变了一些地方，……但大部分是重复德谟克利特的话。"

（3）西塞罗《论最高的善和恶》第1卷第6章［第21节］："这就是说，凡是他［伊壁鸠鲁］修改了的地方，他都损害了原意；而他所赞同的学说完全是属于德谟克利特的。"

同上，［第17、18节］"……在他特别夸耀的物理学中，他首先是一个地

道的门外汉,他遵循德谟克利特的学说,很少加以改变,而在他想加以改进的地方,我认为,他都损害了原意……在他赞同德谟克利特的地方,他通常都没有弄错。"

（4）普卢塔克《科洛特》[《驳科洛特》]（克西兰德出版社版）第1108页:"莱昂泰乌斯……说,伊壁鸠鲁很尊敬德谟克利特,因为德谟克利特更早获得了正确的知识……因为德谟克利特更早触及了自然界的本原。"参看同上,第1111页。

（5）普卢塔克《论哲学家的见解》陶赫尼茨出版社版第5卷第235页:"伊壁鸠鲁,奈奥克勒斯的儿子,雅典人,在哲学上追随德谟克利特。"

（6）普卢塔克《科洛特》第1111、1112、1114、1115、1117、1119和1120页及以下各页。

（7）亚历山大里亚的克莱门斯《地毯集》（科隆版）第6卷第629页:"但是,伊壁鸠鲁也从德谟克利特那里剽窃了他的一些最重要的原则……"。

（8）同上,第295页:"'你们要小心,免得有人以哲学,以虚伪的妄言,按照人的传授,依据世俗的原理,而不是依据基督,把你们勾引了去'。保罗这里所谴责的不是一切哲学,而是他在《使徒行传》中也曾提到的伊壁鸠鲁哲学——因为这种哲学鄙弃天意——以及其他一切推崇自然力,不把创世的原因放在自然力之上,并且根本不提造物主的哲学。"

（9）塞克斯都·恩披里柯《驳数理学家》（日内瓦版）[第54页]:"可以向伊壁鸠鲁证明,他的最优秀的原理是从诗人们那里剽窃来的。因为,正像我们所看见的那样,他的关于消除一切引起痛苦的东西是快乐感的量的界限这一原理,就是从一行诗中抄来的:

'后来止住了渴,消除了饿。'

而关于死对于我们来说没有什么的说法,是厄皮卡尔摩斯提示给他的,后者曾说:

'死亡或变成死人,在我看来是无所谓的……'

同样,他关于死人没有感觉的说法,也是从荷马那里剽窃来的,后者曾说:

'他勃然大怒,污辱了没有感觉的泥土。'"

(10)《莱布尼茨给德梅佐的信，包含着对说明的［一些］注释等等》[1768年日内瓦版] 第2卷第66页，出版人杜唐。

(11) 普卢塔克《科洛特》第1111页："因此，应当责备德谟克利特的，决不是他根据他的原则作出了结论，而是他提出了会得出这些结论的原则……如果［对结论的］反驳是这样的话；那么他〈伊壁鸠鲁〉不是就承认，他所做的就是他已经习惯了的事吗？因为他在鄙视天意的同时，又说他允许对神的信仰存在；他寻求友谊是为了快乐，但是，他愿意为了朋友而忍受最大的痛苦；最后，他承认宇宙是无限的，然而不取消上下之分。"

三、把德谟克利特的自然哲学和伊壁鸠鲁的自然哲学等同起来所产生的困难

(1) 亚里士多德《论灵魂》第1卷第8页（根据特伦德伦堡的版本）："他〈即德谟克利特〉认为灵魂和理性完全是同一个东西，因为在他看来，现象是真实的东西。"

(2) 亚里士多德《形而上学》第4卷第5章："因此，德谟克利特断言，或者没有东西是真实的，或者真实的东西对我们是隐蔽的。但是，由于人们把感性知觉看作是思维着的理性，而感性知觉又被认为是［物体的］一种变化，人们就说，感性知觉所提供的现象，必然是真实的。由于这个原因，恩培多克勒、德谟克利特以及几乎所有其他的哲学家都成了这些观点的俘虏。"

不过，在《形而上学》的这个地方又说了与此相矛盾的话。

(3) 第欧根尼·拉尔修，第9卷第72节："然而，根据他们的意见，甚至连色诺芬尼、埃利亚的芝诺以及德谟克利特，也都是怀疑主义者，德谟克利特……还说：'实际上，我们什么也不知道，因为真理隐藏在深渊里'。"

(4) 参看李特尔《古代哲学史》第1部分第759页及以下各页。

(5) 第欧根尼·拉尔修，第9卷第44节："他〈即德谟克利特〉持有下述意见：宇宙的本原是原子和虚空；其余的一切只不过是人的意见、假象。"

(6) 第欧根尼·拉尔修，第9卷第72节："但是，德谟克利特［是一个怀疑主义者］，因为当他说'只有按照意见才有冷，只有按照意见才有热，而

实际上只有原子和虚空'时，他否认了质。"

（7）西姆普利齐乌斯《亚里士多德注释》（布兰迪斯汇编）第 488 页："然而，他〈即德谟克利特〉实际上不认为，从它们［即原子］中会产生出一种像通常那样形成的单一的实体。因为在他看来，认为两个或者两个以上的事物某个时候会变成一个事物，这种看法完全是愚蠢的。"

同上，第 514 页："他们〈即德谟克利特和留基伯〉说，因此［即因为原初物体具有不可分的性质］，一不能产生多，……多也不能产生真正持续的一，但是，任何一看起来都好像是由于原子的结合而产生的。"

（8）普卢塔克《科洛特》第 1111 页："原子被他〈即德谟克利特〉称为观念。"

（9）参看亚里士多德，同上。

（10）第欧根尼·拉尔修，第 10 卷第 121 节："他〈即哲人〉将提出明确的学说，而不会保持怀疑的态度。"

（11）普卢塔克《科洛特》第 1117 页："因为伊壁鸠鲁有一个学说认为，'除哲人之外，任何人都不能对某一事物深信不疑'。"

（12）西塞罗《论神之本性》第 1 卷第 25 章："他〈即伊壁鸠鲁〉说过，一切感官都是真实东西的报道者。"

参看西塞罗《论最高的善和恶》第 1 卷第 7 章［第 22 节］。

（普卢塔克）《论哲学家的见解》第 4 卷第 287 页："照伊壁鸠鲁看来，一切感性知觉和一切表象都是真实的。"

（13）第欧根尼·拉尔修，第 10 卷第 31 节："因此，伊壁鸠鲁在自己的《准则》中说，感性知觉、预想24和感觉都是真理的标准；……因为没有什么东西能够驳倒它［即感性知觉］。"第 32 节："一种感性知觉不能驳倒另一种同类的感性知觉，因为它们有相同的效用，也不能驳倒另一种不同类的感性知觉，因为它们并不是对同一个客体作出判断。因此，任何一种感性知觉都不能驳倒另一种感性知觉；因为我们要以一切感性知觉为依据。思维也不能驳倒感性知觉，因为全部思维都依赖于感性知觉。"

（14）普卢塔克《科洛特》第 1110——1111 页："他［即科洛特］说，德谟克利特断言只有按照意见才有颜色，只有按照意见才有甜味，只有按照意见才有［每一个］具体的事物，［而实际上只有虚空和］原子，这种论断是同感性知觉［相矛盾］的……这种论证我没有什么可反对的，但是我必须说，上述论断是同伊壁鸠鲁的学说不可分割地联系在一起的，正如按照他们自己的观点，形状和重力是同原子不可分割地联系在一起的一样。那么，德谟克利特是怎么说的呢？——实体在数量上是无限的，是不可分割的和有差异的，此外也没有质和感觉，它们分散地飞驰于虚空中。当它们彼此接近，或者互相碰撞，或者互相连接的时候，在由此产生的东西中，有的表现为水，有的表现为火，有的表现为植物，有的表现为人；而实际上这一切都是原子，德谟克利特称之为观念，而不是什么别的东西。因为，据说不可能从无中生出有来，而从［存在的东西］中也不能产生任何东西，因为原子由于其坚实性不会受到外界的影响并且不会发生变化；因此，既不存在必须从无颜色的东西中产生的颜色，也不存在必须从无质的东西中产生的本质或灵魂。因此，应该责备德谟克利特的，决不是他根据他的原则作出了结论，而是他提出了会得出这些结论的原则，……伊壁鸠鲁说，他虽然把同样的原则作为基础，但是他否认只有按照意见才有颜色……和其他的质。"

（15）西塞罗《论最高的善和恶》第1卷第6章："太阳在德谟克利特看来是很大的，因为他是一个有学问的人，并且是对几何学有了完备知识的人；而太阳在他〈即伊壁鸠鲁〉看来约莫有两英尺大，因为据他判断，太阳就是看起来那么大。"参看普卢塔克《论哲学家的见解》第2卷第265页。

（16）第欧根尼·拉尔修，第9卷第37节："他〈即德谟克利特〉不仅精通物理学和伦理学，而且精通数学和各个综合性科目，甚至对艺术和技术领域也十分熟悉。"

（17）参看第欧根尼·拉尔修，［第9卷］第46—［49］节。

（18）欧塞比乌斯《福音之准备》第10卷第472页："他〈即德谟克利特〉在某个地方自夸地说：'在我的同时代人中，我游历的地球上的地方最多，考察了最遥远的东西；我到过的地区和国家最多，我听过的有学问的人的讲演也最多；而在勾画几何图形并加以证明方面，没有人超过我，就连埃及的所谓土地测量员也未能超过我。在国外，我总共客居了80年。'他确实到过巴比伦、波斯和埃及，并且曾向埃及人和祭司学习。"

(19) 第欧根尼·拉尔修,第9卷第35节:"德米特里在他的著作《同名作家传》中,安提西尼在他的著作《论哲学家的继承》中都叙述说,他〈即德谟克利特〉曾游历埃及并向祭司学习几何学,曾游历波斯,拜访迦勒底人,并且说他曾到达了红海。有些人还说,他曾在印度会见过裸体智者,并且到过埃塞俄比亚。"

(20) 西塞罗《土斯库兰谈话录》第5卷第39节:"德谟克利特丧失了视力以后,……而且这个人甚至认为,眼睛的视力会妨碍理智的敏锐,当别人常常看不到他们跟前的东西时,他却在观察无限性,不在任何界限面前停步。"

西塞罗《论最高的善和恶》第5卷第7章:"有人说,德谟克利特弄瞎了自己的眼睛,目的在于使他的头脑尽可能少地离开沉思。"

(21)《鲁·安·塞涅卡全集》第2卷,《书信集》[第7封信] 第24页(1672年阿姆斯特丹版):"至今我还经常重提伊壁鸠鲁的话:要得到真正的自由,你就必须为哲学服务。凡是倾心降志地献身于哲学的人,用不着一天天等下去,他立即就会获得自由,因为服务于哲学本身就是自由。"

(22) 第欧根尼·拉尔修,第10卷第122节:"青年人不应该耽误了对哲学的研究,老年人也不应该放弃对哲学的研究。因为谁要使心灵健康,都不会为时尚早或者为时已晚。谁如果说研究哲学的时间尚未到来或者已经过去,那么他就像那个说享受幸福的时间尚未到来或者已经过去的人一样。让老年人和青年人都来研究哲学吧;这样,前者在垂暮之年可以通过欣慰地回忆过去,因拥有财富而永葆青春,后者则因为对未来无所畏惧,既显得年轻,同时又很成熟。"参看亚历山大里亚的克莱门斯,第4卷第501页。

(23) 塞克斯都·恩披里柯《驳数理学家》[第1卷] 第1页:"伊壁鸠鲁的信徒和皮浪的信徒都反对实证科学的代表,但是他们并不是出于同样的动机,伊壁鸠鲁派这样做,是因为他们认为各门实证科学无助于达到智慧的完善。"

(24) 塞克斯都·恩披里柯,同上,第11页:"尽管伊壁鸠鲁公开对各门实证科学[的代表]抱敌对态度,但仍应把他算作科学的代表。"

同上,第54页:"他们……语言文学的轻视者,皮浪和伊壁鸠鲁。"

参看普卢塔克《论信从伊壁鸠鲁不可能有幸福的生活》第1094页。

(25) 西塞罗《论最高的善和恶》第 1 卷第 21 章："但是，不是伊壁鸠鲁没有学识，而是那些以为直到老年还要去学习那些连小孩没有学过都觉得可耻的东西的人，才是无知的人。"

(26) 第欧根尼·拉尔修，第 10 卷第 13 节："阿波洛多罗斯在他的《纪事录》中说，他〈即伊壁鸠鲁〉是利西凡和普拉克西凡的学生。但是他本人在给欧里迪科斯的信中却否认这一点，并且说他是自学者。"

西塞罗《论神之本性》第 1 卷第 26 章："他〈即伊壁鸠鲁〉自夸地说，他从未有过任何教师，即使他没有如此吹嘘，我也乐于相信这一点。"

(27) 塞涅卡《书信集》第 52 封信第 [176—] 177 页："伊壁鸠鲁说，有些人努力寻求真理而无需任何人的帮助；作为这种人当中的一个，他自己为自己开辟了道路。他最称赞这种靠着内在的动力自己独立成名的人。另一些人需要别人的帮助；如果没有别人走在他们前面，他们自己就不能前进，但是他们会热心地跟着别人走。他说，梅特罗多罗斯就属于这类人，这种人也是杰出的，但是第二流的人物。"

(28) 第欧根尼·拉尔修，第 10 卷第 10 节："虽然希腊那时经历着最严重的困难，但是他却在那里度过了自己的一生，只有两三次到伊奥尼亚去访友。他的朋友也从各地来看他，并且和他一起住在他的花园里，阿波洛多罗斯也提到过这件事，这个花园是他花了 80 米纳买来的。"

(29) 第欧根尼·拉尔修，第 10 卷第 15 节："据赫尔米普斯转述，当时他［伊壁鸠鲁］坐进注满热水的铜浴盆里，要求喝没有掺兑的酒，一饮而尽。"第 16 节："接着，他在嘱咐他的朋友要牢记他的学说之后，就逝世了。"

(30) 西塞罗《论命运》第 10 章："伊壁鸠鲁认为，命运的必然性是可以避免的，而德谟克利特则宁肯承认，一切都是通过必然性而产生的。"

西塞罗《论神之本性》第 1 卷第 25 章："他找到一个避免必然性的办法，而这个办法显然是德谟克利特所没有想到的。"

欧塞比乌斯《福音之准备》第 1 卷第 23 页及以下各页："阿布德拉的德谟克利特说：……所有的一切，不论过去的、现在的或将来的，自古以来就完全是由必然性所预先规定的。"

(31) 亚里士多德《论动物的起源》第 5 章第 8 节："德谟克利特……把

一切都归结为必然性。"

(32) 第欧根尼·拉尔修，第9卷第45节："一切均由必然性而产生，而且旋涡是一切事物产生的原因；他〈即德谟克利特〉把这种旋涡叫作必然性。"

(33)（普卢塔克）《论哲学家的见解》第1卷第252页："在巴门尼德和德谟克利特看来，一切均由必然性而产生，这种必然性就是命运，是法，是天意，是世界的创造者。"

(34) 斯托贝《自然的牧歌》第1卷第8章："关于巴门尼德和德谟克利特：他们说，一切均由必然性而产生；这种必然性就是命运，是法，是天意。关于留基伯：一切均由必然性而产生，这种必然性就是命运，他说……：'没有一种事物是自发地产生的，一切都是从一种原因中通过必然性而产生的'。"

(35) 欧塞比乌斯《福音之准备》第6卷第257页："命运……在另一个人（即德谟克利特）看来，是由微小物体决定的，这些微小物体由于必然性而下落，然后又上升，彼此连接起来，然后又相互分离，时而分散，时而碰撞。"

(36) 斯托贝《伦理的牧歌》第2卷："人们虚构出偶然的幻影来掩盖自己的束手无策；因为偶然甚至反对微小的理智。"

(37) 欧塞比乌斯《福音之准备》第14卷第782页及以下各页："他（即德谟克利特）把偶然变成了一般的东西和神性的东西的主宰和君主，并且断言，一切事物都由于偶然而产生，但是，他把偶然从人的生活中排除出去，并把宣扬偶然的人斥责为蠢人。他在《遗训》的开头说：'人们虚构出偶然的幻影来掩盖自己的非理性'。因为理性就其本性来说是反对偶然的，而且有人曾说，理智的这个最凶恶的敌人战胜了理性，或者更确切地说，人们完全取消了理性，从而以偶然代替理性。因为人们不把理智评价为幸福的，而是把偶然称颂为理智的。"

(38) 西姆普利齐乌斯，同上，第351页："'像取消偶然的古代学说'这句话看来是针对德谟克利特而言的。"

(39) 第欧根尼·拉尔修，第10卷第133节："……他〈即哲人〉宣称，被某些人当作万物主宰的命运必然性，并不存在，无宁说有些事物是偶然的，另一些事物则取决于我们的任意性,因为他看到,必然性取消了责任,相反,偶然是不稳定的。但是,我们的抉择是自由的,责备和赞扬也是针对这种抉择而发的。"第134节:"其实,宁可听信关于神灵的神话,也比当物理学家所说的命运的奴隶要好些。因为神话还留下一点希望,即由于敬神将会得到神的保佑,而命运却是铁面无情的必然性。但是,他既不像众人所做的那样,把偶然看作神……"

(40)塞涅卡《书信集》第12卷第42页:"在必然性中生活,是不幸的事,但是在必然性中生活,并不是一种必然性……通向自由的道路到处都敞开着,这种道路很多,它们是便捷易行的。因此,我们感谢上帝,因为在生活中谁也不会被束缚住。人们能够制服必然性本身。伊壁鸠鲁……这样说过。"

(41)西塞罗《论神之本性》第1卷第20章:"但是,这种哲学(即斯多亚派哲学)像年迈而又无知的妇人们一样认为,一切都由于命运而发生,我们应该怎样评价这种哲学呢?……伊壁鸠鲁拯救了我们,使我们获得了自由……"

(42)西塞罗,同上,第25章:"他〈即伊壁鸠鲁〉使用同样的方法反对逻辑学家。因为这些逻辑学家教导说,在提出'或者是或者否'的抉择的一切选言判断中,两个判断中有一个是真实的,所以他很担心,当有人提出'伊壁鸠鲁明天或者活着,或者不活着'这样的命题时,其中之一会是必然的;因此,他否认了这种'或者是或者否'的整个判断是必然的。"

(43)西姆普利齐乌斯,同上,第351页:"……但是,当德谟克利特说多种多样的形式必须同宇宙区别开来——不过,他没有说怎样和由于什么原因——时,他看来也认为,这些形式是自动地由于偶然而产生的。"

西姆普利齐乌斯,同上,第352页:"连他〈即德谟克利特〉也是如此,虽然他在讲到世界的创造时也使用偶然。"

(44)参看欧塞比乌斯,同上,第14卷第[781—]782页:"……虽然他〈即德谟克利特〉徒劳地、毫无根据地探索原因,因为他从空洞的基本假设和不稳固的前提出发,看不到事物性质的根源和普遍必然性,相反,把对毫无意义和目的而发生的事件的认识看作最高的智慧。"

(45)西姆普利齐乌斯,同上,第351页:"假设有一个人感到口渴,喝了凉水并变得精神舒畅了,那么德谟克利特会说,大概不是偶然,而是口渴才是原因。"

同上,第351页:"虽然他〈即德谟克利特〉在讲到世界的创造时也使用偶然,但是,他断言,在比较具体的现象中,偶然并不是其中任何一个现象的原因,相反,他把这些现象归结为由其他原因产生的。例如,挖掘财宝是找到财宝的原因,或者种植橄榄树是橄榄树生长的原因。"

参看西姆普利齐乌斯,同上,第351页:"但是,他断言,在具体的现象中,偶然并不是任何一个现象的[原因]。"

(46)欧塞比乌斯,同上,第14卷第781页:"据说,德谟克利特自己宣称,他即使只[发现]一个因果联系也比获得波斯国的王位还要高兴。"

(47)(普卢塔克)《论哲学家的见解》第2卷第261页:"伊壁鸠鲁不反对这类意见(即哲学家们关于星辰的实体的意见)中的任何一种意见,因为他[坚持]可能的东西。"

(普卢塔克),同上,第265页:"伊壁鸠鲁又说,所有上述意见都是可能的。"

同上:"伊壁鸠鲁说,所有上述意见都是可能的。"

斯托贝《自然的牧歌》第1卷第54页:"伊壁鸠鲁不反对这类意见中的任何一种意见,因为他坚持可能的东西。"

(48)塞涅卡《自然问题论文集》第2卷第6编第20章第802页:"伊壁鸠鲁说,所有这些原因都是可能的,他还力图提出一些别的解释,同时他斥责其他一些断言在这些原因中只有一种特定的原因切合实际的人,因为要给只是通过推测作出推断的东西下一个明确的判断,是一种冒险。"

(49)参看第2编第5章。

第欧根尼·拉尔修,第10卷第88节:"但是,人们必须考察每一个别[现象]的形式,仔细考虑与它有联系的东西:这种东西以多种多样的方式产生,我们这个领域的现象并不能驳倒这一点……须知这可能以任何一种方式发生;因为任何一种现象都不会与此相矛盾……"

(50)第欧根尼·拉尔修,第10卷第80节:"人们不应该认为,对这些对象的这种研究没有达到足以使我们获得心灵的宁静和幸福的[精细程度]。"

四、德谟克利特的自然哲学和伊壁鸠鲁的自然哲学的一般原则差别

（1）普卢塔克在他的马略传记里提出一个令人吃惊的历史例证，表明这种道德态度如何消灭一切理论的和实践的无私。在描写了基姆布利人的可怕的毁灭之后，他叙述说，死尸如此之多，以致马西里亚人能用它们来作葡萄园的肥料。随后下了雨，于是这一年就成了葡萄和水果收成最好的一年。这位高贵的历史学家对这个民族的悲惨的毁灭有什么感想呢？普卢塔克认为，上帝让整个伟大而高贵的民族死亡和腐烂，以便使马赛的庸人获得水果丰收，这对上帝说来是道德的。因此，即使把整个民族变成粪堆，也可以给人以沉湎于道德享受的良好机会！

（2）当黑格尔的学生们从适应或类似的东西出发，简言之，从道德上来解释他的体系的这一或那一规定时，他们对于黑格尔也只是表现了自己的无知。他们忘记了，就在不久前他们还热情地赞同黑格尔的一切片面的说法，这一点可以用他们自己著作里的例子向他们清楚地加以证明。

如果他们真正为现成的科学所感动，以致怀着天真的、不加批判的信任献身于这种科学，那么他们斥责他们的老师，说他的见解背后隐藏着不可告人的意图，是多么没有良心，因为在他们的老师看来，科学不是某种现成的东西，而是一种正在生成的东西，因此，他把自己最独特的精神的心血一直浇灌到科学的最远的周边领域。其实，他们这样做，只能使人怀疑他们自己过去并未严肃地对待这个问题，而现在，当他们反对自己过去的情况时，却把它归咎于黑格尔。但是，他们这样做时忘记了，黑格尔对他的体系处于直接的、实体性的关系中，而他们对黑格尔的体系却处于经过反映的关系中。

一个哲学家由于这种或那种适应会犯这样或那样的表面上首尾不一贯的毛病，是可以理解的，他本人也许会意识到这一点。但是，有一点是他意识不到的，那就是：这种表面上的适应的可能性本身的最深刻的根源，在于他的原则本身不充分或者哲学家对自己的原则没有充分的理解。因此，如果一个哲学家确实适应了，那么他的学生们就应该根据他的内在的本质的意识来说明那个对

于他本人具有一种外在的意识形式的东西。这样一来，凡是表现为良心的进步的东西，同时也是一种知识的进步。这里不是哲学家个人的良心受到怀疑了，而是他的本质的意识形式被构成了，被提高到一定的形态和意义，从而同时也就超出了意识形式的范围。

不过，我认为黑格尔学派很大一部分人的这种非哲学的转变，是一种总是伴随着从纪律过渡到自由这一过程的现象。

在自身中变得自由的理论精神成为实践力量，作为意志走出阿门塞斯冥国，面向那存在于理论精神之外的尘世的现实，——这是一条心理学规律。（但是从哲学方面来说，重要的是着重说明这些方面的特点，因为从这种转变的一定方式可以反过来推论出一种哲学的内在规定性和世界历史性。这里我们仿佛看到这种哲学的生活道路的集中表现，它的主观要点。）不过，哲学的实践本身是理论的。正是批判根据本质来衡量个别的存在，根据观念来衡量特殊的现实。但是，哲学的这种直接的实现，按其内在本质来说是充满矛盾的，而且它的这种本质在现象中取得具体形式，并且给现象打上自己的烙印。

当哲学作为意志面向现象世界的时候，体系便被降低为一个抽象的总体，就是说，它成为世界的一个方面，世界的另一个方面与它相对立。体系同世界的关系是一种反思的关系。体系为实现自己的欲望所鼓舞，就同他物发生紧张的关系。它的内在的自我满足和完整性被打破了。本来是内在之光的东西，变成转向外部的吞噬一切的火焰。于是，得出这样的结论：世界的哲学化同时也就是哲学的世界化，哲学的实现同时也就是它的丧失，哲学在外部所反对的东西就是它自己内在的缺点，正是在斗争中它本身陷入了它所反对的缺陷之中，而且只有当它陷入这些缺陷之中时，它才能消除这些缺陷。与它对立的东西、它所反对的东西，总是跟它相同的东西，只不过具有相反的因素罢了。

这是事情的一个方面，如果我们把事情纯粹客观地看成哲学的直接的实现的话。但是，事情还有主观的一面，不过这只是它的另一种形式。这就是得到实现的哲学体系同它的精神承担者即表现哲学体系的进步的那些个别的自我意识的关系。在哲学的实现中有一种关系同世界相对立，从这种关系中可以得出一个结论：这些个别的自我意识始终具有一个双刃的要求：其中一面针对着世界，另一面针对着哲学本身。因为在事物中表现为一个本身被颠倒了的关系的东西，在这些自我意识中表现为二重的、自相矛盾的要求和行为。这些自我意识把世界从非哲学中解放出来，同时也就是把它们自己从作为一定的体系束缚它们的哲学中解放出来。因为自我意识本身仅仅处在发展的过程中，并为发展的直接力量所掌握，因而在理论方面还未超出这个体系的范围，所以，它们只感觉到同体系的有伸缩性的自我等同的矛盾，而不知道当它们转而反对这个体系时，它们只是实现了这个体系的个别环节。

最后，哲学自我意识的这种二重性表现为两个极端对立的派别：其中的一个派别，我们可以一般地称为自由派，它坚持把哲学的概念和原则作为主要的规定；而另一个派别则坚持把哲学的非概念即实在性的环节作为主要的规定。这第二个派别就是实证哲学。第一个派别的活动就是批判，也正是哲学转向外部；第二个派别的活动是进行哲学思考的尝试，也就是哲学转向自身，因为第二个派别认为，缺点对哲学来说是内在的，而第一个派别却把它看作是世界的缺点，必须使世界哲学化。两派中的每一派所做的正是对方要做而它自己不愿做的事。但是，第一个派别在它的内在矛盾中意识到了它的一般原则和目的。在第二个派别里却出现了颠倒，也可以说是真正的错乱。在内容上，只有自由派才能获得真实的进步，因为它是概念的一派，而实证哲学只能产生一些这样的要求和倾向，这些要求和倾向的形式是同它们的意义相矛盾的。

因此，那个起初表现为哲学同世界的一种颠倒关系和敌对的分裂的东西，后来就成为个别的哲学的自我意识本身中的一种分裂，而最后便表现为哲学的一种外部分裂和二重化，表现为两个对立的哲学派别。

显然，除此之外还出现一群次要的、吵闹不休的、没有一点个性的人物。这些人物或者躲在过去的某个哲学巨人的后面，——但是人们很快就可以看出那头披着狮皮的驴子，一个过去和现在的时装表演者的哭泣的声音非常滑稽地叫嚷着，出现在强大的、震撼千百年的声音（像亚里士多德的声音）之后，形成鲜明的对比，并把自己变成传播后一种声音的不受欢迎的器官；这就好比一个哑巴想借助于一个巨大的传声筒来说话。这些人物或者像一个戴着双重眼镜的侏儒，站在巨人臀部的一个小旮旯里，惊奇地向世界宣告，从他这个观察点望去，呈现着一幅多么令人惊异的新的景观，并且可笑地力图证明，不是在浪潮汹涌的心中，而是在他所站立的坚实而粗壮的部位找到了阿基米德的点，也就是那个作为世界的支柱的点。于是就出现了毛发哲学家，趾甲哲学家，脚趾哲学家，粪便哲学家以及其他一些哲学家，他们应该代表斯维登堡的神秘的世界巨人身上的一个更加肮脏的部位。但是，按他们的本质来说，所有这些软体动物都属于上述两个派别，作为它们的成分。至于这些派别本身，我将在另外的地方充分地加以说明：一方面说明它们彼此之间的关系，一方面说明它们同黑格尔哲学的关系，并同时说明这种发展赖以表现的各个个别的历史环节。

(3) 第欧根尼·拉尔修，第9卷第44节："……无不能生有，有不能变无。"（德谟克利特）

第欧根尼·拉尔修，第10卷第38节："首先，无不能生有；因为［否则］任何东西都可以从任何东西产生……"第39节："如果凡是消失的东西都变为无，那么一切事物就都已经被消灭了，因为它们解体后就不存在了。其次，宇宙过去一直是现在这样，而且将来也永远是这样。因为宇宙不会变成任何别的东西。"（伊壁鸠鲁）

(4) 亚里士多德《物理学》第1卷第4章："须知如果一切产生出来的东西都必然是或者产生于有，或者产生于无，然而，产生于无是不可能的；这个意见大家都一致赞同……"

(5) 泰米斯提乌斯《亚里士多德注释》（布兰迪斯汇编）第42章第383页："须知，正如'无'没有任何差别一样，虚空也是如此；因为他［即德谟克利特］把'虚空'称为某种不存在的东西和乌有，等等。"

(6) 亚里士多德《形而上学》第1卷第4章："留基伯和他的同事德谟克利特说，充实和虚空都是元素，并称其中一个为存在，另一个为非存在，也就是说，称充实和坚实为存在，称虚空和稀薄为非存在。因此，他们还说，存在决不比非存在更多地存在着，因为虚空也像物体一样存在着。"

(7) 西姆普利齐乌斯，同上，第326页："德谟克利特把充实和虚空［变成为本原］，他称其中一个为存在，另一个为非存在。"

泰米斯提乌斯，同上，第383页："因为德谟克利特把虚空称为某种不存在的东西和乌有。"

(8) 西姆普利齐乌斯，同上，第488页："德谟克利特认为，永恒的东西的实体是由数量无限的微小本质形成的；他认为，这些微小本质有另一个无限大的处所,同时还以下列名称称呼这个处所:虚空、无、无限,而称每一个本质为:某物、坚实的东西、存在的东西。"

(9) 参看西姆普利齐乌斯,同上,第514页:"一和多。"

(10) 第欧根尼·拉尔修,第10卷第40节:"如果没有我们称为虚空、空间和不可触摸的本质的东西……"

斯托贝《自然的牧歌》第1卷第39页:"伊壁鸠鲁交替使用各种名称:虚空、处所、空间。"

(11) 斯托贝《自然的牧歌》第1卷第27页:"它叫作原子,并非因为它是最小的东西。"

(12) 西姆普利齐乌斯,同上,第405页:"但是,另一些人否认可分性是无限的,因为在他们看来,我们不能无限地分割下去,并从而让人相信可分性是不会完结的;他们断言,物体由不可分的统一体构成,并且可以分解为不可分的统一体。当然,留基伯和德谟克利特认为,原初物体具有不可分性的原因,不仅在于它们对外部影响毫无感觉,而且还在于它们的微小和没有组成部分;但是,后来伊壁鸠鲁并不认为它们是没有组成部分的,相反,他说,它们因为毫无感觉,所以是不可分的。亚里士多德曾多次反驳德谟克利特和留基伯的意见,大概由于他提出了反对原初物体没有组成部分的论据,生活在较晚时期,但是同情德谟克利特和留基伯关于原初物体的意见的伊壁鸠鲁,仍然坚持认为,原初物体是毫无感觉的……"

(13) 亚里士多德《论产生和消灭》第1卷第2章:"但是,人们很少能够仔细观察公认的东西,其原因在于缺乏实践经验。因此,那些对自然科学比较内行的人,宁愿提出能够得出一般联系的基本原理。但是,那些对现存的东西视而不见或很少注意的纯粹的理论家,却比较轻率地发表看法,从下述情况人们可以看出,自然科学的观察方法和思辨的观察方法之间的差别究竟在哪里:其中一些人就不可分的量的问题断言,'三角形本身'将以多种多样的形式存在,但是,德谟克利特遵循的显然是事实的和自然科学的根据。"

(14) 第欧根尼·拉尔修,第9卷[第40节]:"但是,阿里士多塞诺斯在他的《历史札记》中报道说,柏拉图曾想焚毁他所能收集到的德谟克利特的所有著作;但是毕达哥拉斯学派的阿米克拉斯和克莱尼亚斯劝阻了他,说这样做没有什么用处，因为这些著作许多人手里都有了。其实，柏拉图提到过几乎所有的古代哲学家，却一次也没有提到德谟克利特，甚至在某一问题上必须驳斥他时，也不提他。很显然，柏拉图意识到了，那样一来，他面对的就是最优秀的哲学家。"

第二部分
论德谟克利特的物理学和伊壁鸠鲁的物理学的具体差别

第一章
原子脱离直线而偏斜

（1）斯托贝《自然的牧歌》第1卷第33页："伊壁鸠鲁：……但是，原子有时按垂直线运动，有时偏离垂直线，而向上运动则是撞击和排斥的结果。"

参看西塞罗《论最高的善和恶》第1卷第6章。（普卢塔克）《论哲学家的见解》第249页。斯托贝，同上，第40页。

（2）西塞罗《论神之本性》第1卷第26章："在伊壁鸠鲁的物理学中有什么东西不是来自德谟克利特呢？须知即使他作了某些修改，例如，像我刚才就原子的偏斜问题所说的……"

（3）西塞罗《论最高的善和恶》第1卷第6章："……他〈即伊壁鸠鲁〉断言，这些不可分的、坚实的物体由于自己的重量而作直线式的下落：照他的意见，这是一切物体的自然运动。后来，这位头脑敏锐的人又忽然想到，如果一切原子都从上往下坠落，而且像前面所说的那样，是沿着直线坠落，那么一个原子就始终不会和另一个原子相碰。于是，他就求助于谎言：他说，原子有一点点偏斜，偏斜的程度微小得不能再小。据说由此就产生了原子之间的复合、结合和凝聚，结果就形成了世界、世界的一切部分和世界所包含的一切东西。"

(4) 西塞罗《论神之本性》第 1 卷第 25 章："由于伊壁鸠鲁懂得，如果原子由于它们本身的重量而下落，那么我们对什么都无能为力，因为原子的运动是被规定了的，是必然的，于是，他臆造出了一个逃避必然性的办法，这种办法显然是德谟克利特所没有想到的。伊壁鸠鲁说，虽然原子由于它们的重量和重力从上往下坠落，但还是有一点点偏斜。作出这种论断比不能为自己所主张的东西进行辩护还不光彩。"

参看西塞罗《论命运》第 10 卷。

(5) 培尔《历史考证词典》，见《伊壁鸠鲁》条。

(6) 绍巴赫《论伊壁鸠鲁的天文学概念》（载于泽博德、雅恩和克洛茨的《语文学和教育学文库》[1839 年莱比锡版] 第 5 卷第 4 分册第 549 页）。

(7) 卢克莱修《物性论》第 2 卷第 251 行及以下各行：

"其次，如果所有运动彼此互相联系，

并且新的运动总是按一定秩序从旧的运动中产生，

………

………

那么请告诉我，摆脱了命运束缚的我们的意志从何而来呢？"

(8) 亚里士多德《论灵魂》第 1 卷第 4 章第 16—17 节："既然单子没有组成部分，也没有差别，那么，人们应该如何去设想单子的运动呢？是什么，而且如何使这些单子发生运动呢？因为如果单子能够运动，并且是好动的，那么，它们之间就应该有差别。其次，因为他们 [即毕达哥拉斯派] 说，线的运动构成面，点的运动构成线，那么单子的运动也会构成线了。"

(9) 第欧根尼·拉尔修，第 10 卷第 43 节："原子也在不断地运动。"

西姆普利齐乌斯，同上，第 424 页："伊壁鸠鲁的 [门徒们] ……认为运动是永恒的。"

(10) 卢克莱修《物性论》第 2 卷第 253 行及以下各行：

"……如果……原子也不会由于偏斜

引起打破命运的束缚的运动，

以便使原因不致接连不断地产生……"

(11) 卢克莱修，同上，第 2 卷第 279 行及以下各行：

"……但在我们胸中仍然有某种东西,

足以同它对抗和斗争。"

(12) 西塞罗《论最高的善和恶》第1卷第6章:"但是,他仍然没有达到他编造这一理论所要达到的目的;因为如果一切原子都作偏斜运动,那么原子就永远不会结合;或者一些原子作偏斜运动,而另一些原子则由于其重力而向下作直线运动。这就等于我们必须事先给原子指出一定的活动范围,即哪些原子作直线运动,哪些原子作偏斜运动。"

(13) 卢克莱修,同上,[第2卷]第293页。

(14) 西塞罗《论命运》第10卷:"原子发生小得不能再小的一点偏斜,这种偏斜他[即伊壁鸠鲁]称为最小的。"

(15) 西塞罗,同上:"这种偏斜是没有原因的,他虽然在字面上没有承认,但是实质上不得不承认这一点。"

(16) 普卢塔克《论灵魂的起源》第6卷(铅印版第6卷第8页):"因为他们[即斯多亚派]不同意伊壁鸠鲁关于原子作偏斜运动,虽然只偏斜一点点的观点,因为他是从无引出这种没有原因的运动的。"

(17) 西塞罗《论最高的善和恶》第1卷第6章:"因为一方面,偏斜本身是一种任意的虚构(因为他说,原子是没有原因而偏斜的;对于一个物理学家来说,再也没有比断言某物的产生是没有原因的更不光彩的事情了),另一方面,他又毫无原因地认为,原子不会像一切有重量的物体那样作自然运动,而按照他本人的主张,一切有重量的物体都会从上往下坠落。"

(18) 培尔,同上。

(19) 奥古斯丁《书信集》第56封信。

(20) 第欧根尼·拉尔修,第10卷第128节:"因为我们一切行为的目的,就是既不经受痛苦,也不经受困惑。"

(21) 普卢塔克《论信从伊壁鸠鲁不可能有幸福的生活》第1091页:"但是,伊壁鸠鲁的意见也是类似的,他说,'善的本质[起源于]对恶的逃避'。"

(22) 亚历山大里亚的克莱门斯《地毯集》第2卷415页:"但是,伊壁鸠鲁[说],消除痛苦就是快乐。"

(23) 塞涅卡《论善行》第4卷第699页:"可见,神并不施恩行好,他无牵无挂，对我们毫不关心，他不理睬这世界，对善行和恶行都无动于衷。"

（24）西塞罗《论神之本性》第1卷第24章："……例如，你曾说，神没有躯体，但有近似躯体的东西，没有血，但有近似血的东西。"

（25）西塞罗《论神之本性》第1卷第38章："……你将奉献给众神什么样的食品、什么样的饮料、哪些丰富多采的声音和鲜花、哪些舒适的感觉和香味，以便使他们得到充分的享受呢？……"第39章："……如果众神不仅不把人们放在心上，而且根本对什么也不关心，什么也不做，你有什么理由说，人们必须把众神放在心上呢？不过，你会反驳说，众神在一定程度上具有那么出众而优越的本性，这本性本身必然引起哲人的尊敬。——但是，沉湎于自身享乐，过去没有做过什么，现在什么也不做，将来永远不会做什么的存在物，难道本性中能有什么出众的东西吗？"

（26）普卢塔克《论信从伊壁鸠鲁不可能有幸福的生活》第［1100—］1101页："他们的学说能消除恐惧和迷信，但是并不给人以欢乐和神赐的愉快，不过，由于它使我们免除了困惑和愉快，它就使我们和神处于这样一种关系中，就像我们和希尔卡尼亚海的鱼所处的关系一样，从这种鱼那里我们既不期望得到好处，也不期望受到损害。"

（27）亚里士多德《天论》第2卷第12章："……最好的东西不需要行动，因为它本身就是目的。"

（28）卢克莱修《物性论》第2卷第221行及以下各行：
"如果它们〈即原子〉不是经常发生偏斜，

....

那么对于原初物体来说就既不会有冲击，也不会有碰撞，
因此，［自然界］就永远不会创造出任何东西。"

（29）卢克莱修《物性论》第2卷第284行及以下各行：
"因此，你必须承认原子也有［同样的情况］：
除了撞击和重量之外，
还有产生运动的另一种原因，
原子内部固有的力量就来源于此。

....

……并非一切事物都由于撞击，因而由于外部的强制而产生，

相反，精神本身在采取任何行动时，

在它内部没有任何必然性，

它不会像被征服者那样必须经受痛苦和忍耐，

这种情况的发生是由于原初物体的微小偏斜。"

（30）亚里士多德《天论》第1卷第7章："如果宇宙不是连续不断的，而像德谟克利特和留基伯所说，是被虚空分割开来的，那么一切物体的运动必定是单一的；但是，它们的实体是统一的，就像被碎成许多小块的金子一样。"

（31）亚里士多德《天论》第3卷第2章："因此，应该对断言原初物体永远在虚空中和无限中运动的留基伯和德谟克利特说，这是哪一种运动，什么样的运动适合这些物体的本性。因为如果每一个元素都是被另一个元素强行推动的，那么，每一个元素除了强制的运动之外必然还有一种自然的运动；而这种最初的运动应该不是强制的运动，而是自然的运动，如果没有某种东西自然地引起最初的运动，而运动始终都是由早先被强制推动的东西所引起，那么，就会发生无止境的递进。"

（32）第欧根尼·拉尔修，第10卷第150节："对于一切不能签订关于彼此互不伤害也不让双方遭受伤害的契约的生物来说，既没有公平，也没有不公平，对于一切不能或不愿签订关于彼此互不伤害也不让双方遭受伤害的契约的民族来说，也是如此。公正不是自在之物，而是一种在无论什么样的地区内在相互交往中产生的关于彼此互不伤害也不让双方遭受伤害的契约。"

（33）

第二章
原子的质

（1）第欧根尼·拉尔修，第10卷第54节："因为任何特性都是变化的，而原子却是不变的。"

卢克莱修《物性论》第2卷第861行及以下各行：

"它们［即可以用感官感知的质］全都必须同原初物体分开，如果我们想为事物奠定不朽的基础，而基础上的全部东西都能安然无恙地保持下去。"

（2）（普卢塔克）《论哲学家的见解》［第1卷第235—236页］："伊壁鸠鲁……说……物体具有三种特性：形状、体积和重力。德谟克利特只承认有两种：体积和形状；伊壁鸠鲁加上了第三种，即重力，因为物体必由重力的冲击所推动。"参看塞克斯都·恩披里柯《驳数理学家》第420页。

（3）欧塞比乌斯《福音之准备》第14卷第749页。

（4）西姆普利齐乌斯，同上，第362页："……他〈即德谟克利特〉认为，它们〈即原子〉有体积和形状的差别。"

（5）斐洛波努斯，同上："……而且他〈即德谟克利特〉认为，一切形态都有物体的一种唯一的、共同的实体作为基础，而物体的各部分就是体积和形状互相不同的原子；也就是说，它们不仅有不同的形状，而且它们之中有的大些，有的小些。"

（6）亚里士多德《论产生和消灭》第1卷第8章："……不过，他又说，它〈即原子〉的体积越大，也就越重。"

（7）亚里士多德《天论》第1卷第7章："但是，正如前面所说，它们的运动必定是相同的……如果一切物体都有重力，那么就没有一个物体会是绝对轻的；但是，如果一切物体都是轻的，那么就没有一个物体会是重的。其次，如果它们具有重力或者是轻的，那么就将有宇宙的边界，或者有一个中心……"

（8）李特尔《古代哲学史》第1部分第568页注2。

（9）亚里士多德《形而上学》第7（8）卷第2章："看来德谟克利特认为，［原子］有三种差别。因为作为基础的物体按质料来说是同样的东西，但是物体或者因外形不同而有形状的差别，或者因转向不同而有位置的差别，或者因相互接触不同而有次序的差别。"

（10）亚里士多德《形而上学》第1卷第4章："留基伯和他的同事德谟克利特说，充实和虚空都是元素，并称其中一个为存在，另一个为非存在，也就是说，称充实和坚实为存在，称虚空和稀薄为非存在。因此，他们还说，存在决不比非存在更多地存在着，因为虚空也像物体一样存在着。这二者作为物质，就是一切存在物的根据。有些人认为，有一个唯一的基本实体，其他事物是从这种实体的变化中产生的，同时还把稀薄和稠密看作是变化的原则，同这些人一样，他们[即留基伯和德谟克利特]也同样教导说，[原子的]差别是其他事物的原因。他们说，这些差别有三种：形状、次序和位置。因为存在物只是由于外形、相互接触和转向不同而有所差别。其中'外形'即形状，'相互接触'，即次序，而'转向'则指位置。例如，A在形状上与N有差别，AN在次序上与NA有差别，Z在位置上与N有差别。"

（11）第欧根尼·拉尔修，第10卷第44节："……原子除了形状、体积和重力外没有任何质……它们并不具有随便任何体积，无论如何从来还没有一个原子被视觉观察到。"

（12）第欧根尼·拉尔修，第10卷第58节："如果设想原子具有的随便任何体积，对于说明质的差别没有什么作用，那么我们确实会碰到看得见的原子；但这是观察不到的，而且不能想象，原子怎样能够成为看得见的。"

（13）第欧根尼·拉尔修，第10卷第55节："……但是不能认为，原子具有随便任何体积……不过必须承认，它们在体积上有某些差别。"

（14）第欧根尼·拉尔修，第10卷第59节："因为我们也曾根据这种类比推断，原子具有体积，当然只是微小的，我们排除原子具有大的体积。"

（15）参看第欧根尼·拉尔修，第10卷第58节，斯托贝《自然的牧歌》第1卷第27页。

（16）伊壁鸠鲁《残篇》（《论自然》第2卷和第11卷），罗西尼汇编的文集，奥雷利出版，第26页。

（17）欧塞比乌斯《福音之准备》（巴黎版）第14卷第773页："但是，他们的观点是不同的，其中一个人〈即伊壁鸠鲁〉认为，它们全都是极其微小的，因而是不可能为感官所感知的；而德谟克利特则认为，也有一些很大的原子。"

（18）斯托贝《自然的牧歌》第1卷第17页："但是，德谟克利特断言……也可能存在像世界那么大的原子。"参看（普卢塔克）《论哲学家的见解》第1卷第235页及以下各页。

(19) 亚里士多德《论产生和消灭》第 1 卷第 8 章:"原初物体由于小而看不见。"

(20) 欧塞比乌斯《福音之准备》第 14 卷第 749 页:"德谟克利特:……不可分割的、用理性可以直观的物体是存在物的本原。"参看(普卢塔克)《论哲学家的见解》第 1 卷第 235 页及以下各页。

(21) 第欧根尼·拉尔修,第 10 卷第 54 节:"其次,必须认为,原子除了具有形状、重力、体积和其他与形状有必然联系的东西外,不具有任何为现象所固有的质。"参看第 44 节。

(22) 第欧根尼·拉尔修,第 10 卷第 42 节:"……其次,原子具有……无法确定的许多不同的形状。"

(23) 第欧根尼·拉尔修,第 10 卷第 42 节:"……形状差别的数量不是绝对无限的多,而只是无法确定的多。"

(24) 卢克莱修,第 2 卷第 513 行及以下各行:

"……你必须承认,

物质形状的不同也是有限的。"

欧塞比乌斯《福音之准备》第 14 卷第 749 页:"伊壁鸠鲁:……原子形状的数量是可以确定的,而不是无限的。"参看(普卢塔克)《论哲学家的见解》,同上。

(25) 第欧根尼·拉尔修,第 10 卷第 42 节:"……每一类形状相同的原子的数量是绝对无限的。"

卢克莱修《物性论》,同上[第 2 卷],第 525 行及以下各行:

"……但是,因为形状差别的数量是有限的,

所以就必定有无限多彼此相同的原初物体,

否则物质的总量就会是有限的,

而我已经证明这是不可能的。"

(26) 亚里士多德《天论》第 3 卷第 4 章:"但是,即使像其他一些人例如留基伯和阿布德拉的德谟克利特所解释的那样,事情也是不可理解的……此外,因为物体有形状的差别,而这些形状的数量是无限的,所以他们说,简单的物体的数量也是无限的。但是,每一种元素的特性和形状如何,他们却根本

没有规定，只是认为火具有球的形状，而空气和其他……"

斐洛波努斯，同上："……它们［即原子］不仅各自具有不同的形状……"

(27) 卢克莱修《物性论》，同上［第2卷］，第479行及以下各行：

"……原初物体具有不同的形状，

不过其形状的种类是有限的。

如果不是这样，

有些原子就必定具有无限大的体积。

因为既然每个物体只具有同样微小的体积，

各种形状彼此之间就不可能有很大的不同，

………

如果你还想改变它原有的形状，

你就必须增加其他的部分……

………

可见，物体体积的增大

是新形状形成的结果；

因此，你不可能相信

原子的形状会有无限多的差别。"

(28) 参看注 (25)。

(29) 第欧根尼·拉尔修，第10卷第44和54节。

(30) 布鲁克尔《哲学史指南》［1747年版］第224页。

(31) 卢克莱修《物性论》第1卷第1052行：

"梅米乌斯，绝不要相信那种说法，

说什么一切东西都趋向于宇宙的中心。"

(32) 第欧根尼·拉尔修，第10卷第43节："……它们［原子］也以同等速度运动，因为虚空使其中最轻的能够永远和最重的同样地运转。"第61节："其次，当原子在没有任何阻碍的情况下在虚空中运动时，它们的速度必定是一样快的。因为如果没有任何东西阻挡，重的原子运动的速度不会比小而轻的原子快；同样，小的原子运动的速度也不会比大的原子快，因为它们都有一条自由通行的道路,如果没有任何阻碍的话。"

卢克莱修《物性论》第2卷第235行及以下各行:

"但是,虚空的空间也……

决不会阻挡任何事物,

而总是凭它的本性向一切让路。

因此一切东西尽管重量不同,

却必定以同等的速度,

通过寂静的虚空在运动。"

(33)参看第3章。

(34)费尔巴哈《近代哲学史》。

伽桑狄,同上,第XXXIII章第7节:"虽然伊壁鸠鲁也许从来没有对这种经验进行过思考。但是在谈论原子时,他由于受理性的引导,却设想出了不久前经验教导我们的东西,即一切物体,无论其重量和质量有多么大的不同,从上往下坠落时却具有相同的速度;他认为,一切原子,虽然其体积和重力不同,但是运动的速度却是相同的。"

第三章
不可分的本原和不可分的元素

(1)Amétocha kenu[斯托贝《自然的牧歌》第1卷第27页]决不是指"不占有任何空间",而是指"与虚空无关";这和第欧根尼·拉尔修在另一个地方[第10卷第58节]所说的完全相同:"它们不再分为各个部分。"这个用语同样可以在(普卢塔克)《论哲学家的见解》第1卷第236页和西姆普利齐乌斯第405页上得到解释。

(2)这个结论也是错误的。在空间不可分的东西,不会因此处于空间之外,并且不同空间发生关系。

(3)绍巴赫,同上,第[549—]550页。

(5)第欧根尼·拉尔修,第10卷第67节:"但是,除了虚空之外,不能设想有无形体的东西本身。"

(6) 第欧根尼·拉尔修，第10卷第39、40和41节。

(7) 第欧根尼·拉尔修，第7卷第134节："他们〈即斯多亚派〉说，本原和元素之间存在着差别；前者是没有生灭的，而元素将会在世界大火中毁灭。"

(8) 亚里士多德《形而上学》第4卷第1章和第3章。

(9) 参看同上。

(10) 亚里士多德《形而上学》，同上，第3章："那些谈论什么是物体可能分解成的最小部分，什么是不可能再分解为种类不同的其他物体的东西的人，同样也谈论物体的元素……因此，微小的、简单的和不可分的东西也被称为元素。"

(11) 亚里士多德《形而上学》第1卷第4章。

(12) 第欧根尼·拉尔修，第10卷第54节。

（普卢塔克）《科洛特》第1110页："这一点与伊壁鸠鲁的学说有不可分割的联系，正像——根据他们自己的（即伊壁鸠鲁派的）观点——形状和重力与原子有不可分割的联系一样。"

(13) 塞克斯都·恩披里柯《驳数理学家》第420页。

(14) 欧塞比乌斯《福音之准备》第14卷第773页："伊壁鸠鲁……设想有不能用感官感知的（原子）……"第749页："但是，它们〈即原子〉具有自己的、靠理智可以感知的形状。"

(15) （普卢塔克）《论哲学家的见解》第1卷第246页："他本人〈即伊壁鸠鲁〉设想有下面其他四种不可毁灭的实体：原子、虚空、无限和同类粒子；后者又称为同质粒子和元素。"第249页："但是，伊壁鸠鲁说，物体是不可把握的；原初的物体是简单的，而由它们所组成的复合体全都具有重力。"

斯托贝《自然的牧歌》第1卷第52页："伊壁鸠鲁的老师梅特罗多罗斯设想……：始因就是原子和元素。"第5页："伊壁鸠鲁设想有下面四种不可毁灭的实体：原子、虚空、无限和同类粒子，后者又称为同质粒子和元素。"

(16) 参看同上。

西塞罗《论最高的善和恶》第1卷第6章："他［即伊壁鸠鲁］赞同的东

西……原子、虚空……无限性本身，他们［即伊壁鸠鲁派］称之为无限。"

（17）第欧根尼·拉尔修，第10卷第41节："其次，宇宙是无限的……宇宙无论就物体众多，还是就虚空广大来说，都是无限的。"

（18）普卢塔克《科洛特》第1114页："请看，这就是你们［所规定的］生成的本原：无限性和虚空！其中虚空是不活动的、不敏感的、无形体的，而无限性是混乱的、没有理性的、不可把握的，它自行解体并陷入混乱，因为它由于众多，既不能被控制，也不能受限制。"

（19）西姆普利齐乌斯，同上，第488页。

（20）（普卢塔克）《论哲学家的见解》第239页："梅特罗多罗斯则说……数量之所以具有无限性，是因为始因是无限的……，而始因就是原子或元素。"

斯托贝《自然的牧歌》第1卷第52页："伊壁鸠鲁的老师梅特罗多罗斯设想……始因就是原子和元素。"

（21）卢克莱修《物性论》第1卷第820行及以下各行：
"因为同样的本原构成天空、海洋和陆地，
河流、太阳、五谷、树木和动物。"

第欧根尼·拉尔修，第10卷第39节："其次，宇宙一直是像它现在这个样子，并且将永远如此。因为它不能变成任何其他东西。须知除了宇宙之外，别无其他东西能进入宇宙，使它完成这样一种转变……宇宙是物体……"第41节："但是，这些东西［即原初物体］是不可分的和不变的，只要不是一切东西都化为非存在，而是完好无损的东西在复合体解体时仍然可以存在下去，因为它本性坚实，不可能以任何方式分解成任何东西。"

（22）第欧根尼·拉尔修，第10卷第73节："……并且一切又［必定要］解体，有些较快，有些较慢，有些是由于这样的原因，有些是由于那样的原因。"第74节："所以很明显，他［即伊壁鸠鲁］也认为，这些世界是暂时的，因为它们的各个部分会发生变化。"

卢克莱修，第5卷第108行及以下各行：
"但愿是推理而不是事实本身使我们相信，
万物将随着一声可怕的巨响而毁灭……"

卢克莱修，第 5 卷第 373 行及以下各行：

"可见对于天空和太阳，对于大地和海洋，

死亡之门并非关闭而是敞开着，

向它们张开可怕的巨口。"

(23) 西姆普利齐乌斯，同上，第 425 页。

(24) 卢克莱修，第 2 卷第 796 行：

"……并且原子不会显现出来……"

第四章
时间

(1) 亚里士多德《物理学》第 8 卷第 1 章："从而德谟克利特就［指出］，并不是一切东西都可能有起始的，因为时间是没有起始的。"

(2) 西姆普利齐乌斯，同上，第 426 页："相反，德谟克利特坚定地确信时间的永恒性，以致当他想证明并非一切都有起始这一点时，他就利用时间没有起始这个论点作为明显的证据。"

(3) 卢克莱修，第 1 卷第 459 行及以下各行：

"时间也还不是独立存在的……

应该承认，离开了事物的动和静，

谁也不能感觉到时间本身。"

卢克莱修，第 1 卷第 479 行及以下各行：

"它们［即那些事件］

根本不是独立存在的，

不像物体那样，也不像虚空那样，

倒不如说，人们可以正确地称之为

物体和空间的偶性。"

塞克斯都·恩披里柯《驳数理学家》第 420 页："伊壁鸠鲁把时间称为偶性的偶性。"

斯托贝《自然的牧歌》第1卷第11页："伊壁鸠鲁（把时间称为）运动的偶性，即运动的伴随现象。"

（4）第欧根尼·拉尔修，第10卷第72节："其次，当然也必须认真注意下面一点：我们研究时间，不能像我们研究对象所具有的其他一切特性那样，即把它们归结为我们在自己身上所感知的预想；而是应当把握住我们据以说明时间是长或短的直接的明显性本身，以适当方式加以表述。我们不能采用一些新的似乎更好的用语，而应当使用现成的用语，也不应该（像某些人所作的那样）用别的事物来表述时间，似乎这别的事物具有像这种特性［即时间］那样的同一本质。我们必须注意的主要是，我们怎样把独特的东西与此联系起来并且怎样加以衡量。"第73节："无需提供证明，只需加以考虑的是，我们既把时间同白天和黑夜以及昼夜的各部分联系起来，也把它同感情和与感情无关的状态、同运动和静止状态联系起来，在这里我们恰好把这个东西［即时间］看作是上述状态的一种特殊的偶性，并且正是在这个意义上我们谈到时间。他在《论自然》第2卷和《大纲要》里也说到这一点。"

（5）卢克莱修《物性论》，同上。

塞克斯都·恩披里柯《驳数理学家》第420页及以下各页："偶性的偶性……因此，当伊壁鸠鲁说，人们把物体设想为体积、形状、阻力和重力的综合时，他不得不把存在着的物体设想为由不存在的物体构成的……因此，要使时间存在，就必定要有偶性存在，而要使偶性存在，就必定要有某种作为基础的东西存在；但是，这种作为基础的东西并不存在，所以时间就不可能存在……因此，既然这［即白天、黑夜、小时、运动、静止、感情、与感情无关的状态］就是时间，而伊壁鸠鲁又说，应该把［时间］理解为这个东西的偶性，那么在伊壁鸠鲁看来，时间本身就是它自己的偶性。参看斯托贝，同上。

（6）第欧根尼·拉尔修，第10卷第46节："不过也有与坚实物体形状相似，但是细微程度远远超过现象的印记……我们把这些印记称为影像。"第48节："这些影像的产生和思想一样快……它［即物体外壳的影像的流出］由于重新得到补充而不能为感官所感知，并且保持着原子在坚实物体外壳上具有的位置和秩序。"

卢克莱修，第 4 卷第 30 行及以下各行：

"……物的影象……

像从物的外壳上剥离下来的薄膜，

不断在空中来回飘动。"

卢克莱修，第 4 卷第 52 行及以下各行：

"因为这些影象同像人们所说使它们流出并到处飘动的物体，

有着一种相似的外貌和形状。"

（7）第欧根尼·拉尔修，第 10 卷第 49 节："但是，也必须认为，当某物从外部客体侵入我们体内时，我们会看见和领会它的形状，因为如果不是这样，外部客体不可能留下它们的性质的印记……因此，我们能够看见，是由于物的具有和原物［相同］颜色和相同形状的印记以适当的体积侵入我们的眼睛……"第 50 节："由于这个原因，它们就使人们对统一的、完整的整体产生一个印象，并且同作为基础的客体保持一致……"第 52 节："但是，人们能够听见，也是由于从一个说话的人那里，或者从发出声音或噪音或产生其他听觉感觉的东西那里发生一种流。而这股流分散成相同的同时又彼此保持某种一致的微粒……"第 53 节："……必须认为，嗅也和听一样，如果没有某种从客体中流出、具有适当体积、从而能够刺激相应感觉器官的微粒，它就永远不会引起任何感觉。"

（8）卢克莱修《物性论》第 2 卷第 1139 行：

"因此，［万物］理所当然地都要死亡，

如果它们由于流出而变得稀薄的话……"

第五章
天象

（1）第欧根尼·拉尔修，第 2 卷第 3 章第 10 节。

（2）亚里士多德《形而上学》第 1 卷第 5 章："一就是神。"

（3）亚里士多德《天论》第 1 卷第 3 章："看来理论可以证实现象，而现象也可以证实理论。因为人人都有一个关于神的观念并把最高的处所划给神性的东西；无论异邦人还是希腊人，总之，凡是相信神的存在的人，莫不如此，他们显然把不死的东西和不死的东西联系起来了；因为不这样也是不可能的。因此，如果有神性的东西存在——它确实存在，那么我们关于物体的原初实体的上述论断也是正确的。但就人的信念而言，这一点也为感性知觉所充分证实。因为在整个过去的时代中，根据人们彼此流传下来的材料来看，无论整个最高的天体或天体的任何部分看来都没有发生什么变化，就连名称，看来也是古代人流传下来直至今天的，因为他们所指的东西，同我们所说的东西是一回事。因为同样的看法传到我们现在，不是一次，也不是两次，而是无数次。正因为原初的物体是某种有别于土和火、空气和水的东西，他们就把最高的地方称为'以太'（由 theinaei 一词而来），并且给了它一个别名叫作'永恒的时间'。"

（4）亚里士多德，同上，第2卷第1章："但是，古代人把天和最高的地方划给神，因为唯有天是不死的，而这里提出的学说也证明，天是不可毁灭的、没有始初的、不遭受生灭世界的一切灾祸的……因此，关于它的永恒性，不仅持这种看法更加适当，而且只有这样，我们才能提出那种被公认为符合关于神的预言的见解。"

（5）亚里士多德《形而上学》第11（12）卷第8章："至于说天只有一个，这是显然的……认为这些东西[即天体或原初实体]即是众神，而神性的东西包围着整个自然界的看法，是从祖先和古代人那里流传下来并以神话的形式在后人中间保存下来的。其余的东西则是为了引起群众的信仰，当作有利于法律和公共福利的东西而被披上神话的外衣添加进去的。因此人们说众神具有人的形状，近似于一些别的生物，并且说了其他一些与此有关和类似的东西。如果人们抛开这些东西，只坚持原初的东西，即认为原初的实体是众神这一信仰，那么他们可能认为这是神的启示，并且认为，正如可能发生过的那样，在各种各样的艺术和哲学多次被创造出来，随后又消失了以后，他们这些意见却像古董一样，流传到现在。"

（6）第欧根尼·拉尔修，第10卷第81节："除了这一切之外，还应当认真地考虑到，人的心灵的最大迷乱起源于人们把这些东西[即天体]看作是有福祉的和不可毁灭的，但是又认为天体具有与这些特性相矛盾的愿望和行为，……还由于人们根据神话怀有畏惧的猜测。"

（7）第欧根尼·拉尔修，第10卷第76节："说到天象，应当认为，天体的运动、转向、亏蚀、升起、降落以及诸如此类现象的发生，不是因为有一个享有一切福祉和不可毁灭的存在物在支配它们、安排它们——或已经安排好它们。"第77节："因为行动……对福祉来说是不合适的，而这种现象［即行动、忧虑、愤怒、喜好］的产生是由于软弱、恐惧和对别人的依赖。同样也不应当认为，有一些享有福祉的类似火的聚合物，能够任意地作出这些运动……要不然这种矛盾本身就足以引起心灵的最大迷乱。"

（8）亚里士多德《天论》第2卷第1章："因此，不应该以为，像古代人在神话里所说的那样，它［即天］还需要阿特拉斯做它的支柱。"

（9）第欧根尼·拉尔修，第10卷第85节："因此，你〈指皮托克勒斯〉要好好掌握，努力记住它，并且不断同我在给希罗多德的《小纲要》中讲过的其他东西一起认真加以复习。"

（10）第欧根尼·拉尔修，第10卷第85节："第一，不要认为，对天象的认识，无论就其更广泛的联系而言还是就其本身而言，除了像其他研究一样能够获得心灵的宁静和坚定的信心之外，还能达到别的目的。"

第欧根尼·拉尔修，第10卷第82节："心灵的宁静就在于从这一切［谬误］中解脱出来，经常想到一般的和最重要的东西。"

（11）第欧根尼·拉尔修，第10卷第87节："因为我们的生活需要的不是主观的玄想和空洞的假设，而是我们能够过没有迷乱的生活。"

第欧根尼·拉尔修，第10卷第87节："其次，必须认为，自然哲学的任务就是精确地研究最主要现象的原因，认识天象时的幸福感也是建立在这个基础上的。"

第欧根尼·拉尔修，第10卷第79节："但是，属于关于降落和升起、转向、亏蚀和与此有关的现象的理论的东西，丝毫不能增进认识时得到的幸福感，那些虽然知道这些现象但不认识它们的性质和主要原因的人，内心仍然像不知道那样充满恐惧，也许会更加感到恐惧。"

（12）第欧根尼·拉尔修，第10卷第86节："不要勉强去做不可能的事情，也不要对一切事物都采用同一种观察方法，像在论述伦理学或者阐明其他物理学问题时那样，例如，宇宙是由物体和不可触摸的本质构成的，或者，存在着不可分的元素，而所有这类的东西或者说一切事物只有一种同现象一致的解释；但是天象恰好不是这样。"

（13）第欧根尼·拉尔修，第10卷第86节："相反，这些现象有多种多样的产生原因，有不止一种的同感性知觉相符合的本质的规定性。因为对自然的研究不应依据空洞的公理和规律，而应按照现象的要求来进行。"

（14）第欧根尼·拉尔修，第10卷第92节。

（15）第欧根尼·拉尔修，第10卷第94节。

（16）第欧根尼·拉尔修，第10卷第95和96节。

（17）第欧根尼·拉尔修，第10卷第98节。

（18）第欧根尼·拉尔修，第10卷第104节："〈伊壁鸠鲁认为，〉雷鸣可能以其他许多方式产生，只是神话必须加以排除。但是，只有当人们通过认真地追寻现象，从现象出发进而推断出不可见的东西时，神话才会被排除。"

（19）第欧根尼·拉尔修，第10卷第80节："因此，必须注意到在我们这里相同的东西是以多种多样的方式产生的，并且这样去探索天象和一切未知事物的原因。"

第欧根尼·拉尔修，第10卷第82节："……心灵的宁静就在于从这一切［谬误］中解脱出来……因此，必须注意一切直接的东西和感性知觉，对于一般的东西注意一般知觉，对于特殊的东西注意特殊知觉，对每一个标准则注意每一个直接的明显的印象。因为如果我们坚持这样做，我们将会正确地说明产生不安和恐惧的原因，并且由于说明了天象和其他一切我们经常遇到的东西，以及一切使其他人震惊的东西的根据，我们就能使自己从不安和恐惧中解放出来。"

第欧根尼·拉尔修，第10卷第87节："天象中发生的过程的某些迹象，能够从我们领域里的一些可以观察到的或现存的现象中获得，但不是从人们由天上感知的东西中获得，因为这些现象能以多种多样的方式产生。"［第88节］："但是，必须观察每一个别现象的形式，并且对与此有联系的东西作仔细的考虑：这些东西以多种多样的方式产生，这不会被我们领域里的现象所驳倒。"

（20）第欧根尼·拉尔修，第10卷第78节："此外，人们对这类事物用多种多样的方式来说明，并且说，也可能采用其他方式。"

同上，第86节："相反，这些现象的产生有多种多样的原因。"

同上，第87节："因此，在所有天象中，一切都不可动摇地以多种多样的方式发生……如果人们让各种可能的对天象的解释存在的话（这样做是必要的)。"

（21）同上，第98节："而那些认为只有一种原因的人就同现象发生冲突，并且无法认识'人可能观察到的东西'。"

同上，第113节："但是，当现象要求用多种多样的方式来加以解释时，只指出一个原因，这是一种疯狂的举动，是那些热中于关于星辰的无用知识的人的不适当的行为，他们给这些现象胡诌一些原因，但决不会使神性摆脱义务。"

同上，第97节："其次，[天体]运转的次序应当像在我们这里发生的有些事件那样去理解，但是绝不能把神性与此联系起来；应当使神性摆脱义务，而去享受一切幸福，因为如果不这样做，那么对天象原因的全部解释都将是毫无意义的，而有些人的情况正是如此，他们没有坚持可能的解释方法，而是陷入虚妄的解说之中，因为他们认为各种现象只以一种方式发生，于是把其他一切可能的解释方式都排除在外；因此，他们就陷入不可思议的境地，并且无法把必须作为迹象来认识的[地上的]现象提出来加以比较。"

同上，第93节："……不害怕占星术士的毫无创见的戏法。"

同上，第87节："……显然，人们完全脱离自然科学的范围而坠入了神话的领域。"

同上，第80节："所以……必须探索天象和一切未知事物的原因，同时我们应当蔑视这样的人，他们声称这一切只是以一种方式运行或发生，而不能根据从远处得到的印象把以多种方式发生的东西描述出来，此外，他们不知道在什么条件下不能保持心灵的宁静。"

（22）第欧根尼·拉尔修，第10卷第80节："不能认为对这些对象的研究还不够彻底，还不足以使我们得到心灵的宁静和幸福。"

（23）第欧根尼·拉尔修，第10卷第78节："……在不可毁灭的和有福祉的存在物中，绝没有任何东西能引起冲突和不安。人们能够合乎理智地认识到，这是绝对适用的。"

(24) 参看亚里士多德《天论》第1卷第10章。

(25) 亚里士多德《天论》（第1卷第10章）："如果宇宙是由许多物体组成的，而这些物体之间的关系在过去是另外一种样子，如果这些物体之间的关系以前始终是这样，而不可能是别的样子，那么宇宙就不会产生。"

(26) 阿泰纳奥斯《哲人宴》第3卷第104页："应该称赞诚实的克里西普斯，他认清了伊壁鸠鲁的本质，他说，阿尔谢斯特拉图斯的'美食学'是伊壁鸠鲁哲学的故乡。"

(27) 卢克莱修《物性论》第1卷第62—79行。

附录
评普卢塔克对伊壁鸠鲁神学的论战

一、人同神的关系

1. 恐惧和彼岸的存在物

(1) 普卢塔克《论信从伊壁鸠鲁不可能有幸福的生活》（克西兰德版）第2卷第1100页："关于快乐〈伊壁鸠鲁〉也许说过：……他们的学说以某种方式消除恐惧和迷信，但是，它不会给人以欢乐和神赐的愉快。"

(2) ［霍尔巴赫］《自然体系》（1770年伦敦版）第2部分第9页："关于这些无比强大的力量的观念永远是同恐惧的观念结合在一起的；这些力量的名字总是使人们回想起他们自己的灾难或者他们祖先的灾难。我们现在还害怕，因为数千年来我们的先辈就感到害怕。神的观念在我们心中总是引起令人压抑的念头……就是现在，每当我们听到有人提到神的名字时，恐惧和忧郁的想法就涌上心头。"参看第79页："如果把道德建筑在一个行为变化不定的神的并不真正合乎道德的品格之上，那么人无论在他对于神的义务方面，在他自己对自己的义务方面，还是在他对别人的义务方面，都始终不可能知道他该遵循什么。因此，最有害的事莫过于劝人相信存在着一种超自然的存在物，在这种存在物面前，理性必须默不作声，为了成为一个幸福的人，你就必须为这个存在物牺牲尘世上的一切。"

（3）普卢塔克，同上，第1101页："他们［对神］感到畏惧，把他当作对好人仁慈、对坏人严厉的主宰，由于怀有这唯一的畏惧心理，他们不需要许多使他们不去做坏事的拯救者；他们仿佛使恶在自己身上逐渐消亡，因此，同那些正在作恶并敢于作恶，而事后又立即感到害怕和懊悔的人相比，他们较少感到不安。"

2. 崇拜和个人

（4）普卢塔克，同上，第1101页："相反，当它〈即灵魂〉最虔诚地相信并想象到神的降临时，它就会最容易驱散悲伤、恐惧和忧虑，并且沉醉于快乐，直到狂喜、戏谑和欢笑，在爱里面……"

（5）普卢塔克，同上。

（6）普卢塔克，同上，第1102页："因为在节日里使人兴高采烈的，不是丰盛的酒，也不是烤肉的香味，而是企盼神能赐惠降临并仁慈地接受礼拜的虔诚愿望和信念。"

3. 天意和谪降了的神

（7）普卢塔克，同上，第1102页："他们［即优秀的虔诚的人们］一想到神就感到多么大的真诚的喜悦呀，因为对他们来说，神是一切善的倡导者，是一切美好事物的父亲，神既不会做任何坏事，也不会容忍任何坏事！因为神是善良的，而善良者在任何情况下都既没有忌妒，没有恐惧，也没有愤怒，没有仇恨，因为热情者不会对人冷漠，正如善良者不会害人一样，但是就本性而论，愤怒离仁慈最远，凶恶离敦厚最远，忌妒和敌意离博爱和友善最远。其中一类品性是卓越超群和力量的标志，另一类则是软弱和邪恶的标志。因此，神不会集愤怒与仁慈于一身，而由于神按其本性来说就是仁慈的和乐于助人的，所以愤怒和害人是同它的本性不相容的。"

（8）同上："难道你们认为，对否定天意的人还［需要］进行别的惩罚，而他们自己使自己失去这种快乐和喜悦，这种惩罚还不够吗？"

（9）："但是，软弱的理性不是那个不认识客观的神的理性，而是那个想要认识神的理性。"谢林《关于独断主义和批判主义的哲学通信》——见《哲学著作集》1809年兰茨胡特版第1卷第127页第2封信。

总之，可以奉劝谢林先生回想一下他早期的著作。例如，在《论"自我"是哲学的原则》这一著作里，他写道：

"譬如，我们假定被规定为客体的神是我们知识的现实基础，那么，在这种情况下，既然神是客体，神本身就进入我们的知识范围之内，因而对于我们来说就不可能是这整个范围所赖以建立的最后根据了。"同上，第5页。

最后，我们提醒谢林先生注意上述他的那封信的结束语：

"向优秀的人类宣布精神自由并且不能再容忍人类为失去身上的枷锁而悲泣的时候已经到来了。"同上，第129页。

如果早在1795年这样的时候就已到来，那么到了1841年又该怎样说呢？

为了在这里顺便一下一个几乎已经声名狼藉的题目，即关于神的存在的证明，必须指出，黑格尔曾经把这一神学的证明完全弄颠倒了，也就是说，他推翻了这一证明，以便替它作辩护。假如有这样一些诉讼委托人，辩护律师除非亲自把他们杀死，否则便无法使他们免于被判刑，那么这究竟应当算什么样的诉讼委托人呢？譬如，黑格尔就对由世界的存在到神的存在的推论作了这样的解释："因为偶然的东西不存在，所以神或绝对者存在。"但是，神学的证明恰恰相反："因为偶然的东西有真实的存在，所以神存在。"神是偶然世界的保证。不言而喻，这样一来，相反的命题也被设定了。

或者，对神的存在的证明不外是空洞的同义反复，例如，本体论的证明无非是："我现实地（实在地）想象的东西，对于我来说就是现实的表象"，这东西作用于我，就这种意义上说，一切神，无论异教的还是基督教的神，都曾具有一种实在的存在。古代的摩洛赫不是曾经主宰一切吗？德尔斐的阿波罗不曾经是希腊人生活中的一种现实的力量吗？在这里康德的批判也毫无意义。如果有人想象自己有一百个塔勒，如果这个表象对他来说不是任意的、主观的，如果他相信这个表象，那么对他来说这一百个想象出来的塔勒就与一百个现实的塔勒具有同等价值。譬如，他就会根据他的想象去借债，这个想象就会起这样的作用，正像整个人类曾经欠他们的神的债一样。与此相反，康德所举的例子反而会加强本体论的证明。现实的塔勒与想象中的众神具有同样的存在。难道一个现实的塔勒除了存在于人们的表象中，哪怕是人们的普遍的或者无宁说是共同的表象中之外，还存在于别的什么地方吗？要是你把纸币带到一个不知道纸的这种用途的国家里去，那每个人都会嘲笑你的主观表象。要是你把你所信仰的神带到信仰另一些神的国家去，人们就会向你证明，你是受到幻想和抽象概念的支配。这是公正的。如果有人把温德人的某个神带给古代希腊人，那他就会发现这个神不存在的证明。因为对希腊人来说，它是不存在的。一个特定的国家对于外来的特定的神来说，就同理性的国家对于一般的神来说一样，是神停止其存在的地方。

或者，对神的存在的证明不外是对人的本质的自我意识存在的证明，对自我意识存在的逻辑说明。例如，本体论的证明。当我们思索存在的时候，什么存在是直接的呢？自我意识。

在这个意义上说，对神的存在的一切证明都是对神不存在的证明，都是对一切关于神的观念的驳斥。现实的证明必须倒过来说："因为自然安排得不好，所以神才存在。""因为非理性的世界存在，所以神才存在。""因为思想不存在，所以神才存在。"但这岂不是说：谁觉得世界是非理性的，因而谁本身也是非理性的，对他来说神就存在。换句话说，非理性就是神的存在。

"如果你们假定一个客观的神的观念，你们怎么能够谈理性从自身中产生出来的规律呢？因为只有绝对自由的存在物才能有自律。"谢林，同上，第198页［第10封信］。

"把可以普遍传授的基本原则加以隐瞒，这是一种对人类的犯罪行为。"谢林，同上，第199页。

新序言（片断）部分句读

《德谟克利特的自然哲学和伊壁鸠鲁的自然哲学的差别》一文新序言（片断）

我献给公众的这篇论文，是一篇旧作，它当初本应包括在一篇综述伊壁鸠鲁主义、斯多亚主义和怀疑主义哲学的著作里，鉴于我正在从事性质完全不同的政治和哲学方面的研究，目前我无法完成这一著作。

句读：马克思旧话重提，他说："我献给公众的这篇论文，是一篇旧作，它当初本应包括在一篇综述伊壁鸠鲁主义、斯多亚主义和怀疑主义哲学的著作里。"他在博士论文序言中交代过："不妨把这篇论文仅仅看作是一部更大著作的先导，在那部著作中我将联系整个希腊思辨详细地阐述伊壁鸠鲁主义，斯多亚主义和怀疑主义这一组哲学。这篇论文在形式方面和其他方面的缺点在那里将被消除。"所以这里回应："它当初本应包括在一篇综述伊壁鸠鲁主义、斯多亚主义和怀疑主义哲学的著作里，鉴于我正在从事性质完全不同的政治和哲学方面的研究，目前我无法完成这一著作。"实际上马克思一直没有完成这部更大著作。马克思给出的原因是他在从事性质完全不同的政治和哲学方面的研究。有的人据此认为，由于马克思认为投身革命实践比单纯研究古希腊哲学更重要，所以他从事了更重要的满足革命实践要求的性质完全不同的政治和哲学方面的研究。但我们应当知道，实践是理论见之于客观的东西，如果马克思没有形成他的理论，他又如何在实践中领导革命和进一步探索和完善革命理论呢？所以，我们认为，马克思并不是无法完成这一著作，而是没必要完成这一著作。诚如我们在前面学习马克思博士论文的结论，马克思实际上已经借助对比德谟克利特的自然哲学和伊壁鸠鲁的自然哲学的差别，确认伊壁鸠鲁的唯物主义已经在自然界的所有领域都得到了进一步的发展和证实，并且高高扬起了"具有抽象的个别性形式的自我意识"的战旗，形成了马克思新哲学，完成了具有抽象的个别性形式的自我意识的唯物主义的哲学革命。那么，马克思只有一项工作要去做了，就是在实践中运用它、发展它、完善它。

只是现在，伊壁鸠鲁派、斯多亚派和怀疑派的体系为人们所理解的时代才算到来了。他们是自我意识的哲学家。这篇论文至少将表明，迄今为止这项任务解决得多么不够。

句读：之所以说马克思博士论文完成了一场哲学革命，乃因为马克思是在突破主流哲学封锁的情况下完成他的博士论文的。首先是主流哲学对伊壁鸠鲁的打压遮蔽，如前文所言，这体现在古代作家、教父和近代作家的偏见中，也体现在伊壁鸠鲁几乎足不出户地待在他的雅典花园中和他无法充分阐释他的自然哲学中。其次是马克思面临的各种限制，来自家庭的压力、黑格尔的体系和作为博士论文的形式要求等。马克思在《给父亲的信》里，甚至称黑格尔体系为敌人，事实上，直到今天，这个敌人还在。正是在突破这两重封锁的情况下，马克思完成了他的博士论文，并在耶拿大学而不是柏林大学成功取得博士学位。这就告诉我们，伊壁鸠鲁派、斯多亚派和怀疑派的体系在当时处境之艰难。马克思告诉我们，在他写这个新序言的时候，这些体系为人们所理解的时代才算到来了，自我意识的哲学家们的机会才开始出现，马克思博士论文的价值才体现出来，马克思在实践中的革命时机也才刚刚露出曙光。所以马克思说："这篇论文至少将表明，迄今为止这项任务解决得多么不够。"

第三部分

《德谟克利特的自然哲学和伊壁鸠鲁的自然哲学的差别》的深入解读与延展

《德谟克利特的自然哲学和伊壁鸠鲁的自然哲学的差别》空隙中的哲学革命

一、马克思《博士论文》中到底有没有哲学革命？

关于马克思《博士论文》中有没有哲学革命的问题，在正统阐释者那里是不存在的。普遍的看法是马克思哲学有一个从"不成熟"到"成熟"，从"唯心主义"到"唯物主义"，从"革命民主主义"到"共产主义"的转变。马克思《博士论文》被认为是"不成熟"的和"唯心主义"的。苏联对马克思早期的著作基本都持批判态度，这些著作包括马克思《博士论文》、《1844年经济学哲学手稿》、《神圣家族》、《德意志意识形态》等。在出版《马克思恩格斯全集》俄文第2版第1卷时，马克思《博士论文》因被判定为唯心主义而没能入选。我国的编译工作承自苏联，自然难以避免类似的路径与基调，但有的地方走得比苏联更远。如，《马克思恩格斯全集》第40卷（1982年版）中马克思《博士论文》献词的一句很重要的话："您，我的父亲般的朋友，对于我永远是一个活生生的证据，证明理想主义不是幻想，而是真理。"① 在1995年版中被译为："您，我的慈父般的朋友，对于我始终是一个活生生的明显证据，证明唯心主义不是幻想，而是真理。"② 1995年的翻译直接把马克思《博士论文》打入了唯心主义的怀抱。国外的很多学者也持同样的观点，麦克莱伦在《马克思主义以前的马克思》一书中说："马克思对伊壁鸠鲁的兴趣好像是在与青年黑格尔派的伙伴们的讨论中激发起来的。"③ 可见，他认为马克

---

① 《马克思恩格斯全集》第40卷，北京：人民出版社1982年版，第187页。
② 《马克思恩格斯全集》第1卷（上），北京：人民出版社1995年版，第9页。
③ [英]麦克莱伦：《马克思主义以前的马克思》，李兴国等译，北京：社会科学文献出版社1992年版，第55页。

思《博士论文》等早期著作都是非马克思主义的。要说这种正统阐释路线的源头还在于恩格斯,他曾经说过:"在这种情况下,我感到越来越有必要把我们同黑格尔哲学的关系,我们怎样从这一哲学出发又怎样同它脱离,作一个简要而又系统的阐述。同样,我也感到我们还要还一笔信誉债,就是要完全承认,在我们的狂飙突进时期,费尔巴哈给我们的影响比黑格尔以后任何其他哲学家都大。"① 而马克思则在《关于费尔巴哈的提纲》中宣布了"旧唯物主义"的灭亡和"新唯物主义"的诞生,他宣称:"哲学家们只是用不同的方式解释世界,问题在于改变世界。"② "恩格斯认为,《提纲》是包含着新世界观的天才萌芽的第一个文献,是历史唯物主义的起源。"③ 于是,在列宁那里完成了"黑格尔→费尔巴哈→马克思"④ 的盖棺定论。最终形成了恩格斯奠基,经由狄慈根、普列汉诺夫、列宁,再到斯大林的权威阐释路线。⑤

但是,随着苏东剧变的发生和中国特色社会主义事业不断取得成功,越来越多的人开始反思和质疑这条主要来自于苏联的正统阐释路线,他们纷纷寻找马克思哲学的不同源头。侯才等认为马克思"新唯物主义"的真正诞生地是《1844年经济学哲学手稿》。⑥ 鲁品越等肯定《黑格尔法哲学批判》对能动的、历史的和辩证的"新唯物主义"的奠基性作用。⑦ 当然,更多的人把马克思哲学的源头归于马克思《博士论文》,然而,他们的认识显然是存在差异的。聂锦芳的考证表明伊壁鸠鲁哲学是马克思哲学的起点⑧,孙熙国肯定了马克思《博士论文》在唯物史观创立中的地位和其中历史唯物主义的一些重要观点⑨,

---

① 《马克思恩格斯选集》第4卷,北京:人民出版社2012年版,第218页。
② 《马克思恩格斯选集》第1卷,北京:人民出版社2012年版,第136页。
③ 《马克思恩格斯选集》第1卷,北京:人民出版社2012年版,第4页。
④ [俄]列宁:《哲学笔记》,北京:人民出版社1974年版,第411页。
⑤ 俞吾金:《被遮蔽的马克思》,载《学术月刊》,2012年第5期。
⑥ 侯才:《"新唯物主义"的真正诞生地和秘密——纪念〈1844年经济学哲学手稿〉写作170周年》,载《哲学动态》,2014年第8期。
⑦ 鲁品越:《祛魅与颠倒:两种唯物主义的方法论根源——兼论〈黑格尔法哲学批判〉的奠基性意义》,载《学术研究》,2014年第12期。
⑧ 聂锦芳:《作为马克思哲学思想起点的伊比鸠鲁哲学》,载《北京大学学报(哲学社会科学版)》,2014年第5期。
⑨ 孙熙国:《是地道的唯心主义哲学还是唯物史观的秘密诞生地——马克思《博士论文》与唯物史观的创立》,载《学术月刊》,2013年第5期。

白刚则说《博士论文》是马克思哲学革命的古希腊"突破口"和"新哲学"的发端,也即马克思哲学的真正"诞生地和秘密"①。不过,对马克思《博士论文》最为肯定的当属张广照,他坚决反对正统阐释路线,否定把马克思哲学冠以唯物史观的称谓,他还批评那些没有看过或没有重视马克思《博士论文》却能把论文写得很玄很深很复杂且于事无补的知名学者们,他认为《博士论文》是马克思哲学的"真正诞生地和秘密"。②他感叹23岁的马克思写出了自己最早最重要的哲学著作,感叹其内容之丰富、意义之伟大,感叹"马克思的见解迥异前人,其哲学革命前所未有"。③ 他进一步指出:"马克思是人类最伟大的思想家,哲学是一个理论家中最有价值的部分,然而恰恰是他的哲学被人们排斥了。他实现了哲学的变革,《博士论文》就批判了旧唯物主义,创立了能动的唯物主义哲学。然而恩格斯终生也没有理解马克思新唯物主义'新'在何处,他是德国哲学的继承者,与马克思哲学几乎没有关系。"④

由是观之,正统阐释路线并非稳如泰山,其面临着越来越大的挑战,而两条路线斗争的焦点是哲学革命到底何时发生的问题,具体指向的是马克思《博士论文》中到底有没有哲学革命的问题。概而言之,两种路线所纠缠的地方在于对马克思思想来源的不同看法,一种看法是马克思思想来源于德国古典哲学,另一种看法是马克思思想来源于古希腊哲学、尤其是伊壁鸠鲁哲学。两派的观点难以弥合。前者认为马克思后来的思想更成熟,因此后来的马克思背离了早期的马克思,而哲学革命发生于后来的马克思,应当以后来的马克思为哲学正朔。而后者认为马克思是一个一贯的从没有改变自己观点的马克思,应当以本真的马克思为正朔,在马克思《博士论文》基础上确立马克思哲学。这种对立实际上分野于马克思是否前后一致,认为不一致就是正统阐释路线,认为一致就是非正统阐释路线。虽然前者占据上风,但后者也有足够的证据支

---

① 白刚:《"博士论文":马克思哲学的"诞生地和秘密"》,载《马克思主义理论学科研究》,2022年第11期。
② 张广照:《〈博士论文〉是马克思哲学的"真正诞生地和秘密"》,载《宝鸡文理学院学报(社会科学版)》,2009年第3期。
③ 张广照:《马克思〈博士论文〉研究读本》,北京:中央编译出版社2017年版,第112页。
④ 张广照、李敬革:《马克思哲学与恩格斯哲学的不同来源和根本差别》,载《宝鸡文理学院学报(社会科学版)》,2011年第4期。

撑。比如，马克思在 1865 年《自白》中说自己的特点是目标始终如一。① 这就表明马克思的追求和行动没有变过，不可能今天是唯心主义者，明天又是唯物主义者，如果那样，目标就变了。的确，伽罗蒂也说过："从处女作到终身意向，马克思的基本主题始终没有改变过。"② 观察斗争的总体状况可知，非正统阐释路线一直处于劣势。然而，令人讶异的是发起反对正统阐释路线斗争的恰恰是马克思自己。1882 年《恩格斯致爱德华·伯恩施坦》说："您屡次硬说'马克思主义'在法国威信扫地，所根据的也就是这个唯一的来源，即马隆的陈词滥调。诚然，法国的所谓'马克思主义'完全是这样一种特殊的产物，以致有一次马克思对拉法格说：'有一点可以肯定，我不是马克思主义者'。"③ 这既说明马克思哲学一直存在被否定和误读的倾向，又说明马克思思想的博大精深非常人能懂，迫使以马克思自己为代表的"反对派"不得不与所谓的"正统马克思主义者"们持续做斗争。从这个角度来看，非正统阐释路线也并非离经叛道，而是马克思哲学在矛盾中发展的必要一方、关键一方。为此，我们有必要客观分析马克思《博士论文》中到底有没有哲学革命，为马克思哲学阐释活动打通堵点、开辟道路、注入活力。这在理论上涉及马克思哲学的定位问题，在实践上涉及马克思思想的适用问题，进而涉及整个马克思主义理论体系的发展和共产主义事业的现实运动，是必须予以正视和探讨的问题。

二、马克思博士论文中哲学革命的线索

虽然一些非正统阐释旗帜鲜明地声称马克思《博士论文》是哲学革命的真正诞生地和秘密，但马克思自己并没有这样说过，并且有相反的证据表明马克思似乎真的抛弃了他的博士论文。如果真是这样，那就的确存在一个前后不一致的马克思，就回到了正统阐释路线。的确，我们无法从马克思《博士论文》的题目——《德谟克利特的自然哲学和伊壁鸠鲁的自然哲学的差

---

① 《马克思恩格斯全集》第 31 卷，北京：人民出版社 1972 年版，第 588 页。
② Roger Caraudy, *Karl Marx: The Evolution of His Thought*, New York, 1967, p. 200.
③ 《马克思恩格斯全集》第 35 卷，北京：人民出版社 1971 年版，第 385 页。

别》——看出一点哲学革命的含义，因为比较两种理论是再普遍不过的学问之道。同样，那中规中矩乃至有点保守的目录框架也看不出哲学革命的影子。马克思好像很不喜欢他的博士论文，他说："这篇论文如果当初不是预定作为博士论文，那么它一方面可能会具有更加严格的科学形式，另一方面在某些叙述上也许会少一点学究气。"① 他仅仅是把这篇论文看作立足整个希腊思辨以详细阐述伊壁鸠鲁主义、斯多亚主义和怀疑主义这一组哲学的一部更大著作的先导，认为这样才能消除博士论文在形式方面和其他方面的缺点。马克思对自己博士论文的这种评价更像是一种抱怨，我们不可以想象有什么振奋人心的哲学革命。马克思看来还急于摆脱他的博士论文，就像我们这个时代很多学生高考完毕后将所有备考复习的材料付之一炬一样，我们很难从马克思的这种行为中看出他对博士论文重大意义的肯定。他在博士论文新序言（片断）中指出这是一篇旧作，再次强调它当初本应包括于综述伊壁鸠鲁主义、斯多亚主义和怀疑主义这一组哲学的著作中，但这一著作无法完成，原因是马克思正在从事与之性质截然不同之政治和哲学方面的研究。事实是这一著作在其后一直都没有被马克思列上日程，博士论文作为一篇微不足道的旧作已然被遗忘在其后的革命实践和研究之外的角落里。如果说《博士论文》存在哲学革命，那该被奉为日常圭臬才对，这与我们看到的事实是相反的。马克思明确宣布他的方法是在《〈政治经济学批判〉序言》中，在回顾了自己研究政治经济学的经过后，才有了"我所得到的，并且一经得到就用于指导我的研究工作的总的结果"。② 但这里并没有显示其与马克思《博士论文》有任何关系的证据，此时已经是1859年，距离1841年已经过去了18年，或许马克思真想不起他的《博士论文》了。这种种迹象告诉人们马克思《博士论文》不存在哲学革命，这些证据论证了正统阐释路线的正确性。

然而，"真正的商业民族只存在于古代世界的空隙中，就像伊壁鸠鲁的神只存在于世界的空隙中，或者犹太人只存在于波兰社会的缝隙中一样。"③ 马克思《博士论文》的哲学革命也只存在于它的空隙之中。人们对伊壁鸠鲁的

---

① 《马克思恩格斯全集》第1卷（上），北京：人民出版社1995年版，第10页。
② 《马克思恩格斯选集》第2卷，北京：人民出版社2012年版，第2页。
③ 《资本论》第1卷，北京：人民出版社2004年版，第97页。

神采取讽刺的态度，说它们没有躯体、没有血、不听任何祈求、不关心我们、不关心世界，它们只是像人而已。但马克思反对这种态度，他说这些神并不是伊壁鸠鲁虚构的，而是希腊艺术塑造的，曾经存在过的众神。但这些神、真正的商业民族、犹太人又是怎么被遮蔽起来的呢？马克思在《〈政治经济学批判〉导言》中说："在一切社会形式中都有一种一定的生产决定其他一切生产的地位和影响，因而它的关系也决定其他一切关系的地位和影响。这是一种普照的光，它掩盖了一切其他色彩，改变着它们的特点。这是一种特殊的以太，它决定着它里面显露出来的一切存在的比重。"① 所谓的主流和正统都是这种占据统治地位的生产的反映，在这种普照的光和特殊以太之下，非主流和非正统的光芒被掩盖了，只有透过空隙才能看到它们。马克思就是这样先进地能看到空隙中光芒的大师，他静静地把遮蔽物揭开一个小缝，引导人们去观察其下的光芒。为此他使用了《德谟克利特的自然哲学和伊壁鸠鲁的自然哲学的差别》这样的文题和中规中矩的目录框架，但却把矛头直接对准了只有借助显微镜才能发现的带来贯穿到极其细微之处的本质差别，以求刺穿人们对伊壁鸠鲁的偏见。马克思一方面烦恼于自己博士论文的形式和学究气，但另一方面紧接着他就宣告他的博士论文解决了一个希腊哲学史上至今尚未解决的问题，这难道不是直接撕掉学术教条主义的遮羞布而直接把它的神请出来了吗？尽管马克思不满足于自己的博士论文，并寄希望于一部更大著作，但他在新序言（片断）中随后就说出了其中的秘密。他认为人们对伊壁鸠鲁派、斯多亚派和怀疑派的体系能够理解的时代方始到来，而博士论文是这一哲学时代的先锋和领导。这足以证明马克思对自己博士论文的自信和对其价值的高度肯定。马克思的态度是时间可以证明一切。至于《〈政治经济学批判〉序言》中被称作唯物史观的方法，马克思虽没言明与博士论文的关系，但他却提到了这个方法是建立在对黑格尔法哲学的批判性的分析基础上的，而博士论文是批判黑格尔的开始，马克思批判黑格尔不能深入研究个别细节，批判黑格尔思辨的观点妨碍他理解伊壁鸠鲁主义、斯多亚主义和怀疑主义这一组哲学对于希腊哲学史和整个希腊精神的重大意义。马克思在《博士论文》中的做法是由"细微之处"

---

① 《马克思恩格斯选集》第 2 卷，北京：人民出版社 2012 年版，第 707 页。

到"更大范围"①,在《序言》中的做法是"从个别上升到一般"②,其内在是一致的。因而,《博士论文》中的"原子"在《政治经济学批判》中就变成了"商品",在《关于费尔巴哈的提纲》中就变成了人类社会,在《资本论》中就变成了资本。马克思后来为什么没有去完成那一部更大著作的原因也就在这里,博士论文的成果不如直接运用于现实的革命实践中去。掀开这一层层难以去除的无奈的遮蔽物,人们就可以看到《博士论文》空隙中隐约透射出的哲学革命之光。

虽然如此,我们仍然能够明显感觉到马克思《博士论文》中到处电闪雷鸣。马克思的批判火力全开,如果这种批判不是来自于革命的力量,何至于带来如此巨大的震动,何至于颠覆了一切。马克思指出:"关于原子也可以这样说,偏斜正是它胸中能进行斗争和对抗的某种东西。"③ 正是原子这一点点偏斜像撞针一样激发了所有弹药。马克思首先批判了宗教,主张用哲学对抗天体、诸神和死亡的恐惧,他歌颂普罗米修斯反对一切天上和地下的神灵,称之为哲学日历中最高尚圣者与殉道者。马克思又批判了几乎所有的主流哲学派别,包括古代作家④、教父们⑤、近代作家,而这种批判又重点指向了近代作家⑥,因为西塞罗至少承认伊壁鸠鲁有改进德谟克利特学说的愿望,而普卢塔克只是认为他的观点前后矛盾,但莱布尼茨甚至否认他具备摘录德谟克利特自然哲学知识的能力。当然,这种批判更少不了黑格尔的份儿,马克思明确指出黑格尔体系对伊壁鸠鲁派、斯多亚派和怀疑派这一组哲学的空洞和无用,从根本上否了黑格尔体系在哲学史中的地位。因为这组哲学是"理解希腊哲学的真正历史的钥匙"。⑦ 其实,早在《给父亲的信》中马克思已经开始了这种批判,他讨厌黑格尔哲学离奇古怪的调子,并称之为敌人。⑧ 马克思称赞"伊壁

---

① 《马克思恩格斯全集》第1卷(上),北京:人民出版社1995年版,第18页。
② 《马克思恩格斯选集》第2卷,北京:人民出版社2012年版,第1页。
③ 《马克思恩格斯全集》第1卷(上),北京:人民出版社1995年版,第34页。
④ 马克思指德谟克利特、恩培多克勒、巴门尼德、柏拉图、苏格拉底、斯蒂尔蓬、昔勒尼派、学院派、斯多亚派以及西塞罗、普卢塔克等古罗马作家。
⑤ 马克思指克莱门斯、塞克斯都·恩披里柯等。
⑥ 马克思指莱布尼茨等。
⑦ 《马克思恩格斯全集》第1卷(上),北京:人民出版社1995年版,第11页。
⑧ 《马克思恩格斯全集》第40卷,北京:人民出版社1982年版,第15页。

鸠鲁是最伟大的希腊启蒙思想家,他是无愧于卢克莱修的称颂的。"① 这种称颂正是为了批判对伊壁鸠鲁的神的嘲笑和他被称为科学的敌人的无知,那意味着马克思对宗教神学和主流哲学一起进行了批判。这种彻底的批判不就昭示着哲学革命就在马克思《博士论文》的空隙中吗?

我们的答案是肯定的,这无数的线索都指向了马克思发动的哲学革命。虽然是在重重遮蔽的空隙中看见的,但马克思宣布的也就是对这种普照的以太的革命。他以赞扬路德维希·冯·威斯特华伦先生的理想主义开始,把自己比作反对一切神灵的普罗米修斯,最后以伊壁鸠鲁的胜利宣布了自己哲学的诞生。马克思借助卢克莱修赞颂伊壁鸠鲁的话说:伊壁鸠鲁的胜利把我们高举入云。在马克思《博士论文》中,伊壁鸠鲁战胜了古代作家、教父们和近代作家,马克思开创的哲学突破障碍、脱颖而出。

三、马克思《博士论文》中哲学革命的内容

马克思的哲学革命成果有能动的唯物主义、唯物史观、实践活动的唯物主义、实践哲学、历史唯物主义、辩证唯物主义和历史唯物主义等多种说法,但这些都不是马克思命名的。马克思在《关于费尔巴哈的提纲》中的一个明确称谓是"新唯物主义"。② 不过,仔细考量可知,马克思并没有对自己的哲学进行正式命名,毕竟"新唯物主义"只是针对"旧唯物主义"来说的。但是马克思的确有他的命名习惯,比如"德谟克利特的自然哲学和伊壁鸠鲁的自然哲学""黑格尔体系"③,以及"费尔巴哈的唯物主义"等,按照这种逻辑马克思创立的应当是"马克思哲学""马克思唯物主义"等。之所以有那么多命名,恰恰证明了这些命名都是存在问题的,每一个都难以真正界定马克思发动的哲学革命。那么,回到马克思《博士论文》,我们能否仿照那诸多命名,为马克思哲学革命的成果进行更为准确的界定呢?这种界定是可能和必要的,因为没有人做过这样的事情,哲学革命从马克思《博士论文》的空隙中是能

---

① 《马克思恩格斯全集》第 1 卷(上),北京:人民出版社 1995 年版,第 63 页。
② 《马克思恩格斯选集》第 1 卷,北京:人民出版社 2012 年版,第 136 页。
③ 《马克思恩格斯全集》第 40 卷,北京:人民出版社 1982 年版,第 15 页。

够看到的。

为此我们要分析马克思《博士论文》的内容,以洞见它的革命之处,并给予较为恰当的命名,但从当前的研究来看,难以实现这一目标。按照罗晓颖的说法,国外对《博士论文》的研究不多,第一类是一般性研究,集中于唯物主义和唯心主义的争论,第二类集中于黑格尔主义和普鲁塔克的附录。而国内研究也不算太多,但论及了马克思博士论文中涉及的方方面面的问题,"诸如矛盾范畴、时间观念、必然与偶然、自我意识、启蒙、时间、原子偏斜、马克思与鲍威尔或者黑格尔之关系等等"。① 裴植的综述表明学术界有关博士论文的探讨主要有以下几个方面:一是马克思写作博士论文时的思想倾向;二是对伊壁鸠鲁和德谟克利特哲学的探讨;三是自我意识哲学;四是政治学思想;五是宗教批判;六是人的问题;七是辩证法思想;八是本体论解读。这些学术成果丰富了有关马克思思想的认知,填补了部分学术空白,但也存在着偏重微观研究、宏观考察欠缺等不足。② 董浩玉把学界研究概括为《博士论文》的文本注释研究、具体思想研究以及马克思与黑格尔、鲍威尔等人的区别研究,主要涉及本体论、人学、正义、宗教和自由等具体思想。③ 石琳琳认为:博士论文是马克思思想起源期一部重要的哲学著作,集中阐发了伊壁鸠鲁哲学所体现的自我意识思想,突破了基督教上帝观和黑格尔绝对精神对人的解放的奴役,奠定了人的全面自由与彻底解放这一马克思主义哲学主题和价值诉求,从而为此后马克思哲学运思写作的不断成熟提供了理论渊源和逻辑起点。当前研究在文本、背景、内容、方法和意义等方面取得了一定成果,但也存在论域集中、分歧较多等问题,因而博士论文有待继续深入研讨。④ 综合上述研究结论来看,有关马克思《博士论文》的研究尚不具备系统性,尤其是在内容研究方面呈现出明显的分散状态。石琳琳较好地把握了马克思《博士论文》的脉络,

---

① 罗晓颖:《马克思与伊壁鸠鲁——马克思〈关于伊壁鸠鲁哲学的笔记〉和〈博士论文〉研究》,上海:华东师范大学出版社2010年版,第8页。
② 裴植:《国内学者研究马克思"博士论文"成果综述》,载《长沙理工大学学报(社会科学版)》,2014年第1期。
③ 董浩玉:《马克思〈博士论文〉研究综述》,载《延边党校学报》,2013年第6期。
④ 石琳琳:《当前学界关于马克思博士论文研究的综述》,载《成都理工大学学报(社会科学版)》,2021年第6期。

但又落入了研究的宗教观视角窠臼，最后迷失在关于马克思博士论文的众说纷纭的历史评价中。这种点状的研究现实是不可能把握马克思《博士论文》内容和革命之处的，至于命名与定位就更不可能。

实际上马克思整篇论文阐述的都是自我意识，是这个被遮蔽的自我意识，是这个在空隙中才能看到的自我意识，是"抽象的、个别的自我意识"。马克思将伊壁鸠鲁派、斯多亚派和怀疑派的体系统称为自我意识哲学，但我们并不能称马克思的哲学革命成果是自我意识哲学，他只不过是通过自我意识探知到了"抽象的、个别的自我意识"，如果非要按照这种逻辑命名，那也应该叫"抽象的、个别的自我意识哲学"。马克思在分析德谟克利特的自然哲学和伊壁鸠鲁的自然哲学的一般差别和具体差别过程中，拿起显微镜观察原子脱离直线而偏斜，进而是原子的质、不可分的本原和不可分的元素、时间和天象，用正反印证的手法，一步一步，全面而清晰地使"抽象的、个别的自我意识"呈现了出来。

第一是原子脱离直线而偏斜中的抽象的个别性。原子是物质与形式的统一，是空间与时间的统一，形式与时间是"对一切相对性的否定，对与另一定在的任何关系的否定"。在现实自然界中，时间是对现象的否定。在抽象世界中，"原子就是抽象空间的直接否定"。当原子"被赋予一个相对的定在，而它的存在就是纯粹物质性的存在"。偏斜代表意识，是原子"胸中能进行斗争和对抗的某种东西"。德谟克利特曾赋予原子以一个精神的原则。伊壁鸠鲁以偏斜来代替这个精神的原则，但原子的灵魂只是一句空话，而偏斜却表述了原子的真实的灵魂即抽象个别性的概念。原子的排斥运动体现了原子"在直线下落中的原子的物质性和表现在偏斜中的原子的形式规定"。原子概念表明运动是自我规定。亚里士多德说："如果每一个元素都是被另一个元素强行推动的，那么，每一个元素除了强制的运动之外必然还有一种自然的运动；而这种最初的运动应该不是强制的运动，而是自然的运动。否则就会发生无止境的递进。"在虚空中找不到在现象世界中所谓的"必然性"。所以，原子的运动是自我运动、"自然的运动"。伊壁鸠鲁的理论实现了原子的概念，改变了原子王国的内在结构，它不仅仅是物质的存在，更是形式的存在。他还应用了排斥的一些更具体的形式。在政治领域里，那就是契约，在社会领域里，那就是友谊，友谊被称赞为最崇高的东西。①

第二是原子的质中的抽象的个别性。原子有质，这里的质指的是特性、特质、质。原子有三个质，体积、形状和重力，"它们是原子本身所具有的差别"。原子有体积，但体积同时也被否定了。体积并不是任何体积，而是否定原子的大，肯定原子的小，"表现矛盾的无限小"，又不是无限小，"最小限度是一个纯粹的空间规定"。形状规定也是与"原子概念相矛盾，并且必须设定它的对立面"。原子的抽象的个别性表明原子没有形状，但德谟克利特却认为形状有无限多。无论是原子有无限的差别，还是无限多个原子具有同一形状，都是互相矛盾的。重力是伊壁鸠鲁提出的第三种质。观念上的个别性表明"原子一旦被转移到表象的领域内，它们必定具有重力"。重力也直接同原子概念相矛盾，因为原子本身就是重心。所以，"伊壁鸠鲁也只在排斥和因排斥而产生的组合方面应用重力"，"只是原子的聚集，而不是原子本身才有重力"。有体积而无体积，有形状而无形状，有重力而无重力，有质而无质。对原子的特性考察得出的结果同对偏斜考察得出的结果是一样的，即通过原子概念中本质与存在矛盾的客观化，伊壁鸠鲁提供了原子论科学。②

第三是不可分的本原和不可分的元素中的抽象的个别性。原子概念中所包含的存在与本质、物质与形式之间的矛盾，表现在单个的原子本身内，因为单个的原子具有了质。由于有了质，原子就同它的概念相背离，但同时又在它自己的结构中获得完成。于是，从具有质的原子的排斥及其与排斥相联系的聚集中，就产生了现象世界。在这种从本质世界到现象世界的过渡里，原子概念中的矛盾显然达到了自己的最尖锐的实现。因为原子按照它的概念是自然界的绝对的、本质的形式。这个绝对的形式现在降低为现象世界的绝对的物质、无定形的基质了。伊壁鸠鲁在矛盾极端尖锐的情况下把握矛盾并使之对象化，因而把成为现象基础的、作为"元素"的原子同存在于虚空中的作为"本原"的原子区别开来。但是，只有具有质的原子才是完成的原子，因为现象世界只能从完成的并且同自己的概念相背离的原子中产生，所以，伊壁鸠鲁对这一点作

---

① 《马克思恩格斯全集》第1卷（上），北京：人民出版社1995年版，第38页。
② 《马克思恩格斯全集》第1卷（上），北京：人民出版社1995年版，第44页。

了如下的表述：只有那具有质的原子才成为"元素"，或者说，只有"不可分的元素"才具有质。① 有质的元素才能产生现象世界，而质表示的就是抽象的个别性。

第四是时间中的抽象的、个别的自我意识。从本质世界中排除掉的时间，成为现象的绝对形式。也就是说，时间被规定为偶性的偶性。偶性是一般实体的变化。偶性的偶性是作为自身反映的变化，是作为变换的变换。现象世界的这种纯粹形式就是时间。组合仅仅是具体自然界的被动形式，时间则是它的主动形式。组合表示的只是原子的物质性以及由原子产生的自然界的物质性。相反，时间在现象世界中的地位，正如原子概念在本质世界中的地位一样，也就是说，时间把一切确定的定在加以抽象、消灭并使之返回到自为存在之中。其所以如此，是由于把时间与空间、现象的主动形式与现象的被动形式对立起来了；现象被理解为本质的异化，这种异化本身是在它的现实性中作为这种异化表现出来的；时间是作为变换的变换，是现象的自身反映，所以，现象自然界就可以正当地被当作客观的，感性知觉就可以正当地被当作具体自然的实在标准，虽然原子这个自然的基础只有靠理性才能观察到。按照伊壁鸠鲁的原子论式的思维方式，时间就作为感性知觉的抽象形式获得独立，"因此，人的感性就是形体化的时间，就是感性世界的存在着的自身反映"。感性知觉不可能超出时间的界限，因为"自身反映的感性知觉就是时间本身"。人的感性作为现象自然界标准发挥作用的具体方式，就是通过感官获取影像"而使客体得以显现出来"。现象在伊壁鸠鲁那里是客观的东西，因为现象可以通过感性知觉这个标准和这个形体化的时间进行把握。感性和时间是一回事，"事物的时间性和事物对感官的显现，被设定为事物本身的同一个东西"，因为感性知觉捕获影像使"物体显现在感官面前，它们便消失了"。感性知觉见证了变化的变化，偶性的偶性，见证了时间。影像（形象）和感性知觉是分离的，当影像被感官感知后并不能回到影像自身，而是消失掉了，被时间分解了。因此，正如原子不外是抽象的、个别的自我意识的自然形式一样，感性的自然也只是对象化了的、经验的、个别的自我意识，而这就是感性的自我意识。所以，感官

---

① 《马克思恩格斯全集》第 1 卷（上），北京：人民出版社 1995 年版，第 50 页。

是具体自然中的唯一标准，正如抽象的理性是原子世界中的唯一标准一样。①

第五是天象中的抽象的、个别的自我意识。天体实现了伊壁鸠鲁的原子理论，天体成为现实的原子，但天体永恒不变又"为群众的信仰、哲学的判断、感官的见证所证明"，这就意味着他的理论不成立。因为"形式和物质之间、概念和存在之间的"的矛盾消失了。他的自然是机械的自然，是地上的非永恒性，而不是天象的自然、永恒的自然。它的原则实现了，但是他却"反对那些崇拜自身中包含着个别性因素的独立的自然的人"。伊壁鸠鲁反对这些人，似乎就是反对自己的原则，这就是他最大的矛盾。在原子世界和现象世界中，本质和存在、形式和物质斗争，"一个规定取消另一个规定，正是在这种矛盾中，抽象的、个别的自我意识感觉到它的本性对象化了。"自我意识就是"那在物质的形态下同抽象的物质作斗争的抽象形式"。但是在天体中、在天象世界中这些矛盾都解决了，因此，"个别的自我意识便从它的蛹化中脱身而出，宣称它自己是真实的原则，并敌视那已经独立的自然。"自我意识于是显现出来，于是证明了它的独立存在。抽象的、个别的自我意识在斗争中把自己对象化，但物质与形式和解以后，自我意识这种与抽象物质作斗争的抽象形式就显现出来了，因为物质与形式和解为独立的东西了。于是它敌视天体。物质与形式，抽象物质与抽象形式，抽象形式就是"抽象的、个别的自我意识"。抽象物质与抽象形式是在物质和形式中的，当物质和形式和解为天体，抽象物质与抽象形式的斗争就浮出水面。物质和形式就是"物质的形态"，现在是天体。抽象的、个别的自我意识对应的是抽象的可能性，因此必然反对"那些简单地，即用一种特定的方式来解释天体的人；因为一是必然的和在自身内独立的东西。"天象作为"已经独立的自然的现实性"只能是一，是"必然的和在自身内独立的东西"，是"具体的个别性、普遍性"的物质，是唯一的解释，而不是"抽象的个别性"。抽象的个别性既可以是物质，也可以是形式，还可以是自我意识，它只是抽象的可客观化的环节。具体的个别性、普遍性也可以是物质、形式、自我意识。自我意识作为主观性独立时，就会自我反映，而不必通过物质反映，而是以"特有的形态作为独立的形式同物质相对立"。

---

① 《马克思恩格斯全集》第1卷（上），北京：人民出版社1995年版，第54页。

自我意识在它实现的地方就消失了,它的实现就意味着不再具有现实性,因为它只有与自身区别开来时才能够在实现的过程中得到肯定,才能被看见。如果它被自然规定,或者自然被它规定,它就不能把自身与"普遍的东西"自由地区别开来,也就不能被肯定存在。伊壁鸠鲁的原则就是矛盾的原则,矛盾解决了,就不存在了,也就是没有现实性了。伊壁鸠鲁自然哲学的灵魂:凡是消灭个别的自我意识的心灵的宁静的东西,都不是永恒的。伊壁鸠鲁哲学的原则"是自我意识的绝对性和自由,尽管这个自我意识只是在个别性的形式上来理解的"。在伊壁鸠鲁那里,包含种种矛盾的原子论作为自我意识的自然科学业已实现和完成,有了最后的结论,而这种具有抽象的个别性形式的自我意识对其自身来说是绝对的原则,是原子论的取消和普遍的东西的有意识的对立物。①

或许正是因为马克思《博士论文》的具体成果是发现了抽象的个别性形式的自我意识,所以正统阐释将之归结为唯心主义,不过,这明显是一种误读。马克思《博士论文》题为《德谟克利特的自然哲学和伊壁鸠鲁的自然哲学的差别》,这已经毫无疑问地告诉人们它是唯物主义的,我们不能设想比较两位伟大的唯物主义哲学家的学说,得出的却是唯心主义结论。马克思通过犀利的眼光、科学的方法,从原子脱离直线而偏斜这一德谟克利特的物理学和伊壁鸠鲁的物理学极其隐蔽、极其细微的本质差别入手,在各个领域析出了抽象的个别性形式的自我意识,区分了德谟克利特的自然哲学和伊壁鸠鲁的自然哲学,也就确立了伊壁鸠鲁在哲学中的地位,进而凌霄举起了马克思的哲学。那种说马克思没有哲学著作的人们难道看不见马克思《博士论文》这一甚至被马克思自己都称为有学究气的有严格形式的哲学论文吗?马克思的哲学首先是唯物主义,其次是自我意识哲学,最后是抽象的个别性形式的自我意识的唯物主义,与张广照所言能动的唯物主义哲学更为接近。但我们最好还是称之为马克思哲学更为贴切。

四、马克思《博士论文》中哲学革命的路径

当我们跟着马克思的提示,在《博士论文》空隙中观察到其哲学革命成

---

① 《马克思恩格斯全集》第 1 卷(上),北京:人民出版社 1995 年版,第 64 页。

果时，也就需要弄清楚它的来龙去脉，以彰显其飞跃性。

正统阐释路线的马克思哲学革命路径是"黑格尔→费尔巴哈→马克思"，即"唯心主义→唯物主义→辩证唯物主义和历史唯物主义"。这种路径与我们看到的事实是相左的，因为马克思《博士论文》是从唯物主义的自然哲学开始的，而不是从唯心主义开始的。同时，这种路径也矮化了马克思哲学革命，马克思《博士论文》的研究是从古希腊自然哲学开始的，而不是从德国古典哲学开始的，前者更有历史底蕴和厚重感。马克思指出："在正在向总体发展的柏拉图哲学和亚里士多德哲学之后，出现了一些新的体系，它们不以这两种丰富的精神形态为依据，而是进一步往上追溯到最简单的学派：在物理学方面转向自然哲学家，在伦理学方面转向苏格拉底学派。"① 这些非主流学派的特征是能够跨过柏拉图哲学和亚里士多德哲学所代表的主流学派直接追溯到更早也更简单的学派。马克思《博士论文》中的哲学革命成果就是这样的，他在物理学方面追溯到了自然哲学家。因此，我们可以得出的路径是"神→哲人→德谟克利特→伊壁鸠鲁→卢克莱修→马克思"，即"唯心主义→唯物主义→抽象的个别性形式的自我意识的唯物主义"。两条路径相比何者为优不言自明。马克思《博士论文》贯穿着反宗教的理念，他用哲学批判宗教，用哲学的造物主苏格拉底代替神，用术语系统消灭神话故事，然后是用抽象的个别性形式的自我意识的唯物主义超越旧唯物主义，完成了哲学革命历程。

至于有人说马克思《博士论文》采用了黑格尔的辩证法，从而是黑格尔主义的，似乎有一点道理，但经不起推敲。因为据俞吾金分析，主流阐释混淆了黑格尔方法论和黑格尔辩证法，黑格尔方法论是指抽象的知性（正题，知性）、辩证的或否定的理性（反题，也就是辩证法）和思辨的或肯定的理性（合题，思辨），而辩证法只是其方法论的第二环节，何况马克思的辩证法和黑格尔的辩证法是本质不同的，我们不能说黑格尔辩证法是马克思的认识论。进一步说，黑格尔辩证法的发明权是黑格尔，但辩证法的发明权并不是黑格尔。伊壁鸠鲁早就在使用所谓的辩证法。马克思"提醒大家注意伊壁鸠鲁的一种手法，即他喜欢把一个概念的不同的规定看作不同的独立的存在。正如原

---

① 《马克思恩格斯全集》第 1 卷（上），北京：人民出版社 1995 年版，第 16—17 页。

子是他的原则一样,他的认识方式本身也是原子论的。"① 就原子来说,其每一环节、每个规定都被设定为孤立的个别的形式,于是就有了原子概念中所包含的存在与本质、物质与形式之间的矛盾,只有在这种矛盾中才能观察到自我意识。假如马克思采用了黑格尔的方法论或者说辩证法,他应当予以证实才对,因为马克思《博士论文》写于接触到青年黑格尔派之后。马克思不但没有说他采用了黑格尔的方法,相反在博士论文中批判黑格尔的思辨妨碍了他认识伊壁鸠鲁派、斯多亚派和怀疑派这一组哲学。另外,马克思的中学考试论宗教问题作文证明马克思熟悉古希腊文化,很了解柏拉图、斯多葛学派哲学和伊壁鸠鲁主义等。②

当然,马克思《博士论文》中体现的哲学革命路径还有多条,都很值得我们关注。比如,原子论上"德谟克利特→伊壁鸠鲁→马克思"的路径,认识论上"意识→自我意识→实践"的路径,对象上"客体→主体→社会"的路径,决定论上"实在的可能性→抽象的可能性→辨证的可能性"的路径等,我们可以列出很多。这些路径向上可以追溯到古希腊,向下可以延续到今天。就"意识→自我意识→实践"这条路径来说,德谟克利特追求实在的可能性,源于他建立在对客体的意识之上,而伊壁鸠鲁不同,他只承认抽象的可能性,因为发现了建立在主体上的自我意识。马克思知道思维与存在的不同,其必须在实践的基础上才能实现同一。他说:"人应该在实践中证明自己思维的真理性,即自己思维的现实性和力量,自己思维的此岸性。"③ 实践是人的实践,是自我意识的人的意识作用于客体并不断反馈到意识的过程。马克思主张"在自身中变得自由的理论精神成为实践力量,作为意志走出阿门塞斯冥国,面向那存在于理论精神之外的尘世的现实,——这是一条心理学规律。"④ 从这里可以知道,马克思《博士论文》是超越了伊壁鸠鲁自然哲学的,它早就被马克思称之为肤浅的快乐主义哲学,是不彻底的。因为伊壁鸠鲁只停留在了抽象可能性,转向并不彻底,他一方面被作为反宗教和迷信的象征,另一方面

---

① 《马克思恩格斯全集》第 1 卷(上),北京:人民出版社 1995 年版,第 47 页。
② 《马克思恩格斯全集》第 40 卷,北京:人民出版社 1982 年版,第 819—822 页。
③ 《马克思恩格斯选集》第 1 卷,北京:人民出版社 2012 年版,第 134 页。
④ 《马克思恩格斯全集》第 1 卷上,北京:人民出版社 1995 年版,第 75 页。

又被当作科学的敌人,却只追求"在自身中感到满足的思维的宁静和从内在原则中汲取自己知识的独立性"。①

马克思《博士论文》中哲学革命的路径表明,马克思通过比较德谟克利特的自然哲学和伊壁鸠鲁的自然哲学的差别,正名了伊壁鸠鲁的自然哲学,又在伊壁鸠鲁的自然哲学之上实现飞跃,创立了自己的哲学,这是对旧唯物主义的超越,也是对唯心主义的超越。

五、马克思《博士论文》中存在哲学革命的重要意义

虽然我们已经论证了马克思《博士论文》中存在哲学革命,但或许还需要较长时间,更多人才会承认这一点。不过,不可否认,马克思《博士论文》中存在哲学革命有以下几点重要意义:一是塑造了马克思哲学的权威性。把马克思哲学革命源头定义为古希腊哲学更显源远流长,非德国古典哲学来源可比。二是明晰了马克思哲学的独立性。主流阐释使之依附于黑格尔和费尔巴哈等流派,而将之归于伊壁鸠鲁主义这一被众口同声否定的哲学,不但拯救了伊壁鸠鲁,更凸显了马克思哲学的自成一家。三是捍卫了马克思哲学的完整性。承认马克思《博士论文》中存在哲学革命,就否定掉了把早期马克思和后来马克思砍为两段的缺陷,使马克思哲学具有了完整性。四是强化了马克思哲学的真理性。马克思哲学并不依赖于后人的界定,其真理性就在于它本身,而不能以各国实践中形成的一些具体理论为真本。苏东剧变、苏联解体等的经验教训告诉我们,偏离和歪曲马克思思想的阐释导致的后果是惨重的。归根到底,马克思哲学必以马克思《博士论文》等马克思本人的表述为准,马克思思想在实践中的成功与挫折都取决于其执行者的理解不同,但要使革命、建设和改革不断取得成功就必须回到马克思哲学本身。

---

① 《马克思恩格斯全集》第1卷(上),北京:人民出版社1995年版,第29页。

遮蔽、隐喻与空隙：《德谟克利特的自然哲学和伊壁鸠鲁的自然哲学的差别》中的哲人形象与哲学革命

一、为什么人们对马克思《博士论文》中哲学革命知之甚少？

关于马克思《博士论文》中是否存在哲学革命的问题存在明显对立的意见。主流阐释者认为马克思有一个从"不成熟"到"成熟"，从"唯心主义者"到"唯物主义者"，从"革命民主主义"到"共产主义"的转变过程，并确定其哲学革命路径为"黑格尔→费尔巴哈→马克思"。① 这就是说，马克思早期的著作都是不成熟的、唯心主义的和革命民主主义，马克思《博士论文》中是不存在哲学革命的。非主流阐释路线的观点与之针锋相对。张广照认为《博士论文》是马克思哲学的"真正诞生地和秘密"②，盛赞"马克思的见解迥异前人，其哲学革命前所未有。"③ 同样，聂锦芳通过考证确认伊壁鸠鲁哲学是马克思哲学的起点④，孙熙国承认马克思《博士论文》在唯物史观创立中的地位和其中历史唯物主义的一些重要观点⑤，白刚则强调《博士论文》是马克思哲学革命的古希腊"突破口"和"新哲学"的发端，也即马克思哲学的真正"诞生地和秘密"⑥。不过，也还有第三派，他们从其他地方寻找马

---

① ［俄］列宁：《哲学笔记》，北京：人民出版社1974年版，第411页。
② 张广照：《〈博士论文〉是马克思哲学的"真正诞生地和秘密"》，载《宝鸡文理学院学报（社会科学版）》，2009年第3期。
③ 张广照：《马克思〈博士论文〉研究读本》，北京：中央编译出版社2017年版，第112页。
④ 聂锦芳：《作为马克思哲学思想起点的伊比鸠鲁哲学》，载《北京大学学报（哲学社会科学版）》，2014年第5期。
⑤ 孙熙国：《是地道的唯心主义哲学还是唯物史观的秘密诞生地——马克思〈博士论文〉与唯物史观的创立》，载《学术月刊》，2013年第5期。
⑥ 白刚：《"博士论文"：马克思哲学的"诞生地和秘密"》，载《马克思主义理论学科研究》，2022年第11期。

克思哲学革命的源头。例如,侯才等把马克思"新唯物主义"的真正诞生地归为《1844年经济学哲学手稿》①,鲁品越等则肯定《黑格尔法哲学批判》对能动的、历史的和辩证的"新唯物主义"的奠基性作用。②为什么会出现这种现象?一方面是因为很多学者对主流阐释的路径依赖,他们从来没有离开过舒适区,"不知有汉,无论魏晋"。另一方面,苏东剧变和中国特色社会主义事业大获成功形成了鲜明对照,这警醒越来越多的人反思与质疑主要来自于苏联的正统阐释路线。于是,很多人把马克思哲学革命的源头转向了马克思的早期著作。不过,仍然只有一部分人看到了马克思《博士论文》中的哲学革命,好在还是有人看到了。究其根源在于马克思《博士论文》中存在的遮蔽、隐喻与空隙三大问题。

二、遮蔽、隐喻与空隙

明确提出遮蔽问题的是俞吾金,他对恩格斯奠基,经由狄慈根、普列汉诺夫、列宁,再到斯大林的权威阐释路线③发出质疑,认为马克思被这条路线所遮蔽,因而今天我们看到的马克思是黑格尔化、费尔巴哈化和斯大林化的马克思,不是真正的马克思。的确,马克思自己就是反对正统阐释路线的领导者。恩格斯在致爱德华·伯恩施坦的信中证实:"您屡次硬说'马克思主义'在法国威信扫地,所根据的也就是这个唯一的来源,即马隆的陈词滥调。诚然,法国的所谓'马克思主义'完全是这样一种特殊的产物,以致有一次马克思对拉法格说:'有一点可以肯定,我不是马克思主义者'。"④ 当然,我们要解决的问题与俞吾金不同,不是路径依赖问题,而是回答马克思《博士论文》中的哲学革命如何被遮蔽的问题。按照俞吾金的思路,我们就能找到马克思

---

① 侯才:《"新唯物主义"的真正诞生地和秘密——纪念〈1844年经济学哲学手稿〉写作170周年》,载《哲学动态》,2014年第8期。
② 鲁品越:《祛魅与颠倒:两种唯物主义的方法论根源——兼论〈黑格尔法哲学批判〉的奠基性意义》,载《学术研究》,2014年第12期。
③ 俞吾金:《被遮蔽的马克思》,载《学术月刊》,2012年第5期。
④ 《马克思恩格斯全集》第35卷,北京:人民出版社1971年版,第385页。

《博士论文》中的主流哲学路线和非主流哲学路线，前者以古代作家①、教父们②、近代作家③为代表，后者以伊壁鸠鲁、卢克莱修和马克思为代表，主流哲学路线以其强大的影响力遮蔽了伊壁鸠鲁的声音，使他的"抽象的、个别的自我意识"只能隐匿于阿门塞斯冥国，他也被迫成为一个名副其实的"雅典花园哲人"。如果没有卢克莱修，或许我们今天能看到的就只有伊壁鸠鲁留下的三封书信和一些残篇、箴言。在这个意义上来说，伊壁鸠鲁们是永无出头之日的。但是，我们并不能将这种遮蔽简单理解为学派之间的互相倾轧和意气之争，而应当理解为哲学革命进程中的必然阶段和发展方式。马克思指出："在一切社会形式中都有一种一定的生产决定其他一切生产的地位和影响，因而它的关系也决定其他一切关系的地位和影响。这是一种普照的光，它掩盖了一切其他色彩，改变着它们的特点。这是一种特殊的以太，它决定着它里面显露出来的一切存在的比重。"④ 主流和正统是这种占据统治地位的生产的反映，在这种普照的光和特殊以太之下，非主流和非正统的光芒被掩盖了。只不过，随着社会基本矛盾的内在运动，总有一天，这种局面将会改变。

所以，马克思出现了，他凭借扎实的古典学养，用隐喻的手段撕开了厚厚的遮蔽物，让"抽象的、个别的自我意识"露出了它的微芒，使伊壁鸠鲁动心并走出了他的雅典花园。马克思打小就深受古希腊罗马文化熏陶，他中学时期的系列考试论文就是明证。古希腊人民通过口口相传的神话故事传承他们的灿烂文化，而"古希腊神话是关于神和英雄的故事，以史诗、戏剧、诗歌、小说等文学形式为载体得以流传。"⑤ 马克思因而具备极高的文学修养，他青年时期留下了大量诗歌，并且酷爱剧作。"马克思谙熟莎士比亚的戏剧，每年都阅读埃斯库罗斯的作品，沉醉于歌德，并且知道古希腊文版本的亚里士多德

---

① 马克思指德谟克利特、恩培多克勒、巴门尼德、柏拉图、苏格拉底、斯蒂尔蓬、昔勒尼派、学院派、斯多亚派以及西塞罗、普卢塔克等古罗马作家。
② 马克思指克莱门斯、塞克斯都·恩披里柯等。
③ 马克思指莱布尼茨等。
④ 《马克思恩格斯选集》第 2 卷，北京：人民出版社 2012 年版，第 707 页。
⑤ 张雨欣：《马克思博士论文〈德谟克利特的自然哲学和伊壁鸠鲁的自然哲学的差别〉研究》，北京：中央编译出版社 2019 年版，第 150 页。

著作最难的篇章的具体位置。"① 因此,除了具备相应的哲学和哲学史知识,若要深谙马克思《博士论文》之妙道,还必须拥有所必须的古典学养和文学修养,这种跨学科的要求使相当多的人望而生畏,乃至举步不前或浅尝辄止,发现其中的哲学革命显然是不可能的。与之相反的另一些学者则很容易看明白马克思文采飞扬词句中的真正指向。马克思称赞伊壁鸠鲁为最伟大的希腊启蒙思想家,他无愧于卢克莱修的称颂,他"敢于率先抬起凡人的目光,面对强暴,奋力抗争","如今仿佛得到报应,宗教已被彻底战胜,跪倒在我们脚下,而我们,我们则被胜利高举入云。"② 任何具有较好文学水平的人都能从这句话中一眼看到其中针对宗教的哲学革命的胜利。这里的"我们"就是超越了神的人,就是"抽象的个别的自我意识",就是卢克莱修和马克思,就是马克思《博士论文》中哲学革命的指向。马克思在这里使用了隐喻的手法,这是一种文学作品中常用的修辞手法,用于隐蔽地表达真实的想法并达到出人意料的效果。马克思的这种做法在他自己看来再平常不过,一方面要对付到处横加阻拦的遮蔽,另一方面要充分实现意图,隐喻是再好不过的方法。但他的这种做法无疑使读者两极分化了,大多数人避之不及,少数人洞若观火。马克思《博士论文》中最典型、最明显、最高超的隐喻手法就是人物的运用,不明白这点就不可能掌握打开哲学革命之门的钥匙。马克思通过论述苏格拉底哲人形象把这一理解全文的关键告诉了读者。他反问说:"希腊哲学借以神话般地从七贤开始,并且仿佛作为这一哲学的中心点,作为这一哲学的造物主体现在苏格拉底身上的形象,我指的是哲人——σοψοξ——的形象,这种形象被上述那些体系说成是真正科学的现实,难道这也是偶然的吗?"③ 马克思在这里指出,苏格拉底的哲人形象是希腊哲学的中心点、造物主和科学的实现,那么理解希腊哲学当然就要理解苏格拉底,苏格拉底哲人形象也就是希腊哲学的缩影,隐喻了希腊哲学。正是在这个意义上,鲁路说:"古希腊哲学的精神实质也落实为哲人这一人格范畴。"④ 当读者意识到这一窍门以后,就应当理解普罗米修

---

① David Mclellan, *Karl Marx: His Life and Thought*, Harper, 1973, pp. 15、22.
② 《马克思恩格斯全集》第1卷(上),北京:人民出版社1995年版,第63页。
③ 《马克思恩格斯全集》第1卷(上),北京:人民出版社1995年版,第17页。
④ 鲁路:《马克思博士论文研究》,北京:中央编译出版社2007年版,第167页。

斯和伊壁鸠鲁的隐喻，进而就应当理解青蛙之死、英雄之死、伊壁鸠鲁之死、德谟克利特之死等的隐喻，以及更深层次的"抽象的、个别的自我意识"等的隐喻。那些哲学革命的遮蔽物也就只得在无奈中撤离。

不过，马克思《博士论文》中的哲学革命在大多数人看来仍然是神龙见首不见尾，因为哲学革命只存在于空隙之中，它的微光稍纵即逝。感觉到、偶尔看到和知道如何看到是完全不同的。人们可以根据直觉感知到遮蔽物下的哲学革命，也可以通过掀开遮蔽物的方法偶尔看到哲学革命，但只有知道如何看到才能够随时看到哲学革命。尽管这种哲学革命在马克思《博士论文》中是天雷滚滚般的存在，但人们往往将之当作一种错觉，因为能够看到哲学革命的空隙太小了，以至于马克思不得不拿起显微镜才能找到德谟克利特的自然哲学和伊壁鸠鲁的自然哲学的细微差别，而这正是哲学革命发生的地方。那这种空隙究竟有多小呢？马克思指出："人们曾经嘲笑伊壁鸠鲁的这些神，说它们和人相似，居住在现实世界的空隙中，它们没有躯体，但有近似躯体的东西，没有血，但有近似血的东西。"① "伊壁鸠鲁的这些神"当然也是隐喻，指的就是哲学革命。伊壁鸠鲁的神是一种无躯无血的存在，理论上可以居住在无限小的空隙里，作为凡人的我们怎可能轻易察觉？这种有关伊壁鸠鲁的神所居住的空隙是马克思心血来潮的描述吗？当然不是，这是马克思对哲学革命的一贯观点。马克思在《资本论》中提到："真正的商业民族只存在于古代世界的空隙中，就象伊壁鸠鲁的神只存在于世界的空隙中，或者犹太人只存在于波兰社会的缝隙中一样。"② 可见"伊壁鸠鲁的神"在马克思后来的革命实践中已经不再是马克思《博士论文》中的隐喻，它成为了一个比喻，比作"真正的商业民族"或者"犹太人"，代表人类社会的进步力量。而"现实世界的空隙"也具体化为"古代世界的空隙"和"波兰社会的缝隙"，把革命所能生存的恶劣狭小空间展露无遗。这个"空隙"或者"缝隙"到底是什么样子？这个空隙就是12世纪开始设立的犹太人社区，后人称之为"犹太街"，是欧洲君主们用于集中管理犹太人的一个关键法宝。据斯塔提格凯特议会设定的管理细则，

---

① 《马克思恩格斯全集》第1卷（上），北京：人民出版社1995年版，第35页。
② 《资本论》第1卷，北京：人民出版社2004年版，第97页。

犹太人总人口被严格限制在 500 个家庭，每年婚礼只能有 12 个，结婚年龄固定为 25 岁，每年进入犹太街定居的人不能超 2 人，他们被禁止在犹太街之外的地方生活，并且要时刻佩戴区别身份的饰物，并且不得从事放贷以外的几乎所有职业。法兰克福的犹太人大部分生命只能在高墙大门里度过，这是个狭长阴暗的监牢，19 世纪最强烈的光线都难以照进这里，每个人都生活在转个身都困难的狭小空间里。① 当我们知道犹太街的情况后，我们就非常容易理解马克思《博士论文》中的空隙指什么，也能够充分理解哲学革命的处境，为什么采取隐喻的修辞手法也就不言自明。马克思对这种空隙是有直观和深刻理解的，他生于特里尔的犹太拉比群体，处处受限。1789 年以后，确切地说是 1814 年，马克思的父亲亨利希·马克思才开始从事之前一直不对犹太人开放的律师职业，饶是如此，1819 年他们还是改信了新教。当我们真正理解"空隙"和"缝隙"的含义后，才能够随时看到马克思《博士论文》中的哲学革命。

概而言之，马克思在当时的情况下，主要借助哲人形象的隐喻，一步步揭开了层层遮蔽，使马克思《博士论文》空隙中的哲学革命闪现出了光芒，把"抽象的、个别的自我意识"拯救出了阿门塞斯冥国，创立了马克思哲学。为了充分把握这场哲学革命的成果，我们必须深入了解其中的作用机制。

三、马克思《博士论文》中的哲人形象与哲学革命的互动过程

马克思《博士论文》中哲学革命的路径我们可以列出很多条，但主要的是原子论的"德谟克利特→伊壁鸠鲁→马克思"路径，认识论的"意识→自我意识→实践"路径，对象的"客体→主体→社会"路径，决定论的"实在的可能性→抽象的可能性→辨证的可能性"路径等，这些路径在本质上都是一样的，只是角度不同而已。就本文的研究来说，我们所依据的是"神→哲人→德谟克利特→伊壁鸠鲁→卢克莱修→马克思"路径，其实质是"唯心

---

① 孙戈：《欧洲金融的统治者——罗斯柴尔德家族》，北京：海潮出版社 2015 年版，第 3—5 页。

主义→唯物主义→抽象的个别性形式的自我意识的唯物主义"。当然，人们赋予了马克思的唯物主义以能动的唯物主义、实践活动的唯物主义、唯物史观、历史唯物主义、实践哲学、辩证唯物主义和历史唯物主义等很多种说法。我们则从马克思《博士论文》出发将之称为"抽象的个别性形式的自我意识的唯物主义"，或者也可以直接使用马克思在《提纲》中的命名，称之为"新唯物主义"①。不过，这里的重点是马克思依据"神→哲人→德谟克利特→伊壁鸠鲁→卢克莱修→马克思"的哲学革命路径巧妙地使"抽象的个别性形式的自我意识"清晰呈现了出来，同时完成了"唯心主义→唯物主义→抽象的个别性形式的自我意识的唯物主义"的实质的哲学革命路径。这条路径的完成包括了路德维希·冯·威斯特华伦、普罗米修斯、苏格拉底、德谟克利特、伊壁鸠鲁、卢克莱修和马克思，他们代表不同的哲人形象，在马克思发动和完成这场哲学革命的过程与机制中发挥着不同的作用。因为苏格拉底只是马克思隐喻修辞手段的例证，而德谟克利特和卢克莱修分别是作为伊壁鸠鲁的比较对象和解释者出现的，所以这里选取威斯特华伦、普罗米修斯、伊壁鸠鲁和马克思用于分析哲人形象与哲学革命的互动。

（一）哲学革命起步：威斯特华伦理想主义哲人形象

马克思《博士论文》开篇的献词是写给威斯特华伦的，而威斯特华伦是燕妮的父亲、马克思的岳父。因此，献词中通篇的赞扬都可以看作马克思对燕妮的爱情的宣誓和证词。的确，马克思在提前获得博士学位后，第一时间把他的《博士论文》亲手送给威斯特华伦，目的是向燕妮求婚。抛开马克思今天的巨人地位，从将论文当作婚姻献礼这个角度来看，这篇论文似乎是不上档次，甚至有胡闹的成分在内。而如果读者们真这么看待而将《博士论文》弃之尘埃，那无疑会错过马克思发动的哲学革命的大瓜。因为，爱情只不过是这场哲学革命的遮蔽或药引，而威斯特华伦是类似于苏格拉底一样的哲人形象，也是一种隐喻。威斯特华伦是理想主义哲人形象，他象征着进步、真理、勇敢和睿智，而哲学革命恰恰缘于对现实的不满而产生的理想主义。因此，威斯特

---

① 《马克思恩格斯选集》第 1 卷，北京：人民出版社 2012 年版，第 136 页。

华伦被置于开篇献词隐喻了马克思《博士论文》哲学革命的开始。

那么能够看到这场哲学革命开始的空隙在哪里？实际上，洞悉马克思《博士论文》真谛仅仅通过马克思《博士论文》本身是不够的，所以很多学者提出了广义《博士论文》的概念，把马克思此前的著作都纳入了研究范围，包括作为《博士论文》准备的七本《关于伊壁鸠鲁哲学的笔记》，以及中学时期的论文等。对这些材料进行系统研究，我们就会发现深刻影响马克思的一个重要人物，他就是伊壁鸠鲁。也就是说，伊壁鸠鲁在《博士论文》创作之前早就存在于马克思的脑海里。早在 1835 年 8 月 10 日的中学论文中，马克思已经明确提到了"伊壁鸠鲁主义"[1]，更是在其后 3 天的《青年在选择职业时的考虑》一文中使用伊壁鸠鲁哲学畅谈了自己的理想[2]，可见马克思的理想主义是离不开伊壁鸠鲁的。而真正的巧合在于威斯特华伦恰恰就是一个伊壁鸠鲁哲学的信仰者，从而可知，马克思称威斯特华伦为"慈父般的朋友"、"仰慕的您"、"充满青春活力的老人"和"神"并非仅仅因为爱情之故，更是一种作为革命战友和师长的肯定。至此，我们已经找到了献词中的空隙，而躲在伊壁鸠鲁后面的正是马克思《博士论文》中哲学革命的主角——"抽象的、个别的自我意识"。

马克思《博士论文》中的哲学革命在开篇献词中就已经发动，但是我们只有揭开爱情的遮蔽，参透威斯特华伦理想主义的隐喻，找到伊壁鸠鲁的空隙，才能听到哲学革命起步的马达轰鸣声。

（二）哲学革命宣言：普罗米修斯英雄主义哲人形象

紧接着马克思《博士论文》的序言向我们展示了多重遮蔽，它们是当时博士论文形式上的非科学和学究气，西塞罗、普鲁塔克的废话和伽桑迪给伊壁鸠鲁哲学披上的修女的黑衣，黑格尔体系对伊壁鸠鲁主义、斯多亚主义和怀疑主义这一组哲学的忽略，以及神学化的理智对哲学的态度和宗教法庭对哲学的审判。如此看来，哲学革命似乎没有一点希望，马克思《博士论文》不可能

---

[1]《马克思恩格斯全集》第 40 卷，北京：人民出版社 1982 年版，第 822 页。
[2]《马克思恩格斯全集》第 40 卷，北京：人民出版社 1982 年版，第 455—460 页。

完成。马克思提出了对策。他要用一部更大的著作消除《博士论文》在形式方面和其他方面的缺点，他引用科本的著作《弗里德里希大帝和他的敌人》证实伊壁鸠鲁主义、斯多亚主义和怀疑主义这一组哲学与希腊生活的关系，他使用休谟和伊壁鸠鲁的话还击普鲁塔克对哲学的攻击。最后是最有力的反击，马克思引用普罗米修斯的自白当作哲学的格言，表达了斗争到底的决心。所以，哲学革命是要不可阻挡地进行下去的。

普罗米修斯违背宙斯的意愿把火种带给了人类，宁可被缚在高加索山上，每天忍受被鹫鹰啄食肝脏，也不向宙斯低头。他是家喻户晓的反抗宙斯压迫的希腊神话英雄，但同时又被视为神界的捣乱者。他是地地道道的泰坦神明之一，其父为地母盖亚与乌拉诺斯之子伊阿珀托斯，其母为名望女神克吕墨涅，但他却背叛了神界，在会议上设法维护人类的利益。宙斯想尽办法扭转他的思想，为此不惜动用酷刑，但得到的回答是绝不为宙斯效忠，充当他的信使。这是为什么？普罗米修斯对众神的侍者海尔梅斯说："我绝不愿像你那样甘受奴役，来改变自己悲惨的命运，你好好听着，我永不愿意。"① 马克思用普罗米修斯的英雄主义哲人形象隐喻反抗历史和现实对哲学革命的层层遮蔽，隐喻人的自我意识是超越了神的最高神性，隐喻马克思要像普罗米修斯一样为了"人类的幸福和我们自身的完美"而做最高尚的圣者和殉道者。

普罗米修斯是神更是人。他目睹了神界的不堪与混乱，于是，他与智慧女神雅典娜一起创造了人类。普罗米修斯用泥土塑出人的形状，雅典娜为泥人注入灵魂。他创造人类的本质是对神界所代表的旧世界的否定，而如果他只具有做奴隶的意识、客体的意识，不具备自我意识，也不可能创造出人类。因此，在普罗米修斯创造人类的时候，他已经由神变成了人，是一个神人，已经知道"不应该有任何神同人的自我意识相并列"，相信自己拥有着神比不上的无穷创造力。在这种情况下，任何神、任何酷刑都无法使普罗米修斯再回归甘受役使的状态。所以，马克思才称那些以为哲学在社会中的地位似乎已经恶化因而感到欢欣鼓舞的人为"可怜的懦夫们"，他们没有人的自我意识，他们更不明白一旦蛹羽化成蝶就再也回不到蠕虫形态，不让它出茧没用，杀死也没用。

---

① 《马克思恩格斯全集》第 1 卷（上），北京：人民出版社 1995 年版，第 12 页。

普罗米修斯能够创造人类,并把火种带给人间,本身已经证明神界并非铁板一块。如果没有空隙,这些都不能实现。而如果这些不能实现,普罗米修斯就不会面临神界全方位、全天候的打击与遮蔽。所以,哲学革命于空隙中发生在先,其次才会面临遮蔽与打击,再次就会不断出现普罗米修斯式的英雄主义哲人形象,直至革命完成。神界的空隙正是神自己造成的,再修补也只能是徒劳无功。每一代神王都是通过推翻上一代神王而成为神王的,这个过程是卡俄斯→乌拉诺斯→克洛诺斯→宙斯。按照这种逻辑,宙斯也是会被取代的。克洛诺斯取代父亲乌拉诺斯以后,担心自己被子女取代,于是把他们吞进肚中,但宙斯却被母亲藏了起来,成为漏网之鱼,宙斯最后成为众神之王。可见,如何防守严密,总会存在空隙和缝隙。就普罗米修斯来说,他是新生力量的代表。除了火以外,他教给人们两类技艺:第一是建筑、农业、计算、书写、驯服动物和航海;第二是医术、占卜和对各种金属的发现。普罗米修斯因而具有无所畏惧的反抗意志,并能预知宙斯必然失去篡夺自其父的王座。所以,他敢于面对宙斯派来的神使大喊:"你看,我就是把天火送给人类的普罗米修斯!"[①]"技艺和知识代表着一种人类理智地掌握生命中的偶然的努力,因而带来了人的独立意识,这使得人往往试图脱离神圣秩序的支配。"[②]"由于技术,人的生存就不会像先前那样完全依赖自然和神灵,他们可能渐渐学会自我依赖(self-reliance),反而与神渐行渐远。"[③] 总之,在普罗米修斯式的英雄主义哲人眼中,神界的空隙到处存在,就像一处四处漏风的破屋。而看不见到处空隙的人们,是因为他们没有真正的人的自我意识,只是作为神的客体存在。

(三)哲学革命完成:伊壁鸠鲁快乐主义哲人形象

马克思发动哲学革命并宣示决心后,拿起放大镜寻找德谟克利特的自然哲学和伊壁鸠鲁的自然哲学的差别,确立马克思哲学基本框架。在这里,马克思

[①] [古希腊]埃斯库罗斯等:《古希腊戏剧选》,罗念生译,北京:人民文学出版社2012年版,第13页。

[②] Eric Voegelin, Order and History, Vol. Ⅱ, The World of the Polish, Louisiana State University, 1957, pp. 259–260.

[③] Friedrich Solmsen, *Hesiod and Aeschylus*, Cornell, 1995, p. 140.

是通过拯救和解放伊壁鸠鲁这位快乐主义哲人的手段来完成这场哲学革命的。当马克思《博士论文》把伊壁鸠鲁快乐主义哲人形象带出雅典花园，把伊壁鸠鲁的研究推向世界的时候，哲学革命也就完成了。

伊壁鸠鲁快乐主义哲人形象也是一个隐喻，其内容可以通过一个滑稽的对比体现出来。一方面人们称伊壁鸠鲁为快乐主义者，另一方面他又被认为离经叛道，被称为希腊时期哲学家的异类、科学的敌人、语言文学的轻视者和反宗教的斗士。这不禁让人想起了孟子的语录："穷则独善其身，达则兼善天下。"无需赘言，伊壁鸠鲁快乐主义哲人形象也正是"穷则独善其身"的写照，是自得其乐的写照，是"采菊东篱下，悠然见南山"的写照，伊壁鸠鲁的哲学光芒已然被遮蔽。为此，马克思以他深厚的古典学养和文学修养起手，在第一部分论文的研究对象的开端就宣告："希腊哲学看起来似乎遇到了一出好的悲剧所不应遇到的结局，即平淡的结局。在希腊，哲学的客观历史似乎在亚里士多德这个希腊哲学中的马其顿王亚历山大那里就停止了，甚至勇敢坚强的斯多亚派也没有取得像斯巴达人在他们的庙宇里所取得的那样的胜利：他们把雅典娜紧紧捆在海格立斯身旁，使她不能逃走。"① 古希腊悲剧是古典学养和文学修养的集中体现，它不仅仅是文学，更与宗教、政治和哲学密不可分，马克思采用悲剧来分析希腊哲学的结局恰到好处。埃斯库罗斯悲剧《被缚的普罗米修斯》的结局向我们展示了什么才是真正的好的悲剧的结局。该剧本1036行到末尾，普罗米修斯向雷霆、飓风、塔尔塔罗斯宣战，说他们奈何不了自己这个不死的神。赫尔墨斯斥之为疯子，劝歌队女神离开免受池鱼之殃，女神们却坚决与普罗米修斯站在一起。普罗米修斯的最后独白，（1091—1093行）向地母和天空呼喊，控诉自己遭受的迫害。随即，普罗米修斯于雷电中消失，歌队长也随之不见了。这表明宙斯与普罗米修斯之战刚刚开始，大幕正徐徐拉开。《博士论文》是马克思对古希腊哲学悲剧结局的重新书写，为此，马克思强调他要唤起人们对伊壁鸠鲁主义、斯多亚主义和怀疑主义这些体系的历史重要性的记忆，研究它们同更古老的希腊哲学的联系。② 他要把被古希腊哲学遮蔽的

---

① 《马克思恩格斯全集》第1卷（上），北京：人民出版社1995年版，第15页。
② 《马克思恩格斯全集》第1卷（上），北京：人民出版社1995年版，第16页。

希腊化时期三大哲学解放出来,并使之登上悲剧的最后舞台。在这个结局中,伊壁鸠鲁化身普罗米修斯,那个快乐主义哲人形象背后真正的作为古希腊勇士形象的伊壁鸠鲁走出了雅典花园,他要怒吼了!

马克思首先掀翻了针对伊壁鸠鲁的刻板的快乐主义哲人形象。简单地说,伊壁鸠鲁哲学不只是昔勒尼派的道德思想,还包括德谟克利特的物理学,不仅仅有快乐主义的逃避痛苦,更有古希腊勇士的斗争精神。马克思抓住这一点,把他的研究对象确定在了伊壁鸠鲁的自然哲学,具体研究德谟克利特的自然哲学和伊壁鸠鲁的自然哲学的差别,因为,只有在这个领域中才能看到伊壁鸠鲁是一位真正的勇士。从理论渊源上来说,留基伯、德谟克利特和伊壁鸠鲁的原子论是一脉相承的,但是到了古代作家、教父们和近代作家这里,德谟克利特却被当成了打击伊壁鸠鲁的一张王牌,"大家一致认为,伊壁鸠鲁的物理学是从德谟克利特那儿抄袭来的。"① 似乎主流哲学非常认可和赞赏德谟克利特的研究,但这是非常可笑的。的确,德谟克利特对"早期希腊思想家的自然学观点进行综合和概括,做理论上的提升和构建,建立起西方哲学史上第一个较为完备的自然哲学体系。"② 因而,马克思称之为"经验的自然科学家和希腊人中第一个百科全书式的学者"。③ 不过,面对这样的伟人的著作,柏拉图却一度想全部处理掉,后因流传太广而作罢。事实上,柏拉图一次都没有提起过德谟克利特。由此看来,德谟克利特只不过是被作为一个打击伊壁鸠鲁的工具而使用的,只是为了遮蔽伊壁鸠鲁哲学而拿来的。马克思识破了这一点,他一把掀掉了德谟克利特这一有意遮蔽,指出:"在一切方面,无论涉及这门科学的真理性、可靠性及其应用,还是涉及思想和现实的一般关系,他们都是截然相反的。我说他们是截然相反的。"④ 这样,伊壁鸠鲁的昔勒尼派阿里斯底波式的快乐主义哲人形象就转变为了反对德谟克利特物理学的革命哲人形象,成了希腊哲学的异类、科学的敌人和反宗教的斗士。这场好的悲剧就这样开场了,伊壁鸠鲁变身普罗米修斯,德谟克利特被推上了宙斯的角色。

---

① 《马克思恩格斯全集》第 1 卷(上),北京:人民出版社 1995 年版,第 20 页。
② 王晓朝:《希腊哲学简史——从荷马到奥古斯丁》,上海:上海三联书店 2007 年版,第 100 页。
③ 《马克思恩格斯全集》第 3 卷,北京:人民出版社 2002 年版,第 146 页。
④ 《马克思恩格斯全集》第 1 卷(上),北京:人民出版社 1995 年版,第 20 页。

当以上步骤完成以后，马克思的拿手好戏来了，他举起放大镜开始寻找被视为铁板一块的德谟克利特的自然哲学和伊壁鸠鲁的自然哲学之间的差别。当这些差别被找到后，二者之间的空隙就在不和谐的连接处出现了，于是，哲学革命的光芒涌出了这些空隙，一道又一道光柱先后出现了，"抽象的、个别的自我意识"终于大踏步走出了雅典花园。首先是关于原子的运动。由于德谟克利特的原子论中只有直线式下落和互相排斥两种运动，而伊壁鸠鲁则提出还存在原子脱离直线而偏斜的第三种运动，二人的原子运动学说不能合龙而出现空隙。马克思在这个空隙中发现原子概念中包含物质与形式两个互相矛盾的环节，在这个矛盾中形成的偏斜表述了原子的真实的灵魂即抽象个别性。第二是原子的质。德谟克利特的原子只有体积和形状，而伊壁鸠鲁提出原子有重力，原子的质同样是与原子的概念相矛盾的。对原子的特性考察得出的结果同对偏斜考察得出的结果是一样的，即通过原子概念中本质与存在矛盾的客观化，伊壁鸠鲁提供了原子论科学。[1] 接着是不可分的本原和不可分的元素。在德谟克利特那里感性现象是主观假象，因为他的理论割裂了本质世界和现象世界，他只把原子当作一种"元素"、一种物质基质看待。而伊壁鸠鲁区分了成为现象基础的、作为"元素"的原子同存在于虚空中的作为"本原"的原子，使本质世界过渡到了现象世界。有质的元素才能产生现象世界，而质表示的就是抽象的个别性。其后是时间。在原子概念中把时间剔除掉两人是一致的。但是，德谟克利特把时间从本质世界，进而是整个世界中排除掉了。伊壁鸠鲁则不同，他把时间视为现象的绝对形式，规定为偶性的偶性。这样，人的感性作为现象自然界标准发挥作用，通过感官获取影像"而使客体得以显现出来"。当影像被感官感知后并不能回到影像自身，而是消失掉了，被时间分解了。感性的自然只是对象化了的、经验的、个别的自我意识，相对应来说，原子不外是抽象的、个别的自我意识的自然形式。第五是天象。经过前四部分的对比，天象已经是伊壁鸠鲁哲学的独角戏。因为，德谟克利特关于天象的见解并不具有哲学意义，其不但没有超出经验反思的范围，且同原子学说也没有什么确定的内在联系。天体实现了伊壁鸠鲁的原子理论，天体成为现实的原子。在原子世

---

[1] 《马克思恩格斯全集》第 1 卷（上），北京：人民出版社 1995 年版，第 44 页。

界和现象世界中，一个规定取消另一个规定的矛盾，抽象的、个别的自我意识的本性实现了对象化。但在天体中，这些矛盾都解决掉了，于是，作为绝对原则的具有抽象的个别性形式的自我意识走到前台。在它实现的地方就消失了，它的实现就意味着不再具有现实性，因为它只有与自身区别开来时才能够在实现的过程中得到肯定，才能被看见。其为原子论的取消和普遍的东西的有意识的对立物①，意味着抽象的可能性，反对绝对的可能性。所以，伊壁鸠鲁反对恐惧和迷乱，反对一切所谓标榜为永恒不变的东西，诸如宗教、科学等等。当这些所谓永恒的东西被自我意识消灭掉以后，这位古希腊勇士又回归了快乐主义哲人形象，回归到了心灵的宁静和不动心。

四、哲学革命实践：马克思新唯物主义哲人形象

实际上，理想主义哲人形象、英雄主义哲人形象和快乐主义哲人形象都是马克思自己作为一个哲人的总体形象的一部分，威斯特华伦、普罗米修斯和伊壁鸠鲁三者合而为一就变成了一个马克思，同时，马克思又是前述哲人形象的集合体与超越者。于是，出现了一个在完成哲学革命基础上，开始哲学革命实践的新唯物主义哲人形象。

青年马克思身上处处体现着理想主义、英雄主义和快乐主义的元素，直到《博士论文》铸就他付诸实践的哲学前提。这首先集中体现在《青年在选择职业时的考虑》一文的表述中，马克思选择不干预生活本身而从事抽象真理研究的职业，那样就不会因愿望没有得到满足、理想没有实现而怨天尤人。马克思毫不掩饰地赞美最伟大的人物、为大多数人带来幸福的人和人人敬仰的典范，充满了英雄主义色彩。全文多处使用了幸福、安静、痛苦等伊壁鸠鲁哲学特有的词汇，比如他说："只有从安静中才能产生出伟大壮丽的事业，安静是唯一能生长出成熟果实的土壤。"② 细细想来，这篇中学论文不就是一个谈论人生在职业选择上如何才能使自己幸福、安静、快乐的文章吗？其后的马克思

---

① 《马克思恩格斯全集》第1卷（上），北京：人民出版社1995年版，第64页。
② 《马克思恩格斯全集》第40卷，北京：人民出版社1982年版，第457页。

在不断践行这些元素。他在浪漫主义氛围浓重的波恩大学期间将大量时间用于艺术和文学史学习，并参加了诗人俱乐部，创作了大量诗歌，尤其是给燕妮的情诗。他的行为和作品充满着热情、激情、悲剧色彩、理想主义、英雄主义和快乐主义。但他是在《博士论文》中把这些东西沉淀下来的，当向人们披露了伊壁鸠鲁快乐主义隐含的"抽象的、个别的自我意识"之后，那"胸中能进行斗争和对抗的某种东西"① 奔涌而出了。马克思完成了他的新唯物主义哲学革命，开始了他的哲学革命实践。

马克思排除了他所面临的遮蔽，以"抽象的、个别的自我意识"隐喻改变世界，并找到了实践这个实现理论的空隙。马克思面临的家庭、国家和宗教现实，学校的清规戒律以及黑格尔哲学所代表的主流派别的霸权，使马克思一度陷入绝境。即使他从波恩大学转到柏林大学后，这种状况仍以另外的形式继续。他在《给父亲的信》中说："这部著作，这个在月光下抚养大的我的可爱的孩子，象欺诈的海妖一样，把我诱入敌人的怀抱。由于烦恼，我有几天完全不能够思考问题，就象狂人一样在'冲洗灵魂，冲淡茶水'【海涅《北海集》（第一集《和平》诗）。——编者注】的肮脏的施普雷河水旁的花园里乱跑，我甚至和我的房东一块去打猎，然后又跑到柏林去，想拥抱每一个遇见的人。"② 黑格尔体系的遮蔽让马克思喘不过气来，陷入疯魔状态。好在他发现了他熟悉的作为古希腊哲学终结和叛逆的伊壁鸠鲁哲学，凸显着"抽象的、个别的自我意识"，这一古希腊哲学少见的亮点吸引了马克思，使他走进了哲学之门，并发动了一场哲学革命。当他在自然哲学的各个领域均使"抽象的、个别的自我意识"得到进一步发展和证实后，这场革命也就完成了。而当"抽象的、个别的自我意识"确立其哲学地位后，原子论就被取消，普遍的东西就被推翻，那就意味着这个世界必须改变。"哲学已经不再是为了认识而注视着外部世界；它作为一个登上了舞台的人物，可以说与世界的阴谋发生了瓜葛，从透明的阿门塞斯王国走出来，投入那尘世的茜林丝的怀抱。"③ 马克思决心推进世界哲学化和哲学的世界化。不过，虽然在《博士论文》中完成了

---

① 《马克思恩格斯全集》第1卷（上），北京：人民出版社1995年版，第34页。
② 《马克思恩格斯全集》第40卷，北京：人民出版社1982年版，第15页。
③ 《马克思恩格斯全集》第40卷，北京：人民出版社1982年版，第135页。

哲学革命，但是形式方面和其他方面的缺点阻碍其传播，也断没有突破当时的主流学术体系统治的可能性。这就迫使马克思走上了在实践中推进新唯物主义的道路。他在《博士论文》新序言（片断）中表明了心迹："我献给公众的这篇论文，是一篇旧作，它当初本应包括在一篇综述伊壁鸠鲁主义、斯多亚主义和怀疑主义哲学的著作里，鉴于我正在从事性质完全不同的政治和哲学方面的研究，目前我无法完成这一著作。"① 马克思当时的设想是用更大的一部著作、用学术的方法去解决形式方面和其他方面的缺点，但他事实上放弃了。既然哲学革命已经完成，并且"从事性质完全不同的政治和哲学方面的研究"更易于为，那就正好在实践这个空隙中实现哲学革命的成果吧。

面对困境、逆境、绝境，马克思采用特殊、曲折、变通的方法，通过《博士论文》创立了自己的哲学，并把它付诸实践。但是，新唯物主义的事业仍然在进程中，为此我们不但要学习马克思的精神，更要学习他的方法，掌握他的实事求是的精髓，才能不断推进这项事业。而今，虽然中国特色社会主义的巨大成功已经证明了坚持本真马克思哲学的决定性作用，但是源自苏联的主流阐释中的不合理部分和西方现代文明中的糟粕，以及中华传统文化中的遗毒的遮蔽并没有完全消除，各个方面的斗争今天仍在继续。因此，马克思《博士论文》对于我们来说就具有了两个重大现实意义，一是通过它掌握本真的马克思哲学，二是通过它掌握推进新唯物主义事业的办法。诚然，马克思《博士论文》既是批判的武器，也是武器的批判。②

---

① 《马克思恩格斯全集》第1卷（上），北京：人民出版社1995年版，第103页。
② 《马克思恩格斯选集》第1卷，北京：人民出版社2012年版，第9页。

第四部分

延伸阅读经典著作选编

卡·马克思　关于伊壁鸠鲁哲学的笔记

伊壁鸠鲁哲学

笔记一

I. 第欧根尼·拉尔修，第10卷

摘自第欧根尼·拉尔修，第10卷，根据比埃尔·伽桑狄主编的《评第欧根尼·拉尔修，第10卷》的版本

1649年里昂版第1篇

I. 第欧根尼·拉尔修，第10卷

伊壁鸠鲁

〔2〕"……但是后来，〔伊壁鸠鲁〕偶然发现了德谟克利特的著作，他便献身于哲学了。"（第10页）

〔4〕（斯多葛派的波西多尼乌斯、尼古拉和索蒂昂在一套书名统称为《第欧克尔的驳斥》的第12卷中声称：）

"他把德谟克利特关于原子的学说和亚里士提卜关于快乐的学说当作他自己的学说加以宣扬。"（第11页）

〔6〕〔伊壁鸠鲁说〕，因为我至少不知道，如果抛开味觉的快乐、〔爱情的快乐〕、听音乐的快乐以及看到〔美丽的〕体态时的快乐心情，我还能把什么称作善。"（第12页）

〔12〕"他最推崇……古代的阿那克萨哥拉，虽然在某些问题上与他有分歧。"（第16页）

〔29〕"因此，它〔即伊壁鸠鲁哲学〕分成三部分：准则学、物理学和伦理学。"（第25页）

(1) 准则学

〔31〕"因此，伊壁鸠鲁在自己的《准则》中断言，感性知觉，以及预想

和感觉都是真理的标准；此外，伊壁鸠鲁派还把理性想象力所构成的表象也列为真理的标准。"（第25—26页）他……在《主要原理》中也谈到这点……"（第26页）

（Ⅰ）"……感性知觉是真实的。因为……任何感性知觉都不依赖于理性，而且完全不会回忆；因为感性知觉不是由自身引起的，而当它由别的什么东西引起时，它也不能增减任何东西，不能对任何事物进行思考或虚构。"

[32]"并且没有什么东西能够驳倒它们。事实上，同类的感性知觉不能驳倒同类的感性知觉，因为它们有相同的效用，而不同类的感性知觉也不能驳倒不同类的感性知觉，因为它们判断的不是同一个东西。一般说来，一种感性知觉不能作为另一种感性知觉的裁判，因为双方我们都要同等地倾听。概念也不能驳倒感性知觉；因为概念依赖于感性知觉。"

"而且感觉所感知的东西确实存在这一状况，保证了感性知觉的真实性。我们能看得见和听得到，这是一个实实在在的事实，就象我们感觉到疼痛一样。因为，'某物是真实的'和'某物存在着'这两种判断是没有差别的。"（第26页）

"因此，还应该从现象出发来解释未知物。因为一切表象都是借助于偶合、类比、相似和综合来源于感性知觉，思考对此也起了某种作用。"（第26—[27]页）

"即使是疯子的幻觉，即使是梦景也都是真实的，因为它们引起运动；而不存在的东西是不引起运动的。"（第27页）

（Ⅱ）[33]"[伊壁鸠鲁派]用预想这个名称来表示的，是知觉，或正确意见，或表象，或我们心中存在的一般思辨，即对经常重复的外部现象的回忆，比如说，'这是人'。因为只要我们一说'人'这个词，通过预想在我们面前立即就会出现在感性知觉基础上产生的人的形象。

因此，作为每个名称的原始基础的东西是清楚的。如果我们事先不知道我们寻找的东西的名称的话，我们可能不会去寻找它……如果以前我们不是借助于预想知道了［物体的］形状，我们就说不出任何东西的名称。可见预想是明显的。而且[每个]意见都是以事物预先就有的明显性为根据的，——我们也正是把自己的判断归结于这一点……[34]他们［伊壁鸠鲁派］还称意见为假设，并断言，它可以是真的，也可以是假的，这取决于在它上面是增添还是减少些什么，取决于它是否具有明显性而得到证实或者被驳倒。要是假设得到证实或者没有被驳倒，它就是真的，反之，要是没有得到证实或被驳倒，那么它就是假的。从这里引进了一个［术语］：'期待着的东西'，例如，人们等待着，然后走近塔前去证实，这塔在近处是否还和远处看到的一样。"（第［27］—28页）

"他们区别两种内心感受：快乐和痛苦……前者是合乎［人的本性］的，而后者是不合的；人们正是依据这些感受来决定取舍的。"（第［28］—29页）

"有些研究涉及到事物本身，而有些只是围着空话打转。"（第29页）

伊壁鸠鲁致梅诺伊凯乌斯

［123］"首先，根据神是不灭的和幸福的存在物——这是关于神的一般观念所要求的，请你不要把任何与不灭相抵触的、与幸福不相容的东西加到神的头上去……"（第82页）

"因为存在着众神，因为关于他们的观念是明显的"（参看"关于众神的一般观念"——"consensus omnium, consensus gentium"【"大家观点一致，各民族的观点一致。"（马克思作的注解）——编者注】）。但是众神并不是众人所想象的那种样子；因为众人［在他们关于众神的思维中］没有保留关于众神的原始观念。"

"摈弃众人所信的众神的人，并不是渎神的，而同意众人关于众神的意见的人，才是渎神的。"

［124］"因为众人关于众神的意见不是预想，而是虚妄的假设。所以众人也就认为，众神对恶人降以大祸，对善人给予大福。因为众人完全习惯于自己的美德，所以他们赞扬那些和自己一样的人，而一切不是那样的东西都认为是与己不相容的。"（第83页）

"你要习惯于认为，死亡对于我们来说是无所谓的。因为一切的善与恶都存在于感觉之中，而死亡就是感觉的停止。"

"所以正确地认识死亡对于我们来说是无所谓的,能把短暂的生命变成我们快乐的源泉,这靠的不是给[生命]增添无穷的时间,而是消除对不死的渴望。

[125] "因为,如果一个人真正地认识了停止生存一点也不可怕,对他来说,生活中也就没有什么可怕的东西。所以如果有人说他之所以怕死,并不是因为将来死亡到来之时将使他痛苦,而是因为未来的死亡现在已经使他痛苦,说这话的人是荒唐的:当前就去为未来的事情烦恼是愚蠢的。因为这件事在现存的情况下并不使人忧虑,而当其被作为意料中必将到来的事时,也只能带来无谓的烦恼。所以在一切恶中最使人害怕的死亡,对于我们是无所谓的,因为当我们存在之时,死亡不存在,而在死亡来到之时,我们已经不存在了。因此,死亡对于生者和死者都不相干,因为对于生者来说,死还不存在;而对于死者来说,死已不存在。"(第 83—84 页)

[126] "谁要叫青年人好好地活,而叫老年人好好地死,他就是一个傻瓜,这不仅仅因为活着是美好的,而且还因为关心好好地活也就是关心好好地死……"(第 84 页)

[127] "但是应该记住,未来既不属我们的,又不完全不是我们的,我们一方面不要把它作为某种一定会到来的东西来期待它,另一方面也不要把它作为某种永远不会到来的东西而对它失望。"(第 85 页)

"在欲望中,有些是自然的,有些是空虚的。在自然的欲望中有些是必需的,有些则仅仅是自然的。在必需的欲望中,有些是为幸福所必需的(例如为身体的康宁所必需的),有些则是生命本身所必需的。"(第 85 页)

[128] "因为对这些事物的避免错误的直观……能使身体健康,内心平静(心灵的宁静),因为这正是幸福生活的目的。为了这个目的,我们作出一切努力以求避免痛苦与恐惧。只要此目的一达到,一切内心的纷扰就会消失,因为人再也不需要寻找什么必需的东西,也不需要去寻求其他可以使精神和肉体更安好的东西。因为我们只在由于没有快乐而痛苦时,才需要快乐;当我们不痛苦时,我们也就不再需要快乐了。"(第 85 页)

"所以我们说,快乐是幸福生活的开始和终结。"(第 85—86 页)[129] 因为我们把快乐看作第一的和天生的善,我们的一切取舍都从它出发,我们是

用这种内心的感受作为标准去衡量一切的善，来达到快乐的。"（第［85］—86 页）

"正因为快乐是第一的和天生的善，所以我们并不选取任何的快乐……"

30

"因此，任何快乐就其与我们相适应的本性来说都是一种善，但并不是任何快乐都应该选取，正如任何痛苦都是一种恶，但也不是对任何痛苦都应该逃避一样。"［130］

"但是这一切都应该通过对有益的和有害的［后果］进行对比和研究来加以解决，因为对我们来说，有时善证明是恶，相反地，恶却证明是善。"（第86 页）

"我们认为，能够满足于很少的东西是大善并不是要在一切情况下都满足于很少的东西，而是要在我们没有很多的东西时，能满足于很少的东西，并坚信最不需要奢侈品的人最能充分享受奢侈品，一切自然的东西是最容易得到的，而一切空虚的东西最难获得。"（第 86 页）

［131］"……我们称……身体的无痛苦和内心的无纷扰……为快乐。"（第 87 页）

［132］"明智是开端和最高的善，所以明智甚至比哲学更可贵。一切其他美德都出自合理性，这些美德表明，如果不是理智地、光明正大地［和正直地］活着，就不可能愉快地活着；如果不是愉快地活着，也就不可能［理智地、光明正大地和］正直地活着。因为美德和愉快的生活紧密相联，而愉快的生活和美德也是不可分的。"（第 88 页）

［133］"因为你能把谁看得比下面这种人更好呢？他对神有虔诚的看法，对死亡总是无所畏惧，对自然的最终目的有正确的理解，他懂得最大的善是容易而且能够达到的，而最大的恶或者是暂时的，或者只能引起短暂的痛苦。至于被某些人作为最高主宰而引进来的那种必然性，他宣称它并不存在。但［在他看来］一些事物取决于偶然，另一些事物取决于我们自己。由于必然性是无责任的，而偶然看来是不固定的，但我们的意志是自由的，所以随之而来的是责备及其对立物。"（第 88 页）

［134］"宁肯听信关于神的神话，也比成为物理学家所主张的那种命运的

奴隶更好些。因为这种神话还留下个希望：我们由于敬神将会得到神的保佑，而命运本身却包含着确定不移的必然性。至于说到偶然，他［哲人］认为它可能存在，而不象众人那样认为神可能存在……另一方面，也不把它当作不重要的原因……［135］［哲人］认为，遵从理性而失败比不遵从理性而成功更好。但最好的是偶然促使正确地深思熟虑的行动获得成功。"（第［88］—89 页）

"你的宁静将……永远……不受干扰，你将象神一样生活在人们中间：因为生活在不朽的善中的人，是一点也不象那终有一死的凡人的。"（第 89 页）

"他在其他书中完全否定预言术……预言术是不存在的，要是它存在的话，我们就无力改变正在发生的事情……"（第 89 页）

［136］"在关于快乐的问题上他和昔勒尼派也有分歧。昔勒尼派不承认静止状态的快乐，只承认运动中的快乐，至于他则对两种［快乐］——无论是精神的或是肉体的——都承认。无论静止状态的快乐或者运动中的快乐都是可想象的。伊壁鸠鲁……是这么说的：'内心的宁静和没有痛苦是静止的快乐，而欢乐和愉快是通过自己在运动中的能动性才显示出来'。"（第 90 页）

［137］"他和昔勒尼派的另一点［分歧］是：昔勒尼派认为肉体的痛苦比精神的痛苦更难受……而在他看来，精神的痛苦更难受，因为肉体只为现在的痛苦所折磨，而精神则为过去、现在、将来的痛苦所折磨；因此，精神的快乐也是胜于肉体的快乐的。"（第 90 页）

"他引用人从一出生就喜爱它［快乐］，厌恶痛苦［这一事实］来证实快乐是［生活的］目的［这一原理］。［这一切］是自然地，不自觉地［发生的］。实际上，我们是本能地逃避痛苦的……"（第 90—91 页）

［138］"我们不是为美德而选择美德，而是为了快乐……他还说，只有美德是与快乐分不开的，其他一切都是可分的，如食物……"（第 91 页）

［主要原理］

［139］"凡是幸福的和不灭的东西，本身既无烦恼，也不使别人烦恼，所以它不会愤怒，也不会感激，因为一切类似的东西都是软弱所固有的。"

"他在另一些书中说，众神是被智慧认识的，而不是由数目来确定的；并且由于相似（由于正是为此目的而创造的各个类似形象的融合），他们是象人的。"

"快乐的最大限度是消除一切痛苦：无论哪里只要一出现快乐，只要快乐还持续着，那里也就不是没有痛苦就是没有忧伤，或者二者都不存在。"（第92页）

[140]"如果不是理智地、光明正大地和正直地活着，就不可能愉快地活着，如果不是愉快地活着，也就不可能理智地、光明正大地和正直地活着。"（第92页）

[141]"任何快乐本身都不是恶，但是，产生某些快乐的东西会多次破坏快乐。"（第93页）

[142]"假如所有快乐在时间上和外形上都汇合在一起，那么这种联系就会象自然界的各个主要部分那样[完备]，从而无法把一种快乐和另一种区别开来。"（第93页）

[143]"如果不了解一切事物的本性，只[局限于]来自神话的某些猜测，就不可能消除对最重要的现象的恐惧，——因此，没有自然科学的[知识]就不能得到无忧无虑的快乐。"

[142]"如果对天象的恐惧和对死亡的想法不使我们担忧，——仿佛死亡无论什么时候总在一定程度上与我们无关，——我们又能透彻了解痛苦和欲望的界限，我们就不需要自然科学了。"（第93页）

[143]"如果存在着对天上的事物，对地下的事物，总而言之，对无限中的事物的恐惧，那么防备别人求得自己的安全是徒劳无益的。因为防备别人而得到安全只在某种程度上是可能的。"（第94页）

"由恬静和脱离人群所产生的安全，是由于能够[通过克制]来排除[对不需要的东西的欲望]和轻而易举地取得[必需品]而获得的。"（第94页）

[144]"自然的财富是有限的而且容易获得，而空想中[出现]的财富则越出一切界限之外。"（第94页）

"由于匮乏而产生的痛苦消失之时，肉体的快乐并没有增加；它只是发生了变化。"（第94页）

"[关于快乐的]思维的最高点,就是研究那些使思维产生最大的恐惧的问题本身(和一切与它们有关的东西)。"(第 94 页)

[145]"只要正确地理解快乐的限度,那么无限时间包含的快乐和特定时间包含的快乐相等。"(第 95 页)

"[自然]给肉体的快乐加上界限,而对永恒的追求则把这些界限推向无限。但是思想认清了肉体的目的和界限,停止了对永恒的追求,就使我们的生命变得完善,这样我们再也不需要无限的时间。但是即使在情况要求脱离生命,把美好生活的终结作为完满的归宿之时,思想也不排除快乐。"(第 95 页)

[146]"我们应该透彻地——我们的判断根源于透彻性——认识既定目标,否则一切都将无法解决,到处都会动乱不安。"(第 95 页)

"如果你反对一切感性知觉,你就没有什么东西可作依据,用来判断你认为是错误的知觉。"(第 95 页)

[148]"在任何一种情况下,如果你不把自己的一切行动和自然的目的相联系,而是——无论在回避或寻求什么东西时——转向别的什么东西,那么你的行动同你的原则就会不一致。"(第 96 页)

[149]"在欲望中,有些是自然的和必需的,另一些是自然的,但不是必需的,第三种则既非自然又非必需,而是空想出来的。"(第 96 页)

[148]"使我们确信恶既不是永存的,也不是长久的这种认识,也使我们相信,在我们有限的[生活道路上],安全的最可靠的保证就是友谊。"(第 97 页)

下述段落反映伊壁鸠鲁对精神的本质、对国家的看法。他把契约,看作基础;从而只把有益的原则,看作目的。

[150]"自然法是一种求得互不伤害和都不受害的[对双方]有利的契约。"(第 97 页)

"对于那些不能互相约定互不伤害和都不受害的人,是不存在正义和非正义的东西的。那些不能够,或不愿意订立不伤害和不受害的契约的民族的情况也是如此。"(第 98 页)

"正义不是一种独立存在的东西,而是在互相交往中,在任何地方为了不伤害和不受害而订立的契约。"(第 98 页)

[151]"非正义并非本身就是恶,而[恶存在于]因担忧而产生的恐惧之

中，即生怕非正义瞒过那些奉命惩罚这种行为的人……因为他［即违法者］是否能一直到死都不被察觉是不清楚的。"（第98页）

"一般说来，法对一切［民族］都是一视同仁的（因为它在人们互相交往中是一种有益的东西），但是由于个别国家的一些特点和种种其他原因，法对一切［民族］不是一视同仁的"（第98页）

［152］"在公认为正义的东西中，那种在人们交往的相互关系上被证明是有益的东西，要是它对人们一视同仁的话，就具有法的性质。如果有人颁布一条［对大家］都一视同仁的法律，可是这法律在人们交往的相互关系中并不带来好处，那么这条［法规］就没有法的性质。"（第99页）

"如果法中所包含的益处已过时，但它在某一时期内和［法］的观念还是相符的，那么，在这个时期内它对于那些不拿空话来搞乱自己而是更注重事实的人就是法。"（第99页）

［153］"在情况未发生变化时，在［人们的］事务中［曾经］被公认为法的东西，现在和［法］的观念已不相符，那么这些东西就不再是法。在情况发生变化时同一条现行法律就不再带来好处了，不过，当它过去在本国人的互相交往中带来好处时，它曾是法；后来，当它已不再有好处时，它同样也就不成其为法了。"（第99页）

［154］"对外界最能保持自己宁静的人，就能把一切可能的东西变成对自己友好的东西，把一切不可能的东西看作与己无关的东西。"（第99页）

第欧根尼拉尔修，第10卷，完。

伊壁鸠鲁致希罗多德

［37］"首先，必须准确地规定作为一定词语的基础的概念，以便在把我们的假设、探索或怀疑归结为概念时，我们能加以解决，免得经过没完没了的论证，一切依然未获确定，免得我们只是在搬弄一些空洞的词语。"

［38］"因为对每个词来说都必须注重本义，而不必寻找任何证明，如果

我们想要有一个能把我们的探索、怀疑或假设向其求得解决的东西的话。"

重要的是，亚里士多德在他的《形而上学》中就语言对哲学思维的关系也发表了同样的见解。因为包括怀疑派在内的古代哲学家都是从意识的前提出发的，所以就需要有可靠的依据。存在于一般知识中的表象就是他们的这种依据。伊壁鸠鲁作为表象哲学家在这方面最为精细，所以他更详细地规定基础所应符合的条件。他也是最彻底的，并且——和怀疑派一样，但是从另一方面——完成古代哲学。

[38]"其次，我们研究一切，必须是或者借助于感性知觉，或者仅仅借助于直接的观察或智慧，或某种别的标准，同样也要依据现有的内心感受，以便我们既能把被期待的东西也能把未知物表述出来。弄清这一切之后，就应该转而考察未知物。"（第31页）

"从不存在的东西中不可能产生出任何东西来，所有研究自然问题的人对于这个原理看法一致。"（亚里士多德《物理学》第1卷第4章——科英布拉学院的评注，第123—[125]页）

"事物以一种方式直接产生于不存在的东西，然而却以另一种方式经常地产生于存在的东西。因为潜在地存在着、而实际上并不存在的东西，据说，必定先存在于两种方式之前。"（亚里士多德《论产生和消灭》第1卷第3章——科英布拉学院的评注，第26页）

[第欧根尼拉尔修，第10卷第39节]"宇宙过去一向和现在一样，将来也永远如此……"（第31页）

"宇宙部分是物体，部分是虚空。"[第32页]

[40]"物体中有些是化合物，有些是构成化合物的东西……"（第32页）

[41]"这些［构成世界的物体］是不可分的和不变的，只要不是一切东西都化为无的话（第[32]—33页）。宇宙是无限的，因为被限定的东西都有极限（第33页）。宇宙由于物体之多、虚空之大而是无限的。"（第33页）

"无限的东西将超过并消灭有限的东西。"（亚里士多德《物理学》第3卷第5章——科英布拉学院的评注，第487页）

[第欧根尼拉尔修，第10卷第42节]"它们（即原子）在形状上有无限的多样性。"（第33—[34]页）

[43]"原子不断地永恒地运动着。"(第34页)

[44]"这一[原子的运动]没有开端,因为原子和虚空从开天辟地以来就存在着。"(第35页)

"除形状、体积和重量以外,原子没有任何质的特征。"(第35页)

"它们不可能有任何体积:至少从未有一个原子曾成为我们视觉的对象。"(第35页)

[45]"世界有无数之多。"(第35页)

[46]"还存在许多影像,它们在外形上与坚固的物体相似,但就其精微度而言却超过一切可感觉的东西。"(第36页)

"我们称这些影像为形象。"(第36页)

[48]"此外[应该设想],这些形象的产生和思想一样迅速,因为从物体表面不断地流出是不可觉察的。"(第37页)

"还存在一些产生这种自然现象的其他途径,因为这里没有什么东西与我们的感性知觉相矛盾,如果以某种方式注意一下显现出的感性客体的话。我们是把外界对象所产生的相同的印象列入这种感性客体的。"(第38页)

[49]"还应该这样认为,当某物从外界对象进入我们脑子里时,我们就看到和想到它的外形。"(第38页)

[50]"每一个为思想或感觉所感受、但未经判断的印象都是真实的。假如[印象]没有得到证实或者被驳倒,那么错觉和错误总是存在于我们因内心运动而另外想出来的东西之中。这种运动虽与要去想象[出现的东西]的某种愿望有关,但毕竟还是有它自己的目标,由此才产生出错觉。"(第39页)

[51]"如果我们的头脑里没有出现既[与要去想象出现的东西的愿望]有关,而又有它自己的目标的别的运动的话,那么错误是不会发生的。(第39页)

正是由于这种既伴随着要去想象出现的东西的愿望,又有着自己的目标的内心运动,才产生出一种思想,这种思想如果没有得到证实或者被驳倒,它就是假的;如果它得到证实或者没有被驳倒,它就是真实的。"(第[39]—40页)

[52]"听觉也是由于发生声音之类的物体放出一股流而产生的。"(第40页)

[53]"关于嗅觉,也必须有(我关于听觉所说的)那种特点……"(第

41 页）

[54]"一切存在于它们（即原子）内部的以及它们所固有的质，包括上述那些质（magnitudo，figura，pondus）【体积、形状、重量（马克思作的注解）。——编者注】在内都是不变的，正如原子在任何情况下都是不变的一样。"（第 41 页）

[55]"为了不和所见的现象发生矛盾，我们不要设想原子会具有任何体积。但应该设想它们在体积上有一些差别，因为在此情况下就能更好地解释内心感受和感性知觉中发生的东西。"（第［42］—43 页）

[56]"此外，不能设想在有限的物体里包含着无数的粒子或任何规模的体积。"（第 43 页）

[60]"应该设想一种无限向上的运动，和另一种无限向下的［运动］。"（第 45 页）

参看第 44 页末尾和第 45 页开头，这里实际上违反原子论的原则，给原子本身加进了内在必然性。既然原子具有某种体积，那么就应该存在着某种比它们更小的东西。这就是组成原子的各个部分。但是这些部分又应该作为某种"内部存在的共性"同时并存着。这样一来，观念性转入原子本身。原子中最小的东西对于表象并不是最小的，而是某种与表象相类似的东西，——此时不能想象出任何规定性的东西。原子所固有的必然性和观念性本身仅仅是某种想象的偶然的东西，对原子本身来说是外在的东西。伊壁鸠鲁的原子学说的原则仅仅表现为：观念的东西和必然的东西只存在于这种对于它们本身来说是外在的想象的形式，即原子形式中。伊壁鸠鲁的彻底性就达到这样的程度。

[61]"其次，当原子没有遇到任何阻力通过虚空时，它们必然具有相同的速度。"（第 46 页）

我们看到，必然性、联系、差别在自身中转入原子，或者更确切地说，表现在原子中，所以这里观念性只存在于这种对它来说是外在的形式中。运动的情况也是如此，只要拿原子的运动和复杂物体即具体事物的运动进行比较，关于运动是必定要谈到的。与具体事物的运动相比较，原子运动原则上是绝对的，也就是说，原子运动中消除了一切经验的条件，运动是观念的。一般为了阐明伊壁鸠鲁哲学及其内在辩证法的思想进程，重要的是要注意到，尽管原则是某种想象的、对于具体世界是以存在形式表现出来的东西，但辩证法，即这些本体论的规定（自身已失去本质性的绝对事物的一种形式）的内在实质，只能这样地显示出来：由于这些规定是直接的，一定会同具体世界发生不可避免的冲突；在它们和具体世界的特殊关系中揭示出来，它们只是具体世界的观念性的一种想象的、对于本身来说是外在的形式，并且不是作为前提，而只是作为具体东西的观念性而存在着。因此，它们的规定本身是不真实的，是自我扬弃的。能够表述的只是这么一种世界概念：这世界的基础是一个没有前提的东西——无。伊壁鸠鲁哲学之所以重要，是由于它的朴素性，具有这种朴素性的结论在表述时没有近代所固有的偏见。

[62] "关于复杂物体［可以断言］，没有一个物体会运动得比另一个更快……"（第46页）

[62] "只能说它们经常遇到阻力，一直到感性知觉感觉到运动持续不断之时为止。因为，关于看不见的东西的假设，关于思辨地区分的时间间隔形成不断的运动的假设，在这种情况下是不正确的。因为［只有］一切可见的东西，或为思想直觉地感受到的东西，才是真实的。"（第47页）

应当研究一下，为什么感觉的确实性原则被扬弃，而相反的，抽象化的表象却被提出作为真理的标准。

[63] "灵魂是由最精细的粒子组成的物体，散布于整个机体中。"（第47页）

这里有趣的还是在火、空气同灵魂这两方面之间所确立起来的特殊差别，目的是为了证明灵魂与身体完全相适应，在这里既采用类比法，同时又扬弃它；这是一种进行虚构的意识的一般方法。因此，一切具体规定自行崩溃，得到的不是发展，而是一片单调的回音。

[63] "还应该承认灵魂是感性知觉的最重要的原因。"

[64] "可以说，灵魂如果不是被机体的其余部分裹住，它就不会成为这种原因；而促使灵魂成为这种原因的其余部分，本身又是从灵魂获得这种［感觉的］能力，然而不是灵魂所具有的一切［能力］；因此，随着灵魂的消失，机体也失去感觉的能力。因为机体不是本身具有这种能力，它的这种特性是有赖于和它同时产生的另一个［本质］的；后者由于在自身中产生一种用

感觉的现象对运动作出迅速反应的能力，根据接近和共同性，把这种能力提供给身体的其余部分。"（第48页）

我们看到，就原子相互关系抽象地考察，原子只不过是一般被想象的存在着的东西，而只有与具体的东西相冲突时，才显出它们那种被想象的、因而陷入矛盾的观念性。还可看到，当它们成为关系的一个方面时，也就是说，当我们转向本身包含着原则及其具体世界（活的东西，有生命的东西，有机的东西）的对象时，表象的领域有时设想为自由的，有时设想为某种观念东西的表现。因此，这种表象的自由也只是某种被思考的、直接的、被想象的东西，——它在自己的真实形式中是原子论的东西。因此，可以把一个规定当作另一个规定，其中每个规定本身都与另一个相等；但在它们的相互关系中，还得根据对它们进行考察时所持的观点，给它们加上同一些规定。这样一来，解决问题的方法就是又回复到最简单的原始的规定，即表象的领域被设想为自由的。由于这种回复发生在总体方面，在被想象的东西方面（这想象的东西本身确实包含着观念的东西，它在自己的存在中本身就是这种观念的东西），所以在这里，原子在其矛盾的总体中被设想为它实际上的那个样子；同时也显露出这些矛盾的基础，即企图把表象也看成自由的观念性，但是只存在于表象的形式之中。因此，这里显示出绝对任意的原则及其一切后果。这点在低级形式中已显示在原子方面。因为存在着众多原子，所以单个本身同众多就有差别；因而，它本身就是多。但同时，单个包含在原子的规定中；所以原子的众多性也必然地、内在地就是某种单个性；它之所以如此，是因为它存在着。然而世界到底是怎样从一个本原自由地发展为众多的，这正需要作出解释。因此，假设的东西正是要求证明的东西；因为原子本身就是应加解释的东西。观念性的差别只是后来通过比较才加进来；两个方面本身都来自同一个规定中，而观念性本身还是被看作：这众多的原子以外在的方式结合在一起，这些原子又是这种结合的本原。所以这种结合的本原就是最初无缘无故结合于自身中的东西，也就是说，被解释的客体本身被拿来充当解释，这客体被推向进行虚构的抽象的渺茫的远方。正如已经说过的，这一点只有在考察有机物时才充分显露出来。

必须指出，所有例如关于灵魂这类观念的偶然性，一般都表现在下列情况之中：灵魂等等会死亡，灵魂只是由于偶然的混合才存在。这些观念在普通意识形式中没有必然的性质，而在伊壁鸠鲁那里也体现为偶然的状态，它们被看成是已存在的，而且它们的必然性，它们存在的必然性，不仅没有得到证实，反而被看作是不可证实的，仅仅是可能的。相反，观念的自由存在被看作是持续存留的；这个存在，首先，本身一般是自由的，其次，作为关于被想象的东西的自由这一思想，它是谬误和虚构的，即一种本身就是不一贯的东西，是幻影，是错觉。这种存在倒反而是反映灵魂等等这些内在思想的具体规定的要求。伊壁鸠鲁的不朽功绩和伟大，在于他并不把状态看得比观念更重要，也不努力维护它们。伊壁鸠鲁哲学的原则，就是证明世界和思想是某种可想象的，可能的东西；而这种论据和原则——它是这点得到证明的基础，而且这一切又归结于它——仍然是［自为存在的可能性］本身，这可能性在自然界的表现是原子，它在精神上的表现则为偶然和任意。应当更准确地弄清楚，灵魂和肉体的一切规定常常能互相转化，它们彼此相同是就下面这样一种贬义而言，即一般地说它们无论哪一方都没有在概念上被规定。参看第48页末尾和第49页开头［X，65—66］：伊壁鸠鲁在下述方面比怀疑派站得高：在伊壁鸠鲁那里，不仅状况和观念被归结为无所谓的东西，并且对它们的感知，对它们的思考，对于它们的存在是起源于某种坚硬的东西的论断，也只是某种可能的东西。

［67］"除虚空之外，不能把任何东西设想为本身就是无形体（观念是不考虑无形体的：关于这方面的观念是一种虚空，它本身就是空的）。虚空既不能起作用，也不能受到影响，它只提供物体运动的场所。"（第49页）

"因此，那些断言灵魂是无形体的人，是在胡说八道。"（第［49］—50页）

应该研究一下第50页及第51页［X，69］开头所说的东西，伊壁鸠鲁在那里谈到具体物体的规定，他似乎在否定原子论的原则，他说：

［69］"整个物体总的来说是从所有这些［特性］中获得一种特殊的、它所固有的本质的，然而不是这些特性的结合，就象由一团团粒子组成一大团那样……而是象我所说的，它仅仅从所有这些［特性］中获得一种特殊的、它所固有的本质。不过所有这些［特性］是分别地被认识的，［一个同另一个］被区别开来，但同时又总是伴随着整体的观念，这整体同这些特性永远是分不开的，并且正是总体的观念给予物体一种特殊的标志。"（第50—51页）

[70]"其次,物体经常具有一些不是固定特质的特征,其中当然有些是不可见的、无形体的。所以,当我们按最通常的用法使用这个词时,我们清楚地表明,这些特征从一方面说,没有整体(我们从总体意义上称它为物体)的本质,而从另一方面说,也没有那些与物体紧连在一起的种种特质的本性,没有这些特质,物体是不可思议的。"(第51页)

[71]"我们应该按照它们呈现出来的那个样子去理解它们,即理解为物体的偶然特征,而不是理解为特有的、紧连在一起的[特征],也不是理解为本身具有安排妥贴的本质的特征,而是理解为象感性知觉本身所揭示出来的它们的那种特殊性。"(第52页)

伊壁鸠鲁十分清楚地意识到,排斥是来自原子的规律,来自脱离直线的偏斜。至少卢克莱修反映了一种思想,认为不应该肤浅地理解这一点,似乎只有这样原子在运动中才会碰撞。在上述段落中他说过:没有原子的这种偏斜,"本原就不会有任何碰撞和冲击"[第2卷,诗第223行],随后他又说:

"如果所有运动形成连接不断的链条,
并且新的运动总是按一定秩序从旧的运动中产生,
而原子也不能由于偏斜而
引起别的打破命运的束缚的运动,
以便使原因不致永远跟着原因而来,
[那么你说说看,大地上的造物是如何
和从何得到那不受命运支配的]自由[意志]。"
([《物性论》]第2卷,诗第251行及以下几行)

这里把原子发生碰撞的运动看成不同于由偏斜引起的运动。后来它被规定为纯粹决定论的运动,——因而也是一种自我扬弃,所以一切的规定在它的直接异在中,即在扬弃中获得它的具体存在,对原子来说直线就是这种异在和扬弃。只是由于偏斜才产生个体的运动,即这样一种关系,它的规定性是它本身的规定性,而不是来自别的东西。

卢克莱修的这一观点是否来源于伊壁鸠鲁,其实是无关紧要的。考察偏斜所得出的结论——原子作为概念的直接形式只体现在概念的直接不存在之中，也适用于哲学意识，这个原则就是这种意识的实质。

同时这也证实：我认为确立一种完全不同于伊壁鸠鲁所采用的分类是适当的。

伊壁鸠鲁哲学
笔记二
I. 第欧根尼拉尔修，第 10 卷
II. 塞克斯都恩披里柯
III. 普卢塔克《论信从伊壁鸠鲁不可能有幸福的生活》

第欧根尼拉尔修，第 10 卷，伽桑狄注释

伊壁鸠鲁致希罗多德（续）

[72]"我们研究时间，不能象我们研究一个对象中所具有的其他特性那样，即把这些特性和我们心中的预想联系在一起，而应该考察那种使我们有根据说时间长或时间短的明显性……也不需要采用一些新的好象是更好的表达方法，而应当使用最普通的表示时间的用语。也不应该给时间加上别的说法，似乎时间具有这个说法所固有的同样的本质……只是主要必须说明，我们是怎样把独自性同时间联系起来的，又是怎样衡量时间的。"

[73]"也无需提供证明，只须思索：我们是把时间同白昼和黑夜以及昼夜的各部分联系起来的，正如［把它］同我们有内心感受和没有内心感受，同运动状态和静止状态［联系起来］，从而把我们称为时间的东西作为特殊的标志重新加以考察。"（第 52—53 页）"……它们［世界］本身也全都再分解。"（第 53 页）

"由此可见，他［伊壁鸠鲁］把世界解释成暂时的，因为它们的各部分是变化的。他在别的地方也谈到这点。"（第 53 页）

[74]"其次,也不应该认为各世界必定具有同一形状,[应设想]它们彼此是有区别的。"(第 53 页)

"生物由于其必然性而不能与无限分开来,也不是从天上掉下来的……[75]……必须假设事物本身教会并迫使自然去从事许许多多和各式各样的[创造]。随后思想就对自然所提供的东西进行研究,还以自己的发现予以充实,在某些情况下——比较快,在另一些情况下——比较慢,并且获得精确的认识,在有些领域里用的时间比较长,在有些领域里用的时间比较短。"(第[53]—54 页)

参看第 54 页(末尾)和第 55 页(开头),那里谈到"名称的起源"。

[76]"至于说到天象,则必须认为,运动,位置,亏蚀,[升起],降落以及诸如此类现象的发生,绝不是由于有某一个存在物似乎在支配着它们,正在或已经使它们井然有序,同时它还享有完满的幸福和不灭。"

(应该把这一点同西姆普利齐乌斯代表阿那克萨哥拉所说的关于"理性"使宇宙井然有序的说法进行对比。)

[77]"……(因为行为和忧虑,愤怒和恩惠同幸福不是一致的,它们的发生是由于同它们多半联系在一起的懦弱、恐惧和需要。)也不要认为享有幸福的物体能随意进行这些运动,因为这是困难的,又与[幸福]相矛盾。但是在表达这一类思想的一切用语中,应保持全部虔敬,以免从它们产生出与虔敬相反的思想。如果不同意这点,这个矛盾本身就会引起内心的最大纷扰。所以必须假设,在世界产生的时候,既出现了这些凝结的物质的最初结合,也出现了运动的强制性和周期性。"(第 55 和 56 页)

这里表现出被思考的东西的原则,以便一方面肯定自我意识的自由,另一方面承认神具有不受任何决定约束的自由。

[78]"幸福[在于]认识涉及天象的东西……特别是在于研究从这些天象中观察到的自然的性质如何,研究其他与之相近的现象的性质如何,这些现象或者以各种不同的方式出现,或者依可能性出现,或者按某种别的方式出现;但是在不灭的和幸福的自然里不存在任何东西能引起不协调或破坏心灵的宁静,这更是一条绝对的准则。只要认真想一想,就可以确信这是毫无疑问的。"(第 56 页)

接着在第 56 页和第 57 页，伊壁鸠鲁表示反对毫无意义地惊愕地直观天体，这种直观束缚人，使人产生恐惧。他主张精神的绝对自由。

[80]"其次，应该摆脱那种认为对这些［天］象的研究不会准确和精细的偏见，原因是这种研究只是为了使我们达到心灵的宁静与幸福。所以在注意我们地球上是多么经常地发生类似现象的同时，应该以此类推去探求天象的原因以及［一般地］未被我们认识的东西的原因。"（第 57 页）

[81]"除了这一切之外，还应当注意，人心最大的不安，起源于人们相信天体是有福祉的是不可毁灭的，同时还认为他们具有与这些天体的特性相违反的愿望和行为；还起源于通过神话而引起的恐惧（再加上害怕死亡，害怕死后失去知觉）；［最后］还由于他们依据的是错误的解释……以致在没有确定实际上什么是可怕的东西之前，他们的内心就产生了这样大的不安，它甚至超过他们臆造的事情一旦发生时将会引起的不安。[82] 而心灵的宁静是彻底摆脱这一切的结果……"（第［57］—58 页）

"所以我们应该注意存在的东西和感性知觉：对于一般的东西注意一般知觉，对于特殊的东西则注意特殊知觉，对于每一个个别的标准则注意一切现存的明显性。"（第 58 页）

伊壁鸠鲁致皮托克勒斯

伊壁鸠鲁在一开始论述天象时就重复指出这门知识的目的
"正如其他各门知识的目的一样，是心灵的宁静和坚定的信念。"[X，85]
但是，对于这些天体的研究实质上是不同于其他科学的。

[86]"不应该对一切事物都采用类似在生活准则问题上所采用的研究方法，或在制定解决其他物理问题的规则时所采用的研究方法，例如，关于宇宙是由物体和触摸不到的自然〈即虚空〉组成的，或关于存在着不可分的元素等原理，这里只能作一种与可见现象相一致的解释。至于说到天体，那么这些都不适用。相反，这些现象至少可以有许多不同的、与感性知觉相一致的解释——无论是对它们产生的原因或是对它们的实质的解释。"（第 60 和 61 页）

对于伊壁鸠鲁的整个思想方法来说,重要的是他认为,天体对于感觉犹如某种彼岸的东西,是难望达到和其余的道德世界和感性世界同样程度的明显性的。这里实际上起作用的是伊壁鸠鲁关于选言判断的学说:不存在"或者是或者否"。因此,内在规定性被否定,而被思考的东西、被想象的东西、偶然、抽象同一性及抽象自由等等的原则,就显出它的本质,表现为某种失去规定性,从而为其外在的反思所规定的东西。这里表明,进行虚构和想象的意识的方法只是在与自己的影像作斗争;影像是什么样子——这取决于人们怎样看待它,取决于反映者如何把这个影像反映于自己内部。正如在考察具有实体形式的有机体本身时,暴露出原子论观点的矛盾,现在,当物体本身以感觉的确实性形式和想象的理性形式出现时,这个从事哲学思维的意识就揭示出它所作的是什么。这里,被想象的原则及其运用,就体现为某种单一的东西,并由此引起矛盾的斗争,即作为各种实体化的表象本身的对抗。这里,当对象可以说是高悬在人们的头上,并以它的自主性,感觉的独立性及其存在的神秘的远方向意识挑战时,意识就认识到自己的活动,它观察到自己所作的是什么,以便弄清先存于意识中的表象的意义,并把它们当作自己的所有物。须知意识的全部活动仅仅是与远方作斗争,这远方象一股魔力笼罩着整个古代世界;可能性、偶然性仅仅是意识的原则;意识力求以某种方式使自己和它的客体等同起来,所以当这远方作为在物质上独立的天体而与意识相对立时,意识就承认这一点。如何解释天体,对意识来说是无关紧要的;它断定可能不只有一种解释,而是多种解释,也就是说,任何一种解释都能使意识得到满足;因此,意识承认它的活动是有效的虚构。所以,在古代世界——它的哲学没有前提就不行——天象及关于天象的学说一般来说是这样的图景:在这幅图景里面这个世界,甚至通过亚里士多德也看到自己的不足之处。伊壁鸠鲁说出了这点,这正是他的功绩,即他的观点和结论的坚定的彻底性。天象向感觉的理性挑战,但是感觉的理性不断克服天象的顽固性,力求只由它自己的声音来预言天象。

[86]"……研究自然不应该根据空洞的公理和规律,任何时候都应该按自然现象本身的提示来进行研究……[87][我们的生活]需要的不是毫无用处的判断和空洞的假设,而是要我们能过平静的生活。"(第61页)

这里,在先决条件本身使自己和现实意识对立起来,并在意识中引起恐惧的地方，就再也不需要原则和先决条件。在这种恐惧中表象渐渐消失。

所以伊壁鸠鲁重复着下述原理，似乎在这原理中发现他自己：

[87]"如果一切十分可靠地得到证实的关于天体现象的解释，依然有效的话，那么，在一切天象内一切都在不断发生，尽管是按这样一种方式发生，即它容许有各种不同的解释，但却与所见的种种现象完全一致。如果只保留一种解释，而抛弃另一种和现象同样相符的解释，那么很明显，在此情况下人们就完全脱离自然科学的范围而陷入神话的领域。"（第61页）

这样就产生一个问题：在这种情况下应当如何作出解释。

[87]"在天体中确实发生着的东西的某些标志，我们可以从我们周围观察到的或直接存在的这些或那些地球现象中获得，就象从天体现象本身中获得一样。因为这些现象能以许多不同的方式产生。[88]但是我们必须观察每一[天体]现象，象它呈现在我们面前那样，并解释一切与它相联系的东西。[地球上]所发生的现象是由于许多不同的原因而产生的，这与此并不矛盾。"（第61页）

对于伊壁鸠鲁观点的信徒来说，他自己的声音压倒天上的雷鸣，遮住闪电的光辉。千篇一律的重复业已说明，伊壁鸠鲁把自己的新的解释方法看得何等重要，他是怎样努力排除奇妙的东西，坚持采用不是一种，而是多种解释的，他本人在每一件事情上都为我们提供了一些极其轻率的例证；伊壁鸠鲁几乎毫不掩饰地说，在宣称自然是自由的时候，他重视的只是意识的自由。解释时所需的唯一证明是，应当不为感觉的明显性和经验、现象、假象"所驳倒"，因为一般涉及到的仅仅是自然的假象。

这些论点一再地被重复着。

关于日月的产生

[90]"……因为这一点同样也是由感性知觉提示的。"（第63页）

关于太阳和诸星座的体积

[91]"……我们[地球上]的东西……也是借助感觉而感知的。"（第63页）

关于星座的出没

[92]"……因为任何东西同这种现象都不矛盾。"(第64页)

关于日月的出没

[93]"因为这一切和类似的一切同任何一种明显的现象都不会不一致,只要在研究此类问题的一切细节时,坚持可能的东西,并使每个细节符合于观察到的现象,同时不害怕星相家的奴役式魔法。"(第[64]—65页)

关于月亮的盈亏

[94]"……也以种种方式,按照这些方式我们[地球上]所存在的现象获得类似的形态,只要在尚未弄清什么是人所能认识的,什么是不能认识的之前,在醉心于一种解释时,不轻率地拒绝其他的解释,并因此努力去弄清不可能的东西。"(第65页)

关于月亮表面呈现的轮廓

[95]"……也用一切方式,因为它们和现象是相符的。[96]因为在研究一切天象时应该遵循上述方法。因为如果同明显的事实作斗争,那么就永远不能达到真正的心灵的宁静。"(第66页)

特别重要的是消除神、目的论对诸现象的周期性的影响;在此清楚地显示出,解释仅仅是意识的自我阐述,而事情的本质却被神秘化了。

[97]"……应当按照也在我们地球上发生的某些现象来认识,但是绝不应该把神性同这些现象联系在一起;神性应当彻底摆脱一切事务,处于完满的幸福之中。因为这点如果不能实现,那么对天象的一切解释将成为空话,有些人的情况就是如此,他们没有掌握各种可能的解释现象的方法,因而陷入徒劳无益的解释中去,还以为诸现象似乎只有一种解释,而否定一切其他可能的解释。因此,他们坠入不理解的境地,暴露出无能力去认识应当看作标记的具体现象,并且也不想和神一起感受快乐。"(第[66]—67页)

在谈到下列问题时,他一再地,几乎逐字逐句地重复着上面那些论断:

[98]关于昼夜长短的变化(第67页)。

[98] 关于预兆。(第67页)

[99] 关于云的形成。(第68页)

[100—101] 关于雷和闪电的形成。(第[68]—69页)

例如,关于雷鸣,他说道:

[104] "……可以用许多其他方法来解释雷鸣现象,只要不求助于神话。只要我们以适当的方式观察看得见的现象,并从中获得启示来解释看不见的现象,神话将不复存在。"(第70页)

在对地震进行了许多解释之后,他照例补充道:

[106] "还可以用其他方法"等等。(第71页)

关于彗星(第75页)

[112] "……这也可以用许多其他方法来解释,只要作出与所观察到的现象相符的结论。"

关于恒星和行星

[113] "……尽管可见的现象要求承认可能有许多不同的原因,但却只用一种原因来解释这些现象,这是一种狂妄的行为,是热中于虚幻的占星术的人的不适当的行为,他们给这些或那些现象乱加上一些原因,同时却不把神性从繁重的职责中解脱出来。"(第76页)

他还斥责那些"简单地"论述这种问题的人。

[114] "…portentosum quidpiam coram multitudine ostentare affectare"] "这适用于那些想给众人留下印象的人。"【在马克思的手稿中,等号之前是摘自第欧根尼·拉尔修,第10卷第114节(论伊壁鸠鲁)中的一句话的拉丁语译文(伽桑狄译)。等号之后马克思写的是这句话的希腊语原文。——编者注】(第76页)

他谈到"预兆",谈到牲畜对"坏天气"的预感,有些人把这种预感和神联系在一起。

[116] "任何一个生物,哪怕只有一点灵性,都不会这么愚蠢,更何况一个获得完满幸福的存在物。"(第77页)

根据这点从中也可以看出，比埃尔·伽桑狄——他想拯救神的干预，维护灵魂不灭等等，同时又想成为一个伊壁鸠鲁派（参看，例如：《灵魂不灭。反对伊壁鸠鲁》，比埃尔·伽桑狄评第欧根尼·拉尔修，第10卷，第549—602页，或《神——世界的创造者。反对伊壁鸠鲁》，第706—725页；《神关怀人们。反对伊壁鸠鲁》，第738—751页等等。参看：费尔巴哈《近代哲学史》中《比埃尔·伽桑狄》一章，第127—150页）——完全不理解伊壁鸠鲁，更不能向我们阐明他。伽桑狄只不过想按照伊壁鸠鲁的学说教导我们，而不是解释它。在他损坏伊壁鸠鲁的严密的逻辑性的地方，他这样做的目的是为了不同他自己的宗教前提发生矛盾。在伽桑狄身上，这种斗争是有代表性的，正象下面这个事实总的说来具有代表性一样，即近代哲学产生之处，正是古代哲学表现出衰亡之所：一方面是笛卡儿的怀疑一切，然而怀疑派正在为希腊哲学作送终祈祷；另一方面是唯理论的自然观，然而古代哲学在伊壁鸠鲁那儿比在怀疑派那儿被克服得更加彻底。古代世界起源于自然，起源于实体的东西。贬低和亵渎自然，实质上意味着同实体的、纯粹的生活决裂；新世界起源于精神，它可以轻易地从自身摆脱另一种东西，即自然。而反过来也是一样：在古代人那里是亵渎自然的东西，在近代的人看来是从盲目信仰束缚之下的一种解脱；新的唯理论的自然观还应上升到承认神性的东西即理念体现于自然中，——古代的伊奥尼亚哲学至少在原则上正是从这一点开始的。

这里谁能不想起古代哲学的顶峰——亚里士多德——在他的论文《论动物的本性》中热情洋溢的论述呢！它与伊壁鸠鲁那种冷静的，单调无味的论述截然不同。

对于伊壁鸠鲁宇宙观的方法来说，具有代表性的是创造世界的问题，——这是一个永远可以用来搞清哲学观点的问题，因为它表明，在这种哲学中精神是如何创造世界的，这种哲学与世界的关系是怎样的，哲学的精神即创造潜力是怎样的。

伊壁鸠鲁说（第61和62页）：

[88]"世界是某种天体的总和，它包括诸星球，地球和全部现象，它是无限性中分出的一部分（一块），并在某种界限——太空式的或坚实的界限——中结束。（当这种界限崩溃时，其中所包含的一切就陷入一片混乱。）

世界的界限可以是固定的，并且具有或者圆的，或者三角形的形状，或任何一种别的外形。因为所有这些样式都是可能的，因为这些规定没有一个为现象所否定。世界在哪里结束是不可知的，但是这种世界有无数之多是清楚的。"

世界这种结构的贫乏立即引起每个人的注意。单就世界是地球，星球等等的复合这一点还什么也不能说明，因为月球等等的产生是后来才加以阐述和解释的。

一般地说，一切具体的物体都是复合，按照伊壁鸠鲁的学说，就是原子的复合。这个复合的规定性，它的特有的差别在于它有界限，因此，把世界称作是从无限性中分离出来的一块，然后又补充指出界限是更准确的规定，这是多余的，因为一块是从另一块中分离出来的，并且是一种具体的，与它有区别的东西，——因此，也是一种同另一块已有界限之分的东西。但是，界限也正是需要解释的东西，因为有限的复合一般地说还不是世界。可是接着又说，界限可以用任何一种方法来规定，最后甚至认为，规定界限的特有差别是不可能的，但是这种差别显然是存在的。

因此，所说明的仅仅是关于把差别的总和归结为不确定的统一物的观念，即"世界"这一观念存在于意识中，存在于通常的思维中。所说明的是界限，特有的差别，也就是说这个观念的内在性和必然性，都是不可理解的；这个观念已存在着这一点，从这一观点看来只能用同义反复去理解，即因为它存在着。所以需要解释的东西——世界在思维中的创造、产生和内部再现——都被看作是不可理解的，而且这一观念在意识中的存在被当作是解释。

这和说神的存在是可以证实的，但是神的那个神之所以为神的特殊差别，即这一规定的内容是不可理解的情形是完全一样的。

如果伊壁鸠鲁进一步说界限是可以任意设想的，也就是说可以给界限加上我们为空间界限确定的任何规定，那么"世界"这个观念就只是一种不确定的，因而也就是可以用任何方式确定的感性的统一；或者说得更一般化些：因为世界是一种一半为感情的、一半为思维着的意识的不确定的观念，那么，在这意识中世界就和一切其他的感性表象同时存在，并为它们所限制。所以世界的规定性和界限就象这些依附着它的感性表象一样，是多种多样的，而且每一个感性表象都可看成是它的界限，也就是它的更准确的规定和解释。这就是伊壁鸠鲁一切解释的实质，更为重要的是，这也就是为前提所束缚的进行想象的意识的一切解释的实质。

近代人在给神加上仁慈、贤明之类东西时，他们对待神的态度亦是如此。每一个这种规定的表象都可看作存在于这些表象中间的不确定的观念"神"的界限。

所以这种解释的实质就是从意识中取得需要解释的观念。然后解释或更准确的规定被归结为：本身同一范围的被当作已知的各种观念同需要解释的观念联系在一起，所以这种观念一般存在于意识中，存在于一定范围内。这里伊壁鸠鲁承认他的哲学和整个古代哲学的缺点在于，只知道观念存在于意识中，却不知道观念的界限，它们的原则和它们的必然性。

可是伊壁鸠鲁并不满足于自己提供了关于世界的创造这一概念；他亲自上演这出戏，他为自己把刚才所作的一切具体化，说实在的，只是这时在他那里才开始世界的创造。所以他接着说道：

［89］"这种世界同样也可以产生在 intermundium（我们这样称呼世界之间的空间），在完全空虚的空间里，在广袤透明的虚空里：适用于创造世界的种子，从一个世界，或从一个 intermundium，或从几个世界中流出，视情况不同而逐渐结合、分离和重新组合，而且只要作为基础的基质能承受多少结合，它们就从外部吸进多少流出物。［90］正象一位物理学家所说的那样，在虚空中只是产生一团聚积物或一股旋风，并一直扩大到碰上另外一团聚积物或旋风为止，这对于在虚空中形成一个新世界来说是不够的，因为它和现象相矛盾。"（第62页）

所以，这里首先为世界的创造而假设许多世界；这个事件发生的地点就是虚空。所以在创造这个概念中预示的东西，即应该被创造的东西，是事先就假设好的，在此具有实体的性质。一个没有更准确的规定、又不和其他的表象相联系的观念，也就是说在它预先被假设的形式中——是空的，或者是不具形体的，是一种 intermundium，空虚的空间。这个观念的规定因此表现在：适用于创造世界的种子按创造世界所需要的方式结合起来，也就是说没有提出任何规定，任何差别。总之，我们还是只有原子与"虚空"，不管伊壁鸠鲁本人如何反对这一点。亚里士多德已经深思熟虑地指出了那种以某一抽象原则为出发点的方法的表面性，但他却没有让这一原则在高级形式中被扬弃。他称赞毕达哥拉斯派，因为他们最早使范畴脱离其基质，不把范畴看作特殊的本质，如象范畴之于谓语那样，而是认为，范畴就是内在的实体本身。

"他们［毕达哥拉斯派］认为，有限的东西和无限的东西不是某些不同的实体，例如，火或土之类的东西那样，而……是被论断的东西的本质……"但是亚里士多德指责他们说："他们认为，最早与他们所说的规定相符合的东西就是事物的本质。"（亚里士多德《形而上学》第1卷第5章）

II. 塞克斯都·恩披里柯

现在让我们转而看看伊壁鸠鲁哲学和怀疑派的关系，因为塞克斯都·恩披里柯已阐述到这种关系。

但是首先还应该从第欧根尼·拉尔修第10卷再引用伊壁鸠鲁本人在描述哲人时提出的一个基本规定：

[121]"他将阐述一种学说，而不单是怀疑。"（第81页）

在与以前的哲学有着本质联系的伊壁鸠鲁体系的整个论述中，这个体系的思考原则，伊壁鸠鲁关于语言，关于表象的形成的论述，都是重要的文献，其中包含着伊壁鸠鲁对怀疑派的未充分表明的态度。看一看塞克斯都·恩披里柯认为弄清促使伊壁鸠鲁从事哲学研究的原因是什么是有趣的。

[18]"如果有人要问……混沌是由什么产生的，他将无以回答。据有的人说，正是这一点促使伊壁鸠鲁献身于哲学的。"[19]"当他还是一个少年时，他向为他朗读［赫西俄德诗篇］的教师问道：'如果混沌是最早出现的东西，那么它又是从哪里来的?'当教师告诉他，教这东西不是他的事情，而是那些所谓哲学家的事情时，他高声说道：'那么我必须去向他们求教，如果他们真的知道事物的真象'。"（塞克斯都·恩披里柯《反对数学家》1621年日内瓦版第383页［第9卷］）

[23]"德谟克利特说，人是我们大家所知道的东西等等。"[24]"他［德谟克利特］还说，真正存在的只有原子和虚空，照他的说法，它们不仅存

在于生物中,而且存在于一切合成物体中,因此,既然[我们将注意]原子和虚空,我们就不会注意人的个别特性,因为原子与虚空是大家所共有的。此外,基础中就没有任何别的东西,所以我们将不知道,根据什么特征来区别人和其他动物,也将不能获得[关于人的]明确观念。

[25]伊壁鸠鲁又说,人是具有某种外形的、[具有]灵魂的[生物]。照伊壁鸠鲁的说法,既然人是靠指点才看得见,那么谁若未被指点出来就不是人;假如任何一个人指出一个女人,那么男人将不是人;假如女人[指出]一个男人,那么[在此情况下她]将不是人。"(《皮浪的基本原理》第2卷第56页)

[64]"因为无论是毕达哥拉斯,恩培多克勒和伊奥尼亚派,还是苏格拉底,柏拉图,亚里士多德和斯多葛派,可能还有花园派,都保留着神,正如伊壁鸠鲁自己的话所证实的一样。"(第320页,《反对数学家》[第8卷])

[71]"也不能设想灵魂会下沉……[72]正如伊壁鸠鲁所说,它们[灵魂]脱离肉体之后,不会象烟一样消散;因为原来就不是肉体保护它们的灵魂,相反,灵魂倒是保存肉体的原因,当然更是保存它们自己的原因。"(第321页,《反对数学家》[第8卷])

[58]"关于伊壁鸠鲁有些人[说],他只为众人保留着神。而在解释事物的本性时,则一点也不保留。"(第319页,《反对数学家》[第8卷])

[267]"伊壁鸠鲁派……不知道,如果被指出的东西是人,那么可见未被指出的东西就不是人。当然,这样的一种指点,说的是男人……扁鼻子的,或鹰钩鼻子的,有光亮的长发的,或卷发的,以及具有其他外表特征的人。"(第187页,《反对数学家》[第7卷])

[49]"应该把伊壁鸠鲁也算在他们之中,虽然看起来他对科学的代表抱敌视态度。"(第11页,《反对数学家》[第1卷])

[57]"根据贤明的伊壁鸠鲁的学说,既然无论是进行考察,甚至是怀疑都离不开预想,那么,最好是首先研究一下什么是语法。"(第12页,《反对数学家》[第1卷])

[272]"我们将发现:甚至语法的轻视者皮浪和伊壁鸠鲁都一致地承认语法的必要性……[273]"伊壁鸠鲁被揭露说,他的最主要的原理是从诗

人们那里剽窃来的。要知道，正如我们所看见的那样，他的关于最彻底地消除痛苦是快乐力量的界限这一原则，是从［荷马的］一行诗中拾取来的：

'当他们以饮食来解饿时。'

他关于死对我们来说没有什么这一说法，是由厄皮卡尔摩斯提示给他的：

'死亡或变成僵死的东西，在我看来是无所谓的……'

同样，他关于身体变成尸体后，就没有感觉了的［说法］，是从荷马那里剽窃来的：

'狂暴的男子玷辱了沉默的土地。'"（第54页，《反对数学家》［第1卷]）

［14］"他们把似乎否定严格的逻辑判断的伊壁鸠鲁也当作他〈即当作雅典的阿尔谢拉奥斯，他把哲学分为物理学和伦理学〉。［15］不过也有人说，他否定的不是一般逻辑学，而只是斯多葛派的逻辑学。"（第140页，《反对数学家》［第7卷]）

［22］"伊壁鸠鲁派由逻辑学家发展而来：他们首先研究准则学，然后对于明显的东西，隐藏的东西，以及伴随着它们的其他现象作出结论。"（第141页，《反对数学家》［第7卷]）

［1］"伊壁鸠鲁的门徒和皮浪的信徒在同科学的代表者的论战中显然是采取同样的立场，但是他们出发的前提是不同的。因为伊壁鸠鲁派认为各门科学对达到智慧毫无帮助。"（《反对数学家》［第1卷]）

（这一点说明：伊壁鸠鲁派认为对事物的认识如同对精神的异在的认识一样，是无法使精神变得更实在的；皮浪派认为精神无法理解事物是精神的本质方面，是它的实际能力。类似的态度也存在于虔信者与康德派对哲学的看法上，虽然两种学派都已退化，失去了古希腊罗马哲学所特有的新颖性。前者由于信神而拒绝知识，也就是说，他们和伊壁鸠鲁派一起认为，无知是人身上的神性，这种神性（不是别的，正是怠惰）为理解所破坏。相反，康德派可说是无知的职业祭司，他们每天干的事就是哭诉自己的虚弱和事物的强大。伊壁鸠鲁派更为彻底：既然无知是精神所固有，那么知识绝不是精神自然的丰富，而是某种与它无关的东西；对于无知的人来说神性的东西不是存在于认识过程中，而是存在于怠惰中。）

[1—2]"或者正如有些人所说,他们[伊壁鸠鲁派]以为这一点可以掩饰他们自己的愚昧无知:因为人们指责伊壁鸠鲁,说他在许多方面完全是不学无术的人,甚至连一般话语的文理都不大通顺。"(第1页,《反对数学家》[第1卷])

塞克斯都·恩披里柯又转述了一些只能证明伊壁鸠鲁的狼狈处境的流言蜚语之后,确定怀疑派和伊壁鸠鲁派在对待科学上的差别如下:

[5]"而皮浪的追随者[对科学的代表持否定态度]并不是因为科学似乎对于智慧毫无裨益:要知道这种说法是武断的,也不是因为他们自己似乎是愚昧无知的……[6]他们对科学所持的态度和一般对哲学所持的态度一样。"

(这一点说明,应该把"科学"和"哲学"区别开来,伊壁鸠鲁对科学的轻视涉及我们称之为知识的东西,这一论断完全符合他的整个体系。)

"因为正如为了要认识真理,他们从事哲学研究,但是在遇到事物中类似矛盾的一种异常之后,他们就放弃[推理],同样,当他们为了解释矛盾而着手研究科学,以便弄清其中所包含的真理时,他们也遇到同样的困难,对这一点他们并不隐瞒。"(第6页,《反对数学家》[第1卷])

在《皮浪的基本原理》第1卷第17章中,中肯地驳斥了尤其是伊壁鸠鲁采用的原因论,不过同时也暴露出怀疑派本身的软弱无能!

[185]"不过,也许五种放弃判断的形式就足以驳斥原因论。因为一个人可以说出某个根据,这个根据或者与哲学及怀疑论的一切派别和各种现象相一致,或者不相一致。而要[说出][和这一切]都相一致的根据也许是不可能的。"[《皮浪的基本原理》第1卷]

(当然,要指出那种首先不是别的东西,而是现象的根据是不可能的,因为现象的观念性,即遭扬弃的现象就是这种根据。同样,根据也不可能与怀疑论的观点相一致,因为怀疑论同一切思想是职业上的矛盾,是规定过程本身的扬弃。怀疑论一旦将各种现象拿来互相对比时,它就变得幼稚了,因为现象是思想的丧失,即思想的非存在;怀疑论也是反映于它自身的同样的思想的非存在;但是现象本身消失了,它只是一种假象,怀疑论是一种会说话的现象,只要现象本身一消失,它也随着消失,——它同样只是一种现象。)

[185—186]"因为关于所有的现象和一切不明显的东西存在着分歧。如

果暴露出分歧，也就需要探寻这种根据的根据。"

（就是说，怀疑论者要的是那种本身仅仅是一种假象的根据，因而也就不是根据）：

"如果以现象［论证］现象，以不明显的东西［论证］不明显的东西，这就意味着陷入永无止境的状态之中。"［《皮浪的基本原理》第1卷］

（也就是说，因为怀疑论者没有超越假象的界限，而且希望保持假象本身，他也就不可能超越假象的界限，这种兜圈子会无止境地重复下去。虽然伊壁鸠鲁想从原子转入进一步的规定，但是由于他不想使原子本身分解，所以他也就不能超越原子论的，对其本身来说是外在的和任意的规定；相反，怀疑论者采用一切规定，但却是在一种假象的形式上采用的；因此，他的方法也是同样任意的，而且到处都暴露出同样的缺陷。他的确沉浸于世界的全部财富之中，但仍然是同样贫乏，而他本人就是他在事物中看到的那种软弱无能的化身。伊壁鸠鲁从一开始就掏空世界，因此，他最后得到的是一个没有任何规定的东西，一个独立自在的虚空，一个完全无所事事的神。）

［186］"无论谈到什么，他或者要说，原因是以所说的东西为根据的，所以他引用和某物有关的东西，而回避和自然有关的东西，"

（对于假象，对于现象来说，和某物有关的东西正好就是和自然有关的东西。）

"或者如果他从假设出发设想什么东西，他将遭到反驳。"（［《皮浪的基本原理》第1卷］第36页）

如果天象——看得见的天空——在古代哲学家看来是它们受实体约束的象征和直观，甚至连亚里士多德也把星辰看作神，或者至少把它们和最高主宰直接联系起来，——那么被描述的天空，在整个世界历史进程中展现出的神的被禁锢的语言，就是基督教哲学的战斗口号。对于古代人来说，自然的作用是前提，而对于近代人来说，精神的作用是前提。只有当看得见的天空，生活的实体联系，政治和宗教生活的吸引力都毁灭时，古代人的斗争才能结束，因为自然应该被劈开以便求得精神自身的统一。希腊人用赫斐斯塔司的艺术铁锤打碎自然，用以塑造雕像；罗马人把自己的宝剑直指自然的心脏，人民不断死亡；而近代哲学打开这语言的禁锢，这语言就消失在精神的神圣火焰之中；哲学象一个和精神斗争的精神战士,而不象一个摆脱了自然吸引力的个别叛教者,它起着普遍力量的作用,使阻碍发现普遍东西的形式消融。

III. 普卢塔克《论信从伊壁鸠鲁不可能有幸福的生活》根据古克西兰德版

不言而喻,普卢塔克这篇论文很少可取之处。只须读一读那篇反映他对伊壁鸠鲁哲学的拙劣吹嘘和荒谬解释的前言,就足以相信他完全无能力进行哲学批判。

虽然他也同意梅特罗多罗斯的意见:

[III,2]"他们[伊壁鸠鲁派]认为,幸福集中于腹部和肉体内一切其他渠道,快乐沿着这些渠道渗透进来,但痛苦却不[能渗透];他们[认为]一切卓越的发明,一切智慧的创造,都来源于腹部提供的快乐和对快乐的向往。"(第1087页)

但是这半点也不象伊壁鸠鲁的学说。甚至塞克斯都·恩披里柯也看出,伊壁鸠鲁和昔勒尼学派的差别在于:他主张的"快乐"是"精神的快乐"。

[III,9—10]"伊壁鸠鲁说,哲人在生病时经常嘲笑疾病带来的肉体痛苦。在此情况下,对于那些爽快而轻松地忍受肉体折磨的人,快乐还有什么意义呢?"(第1088页)

很清楚,普卢塔克不理解伊壁鸠鲁的连贯性。对于伊壁鸠鲁来说,最大的快乐是没有痛苦,没有差别,也就是没有前提;在感觉时不以任何别的身体为前提、不感觉到这种差别的身体是健康的,良好的。这一论点在伊壁鸠鲁的无所作为的神的身上获得它的最高形式,它本身象是一种长期疾病,因为由于长期性,这疾病就不再是一种状态,——可以说它是习惯的,特有的。在研究伊壁鸠鲁的自然哲学时,我们已看到,他无论在理论方面或是实践生活中都力求达到没有先决条件,力求消灭差别。对于伊壁鸠鲁来说,最大的善是心灵的宁静,因为所说的精神是经验论的单一的精神。普卢塔克是在瞎说,他评论起来象个学徒工。

我们顺便可以提一提哲人的规定,他同样是伊壁鸠鲁派、斯多葛派和怀疑派哲学的对象。从这一概念的研究中即可看出,它最彻底地表现在伊壁鸠鲁的原子论哲学中,从这方面来看,古希腊罗马哲学的没落也在伊壁鸠鲁那里获得充分的、客观化的表现。

在古代哲学中,哲人的特点是具有两种规定,但是它们具有同一根源。

在研究物质时,理论上显露出来的东西,实践上也显露在哲人的规定中。希腊哲学从包括伊奥尼亚的自然哲学家泰勒斯在内的七贤开始,而以在概念中表达哲人形象的初次尝试结束。这个哲学的开头和结尾,同样还有它的中心或中间乃是一个哲人,即苏格拉底。说这个哲学就围绕着这些实体性的个人转,这不是一个公开的事实,正如说希腊政治上的没落是从亚历山大在巴比伦丧失他的智慧时开始的不是一个公开的事实一样。

因为希腊生活和希腊精神的灵魂是实体,这实体最初作为一种自由的实体在它们中间显露出来,所以对这种实体的认识就表现在独立的存在物中,即表现在个人中。他们一方面作为优秀人物外在地和别的个人相对立,另一方面他们的认识是实体的内部生活,所以这一认识对于他们周围的现实的条件来说是内在的。希腊哲学家是造物主,他的世界和在实体东西的天然阳光下繁荣昌盛的世界是不同的。

最早的哲人只是容器,只是皮蒂娅们;实体通过他们的口说出一般的、简单的戒律;他们的语言——这还仅仅是借他们的口说话的实体的语言;在他们身上展现出道德生活的基本威力,所以他们在某种程度上又是政治生活的积极创造者,立法者。

伊奥尼亚自然哲学家是一种孤立现象,就跟他们用以认识宇宙的那些自然原素的形式一样。毕达哥拉斯派在国家中为自己安排了一种隐秘的生活;他们用以体现他们对实体的认识的形式,是处于非伊奥尼亚派所固有的完全自觉的孤立(伊奥尼亚派的孤立——这不如说是基本存在的一种没有反思的,朴素的孤立)与确信道德现实之间的中间状态。他们的生活形式本身就是实体的,政治的,但是仅仅是抽象的,它的广延性和自然基础缩减到最低限度,正如他们的本原,即数,处于色彩鲜明的感性和观念的东西之间一样。埃利亚派最先发现实体的观念形式，但是他们用抽象的，强化的方式把实体的内在内容看作完全是一种隐秘的东西；他们是满腔热情预报朝霞的人，他们沐浴着纯朴之光，忿忿地离开人民和古代的神。可是在阿那克萨哥拉那里，人民自己又返回到古代的神，而反对单独的哲人，把他和自己隔绝开来，把他看成是独立的。在近代，人们斥责阿那克萨哥拉的二元论（参看例如李特尔《古代哲学史》第1部分）。亚里士多德在《形而上学》第1卷中说，阿那克萨哥拉象使用机器那样使用智慧，并且只在他不能作出自然的解释时才使用它。但是这种明显的二元论，一方面正是在阿那克萨哥拉时代已经开始使国家内心分裂的二元论的本原；另一方面应该更深入地去理解它。智慧在没有自然规定性的地方是发生作用的，是被采用的。它本身就是自然东西的非存在，即观念性。后来这种观念性的主动性仅仅表现在哲学家失去肉体视力的地方，也就是说智慧是哲学家自己的智慧，它出现在哲学家已无法体现自己的活动的地方。所以主观的智慧原来是东游西访的经院哲学家的本质，而作为实在规定性的观念性，它所具有的强大力量，一方面表现在诡辩哲学家身上，另一方面表现在苏格拉底身上。

　　如果早期希腊哲人是实体的真正精神，是对实体的具体化的认识；如果他们的格言也具有和实体本身一样独特的强度；如果随着实体越来越观念化，这一运动的承担者在观念生活的个人现实性中维护观念生活，而不受显现着的实体即现实的人民生活的现实性的影响，——那么观念性仍然还只出现于实体形式中。活生生的力量尚未涉及到。这个时期最理想的思想家毕达哥拉斯派和埃利亚派颂扬国家生活是现实的理性，他们的原则是客观的，是一种超越他们本身的力量，他们以神秘的口吻，富于诗意的激情郑重宣布这种力量，即以这样一种形式宣布，通过这种形式自然的能上升到观念性，它不是被消灭，而是被加工改造，并且完整的东西保存着自然的东西的规定性。观念实体的这种具体化正发生在宣扬实体的哲学家身上；不仅实体的表现形式是可塑的诗歌式的，而且它的现实性也表现于这个个人中，而这个个人的现实性是实体自己的表现。哲学家本身是活生生的形象，是活生生的艺术作品，并且人民看到，他们是如何带有可塑的庄严性从人民之中产生；如同在初期的哲人那儿一样，在他们的活动形成普遍的东西的地方，他们的格言实际上是被承认的实体，——即法律。

所以这些哲人和奥林帕斯山上的诸神的塑像一样极少人民性；他们的运动就是自我满足的平静，他们对待人民的态度如同他们对待实体一样地客观。只要希腊精神本身的明显威力还在由皮蒂娅的三脚祭坛来宣告，德尔斐的阿波罗的神谕对于人民就是一种隐藏在朦朦胧胧、神秘不解的力量之中的神的真理；只要这些神谕还是人民自己的具有语言形式的理论，人民就从理论上来对待它们。只要这些神谕还没有人民性，它们就是人民的。这些哲人也是这样。但是从诡辩学派和苏格拉底起，潜在地也从阿那克萨哥拉起，情况就发生了变化。观念性本身通过自己的直接形式即主观精神而成了哲学的原则。如果在早期的希腊哲人身上实体的观念形式，它的同一性，对于由各种不同民族个性所织成的、掩盖了实体的明显的现实性的五颜六色的服装来说，已显示出来了；如果这些哲人因此一方面只在最片面、最一般的本体论规定中表现绝对的东西，而另一方面他们本身又是一种自我封闭的实体在现实中的显露；这样一来，如果他们一方面对"众人"表现出独特性，用语言体现实体精神的秘密，另一方面，好象广场上那些带着一副他们特有的怡然自得、自我深化的神态的诸神塑像一样，他们同时又是人民的真正装饰品，并且单个地回到人民那里，——那么相反地，现在观念性本身，即纯粹的、成为独立自在的抽象，已使自己和实体对立起来；主观性冒充为哲学的原则。因为这个主观性不是人民的，它和人民生活的实体力量相对立，如果说它又是人民的，那是说在表面上它和现实性是对立的，实际上和现实交织在一起，而且它的存在就是运动。诡辩学派就是这一发展的活动容器。他们中间最隐秘的，除净了现象的直接杂质的人物是苏格拉底，德尔斐的预言家称他为"最明智者"。

由于和实体相对立的是它自己的观念性，所以实体分解为无数偶然的有限的存在和成规。这些存在和成规的合理性，统一性，同实体的同一性，转化为主观精神。因此，这种主观精神本身就是实体的保存者，但是这个观念性是与现实相对立的，所以它在头脑中客观地表现为应有，主观地表现为意向。这种揭示自己内部的观念性的主观精神的表现是概念的判断，对于这种判断来说，个别事物的标准是自身中被规定的东西，目的，善。但是这种判断在这里还只是现实的应有。现实的这种应有同样也是认识了这个观念性的主体的应有，因为主体本身处于这个现实的内部，而在主体之外的现实就是主体的现实。所以这个主体的地位就同主体的命运一样是被规定了的。

首先，实体的这一观念性转化为主观精神，脱离实体本身而独立这一事实，是一个飞跃，是一种脱离实体生活的独立，即植根于这种实体生活本身的独立。所以对于主体本身来说，它的这一规定是一种既成事实，一种异己的力量，这种力量的承担者就是主体，即苏格拉底的灵异。在灵异中直接显示出，对于希腊生活来说，哲学只是某种内在的东西，同时又只是某种外在的东西。通过灵异的规定，主体被规定为经验的单一的主体，因为主体在生活的这一体系中是自然地脱离实体生活，因而也就是脱离受自然制约的生活的。因为灵异也表现为一种自然的规定。诡辩学派本身就是还不能把自己和自己的活动区别开来的灵异。苏格拉底意识到，他是灵异的体现者。苏格拉底是实体的模型，借助这个模型实体本身就消失在主体中。所以他和以前的哲学家一样是实体的个人，只不过是采取主观性的形式；他并不与世隔绝，他不是神的形象，而是人的形象的体现者；苏格拉底不是神秘的人，而是明朗和光辉的人，不是先知，而是一个好交际的人。

第二个规定是：这个主体说出关于应有，关于目的的判断。实体丧失了它的观念性，把它变为主观精神，这样一来，主观精神本身成了实体的规定本身，成了实体的谓语；同时实体本身对于主观精神来说降为独立存在物的直接的、没有得到证实的、仅仅是独立存在物的现存组合。所以，谓语的规定在关系到某个存在的东西时，它本身就是直接的，又因为这个存在的东西是生气勃勃的人民精神，那么谓语的规定就是个别人物的实际规定，就是教养和训诫。实体性的应有是表现它的主观精神的真正规定；所以世界的目的是主观精神自己的目的，传授这一目的是它的使命。所以它无论在自己的生活中或学说中都体现了目的，善。它是进入了实际运动的哲人。

最后，由于这个个人说出关于世界的概念的判断，因此，在他身上就显出内部的不协调，而他也被判为罪人。因为一方面他本身来源于实体的东西，他存在的权利仅仅建立在他的国家权利、他的宗教权利之上，一句话，建立在一切实体条件之上，这些条件在他身上表现为他的本质。另一方面他本身包含着目的，这目的对该实体性来说就是法官。所以他自己的实体性在他自身中受到审判，因而，他的灭亡正因为他的诞生地是实体精神，而不是那种能经受和克服一切矛盾、没有被迫承认任何自然条件本身的自由精神。

苏格拉底之所以重要，是因为在他身上反映了希腊哲学对希腊精神的关系，因此也反映了希腊哲学的内在限度。不久前人们把黑格尔哲学对生活的关系同他进行比较，并以此证明斥责黑格尔哲学是正确的，不言而喻，这是何等荒谬。希腊哲学特有的弊病在于它只和实体精神相联系；在我们时代两个方面都是精神，并且它们两方面都要求把它们看作精神。

主观性在它的直接承担者身上表现为他的生活和他的实践活动，表现为这样一种形式，通过此种形式他把单独的个人从实体性的规定性引到自身中的规定；如果撇开这种实践活动，那么他的哲学内容就仅仅是善的抽象规定。他的哲学就是，他促使实体上存在着的表象、差别等转化为自身的规定；但是自身规定的唯一内容就是成为这种分解的反思的容器。因此，他的哲学实质上是他自己的智慧，对于世界来说他自己的仁慈是他关于善的学说的独特实现，是和康德的绝对命令的说法中表现出的主观性完全不同的主观性。对于康德来说，作为经验主体的他自己对这个绝对命令的态度是无关紧要的。

柏拉图认为，运动是一种观念的东西；正如苏格拉底是世界的形象和导师一样，柏拉图的理念、他的哲学抽象也是世界的原型。

在柏拉图那里，善、目的这一抽象规定转化为囊括世界的、全面展开的哲学。作为哲学家的自身规定和真实愿望的目的是思维；这个善的实在规定就是内在思想。哲学家的真实愿望，在他身上作用着的观念性是现实世界的真正应有。柏拉图用下述观点表达他自己对现实的态度：理念的独立王国翱翔于现实之上（这个彼岸的领域是哲学家自己的主观性）并模糊地反映于现实中。如果苏格拉底仅仅发现从实体转化为主体的观念性的名称，而且本身还自觉地成为这种运动，那么，现实性的实体世界实际上现在是以观念化的形式进入柏拉图的意识，但这样一来这个观念世界本身就跟那个与其相对立的真实的实体世界一样简单地分解于自身之中。关于这点，亚里士多德提出了极为中肯的见解：

"实际上观念和事物差不多一样多，或不少于它们，人们在研究了事物的原因之后就从事物进入观念。"（亚里士多德《形而上学》第1卷第9章）

因此，世界的规定性和分解，在这位哲学家看来，好象是某种彼岸的东西，运动被排除出这个世界。

"然而即使在观念存在的情况下，如果没有引起运动的东西，那么，与观念有关的事物仍然不会产生。"（同上）

因而哲学家本身，——即作为哲人，而不作为一般现实精神的运动，——就是和他相对立的实体世界的彼岸真理。柏拉图最形象地表达了这点，他说，或者哲学家应当成为国王，或者国王应当成为哲学家，以便国家能完成它的使命。他依靠和一位暴君的关系，曾亲自做过这种尝试。在柏拉图的理想国里，知识界是作为特殊的和最高的阶层而存在的。

我再列举亚里士多德的两个论点，因为它们对柏拉图意识的形式作出最重要的说明，并与我们研究他对哲人的态度方面相联系。

亚里士多德谈到柏拉图：

"在《斐多》篇中说到一种看法：观念是事物存在和产生的原因；然而即使在观念存在的情况下，如果没有引起运动的东西，那么，与观念有关的事物仍然不会产生。"（亚里士多德，同上）

柏拉图不仅力图把存在的东西列入观念性的领域，而且力图把存在的领域也归入其中：这个观念性是进行哲学思维的意识中的一个封闭的、特殊的王国，——因此其中没有运动。

在进行哲学思维的意识中，这一矛盾本身必需为意识而具体化，进行哲学思维的意识必需从自身中排除这一矛盾。

"其次，观念不仅是可感受的事物的原型，而且也是观念本身的原型，例如，类是种的原型；因此，同一事物既是原型又是复制品。"（亚里士多德，同上）

关于古代伊奥尼亚哲学家，卢克莱修说：

"……他们充满灵感地发现了许多珍贵的东西，
从他们心中的圣坛作出的神圣和有根据的答复
远胜过皮蒂娅从阿波罗的桂冠和三脚祭坛向我们宣告的神谕。"
（[《物性论》] 第1卷第736—739行）

对于伊壁鸠鲁自然哲学的规定来说，重要的是：

1. 物质的永恒性，与此有关的是：时间被看作诸偶性中的一种偶性，被看作只是化合物及其中所发生的偶然事件所特有的某种东西，因此，时间被认为是某种存在于物质基原之外，即原子本身之外的东西。其次，与此有关的是：伊壁鸠鲁哲学的实体所具有的仅仅是外在的反射，实体本身意味着没有先决条件，意味着任意和偶然性。相反，时间是自然即有限东西的命运。与自身的否定的统一，它的内在必然性。

2. 虚空，否定不是物质本身内的否定的东西，而是存在于没有物质的地方。所以就这方面而言，它本身也是永恒的。

在希腊哲学意识的作坊里，最终从抽象的朦胧昏暗中和它黑沉沉的帷幕的覆盖下，出现在我们面前的还是充满生命力在世界舞台上行进着的希腊哲学所固有的那个形象；正是那个形象，他甚至在熊熊燃烧的壁炉中看见了神，正是那个形象，他饮尽一杯毒酒，并且象亚里士多德的神一样享受着最高的幸福——理论。

伊壁鸠鲁哲学
笔记三
III. 普卢塔克。1.《论信从伊壁鸠鲁不可能有幸福的生活》
2.《科洛特》[《反对科洛特》]

[III.] 普卢塔克：
(1)《论信从伊壁鸠鲁不可能有幸福的生活》

[III, 10—11] "伊壁鸠鲁把终止任何痛苦，作为它们（即快乐）的共同

目的,仿佛天性使快乐的东西一直增加到痛苦消除为止,但不能超越这个界限(不过即使不能做到使痛苦完全不存在,[快乐]终究容许某些无足轻重的微小差异)。我们追求这一目的时所循的道路,作为快乐的尺度,是短而且窄的。由于他们[伊壁鸠鲁派]感到了自己论点的软弱,因而把最高的善从肉体移到精神,象从不结果实的地里移走一样。"(第1088页)

[IV,1]"难道你不以为,这些人[伊壁鸠鲁派]从肉体——他们在肉体上看到[快乐]的发端——开始,向作为更坚固的[本原]灵魂转变并在其中使一切臻于完善,是做得对的吗?"

对此的回答是:这种转变是正确的,但是——

[IV,3]"当你听到他们论证和叫嚷说,只有具备了肉体快乐或者将要有肉体快乐时,灵魂才能得到快乐和平静,——在他们看来肉体快乐乃是灵魂的最高幸福,——你不觉得他们是在把灵魂当作肉体的[一种]漏斗来使用,用它[漏斗]将快乐从肉体倒出来,就象把酒从无用的破容器倒进[新容器]一样,并让它在那里陈化,以为它会变得更好更珍贵一些吗?"(第1088页)

这里普卢塔克也同样暴露出他不理解伊壁鸠鲁的一贯性。他指出在伊壁鸠鲁那里没有"从肉体的快乐到精神的快乐"的特殊过渡,指出这一点一般说来具有重要意义。应该进一步确定,伊壁鸠鲁是如何解决这个问题的。

[IV,4]"[至于说到感性的快乐,那么]感受到这种快乐的灵魂仅仅保留着对它们的记忆,此外就什么都没有了……而且[对快乐的]记忆[本身]也只是微弱的[回光返照]。"(第1088页)

[IV,5]"注意,昔勒尼派更是何等谦虚,虽然他们和伊壁鸠鲁同饮一樽酒;他们认为,不应在光天化日之下享受爱的快乐,但容许[它们只]在黑暗中进行,以便思想在把眼前发生的情景接收进去时,不至于[太]经常地燃起情欲。"

[IV,6]"他们[伊壁鸠鲁派]则认为,哲人与众不同之处最主要的是,他心里清楚地记得和保留着快乐、痛苦和激动的征状,因而不能说,他们在允许哲人在心里保存着快乐的沉渣,象人们在家里保存死者的遗骸一样时,没有说出什么与哲理相称的东西来。"(第1089页)

[IV,9]"灵魂对于回忆的那种狂热的眷恋……显示出对眼前体验到的和

尚在期望中的快乐的种种表现，具有惊人的和强烈的渴望。"（第 1089 页）

[IV, 10]"我觉得，他们［伊壁鸠鲁派］由此发现［他们的原则所导致的］结论是荒谬的之后，便指望痛苦的不存在和肉体的健康状况……因为，他们说，肉体的健康状况和保持这种状况的坚定希望，会使那些能够了解这一点的人得到最大的最持久的愉快。"

[V, 1]"首先你要注意他们在干些什么，他们毫无阻碍地倒过来倒过去，一会儿把快乐，一会儿把无痛苦或良好的自我感觉从肉体倒进灵魂，然后又从灵魂倒回肉体……由于必然性他们不得不又回到起点：'他们把肉体的快乐，伊壁鸠鲁说，变成灵魂快乐的基础，另一方面，又以对快乐的期望结束灵魂的快乐'。"（第 1089 页）

这个意见对伊壁鸠鲁的快乐辩证法具有重要的意义，尽管普卢塔克对它也作了错误的批评。在伊壁鸠鲁看来，哲人本身就处在那种不稳定的状态，即"快乐"的规定之中。只有上帝才是"幸福"，才是那独立自在的虚无的纯粹平静，才完全没有任何规定性，——因此与哲人不同，上帝不是居住在世界之内，而是在世界之外。

[V, 5]"因为常有这种情况：肉体的健康状态在哲人内心里没有同对肉体的坚定和牢固的信赖结合起来。"（第 1090 页）

普卢塔克反驳伊壁鸠鲁说，由于痛苦的可能性，在现在具备健康的情况下，不可能存在自由。但是，第一，伊壁鸠鲁所说的精神根本不关心那样的可能性；因为绝对的相对性、关系的偶然性本身只是一种无关系性，这样，伊壁鸠鲁说的哲人便把自身的状况当作是无关系的，所以这一状况对他来说是可靠的。要知道在伊壁鸠鲁派看来，时间仅仅是诸偶性之偶性，——它的影子怎能冲破心灵的宁静的坚不可摧的方阵呢？如果他假定肉体——个人精神最直接的前提——是健康的，那么这样一来，在精神前面就展现出它的无关系性，它的先天本性，即肉体是健康的，对外界是没有区别的。如果在痛苦时他的这一本性对他来说只表现为特殊状况的幻想和期望，——在这些特殊状况中表现了他的精神的上述特有状况，——那么这仅仅意味着个人本身用个人的方法去观察他的观念的主观性；这是完全正确的意见。从伊壁鸠鲁的观点来看，普卢塔克的反对意见只是说在健康的肉体里不存在精神的自由，因为精神的自由恰好已存在了；须知把可能性移到外界去之所以是多余的，正是因为现实性仅仅被规定为可能性，规定为偶然性。而从总的方面来看问题，就会发现，假如良好的状况真的被偶然的个别情况弄得黯然失色，那么这恰好等于摒弃普遍性的东西；这就等于在自由的太空想着各种混合物、有毒植物发出的瘴气，想着各种小动物的吸气；这就会得出人因为会死，所以干脆不要活着之类的结论，就会使自己不能享受普遍性的东西并且陷进个别情况。这样的思想家关心的只是毫不足道的细微末节，他谨慎到什么也看不见的程度。最后，如果普卢塔克说必须关心保护肉体健康，那么，对这一毫不新奇的东西伊壁鸠鲁也在关心着，而且更为深切，因为感觉到普遍状况是真实的人，必定最关心对它的保护。这就是正常的人类理智。他以为他有权把他的最荒谬的无稽之谈和鄙俗之言冒充为未知领域，来和哲学家相抗衡。他以为，如果他把鸡蛋竖立起来，他便成为哥伦布了。撇开伊壁鸠鲁的体系不说（因为这个体系是他的权利，至高的权利），他认为哲人把疾病看作不存在，而假象消失了，在这一点上一般说来伊壁鸠鲁是正确的。这样一来，如果他病了，那么在他看来这是一种不会持久的消失状态；如果他身体健康，处在他的本质状态之中，那么对他来说就不存在假象，他就有更多的事要做，而不是去想这种假象可能存在。如果他病了，他不相信病；如果他身体健康，他便认为，这正是他应有的状态，也就是说，他象健康的人一样行动。同这个坚定的、健康的个人相比，一个叫普卢塔克的人显得多么可怜啊，这个人回想起埃斯库罗斯，欧里庇得斯甚至希波克拉底医生，无非是为了别享受健康的快乐！

健康，作为与自身同一的状态，自然而然被遗忘，在健康的状态中无需照顾身体；这种差别只有在患病时才开始。

要知道伊壁鸠鲁绝没有想要永恒的生命——所以下一瞬间可能暗藏着不幸这件事，就更不会使他感到不安了。

普卢塔克下述反驳也是同样不正确的：

[VI, 1]"因为，他们说，不公正和违法的人活得并不幸福，并且经常担惊受怕，因为，他们即使能隐瞒[自己的罪行]，但终究不能坚信这些罪行不会被揭露。因此经常压在他们心头的对于未来的恐惧既不让他们快乐，也不让他们安于现状。"

[Ⅵ，2]"他们［伊壁鸠鲁派］没有发觉，他们所说的也正好与他们自己有关。因为身体往往能够处于朝气蓬勃和健康的状态，但又不能确信能够保持这种状态；于是就不得不经常为将来的身体状况焦虑和担忧。"（第1090页）

实际上发生的情况正好与普卢塔克的假定相反。只有当某一个人违反了法律和共同习惯，这些东西方成为他的先决条件；他才和它们发生差异，只有那毫无保障的"信念"才是使他摆脱这种差异的救星。

一般说来颇有意思的是，伊壁鸠鲁在各个领域里都排除那种招致先决条件本身显露出来的状态，并且赞扬那种内部仍然隐藏着先决条件的状态是正常的。总之，无论在什么地方都没有单单谈论"肉体的东西"的问题。在进行惩罚的公正性中所显露出来的正是内在的联系，无声的必然性，于是伊壁鸠鲁既把它的范畴从逻辑学中排除出去，也把它表面上的现实性从哲人的生活中排除出去。相反，一个公正的人遇到的偶然性则是一种外在的关系，这种偶然性并没有使他失去他的无关系性。

由此可见，普卢塔克的下述反驳是多么缺乏根据：

[Ⅵ，3]"你没有做任何坏事这种情况，［在伊壁鸠鲁看来］对保持宁静的精神状态并没有什么意义，因为可怕的不是你将公正地受到惩罚，可怕的是一般说来你可能会遭到惩罚。"（第1090页）

普卢塔克认为，伊壁鸠鲁就该按照自己的基本论点来论述。他没有想到，伊壁鸠鲁也许会不以那些他强加给他的基本论点为出发点。

[Ⅵ，4]"肉体的本性——它自身内包含着发病的因素，并象开玩笑的俗话所说的'从牛身上［取］皮带'一样，把痛苦从肉体里取出，——这种肉体的本性是足以使好人和坏人的生活同样变得靠不住和可怖的原因，［这种情形是有的］，因为他们已经习惯于将快乐和信心只建立在肉体和对肉体的希望上面，而不是建立在别的东西上面，正如伊壁鸠鲁在许多别的书里，特别是在那本论述最高的善的书里所写的那样。"（第1090—1091页）

[Ⅵ，1]"如果仅仅按照他们［伊壁鸠鲁派］的意见，快乐和善就在于避开恶。但是，根据他们的说法，除了清除掉恶的地方，就再也想不出任何别的会有善的地方，而且在自然界也根本没有这样的地方……"（第1091页）

[Ⅵ，2]"伊壁鸠鲁本人也有类似的说法，他断言'善的本质在于避开

恶',也在于对这个情况的回忆和思考以及对发生过的事情所感到的快乐。因为,他接着说,那产生出无可比拟的快乐的正是这样一种意识:大恶业已避免。只要正确理解并坚持这一点,而不是长篇大论地空谈善的话,这也就是善的本质。"(第1091页)

"呸!"——普卢塔克在这里大声啐道。

[Ⅶ,4]"所以他们既不亚于猪,也不比羊差……可是对生来就比较机灵和优美的动物来说,避开恶并不是最高的目的……它们避开恶以后,便寻求善,或者更确切地说,它们把一切使它们痛苦和违反[它们本性]的东西当作妨碍它们追求更为习惯和更加美好的东西的障碍而予以排除。"(第1091页)([Ⅷ,1]"必需的东西并非就是善【关于这个问题,亚里士多德持完全不同的看法,他在《形而上学》中证明:自由人受必然性支配的程度比奴隶要大。】,但是在避开恶的彼岸就是应该追求和必须选择的东西。")

普卢塔克断言,动物除了避开恶的需要外,还竭力追求在避开恶的彼岸的善;他把这当作莫测高深的道理。动物的特点恰恰是:

它也追求在它身外的善。在伊壁鸠鲁看来,对人来说在他身外没有任何善;他对世界所具有的唯一的善,就是旨在做一个不受世界制约的自由人的消极运动。

在伊壁鸠鲁那里,这一切被单独地表现出来的东西,都是根据他的哲学原则得出来的,而这一哲学又是他根据该哲学的一切结论来表述的;普卢塔克的含糊不清的、毫无意义的说法并不能推翻这些论断。

[Ⅷ,3]"因为,尽管身上长满疥疮或者眼睛化脓很讨厌,但在身上搔一阵痒或者把眼睛擦干净却不是什么特别的事;同样,如果痛苦、对神的恐惧和对地狱的景象感到惶恐不安就是恶的话,那么摆脱上述恐惧也很难算是一件幸福和值得惊讶的事。"(第1091页)

[Ⅷ,4]"但是他们为快乐规定的活动范围过于狭小……因为快乐仅仅在于克服关于上述恐惧的荒谬观念,并把看来动物都能理解的东西当作智慧的顶峰。"

[Ⅷ,5]"因为,如果说在肉体没有痛苦的情况下,痛苦到底是由于肉体本身的活动或因自然而得到这种解脱并没有什么关系的话,那么,对精神的

宁静来说，它［精神］的这种状态究竟应归功于自身还是归功于自然，也就毫无差别了。"

［VIII，6］"……这样一来，就可以看出，他们［伊壁鸠鲁派］并没有什么比动物更优越之处，因为动物也不会为有关地狱和神的谈论而感到不安，同样也不会感到没完没了的悲伤和痛苦。"（第 1091—1092 页）

［VIII，7］"确实，伊壁鸠鲁自己说过，如果对天象的忧虑和关于死亡与痛苦的想法一点也不曾使我们感到不安的话，我们就不需要自然科学了。"（第 1092 页）

［VIII，8］"因为他们［伊壁鸠鲁派］关于神的学说的宗旨在于克服对神的恐惧，从而摆脱不安的心理，所以我认为，那些根本没有想到神的人，比那些学会想到一种无害的神的人，更有把握做到这一点；因为它们［动物］虽然没有从迷信中被解救出来，但是它们压根儿就不曾迷信过；它们虽然不能抛弃引起不安的关于神的想法，但是它们从来就不曾有过这种想法。"

［VIII，9］"涉及地狱的东西，也应该这样说。"（第 1092 页）

［VIII，9—10］"那些对死亡根本没有观念的人，比起那些自觉地得出死亡与我们毫无关系的结论的人来，更不会对死后将出现什么情况产生疑虑和恐惧。对于后者，死亡至少在他们谈到和想到的范围内同他们有关；可是动物则根本不会想到与它们无关的东西，如果说它们也躲避袭击并且对可能受伤或被打死感到恐惧，那么它们在死亡当中所害怕的正是他们［伊壁鸠鲁派］也感到可怕的东西。"（第 1092 页）

关于伊壁鸠鲁派主张避开数学，见普卢塔克，同上书，第 1094 页。

［XII，1］"他们认为有个叫阿佩莱斯的人值得赞扬和崇敬，因为他，正如他们所写的那样，一开始就与数学格格不入，使自己保持纯洁［无瑕］。"

对历史等也是一样。参看塞克斯都·恩披里柯。普卢塔克认为梅特罗多罗斯犯了大罪，因为后者写道：

［XII，2］"因此，他［梅特罗多罗斯］说，不要为你不知道赫克脱站在哪一方打仗，或者不知道荷马史诗开头的诗句或中间的诗句而难为情。"（同上书）

［XIII，1］"伊壁鸠鲁说，哲人一方面爱看演出，他在观看狄奥尼斯节的

音乐和戏剧演出时得到的快乐并不比任何人少，但另一方面，甚至在席间谈话中他也闭口不谈音乐问题和批评家们的语文研究。"（第1095页）

[XV, 4]"可是，他们自己说，行善比受惠更愉快。"（第1097页）

"他们自己"——这是指那些沉溺于伊壁鸠鲁学说的人。

[XVIII, 5]"其次，伊壁鸠鲁承认，有些东西（即快乐）是由于荣誉而产生的。"（第1099页）

比普卢塔克上述肤浅的道德上的责难更值得注意的是他对伊壁鸠鲁神学的论战，其所以如此，并非由于这一论战本身，而是因为这里可以看出，总的说来持伊壁鸠鲁观点的普通意识如何单单害怕作出公开的哲学结论的。同时应当时刻注意，除了精神的自由和精神的独立之外，无论是"快乐"，无论是感觉的可靠性，无论什么东西，伊壁鸠鲁一概都不感兴趣。

那么，我们来看看普卢塔克的某些意见吧。

[XX, 3]"至于快乐，他（即伊壁鸠鲁）已经说过，伊壁鸠鲁派的学说，在它顺利地和成功地实行时，会消除恐惧和迷信，但是并不会给人以快乐和神的恩惠，而是使我们和神处于这样一种关系，在这种关系中我们从神那里既不会得到恐惧，也不会得到快乐〈也就是说，神同我们没有任何关系〉，就象我们从赫尔干尼亚海的鱼那里，既得不到什么好处，也得不到什么害处一样。"

[XX, 4]"如果要对说过的东西作某些补充的话，那么，我觉得这可以从他们自己那里去借用。首先他们反对那些认为不能因亲近的人死去而悲伤、流泪和呻吟的人，并且说，对悲伤无动于衷乃至达到麻木不仁的程度，是起因于另一种更大的恶，即残忍、不可遏制的虚荣或暴怒。因此，最好做一个多愁善感的人，做一个会悲伤的人，最好不要因为流泪而感到难为情，甚至最好是号啕痛哭，对举凡能给人造成心软和友好印象的感情的其他种种表现，都不要节制。"

[XX, 5]"这一点伊壁鸠鲁在他的书中多次说到。"（第1101页）

普卢塔克全然不理解伊壁鸠鲁关于惧怕神的论断的含义；他不理解，哲学意识多么希望摆脱这种恐惧。普通人是不理解这一点的。因此，普卢塔克举出庸俗的经验主义的例子，来证明这一信仰对群众来说并不很可怕。

同伊壁鸠鲁相反，普卢塔克首先考察"群众"对神的信仰，并且说，群众的这种意向无疑一方面表现在恐惧中。也就是说，感觉上的恐惧，是普卢塔克能够理解自由精神对那个人的、全能的、把自由吸收进体内，因而排外的存在物感到害怕的唯一形式。其次他认为：

［XXI, 3］"因为那些害怕他［神］的人，把他当作对好人厚道对坏人严酷

的主宰，这些人由于有这种恐惧心理便避免去做不公正的事，也不需要许多拯救者；他们的恶意逐渐受到抑制，因此他们感受的精神痛苦，比那些染上恶习和胆大［妄为］而后感到害怕悔恨的人要少。"（第1101页）

于是，这种感性的恐惧就预先防止他们作恶，似乎这种内在的恐惧本身并不是恶。经验的恶的实质究竟何在？就在于个人囿于他的经验的本性而违背自己永恒的本性，但是，当他抛弃自己永恒的本性，把它视为存在于孤立状态之中、存在于经验之中，因而也就是把它当作自身以外的经验的神时，他所做的难道不是同一回事吗？或者应当把重要的意义赋予关系的形式？这样一来，神就罚恶赏善，而且在这里恶是对经验的个人来说的恶，善是对经验的个人来说的善。既然个人也关心：对他来说什么是善和恶，那么除此而外这种恐惧和这种希望究竟从何产生呢？在这一方面，神不是什么别的东西，而是集经验恶行的一切后果之大成的共同体。于是，经验的个人由于害怕因恶行而得到的好处会引起更大的恶并使他失掉更大的好处，便不去作恶；因此，他这样做不就是为了使他的安宁的连续性不致由于有失去这种安宁的内在可能性而遭到破坏吗？

伊壁鸠鲁不正是直截了当地教导同样的东西吗：勿行不义，免得经常担心受到惩罚。这种个人同不动心的内在关系被当成同存在于他之外的神的关系；但是，这个神的内容原来不是别的，而正是那不动心，即这里所说的安宁的连续性。对未来感到恐惧这种缺乏信心的状态，在这里被置入神的遥远的意识中去，它被看作已经预先存在于这一意识中的状态，但这种状态仅仅被当作一种威胁，因而正是被看成它在个人意识中存在的那个样子。

（2）普卢塔克说，这种信仰神的意向也能使人得到"快乐"。

［XXI, 6］"相反，只要它（即灵魂）想象到和思考到神的降临时，它就会轻而易举地驱散各种悲伤、恐惧和忧虑并沉醉于欢乐之中，直到狂喜、戏谑

和欢笑,在爱里面……"(第1101页)

然后他说,老人、女人、商人、国王在盛大的宗教节日里都沉醉在欢乐之中。

[XXI,8]"不,在节日里使人兴高采烈的不是丰盛的酒,也不是烤肉,而是对神的惠予降临并将满意地接受[为了表示对他的尊敬]而做的这一切所怀有的虔诚愿望和信念。"(第1102页)

应该更确切地弄清楚,普卢塔克是如何描述这种喜悦,这种"快乐"的。

首先,他说,神一降临,灵魂的悲伤、恐惧和忧虑便一扫而光。于是神的降临便被规定为灵魂摆脱恐惧、悲伤、忧虑而获得自由。这种自由表现在抑止不住的欢喜中,因为这种欢喜乃是个人灵魂关于它这种状况的有力证明。

其次,在这种快乐中个人地位的偶然差别消失了。于是,在这个节日里个人便脱离他的其他规定,个人被规定为一个个人,——而这一规定是本质性的。最后,这不是个别的快乐,而是一种信念:神并非什么孤立的东西,他具有乐个人之所乐、从高空善意地注视着个人的快乐的本性,因而他自己也就进入了享受快乐的个人的规定。总之,在这里被奉为神明并备受赞扬的东西,正是摆脱其日常束缚而被神化了的个体性,即伊壁鸠鲁的"哲人"及其"心灵的宁静"。崇拜的对象不是作为一个神来看待的神之降临,而是作为个人的快乐之神的降临。这个神没有任何别的规定。因为个人的这种自由在这里借以表现的真正形式就是快乐,而且是个人的、感性的快乐,是不受干扰的快乐。于是,这种"心灵的宁静"就象一种共同的意识在人们头上飞翔;但是正如在伊壁鸠鲁那里一样,它的表现原来就是感性的快乐,所不同的只有下面一点:在这里表现为真实的个别状态的东西,在伊壁鸠鲁那里则成为包罗万象的生活意识,因此,在伊壁鸠鲁那里个别的表现看起来更无足轻重,它在更大的程度上是从自己的灵魂即"心灵的宁静"那里得到生气的,而在普卢塔克那里这种成分则更多地为个别性所掩没,而且这两者是直接地混在一起的,因而也是直接地分开的。普卢塔克在和伊壁鸠鲁论战时所坚持的神性的东西的差别,就是这么可悲。还有一个意见:如果普卢塔克说国王从他们的公共宴会和免费发肉所得到的快乐不如从祭餐得到的快乐多,那么这仅仅意味着在那里快乐被看作是一种人的、偶然的东西,而在这里则被看作是神的东西,意味着个人的快乐被看作神的东西，而这恰好是伊壁鸠鲁的观点。

普卢塔克把"最好的人和最爱神的人"的态度，同"坏人"和"众人"表现出来的这种对神的态度区别开来。

我们来看看，他这样做使他在与伊壁鸠鲁的论战中赢得了什么。

普卢塔克说：

［XXII，1—3］"那些对神怀有纯洁观念的人感到多么大的喜悦，他们把神当作一切善的主宰，当作一切美好事物之父，神既不做坏事，也不会受痛苦的折磨。因为神是善良的，而善良者既没有忌妒，没有恐惧，也没有愤怒，没有仇恨。因为，正象热不会使人发冷而会使人温暖一样，善良者也不会害人。就本质而论，愤怒离仁慈最远，凶恶离敦厚最远，恶意和敌意离博爱和友善最远。一个是英勇和力量的结果，一个则是软弱和邪恶的结果。因此神不会集愤怒与仁慈于一身，而由于神的本性在于仁慈和助人，所以愤怒和害人与它的本性是不相容的。"（第1102页）

神是"一切善的主宰"和"一切美好事物之父"这一论断的哲学涵义在于：这不是神的谓语，但善的观念就是神性的东西本身。然而从普卢塔克的规定中却得出了截然不同的结论。善被理解为与恶完全相反的东西，因为前者是美德和强大的表示，后者是软弱、贫乏和堕落的表示。这样一来，判断、差别就从神身上消除了，而这正是伊壁鸠鲁的主要论点之一；因此，当伊壁鸠鲁在人的身上，在他的直接的同一性中，在感性中发现了这种无差别性——无论是理论上还是实践上，——而在神的身上发现了象虚空一样的纯粹的"宁静"时，他是始终一贯的。通过消除判断而被规定为善的神就是虚空，因为任何规定性都包含着这样一个方面，它把规定性与别的东西隔开并将其封闭在自身里，因而也就在对立中和矛盾中显露出自己的"恼怒"、自己的"仇恨"、自己"惧怕"放弃自己。于是，在普卢塔克那里就出现了——但只作为形象，作为表象出现——伊壁鸠鲁作出的那个规定，这个规定是伊壁鸠鲁用概念来表达的，并且去掉了人的形象。

因此这样的问题听起来就显得很虚伪：

［XXII，5］"或者，你们也许认为对否认天意的人还应当采取一种特殊的惩罚，而没有考虑到他们自己使自己失去这种快乐和喜悦就够受的吧？"（第

1102—1103页）

　　相反，可以断言，谁如果把神性的东西当作自在的纯粹幸福、没有任何不能用概念表明的类人关系来直观，他就能比以相反的方式行事的人从这一直观中得到更大的快乐。幸福就在于想象一种纯粹的幸福，不管它看起来多么抽象，——就象我们在印度和尚那里看到的一样。此外，普卢塔克取消了"天意"，因为他把恶、差别同神对立起来。他以后的论述是完全不合逻辑的和含混的；此外，他在各方面都显示出，他所感兴趣的只是个人，而不是神。因此，伊壁鸠鲁说神并不关心个人，他是相当诚实的。

　　总之，普卢塔克思想的内在辩证法迫使他不是去谈论神性的东西，而是去谈论个人的灵魂，并且一切都归结为"关于灵魂的论述"。关于伊壁鸠鲁，有这么一段话：

　　[XXIII, 6]"所以它（即灵魂）在掌握了下面这一绝顶聪明的神的说教之后，便充满了快乐。这个说教认为：对灵魂来说，死亡、毁灭和化为乌有就是痛苦的终结。"（第1103页）

　　但是普卢塔克的动人言词不应使我们产生误解。我们会看到，他否定自己的每一个规定。单是"痛苦的终结"，以及作为对立面的"死亡"、"毁灭"和"化为乌有"这种人为的狡计就已经表明重心何在，表明一边是多么地轻，另一边则重达三倍。考察仍然分为"不公正的人和坏人"，其次是"众人和未开化的人"，最后是"正直的人和明智的人"（第1104页）同死后灵魂长存说的关系。这种用固定的质的区别进行分类的做法就已说明，普卢塔克对伊壁鸠鲁的不理解达到了何等地步，因为伊壁鸠鲁作为哲学家一般地考察了人类灵魂的本质关系。如果说伊壁鸠鲁认为灵魂是暂存的因而仍继续相信"快乐"，那么普卢塔克就应当看到，不管哪一个哲学家都会情不自禁地赞美"快乐"。普卢塔克由于自身的局限性，与这种快乐是格格不入的。对于不公正的人还是用恐惧作为感化的手段。我们已经考察过这种非难了。既然在恐惧中，而且是在内心的、无法抑制的恐惧中，人被降低为动物，那么把动物关在笼中，无论怎么关法，对它来说反正都是一样的。如果一个哲学家不认为把人看作动物是最可耻的，那么他就根本什么都理解不了。

　　[XXVI, 1]"众人尽管也对阴间感到恐惧，可是被神话激起的对不死的希

望和对生存的渴望这种一切欲望中最古老和最强烈的欲望，却使他们充满了这样大的欢乐和兴奋，以致压倒了这种幼稚的恐惧。"（第 1104 页）

［XXVI，2］"那些失去儿女、妻子和朋友的人宁愿他们存在和居留在某个地方，哪怕他们过着苦难的日子也好，而不愿他们完全死亡、被消灭和化为乌有。因此他们总乐意听到人家这样说到死者：他移居到另一个世界去了，或者他改变了自己的住处，以及诸如此类的其他说法，按照这些说法，死亡并不是消灭，而是灵魂住所的改变。"（第 1104 页）

［XXVI，5］"当他们听到说死者'死亡了''消灭了''不再存在了'时，他们便恐惧起来。"

［XXVII，1］"而那些说'我们，人，只生一次，谁也不会生两次'的人，则给了他们决定性的打击……"

［XXVII，2］"于是他们便认为现在的生活和永恒比较起来意义甚微，或者更正确些说，没有任何意义，他们便苟且偷安，虚度年华；他们由于胆小而轻视美德和活动，并且看不起自己，认为自己朝生夕灭，很不稳定，不能有所作为。"（第 1104 页）

［XXVII，3］"须知失去知觉和解体，以及那种认为没有知觉的东西同我们没有任何关系的理论，都不能排除对死亡的恐惧，反而好象证实了这种恐惧。因为这正是本性所害怕的东西……也就是说，这是灵魂的毁灭，由于这种毁灭，灵魂既失掉了思维的能力，也失掉了感觉的能力。伊壁鸠鲁把这说成是灵魂在虚空中的解体和分解成原子，就更进一步摧毁了对不死的希望，为了这一希望，可以毫不夸大地说，所有的人——不论男人还是女人——都情愿让自己被塞卜洛士撕烂，情愿往丹纳士诸女的无底桶里倒水，只求延长自己的生存而不致遭到彻底的消灭。"（第 1105 页）

现在我们再说"众人"的观点，尽管归根到底只有少数人不持这种观点，真正讲来，所有的人——"可以毫不夸大地说，所有的人"——都发誓忠于这面旗帜。

其实，与前一阶段并没有质的差别，不过以前以动物恐惧的形式表现出来的东西，现在表现为人的恐惧形式，表现为感情的形式。内容仍然一样。

有人对我们说，生存的愿望是最古老的爱的形式；当然，最抽象的因而也是最古老的爱的形式是自爱，对自己个人存在的爱。可是这实在把事情说得太露骨了，口头上又不得不加以否认，于是就用情感的假象给它罩上一轮华贵的光圈。这样，失去妻子和儿女的人宁愿他们存在于某个地方，哪怕他们日子过得很坏，也不愿他们完全不复存在。假如只是谈到爱的话，那么应该说，个人的妻子和儿女是最纯洁地保留在他的内心里，这是一种比经验的存在高得多的存在形式。但情况却不是这样。既然个人只具有经验的存在，那么妻子和儿女也仅仅具有经验的存在。因此，他宁愿知道他们在感性空间的某个地方存在着，哪怕过着苦难的日子也好，也不愿他们根本不存在，这只不过表示，个人希望意识到自己本身的经验存在而已。爱的外衣仅仅是影子，而核心则是那赤裸裸的经验的"我"，自爱，爱的最古老的形式，它并没有更新，没有变成更具体、更理想的形式。照普卢塔克的看法，"变化"一词听起来要比"完全不复存在"更舒服些。但是，按照普卢塔克的看法，这个变化不应是质的变化，个别的"我"应该常住在他的个别的存在中；这样一来，这个名词仅仅是它所指的事物的感性表象，但它应当表示某种相反的东西。因此，这是骗人的虚构。事情的实质不应改变，而只应使它模糊不清；把它移置到奇妙的远方，只会掩盖质的飞跃，而质的任何差异都是飞跃，没有这种飞跃就没有理想性。

其次，普卢塔克认为，这种有限性的意识使人变得无能为力和无所作为，[引起]对现实生活的不满。但是要知道，表现为暂时的正是这一单一的存在，而不是生活。如果这一单一的存在认为自己已从这种因循守旧的一般生活中被取消，那么它还会因为它的苟且偷生将永远延续下去变得更加丰富，更加充实吗？它的态度因此而改变了呢，还是相反地仍然处在它的无生命的僵化状态中？它对今天的生活是持这种无所谓的态度，或者这个伊壁鸠鲁还要再继续活上几千年，这是否都一个样呢？

最后，普卢塔克直截了当地说，问题不在于内容，不在于形式，而在于个人的存在。只要存在，哪怕被塞卜洛士撕成碎块也罢！这样一来，他的不死学说的内容是什么呢？就是：从其个体状态在这里赋与他的质中抽象出来的个人，不是作为某种内容的存在而存在，而是作为存在的原子论形式而存在；伊壁鸠鲁说个人的灵魂被破坏并分解成原子，他所说的不也是同一回事吗？赋与这些原子本身以感觉，但又认为这种感觉的内容是无关紧要的，这实在不合逻辑。这样一来，普卢塔克在对伊壁鸠鲁的论战中所阐述的就是伊壁鸠鲁的学说。不过他没有忘记处处把"不存在"描绘成最可怕的东西。这种纯粹的自为存在就是原子。如果一般对个人来说，不死不是得到它的内容的保障，——因为这一内容是共同的，所以它作为共同的东西存在于自身中；而因为这一内容就是形式，所以它永远个体化，——如果不死对于他这个个人的存在具有保障，那么自为存在的具体差别就消失了，因为这种差别所表示的不是个人继续存在，而是永恒的东西与暂时的东西相对立而存在。在这种情况下，一切都归结为这样一个论点：原子本身是永恒的，有生命的东西又返回自己的这一基本形式。

伊壁鸠鲁就是这样阐述他的关于不死的学说的，但他从哲学上进行思考，而且十分彻底，因此完全可以用他的名字来称呼这一学说，完全可以说有生命的东西又回到原子论形式。任何不彻底性在这里都无济于事。如果个人的某一具体差别应当消失，正如生活本身所表明的那样，那么所有那些本身不是共同的和永恒的差别便都应当消失。但是，如果个人应当对这一"变化"漠不关心，那就只剩下这种保留原先内容的原子外壳，——这就是关于原子永恒性的学说。

雅科布·伯麦说：

"谁把永恒与时间等同，

而把时间认作永恒，

他便可以摆脱

各种各样的争斗。"

[XXVIII，1]"这样，他们[伊壁鸠鲁派]就用他们的学说使众人在失去对不死的[信念]的同时也失去最大的和最甜蜜的希望。"（第1105页）

这样一来，如果普卢塔克说伊壁鸠鲁把群众最甜蜜的希望连同不死一起毁掉，那么要是普卢塔克所说的话象他在另一个地方说过的话那样，那就会正确得多，在那里他是这样说的：

[XXVIII，3]"他不是在消除[对死亡的恐惧]，反而好象是在说明它。"

伊壁鸠鲁没有消除这一观点，他阐明它，用概念将它表达出来。

我们现在再说"正直的人"和"明智的人"这一类人。自然，在考察他们的时候，没有发现任何与前不同的新东西，不过那最初表现为动物的恐惧、随后又表现为人的恐惧、表现为怯生生的抱怨，表现为不愿意放弃原子论的存在的东西，现在以傲慢、自负和权利的形态出现了。于是象普卢塔克所描述的，这类人的代表便完全失去了理智。最低下的一类人提不出任何要求，第二类人流着眼泪，准

备顺应一切，只求挽救原子论的存在，第三类人则以庸夫俗子为代表，他感叹道：我的天，真是岂有此理，这么聪明、正直的人还要去见鬼啊！

[XXVIII，1] "对于那些善良的人的希望，我们将作何设想呢？他们笃信宗教并且正直地生活着，他们不希望在另一个世界里碰到什么坏事情，相反，他们期待着一切最美好和最奇妙的东西。"

[XXVIII，2] "首先，就象竞技者不是在他们开始角斗时，而是在取胜时才得到花环一样，那些认为善良的人死后将会因［正直的］生活而得到奖赏的人，奇怪地被上述希望推动着去行善。在这些希望中也包含着这样一种［希望］：那些在现时生活中因为有钱有势而过于骄傲并且狂妄地嘲笑好人的人，一定会受到应得的惩罚。"

[XXVIII，3] "其次，那些在这里追求真理和力图认识存在物的人中，还没有一个能够彻底实现自己的愿望。"

[XXVIII，4] "因此我把死亡看作一种巨大的和极完美的幸福，因为只有在那里灵魂才开始过着真正的生活，而在这里它不是真正地活着，而是处在一种梦一般的状态中。"（第1105页）

于是，这些好人和聪明人就指望着死后得到对生命的奖赏。但是，既然对他们来说对生命的奖赏是一种与生命有着质的差别的东西，那么在这种情况下指望得到延长生命的奖赏是多么不合逻辑。这种质的差别仍然披着虚构的外形，因为生命并没有上升到更高的领域，而是转移到另一个地方。于是，他们只是装作轻视生活的样子，无论什么更好的东西他们连想都不去想，他们只是以要求的形式来表示自己的希望。

他们轻视生活，但是在这种生活中他们的原子存在就是他们的幸福，而且

他们希望这种幸福是永恒的，也就是希望自己的原子存在是永恒的。如果在他们看来整个生活是一种幻影，一种坏的东西，那么他们认为他们是好人这种想法究竟从何而来呢？就只能从认为自己是原子存在这种知识中来；普卢塔克甚至断言，他们不满足于这种想法，他断言，——因为经验的个人所以存在，仅仅是由于他被另一个什么人所直观，——这些好人感到高兴的是：他们死后，那些迄今为止轻视他们的人现在确实看到他们是好人了，现在不得不承认这一点，并且必将为他们曾经不承认他们是好人而受到惩罚了。这是什么要求！坏人必须承认他们生前是好人，而他们自己却不承认生活的普通力量是幸福！这不是原子的傲慢达到登峰造极了吗？

这里不是十分突出地表明，永恒的东西是目空一切的和高傲的，而无情的、毫无内容的自为存在是永远存在的吗？用空洞的词句来掩盖这一点，说谁也不能满足自己这方面求知的渴望，是徒劳无益的。

这一要求中所表明的仅仅是，普遍的东西须象意识一样表现为单一性的形式，而且普遍的东西始终不渝地实现这一要求。其次，因为又要求它出现在这经验的唯一的自为存在中，所以这仅仅意味着问题不在于普遍的东西，而在于原子。

这样一来，我们就看到，在对伊壁鸠鲁的论战中，普卢塔克每走一步都落到伊壁鸠鲁的怀抱里；但伊壁鸠鲁扼要地、抽象地、真实地和尖锐地阐述自己的论断，并且了解他讲的究竟是什么，而普卢塔克所说的都不是他想说的，而他想说的实际上又不是他所说的。

一般说来日常意识同哲学意识的关系就是这样。

[Ⅲ.]（2）普卢塔克。
《科洛特》。克西兰德版

[Ⅰ，1]"萨图尔宁啊！科洛特，就是伊壁鸠鲁通常亲热地称之为科洛塔尔和科洛塔里翁的，出版了一本题为《论信从其他哲学家的学说就不能生活》的书。"（第1107页）

如果说在前面的对话中普卢塔克是试图向伊壁鸠鲁证明：信从他的哲学"不可能有幸福的生活"，那么现在他是在努力维护其他哲学家反对来自伊壁鸠鲁派的同一反驳意见的论点了。我们将看到，这一使命他是否能比前一个使命完成得更好，上一次他的论战实际上可以称为对伊壁鸠鲁的颂扬。这一对话对说明伊壁鸠鲁与其他哲学家的关系的特点是重要的。科洛特开过一个机智的玩笑，他请苏格拉底吃干草，而不是吃面包，并问他为什么不是把食物放进耳朵，而是放进嘴巴。苏格拉底专门在琐碎的事情上下功夫，这是他的历史地位的必然结果。

[III, 3]"莱昂泰乌斯……断言，伊壁鸠鲁很尊重德谟克利特，因为德谟克利特在他之前就宣示了真理的学说……因为德谟克利特早就发现了自然原理。"（第1108页）

[VI, 3]"谁要是断言多数人的如下意见是错误的，即：'热的东西是热的，冷的东西是冷的'，那么［他自己就错了］，因为他没有意识到，从他的话得出的结论是：没有一样东西会比别的东西更象它自己。"（第1110页）

每当伊壁鸠鲁哲学的彻底性一显示出来的时候，普卢塔克总是感到痒痒的。庸人认为，如果谁根据众人凭自己感性知觉能力判断的情况，对冷的东西不冷、热的东西不热的论点提出异议，而不肯定不管前一种说法或后一种说法都不存在的话，他便是自己欺骗自己。此公不知，这样一来差别只是从客体转移到意识。为了解决感性可靠性自身内的这一辩证法，必须承认，特性寓于共同性，寓于感性知识同感性存在的关系，而由于这种关系是直接不同的，所以特性也直接不同。这样，错误既不会归咎于客体，也不会归咎于认识，但是感性的可靠性整个来说将被看作这种不稳定的过程。谁的辩证法力量不足以全盘否定这个范围，谁想要承认它，他就必须满足于在这个范围内揭示的那个样子的真实。对头一件事来说普卢塔克太软弱，对第二件事他则太诚实，太审慎了。

[VII, 4]"……所以对每一种质实际上都可以说，它的存在同它的不存在是一样的：对于感觉得到它的人来说，它是存在的；对于感觉不到它的人来说，它是不存在的。"（第1110页）

于是，普卢塔克说，无论哪一种特性，都应当说它的存在同它的不存在是一样的，因为它是按照感觉到的印象而变化的。但是普卢塔克对问题的提法就已表明，他并不明白这是怎么回事。他谈论静止的存在或非存在就象谈论谓语一样。但刚好相反，感性东西的存在就在于不成为那样的谓语，不成为静止的存在或非存在。如果我以这种方式来区分它们，那么我所区分的正是在感性中没有被区分的东西。在通常的思维中，总是存在现成的、被思维从主体分离出来的谓语。所有哲学家都用谓语做主体。

（a）伊壁鸠鲁和德谟克利特

［VII，2］"德谟克利特所说的东西，即颜色、甜味、组合——这一切只存在于公认的意见中……［而实际上这一切只是虚空和］原子，他［即科洛特］说，这一点和感性知觉［相矛盾］，凡是接受和运用这一论点的人，便不能有把握地说他自己是活着呢还是［死了］。"

［VIII，3］"这种论断我没有什么可反对的，我只能说，所引证的这些原理和伊壁鸠鲁的原理是分不开的，正如，按照他们［伊壁鸠鲁派］自己的说法，形式和重量与原子是分不开的一样。"

［VIII，4—5］"德谟克利特说了些什么？——多到不可胜数的、不可分割的和很难分辨的，无质的和不受影响的实体，在虚空中分散地奔跑疾驰。当它们互相靠近或碰撞或交织在一起时，由于它们的聚集就给人造成这样一种印象：时而成为水，时而成为火，时而成为植物，时而成为人，但这一切实际上就是德谟克利特称作观念的原子，而不是什么别的东西。因为，据他说，从不存在的东西中不能产生有，从存在的东西中也不能产生无，这是因为原子由于不可渗透性既不受外界的影响，也不容许有内部变化，由此可见，色不能由无色的东西构成，自然或灵魂也不能由无质的东西构成。"

［VIII，6］"因此，应当责备德谟克利特的决不是他根据他的始原的［存在］作出结论，而是他提出了这些结论所据以产生的那些始原。他不应把本原当作不变的；或者，既然承认［它们的不变性］，他就应当注意到［这样一来］任何质都失去了产生的［可能性］，他就应当把［结果］否定掉，即使他也发现了这种不可能性。但伊壁鸠鲁完全缺乏理性地说，他［和德谟克利特一样］把同样的始原作为［一切的基础］，却没有说色……和别的质只存在于

意见中。"

[VIII, 7]"如果没有说的情形就是这样,那他这不正是承认,他在做一件他已习以为常的事吗?这样,他就排除天意,用他的话说,不再敬神了;他认为,他是为了快乐而寻求友谊,他[同时]声称,他为朋友忍受着最大的痛苦;他承认宇宙是无止境的,但不否认'上'和'下'[的概念]……"(第1110—1111页)

[IX, 1—2]"在这种情况下又怎么样呢?莫非柏拉图、亚里士多德和色诺克拉特[没有假定]金并不是采自金……其他的一切均由四种原始的和简单的元素构成?……但是在他们那里,每当要创造另外一样东西时,始原总是一开始就组合在一起,并且每一样东西都带来它所固有的种种质,就象加进一份巨大的贡献似的,当它们混为一体,当湿的和干的东西、冷的和热的东西等等融含在一起,也就是说,当相互作用和彻底变化着的物体融合在一起时,便得出另一种产物。"

[IX, 3]"而原子自身是独自存在和没有任何生产能力的,甚至当它与另一个原子冲撞时,也只感到因硬度和反作用力而产生的振动,但它自己不会发生也不会引起任何变化;它们就是这样永远地冲撞和被冲撞,可是它们在不断的撞击和排斥的过程中不仅不能从自身产生出任何动物、任何灵魂和任何生物,甚至随便什么相同的质或者哪怕一堆东西也产生不出来。"(第1111页)

(b) 伊壁鸠鲁和恩培多克勒

[X, 1]"科洛特……又抨击恩培多克勒,因为恩培多克勒[在他的诗中]说:

> 我再告诉你一件事:任何一个死亡的东西
> 既没有什么生,
> 也没有什么残酷死亡的必然性,
> 有的只是混合和混合物的解体,
> 这就是人们所谓的自然。"(第1111页)

[X，2]"至少是我没有看出,持下列意见的人能在多大程度上与生活相矛盾,即:没有的东西不会生,存在的东西不会死,而是存在物的互相结合就叫生,存在物的彼此解体就叫死。要知道恩培多克勒把死亡与自然对立起来,这就清楚地表明,他在这里把'自然'一词理解为生。"

[X，3]"要是那把混合称为生,把解体称为死的人不是活着也不能活着,那他们在做什么别的事呢?

但是恩培多克勒用热、软等把元素粘在一起和结合在一起,让它们混合并变成一种单一的、完全一样的东西。而他们[伊壁鸠鲁派]则把不变的和没有悟性的原子聚到一块,结果什么也没有得到,可是却使它们经常地和不断地互相冲撞,因为妨碍分解的复合更加剧了相互的冲撞,所以他们称为生的东西既不是混合,也不是粘合,而是混乱和斗争……因而,从它们[X，4]不能产生出任何东西,即使是没有灵魂的东西。"

[X，5]"怎么能够在虚空中或者从原子中产生出感觉、灵魂、智慧和理性呢,这一点不管你有多大的愿望都是不可想象的,因为它们本身并不具有任何的质,当它们聚到一块时,它们既不受影响,也不起变化,这种聚集本身所造成的不是混合、组合或接合,而是冲撞和互相排斥。"

[X，6]"所以他们的学说所造成的结果是毁灭生命,否定生物的存在,因为他们采用的原则是空洞的和没感觉的,无神的和没有灵魂的,既不能混合,也不能组合。"

[XI，1—2]"这样一来,他们[伊壁鸠鲁派]究竟在多大程度上让自然、灵魂和生物保留下来呢?那就正象他[伊壁鸠鲁]保留宣誓、祈祷、祭祀和崇拜一样,也就是说,只是在字面上、口头上、表面上、名称上假装保留它们,实际上他们却用自己的原则和学说来否定这一切。于是,他们把自然生长的东西叫做自然,把生出来的东西叫做生,就象人们把木头做的东西称为'木',把声音和谐的东西叫做'和谐'一样。"(第[1111]—1112页)

[XI，2]"为什么(科洛特说,——自然是对恩培多克勒说)我们要折磨自己,为自己操心,取此舍彼呢?须知连我们自己都不存在,也不同别人交往。"

[XI，3]"放心吧,[可以这么说],亲爱的科洛塔里翁,当他说科洛特的

自然就是科洛特自己，而不是什么别的东西的时候，任何人都没有禁止你为自己操心；当他证明，不存在烤的、香的、爱的东西的自然［本身］，但却存在着饼干、香油、女人的时候，［任何人也没有妨碍你］做事（对你们来说快乐就是事情）。"

［XI，4］"因为即使一个文法家说'海格立斯的力气'就是海格立斯自己时，他［并没有以此否定海格立斯本身的存在］，正如那些主张'和谐的'和'木的'只是派生词的人，也没有以此否定声音和木头的存在一样。"

［XI，5］"在伊壁鸠鲁说'存在物的自然是由物体和空间构成的'时，我们是否应该这样来理解他：他似乎想说，自然是存在物以外的另一种东西，或者他指的就是存在物而别无其他？就象他所用的'虚空的自然'这些词毫无疑问是指虚空本身以及他通常用'宇宙的自然'来表示宇宙一样。"（第1112页）

［XI，6］"恩培多克勒说，自然同生出来的东西没有区别，死亡同正在死亡的东西没有区别，他这样说时到底做了些什么呢？"（第1112页）

引用恩培多克勒的话。

［XI，7］

"当世上由于混合出现了人，
或者一种野兽，一种灌木，
或者一种猛禽，这就被［叫做］生；
当他们分崩离析，
习惯上就称为不幸的命运。"

［XI，8］"我必须补充一下，科洛特援引恩培多克勒这几行诗句时，并未看出，恩培多克勒没有取消人、野兽等等，按照恩培多克勒的论点，他们是由元素混合而成的，科洛特揭露了那些把这种混合和解体取名为什么'生'、'不幸的命运'和'残酷的死亡'的人的错误，可是却没有禁止使用关于这些概念的习惯上的表述。"（第1113页）

［XII，1］

"这些傻瓜，他们无所用心也无疑惑可苦恼，

他们以为从未有过的东西能产生，

或者一种东西会死去，

完全化为乌有。"

［XII，2］"他是以这些词句向长有耳朵的人大声地说：他不是否定生而是否定无中生有，他也不是否定死亡，而是否定彻底的毁灭，即化为乌有。"（第1113页）

［XII，3］

"'哲人永远不会这样预言，

只要人们还活着［他们把这叫做生］——

就能真正地活着，体验着善与恶，

要是他们尚未形成或者一旦解体，

他们便不是活着。'

否定已经生出来的和活着的人的存在的人，是不会这样讲的，相反，倒是那些承认未出生者和已故者也存在的人才会这样讲。"（第1113页）

［XII，4］"他（即科洛特）又断言，按照恩培多克勒的看法，我们既不会患病，也不会受伤。但当恩培多克勒说人只在出生之前和死后才会经验善恶时，他怎能否定活着的人对痛苦的感受呢？"

［XII，5］"到底是谁，科洛特，真的能不患病和不受伤？正是由原子和虚空，即由没有感觉的东西构成的你们。这并不可怕，可怕的是你们没有快乐的来源，因为原子不会感受任何引起快乐的东西，而虚空对快乐始终是没有感觉的。"（第1113页）

（c）伊壁鸠鲁和巴门尼德

［XIII，2］"我始终不理解，他说宇宙是单一的，这怎么会妨碍我们生活。"

[XIII，3]"要知道当伊壁鸠鲁断言宇宙是无穷尽的，既无始也无终，既不会增大也不会缩小时，他也是把宇宙当作一个单一体来说的，当他在研究之初说存在物的自然是由物体和虚空构成的，他仿佛是把单一的本质分为两部分，其中一部分实际上就是无，并且就是被你们称为感触不到的、空虚的和无形体的东西，所以对你们来说，宇宙也是单一的。"

[XIII，5]"我们应该把无限和虚空当作存在物产生的本原；但虚空本身是不起作用的和不受影响的，它没有形体，而无限是混乱的、没有理性的、不可把握的，它自行解体并陷入混乱，因为它由于自己的数量无限，既不能被控制，也不能受限制。"

[XIII，6]"相反，巴门尼德〈如科洛特所说〉既没有取消火，也没有取消水……没有取消欧洲和亚洲人口稠密的城市……"

[XIII，8]"因为所有［哲学家］，最早还有苏格拉底都承认，自然中有一种只有见解才能够懂的东西，但也有另一种唯有智慧才能理解的东西。"（第1113—1114页）

"它［即思考的东西］

"是不可动摇的、完整的，并且从未产生过"，诚如他［巴门尼德］所说，它与自身是同一的并且在它自身里始终是固定的（第1114页）。

……科洛特则……直截了当地说，巴门尼德断言'宇宙是单一的'就是否定一切存在的东西。"（第1114页）

[XIII，9]"［巴门尼德承认被思考的东西具有存在物和单一体的形式］，存在物他指的是永恒和不朽的东西，单一体指的是永远与自身相同的和不可改变的东西……而感性的东西，他认为是紊乱的，处在［经常］运动中的东西。"（第1114页）

[XIII，10]"'真理在这里充满了令人信服的力量'，这种力量属于永远与自身同一的被思考的东西。

'人们的见解在那里，里面一点真实的东西都没有了'——因为他们［人们］从事着允许各种各样变化的事情并且易受情感和不稳定的影响。"（第1114页）

"因而，他的'存在的东西是单一的'这个论点，并没有否定多和感性的

东西，而是表明了它们与思维所建立起来的东西之间的差别。"（第 1114 页）

(d) 伊壁鸠鲁和柏拉图

譬如，下面关于亚里士多德的一段话可以作为普卢塔克的非哲学的思维方式的证明：

［XIV，4］"柏拉图的理念——科洛特因之而指责他——处处受到亚里士多德的攻击，亚里士多德在关于伦理学和物理学的论文中，在他的公开对话中对它们提出各种疑问，所以按照有些人的意见，这些论点中所表现出来的与其说是他对智慧的向往，不如说是热中辩论的癖好，既然他抱定贬低柏拉图哲学的宗旨。"（第 1115 页）

［XV，2］"没有一点才智的他［科洛特］认为'人不存在'和'人是一种不存在的东西'的说法是意义完全相同、表示同一意思的。柏拉图却极其精细地把'不存在'和'是不存在的'这两个说法区别开来，也就是说，前者是对任何存在的否定，后者则是规定'真正存在着的'和'与存在有关系的'之间的差别。"

［XV，3］"后来的哲学家看到的只是种类和形式上……的差别，他们再也没有超过这一点，因为他们遇到过于巨大的逻辑上的困难。"

（这里还有一段话，从中可以看出洋洋得意的普卢塔克的内在的、怡然自满的愚蠢。）

［XV，4］"参加的事和参加者之间的关系犹如原因和物质、原作和副本、力和作用间的关系。"（第 1115 页）

假如普卢塔克谈及理念学说的创立者柏拉图时说，他

［XV，7］"并不轻视感性的东西，但是说［只］存在被思考的东西。"（第 1116 页）

那么，这个愚蠢的折衷主义者便不懂得，正是在这一点上应当责备柏拉图。柏拉图没有取消感性的东西，但认为存在是被思考的东西。这样一来，感性存在就不表现在思维中，而智慧能理解的东西也归于存在的范畴，因此有两个存在的世界，一个挨着另一个。由此可以看到，柏拉图的迂腐在普通人中间特别容易得到反应，而普卢塔克，我们可以根据其哲学观点将他列入普通人一

类。自然，在柏拉图那里，在哲学发展的某一阶段上看来是新颖的、必要的、灿烂辉煌的东西，在站在古代世界交界处的个人那里，则成为对已经去世的人的模糊形象的苍白回忆，成为太古时代的一盏照明灯，并且使人产生讨厌的印象，就象一个老天真给人的印象一样。

当普卢塔克赞扬柏拉图时，再没有比这更好的对柏拉图的批评了：

[XV, 7]"他没有否定被我们的感觉感觉到的正在发生和正在出现的东西，但是他断言有另一种更坚固和更稳定的东西"

（全都是从感性的东西里面抽象出来的、不能用概念表述的观念），

"一种不生、不灭也不受作用的东西"

（应当注意不—不—不三个否定的规定），

"而且他教导他的追随者更确切地"用文字"将这种差别表述出来"

（不错，这种差别纯系文字上的），

"把一个叫做存在的东西，另外一个叫做生成的东西。"（第1116页）

[XV, 8]"近代的[哲学家]也有这种情况。他们拒绝把存在的东西这个名称给予许多极重要的东西：虚空、时间、空间，总之，包括所有真实的东西在内的一切闻其名而知其物的东西。他们断言，这一切都不是存在的东西，但它们是某种东西，人们在生活和哲学中经常把它们当作存在着的和现成的量来使用。"（第1116页）

然后普卢塔克向科洛特提出问题说：伊壁鸠鲁派是否自己在制造永久存在和暂时存在之间的差别？等等。

在这里普卢塔克变得好嘲笑人了，他说：

[XVI, 2]"怎么样，难道伊壁鸠鲁把一切都同样称作存在的东西就比柏拉图更聪明吗？……他认为，暂时的东西同永久的东西具有同样的存在……于是那永久不能与自己的存在分离的本质，就同那些只作为附属的和变化不定的本质而存在并且一刻也没有与自身同一的本质[具有同样的存在]。"

[XVI, 3]"但如果说柏拉图在这里真正犯了极大的错误，那么他就必须为概念的混淆，向那些希腊话说得更好的人负责……"（第1116页）

听到这种夸大其词、自以为十分聪明的正经话是饶有趣味的。他，即普卢塔克，自己把柏拉图的存在差别归结为两个名称，可是另一方面他又断言伊壁

鸠鲁派把固定存在说成两个方面是不对的（然而伊壁鸠鲁派却是仔细地把"不朽的东西"和"没有本原的东西"同因组合而存在的东西区别开来的）。当柏拉图把"存在"摆在一边，把"生成"摆在另一边时，他不也是这样做的吗？

伊壁鸠鲁哲学
笔记四
III. 普卢塔克。(2)《科洛特》
IV. 卢克莱修。《物性论》（共三卷。(1)，(2)，(3)）
III. 普卢塔克。(2)《科洛特》

(e) 伊壁鸠鲁和苏格拉底

[XIX，2]"因为，伊壁鸠鲁有一个原则是：'除哲人之外，任何人都不能对某一事物如此深信不疑，以致无法使他改变信念'。"（第1117页）

这是了解伊壁鸠鲁对怀疑论态度的很重要的一句话。

[XIX，5]"但是那种证明我们的感性知觉不准确和不足信的论断没有排除这样一个事实，即每一个事物对我们来说都是明摆着出现的。但是当我们在自己的行动中对于出现的东西运用感性知觉时，[这一论断不允许我们把感性知觉当作]完全正确的和[无误的]。[因为]由于没有别的更好的东西的缘故，[这就足以使感性知觉成为必要的和]有用的。"（第1118页）

[XX，1]"苏格拉底研究了人是什么的问题，当科洛特为此而对他过分地加以嘲笑和轻蔑的非难，并且带着青年人的傲慢声称，——他（即科洛特）说，——他，苏格拉底，自己并不知道这一点时，事情就变得清楚了：科洛特自己从来没有想过这一点。"（第1118页）

(f) 伊壁鸠鲁和斯蒂尔蓬

[XXII，1—2]"他〈即科洛特〉说，斯蒂尔蓬使生活变成不可能的了，

因为他说不能把一个［概念］与另一个同它不同的概念联系起来。'［科洛特说］，要是我们不讲人是善的，等等，而说人是人，善良的是善的，云云，我们将怎么生活呀！'"（第1119页）

关于科洛特，的确必须承认，他善于摸到对方的弱点，而普卢塔克却没有一点哲学嗅觉，以致连谈的是什么都不知道。当抽象的同一性原理也被视为一切生命的死亡并受到指摘时，普卢塔克却针对这一点提出下面这种愚蠢的、只配由眼光狭小的乡村小学教师来说的反驳。

［XXII，3］"但是哪一个人因此而生活得更坏了？谁听到这一论点〈即斯蒂尔蓬的论点〉会不懂得这是俏皮的玩笑或者辩证法中的练习题？科洛特！不说'人是善的'……并不可怕，可怕的是不把神叫作神和不把神当作神（象你们所做的那样），是你们不愿承认人的庇护者宙斯的存在，不愿承认立法者德美特的存在，生育者波赛东的存在。你们剥夺了赋予神的称号，你们取消了祭祀、入会仪式、庆祝游行、节庆，这种把概念相互分离的做法是恶劣的，它使生活充满了对神的蔑视，充满了厚颜无耻。"（第1119页）

［XXIII，1］"斯蒂尔蓬所说的意思是：在讲到马时，我们用'跑'作谓语，那么，他说，谓语与它所说的东西并不是同类的，而是不同类的。'人'是一个概念，'善的'又是一个［概念］。［ "是马"和"是在跑的"两个说法的区别也是如此］。因为如果要求我们分别对每个概念作出规定，我们是不会给二者以同样的［规定］的。因此那些对一个概念使用和它不同的谓语的人是错误的……"

［XXIII，2］"因为，如果'人'和'善'是表示同一个意思……那么，对面包和药怎么能都说'善'呢？"（第1120页）

这是斯蒂尔蓬很好和很重要的论述。

（g）伊壁鸠鲁和昔勒尼派

［XXIV，4］"他们〈昔勒尼派〉说：'我们感觉到甜'，感觉到'暗'，因为其中的每一个印象都给［我们］以它所固有的特殊的和不断的作用。但是，蜜是否真是甜的……………………………………………………夜间的天空是否真是暗的，由于有很多证据，还受到动物、物和人的怀疑：有的

否定，反之，有的却接受……………………………………………………………"

[XXIV，5]"由此可见，意见只有以感觉为基础，才能避免错误；当它离开［感觉的土壤］，去注意外部事物并且对它们作出判断时，它常常陷于混乱并与其他从同一些事物得到相反的印象和获得完全不同的表象的人发生矛盾。"（第1120页）

[XXV，2]"因为，如果说一个形象我们觉得是圆的，另一个是折断的，那么他们尽管也主张感性知觉再现真实的东西，却不许承认塔是圆的或桨折断了，他们证实自己的感觉是真实的现象，但又不愿承认我们以外的事物实际上就是［它们向我们显示的］那个样子……………………………………
………………"

[XXV，4]"视觉得到的形象，向我们显示出是折断的样子。"

[XXV，5]"因而，由于在［感觉提供给我们的］表象和存在于我们之外的东西之间有着差别，我们就只好要么承认感觉到的表象的真实性，要么就得再提出证据，假使我们要求把显现出来的东西当成存在物的话。"（第1121页）

(h) 伊壁鸠鲁和学院派（阿尔克西拉奥斯）

关于这一点普卢塔克所说的可归结为：学院派承认三种精神活动：想象、意图、和谐［第1122页］；错误的根源也就出在最后一种。所以感性的东西无论从理论上说还是从实际上说都不会消失，消失的只是见解。

他试图向伊壁鸠鲁派证明，他们是在怀疑一种十分明显的东西。

IV. 卢克莱修。《物性论》
艾希施泰特版，1801年，一卷本

不言而喻，卢克莱修的东西只有少量可供利用。

第一卷

"当大地上人类的生活有目共睹地

在宗教的重压下悲惨无状，久久煎熬，

而宗教则在天际昂然露出头来

板着凶恶的脸孔俯视那被踩在地下的人群的时候，

是一个希腊人首先敢于抬起凡人的目光，

对着它以眼还睛，敢于挺身出来抗拒。

任是神道，任是闪电，或者天空

吓人的雷霆都不能使他畏惧……

…………………………………………

于是，今天轮到宗教被我们踩在脚下，

而胜利则把我们自己凌空举起。"（第62—79行）

"任何东西都不能凭神意从无中生出。"（第150行）

"假如无中真的可以生出物，

则任何存在物不要种子就能产生……"（第159和160行）

"为使你终究不致因看不见物的本原

而怀疑我的话……"（第267和268行）

"自然就是这样通过不可见的物体来显神通。"（第328行）

"但一切东西并非都被物质填满堵实，

因为物里面存在着虚空。"（第329—330行）

"它（认识了虚空）【马克思作的注解。——编者注】就会使你不致于……

永远思索宇宙的本质……

这就是必定存在空虚的空间的缘故：

因为没有虚空，物体根本就不能

向任何地方运动……

…………………………………………

……这样任何东西都不能推向前进,

因为任何东西都不会让路,使运动有个起点。……

………………………………………………

……要是没有虚空……

………………………………………………

任何东西就永远不会生出来,

因为物质处处都是紧紧夹成一块。"(第332—345行)

"……[应当承认],物体中存在着虚空,

物体运动便是由此获得开端的。"(第382—383行)

"整个……自然由两种东西构成:

第一是物体,第二就是空虚的空间。"(第419—420行)

"……时间本身是不存在的……

………………………………………………

应该承认,离开了事物的动和静,

人们就不能感觉到时间本身。"(第459—463行)

"[你现在清楚地看到,每一个行为]

根本不是自己独立存在,

不象物体那样,也不象虚空那样。

倒不如更宜于称之为

物体的偶性,或空间——一切事物

运动于其中的那个空间的偶性。"(第479—482行)

"……既然这里已经根据其双重本质

看出两种东西,即物体和[一切事物

在其中活动的]地点之间的主要区别,

那它们必定是完全独立存在的。

因为哪里有[我们称为虚空的]空间,

那里便没有物体,而物体所在之处,

也就无论如何不会有虚空存在。"(第503—509行)

"……物质是永恒的……"(第540行)

"……在［我们的感官已经感觉不到的］

物体上有一个极限点……

……以它的本性来说它是最小的，

因而完全不可分割，而且从来不曾，

将来也永远不会个别地、独立地存在。"（第599—603行）

"……有这样的物体，［它们的

碰撞、运动、排列、状况和形状

可以产生火，只要改变次序，

本性也就改变］，它们不象火，也不象

任何一种能将物体授给我们的感官

和以自己的接触来刺激触觉的东西。"（第684—689行）

"最后，如果一切皆由四种元素造成，

如果一切物以后重又分解成这四者，

那为什么要把四种元素看作物的始原，

而不认为那些物是它们的始原？"（第763—766行）

"［如果你以为火、土、气和水

在相互结合时能够做到

不改变自己的本性］，

那么你就不能由它们得到任何东西；

无论是活的东西，还是象树那样死板的东西。

因为在这不同种类的混合中，

一切都会显出自己的本性：你将看到

在那里气和上混在一起，火又留在水里。

然而始原在把物造出来的时候，

必定要加进一种潜藏的不可见的本质，

以免出现任何会妨碍和干扰各种创造物

拥有自己独特性质的东西。"（第773—781行）

"而据说……

……………………………………………………

……这一切不断地互相转化，移动

（即：火升入气，而后形成雨，

而后成土，然后一切又从土还原回去）【括号里的话是马克思的解释。——编者注】

从天上降落到地上，又从地上回到天体。

但始原无论如何不可能这样做，

因为必须随时有一种不变的东西存在，

以免所有的东西都完全化为乌有。

因为一样东西如果变化时超出自己的界限，

就等于它原来那种状态的毁灭。"（第783—793行）

"因为在许多物里面

相同的始原是以多种方式结合的，

不同的物就必须以不同的食物为滋养。"（第814—816行）

"因为同样的本原构成天空和大地，

太阳、河流、海洋、树木、五谷和生物。

但不论它们的混合还是运动都不相同。"（第820—822行）

"此外在他〈即阿那克萨哥拉〉看来，始原太不稳定……

……………………………………………………………

其中哪一种能顶住强大的冲击

和逃避毁灭……

是气？是水？或者火？还是什么？是血还是骨？

不，我相信，都不能，因为一切物

同样不免完全死亡，象我们看见的、

那为暴力所摧毁而在我们眼前公然灭亡的东西一样。"（第847—856行）

"如果木中潜藏着火和烟和灰烬，

那木无疑是由不同的物所构成。"（第872—873行）

"这里只剩下一个小小的诡辩余地，

阿那克萨哥拉就抓住它，认为

一切物都潜混在一切物之中，

但只有那在成分的数量上超过其他物、
老是现成摆在那里首当其冲的东西才会显露。
这样的解释丝毫不近真实。
因为这样一来被磨石辗碎的谷粒
就应该常常在磨石上留下一些血迹
或者一些别的东西⋯⋯⋯⋯⋯⋯⋯⋯⋯⋯⋯⋯
⋯⋯⋯⋯⋯⋯⋯⋯⋯⋯⋯⋯⋯⋯⋯⋯⋯⋯⋯⋯
最后，我们劈开木柴也就能发现
灰烬和烟，以及隐藏的小火苗。
但很明显，既然事实证明并非如此，
就应当认为物里面不存在这样的混合，
而是许多物所共有的种子
以多种方式结合而潜藏在物里面。"（第875—896行）
"你最终见到我们刚才谈的是什么了吧？
具有重大意义的首先是：
这些始原和哪些始原以怎样的位置相结合？
它们彼此之间将如何运动？
它们是怎样只要稍微变动一下结合
便产生木和火的？就象我们以同样的方式
稍稍变动一下这两个词的字母结合，
就会产生意义全然不同的两个词。"（第907—914行）
"宇宙不管哪一边都没有任何终极，
因为否则它就必定会有边际；
而任何东西显然都不会有边际，只要
它的外面没有什么东西将它隔开⋯⋯
⋯⋯⋯⋯⋯⋯⋯⋯⋯⋯⋯⋯⋯⋯⋯⋯⋯⋯⋯
如果我们必须承认宇宙之外别无他物，
那么它就没有边际，也无终无极。"（第958—964行）
"此外，如果辽阔宇宙的整个空间

四面都被圈定，并且是有边界，
[有终点的]……
……………………………………
就没有天空本身………………
……………………………………
确实，本原体无论在哪里都完全
得不到静止，因为并没有一个底部，
可以让它们停止汇流而沉积。
一切物体永远在不断的运动中造就，
本原体到处、从四方八面跑来跑去，
从无底深渊来的和上面的一起疾驰。"（第984—997行）
"[再者，自然很留神使物的总量
不能为自己设置界限：]它把虚空作为
物体的界限，而又强迫物体围住虚空，
如此循环交替使一切皆无终极。
纵使其中一个不成为另一个的边界，
这个或那一个仍然会自己无限地延伸。"（第1009—1013行）
"[………贪婪的大海随时新添进河水；
太阳热晒暖的大地
重又生产果实；生物便得以生育茁壮；
天空滑动的火就不熄灭。]
这一切无论如何都不可能，要不是
物质从无限中永远源源而来，
使所有的亏损一次又一次得到补充。
因为一切生物如果失去食物，就会
衰萎消瘦，同样一切其他的东西，
一旦物质变得不足，源源不绝的供应之流中断，
就必定会开始消失。"（第1035—1041行）
就象那大自然一到春天便裸身露体，仿佛意识到它的胜利似的，将它的全

部妩媚展现在人们的眼前,然而到了冬天就用冰雪遮羞掩丑——朝气蓬勃的、大胆的、富有诗意的世界主宰者卢克莱修就是这样不同于用道德的冰雪来掩盖自己小"我"的普卢塔克。当我们看到畏缩地浑身颤抖的、屈辱地低声下气的个人时,我们会不由自主地摸摸自己,四下张望,怀疑自己的存在,生怕自己会马上消失。但看到身穿鲜艳服装、腾空飞舞的人时,我们却又忘乎所以,觉得我们仿佛高出于自己之上,达到普遍力量的水平,呼吸也就更自由了。谁觉得自己更道德和更自由些:是那刚走出普卢塔克的教室,一边思量着善良的人—死也就失去了自己一生的成果实在有欠公允的人,还是那直观永恒的完满境界、用心倾听着卢克莱修那勇敢的、雷鸣般的诗歌的人:

> "……对荣誉的期望
> 已将尖锐的酒神手杖深深扎入我的心。
> 同时向我胸中灌进对缪斯的甜蜜的爱,
> 现在我为这爱鼓舞,怀着兴奋的思想
> 漫游在皮埃里亚的没有道路的原野,
> 这里从来没人走过。我乐于把双唇
> 贴近那里的清泉,也乐于采摘不知名的野花
> 并把它们编成绚丽的花冠戴上,
> 这样的桂冠缪斯还从不曾加在谁人的头上。

第一,因为我在教导伟大的知识,
努力把人的精神从迷信的罗网中解放,
第二,我以十分明洁的诗句叙述
隐晦的主题,处处染以缪斯的魅力。"(第922行及以下几行)

那一味喜欢为自己操心,而不用自己的力量去建设整个世界,做世界的缔造者的人,正受到精神的诅咒,被开除教籍,不过这是从相反的意义上说的;他被赶出教堂并且失去了永恒的精神快乐,于是也不得不以想象中的个人幸福来哄骗自己,夜里梦见自己。

"幸福不是对美德的奖赏,而是美德本身。"【斯宾诺莎《伦理学》第5部

分，命题四十二。——编者注】

我们也将看到，比起普卢塔克来，卢克莱修对伊壁鸠鲁的理解要明哲无数倍。哲学研究的首要基础是勇敢的自由的精神。

首先值得称许的是用伊壁鸠鲁的观点对从前的自然哲学家所作的中肯批评。它之所以值得研究，是因为它巧妙地将伊壁鸠鲁学说的特点提到最重要的地位。

我们特别注意有关恩培多克勒和阿那克萨哥拉的阐述，因为这些阐述在更大程度上适用于其他自然哲学家。

1. 任何规定的元素均不能被认作实体。因为假使一切都转化成这些元素，一切又都由它们产生，那为什么不反过来认为，在这种可逆的过程中它们是从一切其他物的总和中获得其本原的呢？因为这些元素本身只不过是与其他物并存的一种被规定的、有限的存在形式，它们的形成同样是由于发生在其他物中的那个过程。反之亦然（第763—766行）。

2. 如果某些被规定的元素被承认为实体，那么，一方面，它们的天然片面性就表现在：它们是在互相碰撞中保存自己、表现自己的规定性，并且这样一来就溶化在自己的对立物中；另一方面，它们受到自然力学过程或某种其他过程的支配，显示出受其单一性所限制的形成能力。

如果说伊奥尼亚派自然哲学家的下述观点从历史上看可以原谅，即对他们来说火、水等不是规定的感性元素，而是一种共同的东西，那么，他们的对手卢克莱修恰好在这一点上对他们的指责是完全正确的。既然在阳光下很快就显现的、感官可以感觉到的元素被当作基本实体，那么在这种情况下感性知觉和元素存在的感性形式就成为元素的标准了。如果有人说，元素在形成存在物的本原时，被规定成另一个样子，那么，这一规定就仍然是潜藏的规定并未在元素的感性单一性中显露出来，这种规定只是内在的规定；因而，元素在其中作为本原出现的规定，对这些元素来说就是一种外在的东西，——这就是说：这些元素就不是这个被规定的元素的那个样子，也就是说它们不在那将它们作为火、水等与其他元素区别开来的东西里面（第773行及以下几行）。

3. 第三，认为规定的特殊元素是本原，这不仅与它们有限的存在以及它们从中任意划分出来的其他元素相矛盾（因此，与后者相比，这些元素除了数的规定性外再没有别的差别；但是看来，这样的规定性作为一种有限的规定性，反而原则上是由其他物的众多、无限性规定的）。这些元素本身的有限性和可变性不仅表现在以特殊形式（通过这种形式，既显示出它们的独特性，也显示出囿于天然界限内的形成能力）发生的相互关系中，而且还表现在过程本身中，由于有了这一过程，世界才由这些元素所形成——象人们所认为的那样。

既然这些元素囿于特殊的天然形式内，那么它们的创造活动便只能是特殊的，也就是说，它们的创造活动只能是它们本身的变更，这一变更仍然具有特殊性，即天然特殊性，也就是说，它们的创造活动即是它们变化的自然过程。这些自然哲学家认为，火就是这样在空气中闪烁的，雨就是这样出现并降落到地面上的，土就是这样形成的。总之，这里所显示的是元素本身的可变性，而决不是它们的稳定性，不是它们作为本原所固有的实体存在；因为它们的创造活动正好反过来意味着它们的特殊存在的死亡，反之，产生的东西却根源于它们的可变性（第783行及以下几行）。

在元素存在和天然物存在的必然的相互制约性中表现出来的仅仅是，它们的条件就是既存在于它们之外，也存在于它们自身内的它们自身的力量。

4. 卢克莱修转而谈到阿那克萨哥拉的同素体。他非难同素体是：

"始原太不稳定"。

由于同素体同它们对之来说是同素体的东西具有同样的质，是同样的实体，因此我们必须把我们在它们具体显露时所观察到的同样的暂时性归于它们。要是木中隐藏着火和烟，那木无疑是由"不同的物"混合而成的。如果任何一个物体都是由全部感性的种子构成，那么在打碎的物体内必定会发现它包含着感性的种子。

似乎很奇怪，象伊壁鸠鲁哲学这样来自感性物范围并把它——至少在认识上——上升为最高标准的哲学，会把象原子这样的抽象的东西，这样一种"盲目力量"认为是始原。关于这一点见第773行及以下几行——第783行及以下几行，这里表明：始原必须独立地存在，不具备任何特殊的、感性的、物理的性质。它是实体：

"因为同样的本原构成天空和大地，

太阳、河流、海洋"等等。(第 820 行及以下几行)

这一始原具有普遍性。

这是关于原子对虚空的关系的重要评语。关于这一"双重本性"。卢克莱修说：

"……它们必定是完全独立存在的。"(第 503 行及以下几行)

接着，它们又彼此排斥：

"因为哪里有［我们称为虚空的］空间，

那里便没有物体"等等。(同上)

它们中的每一个，本身就是始原；这样一来，无论原子还是虚空，都不是始原，而它们的基础，它们中的任何一个作为独立的本质表现出来的东西，才是这样的始原。在伊壁鸠鲁体系完成时这一中间环节被赋予最高的地位。

关于作为运动始原的虚空，见第 363 行及以下几行，关于显然作为内在始原的虚空，见第 382 行及以下几行。"虚空和原子"是思维和存在的具体化了的对立面。

卢克莱修·卡鲁斯。《物性论》
第二卷

"但再没有什么比照看明净的寺院更大的乐事，

哲人的学说把它们建立在安全的高处……"(第 7 行及以下几行)

"啊，可怜的凡人头脑！盲目的感觉！

在无数的危险中，在茫茫的黑暗中

人们度过了一生，这极其短暂的岁月……"(第 14 行及以下几行)

"……正如小孩在一团漆黑中发抖和害怕，

我们在大白天也常常害怕［一些东西，

它们其实一点也不比小孩在黑暗中

以为会发生和感到害怕的东西更可怕］。

可见能从心灵消除这恐惧和驱散黑暗的

不是太阳的光芒，也不是白昼的光辉，

而是自然本身的面貌及其内部的结构。"（第55行及以下几行）

"……物的始原存在于虚空之中并在其中

流荡，它们必然因本身的重量或别的

始原的碰撞而飞奔疾驰……"（第83行及以下几行）

"……请记住，宇宙的任何地方

都没有底部，没有原初物体可以停留的

地方，因为空间既无终极也无界限，

它是无限度的，向四方八面伸延的，

正如我已详尽地证明过的……"（第90行及以下几行）

"……无疑在无限的虚空里面，

原初物体无论在哪里都绝不能有静止。

相反，它们不断为各种运动驱赶，

[有些在互相碰撞之后跑得更远，

有些则在附近散开]。"（第95行及以下几行）

原子结合的形成、原子的排斥和吸引，是伴随着嘈杂的声响而发生的。在世界的作坊和铁匠铺里进行着喧嚣的、紧张的斗争。在世界上——在它的隐秘的中心里面喧腾着这样的风暴——充满了内部纷争。

连射进荫蔽处的阳光也是这场永恒战争的一种形象。

"许多微小的物体………

在光线照耀下［前后奔突］；

象在一场永恒的斗争中交战厮杀，

一队队投入战斗，永无休止，

时而遇合，时而分散开来。

从这里你可以看出，物的始原

是怎样在无限的虚空里不断地驰驱。"（第116行及以下几行）

我们看到，命运的盲目的、可恶的力量是如何变成个人的、个体的任性并且破坏形式和实体的。

"此外，你应该注意到

在阳光下闪烁的物体里面的纷乱，
因为你也将从中了解物质的运动，
这些运动在物质里隐匿而不可见。
因为在这里你将看见许多微粒因看不见的
撞击而改变它的路线又再退回去……"（第 125 行及以下几行）"
物的始原最初自己运动
接着那些由始原稍为结合而成的，
可以说是首当其冲因而是最靠近的物体
就因始原看不见的碰撞而动起来，
之后它们又促使更大一点的物体运动。
这样，运动由始原开始逐渐地
触及我们的感觉，直至我们能够
在阳光下运动的微粒中看见它，
虽然看不出那推动它的碰撞。"（第 133 行及以下几行）
"但所有那些单纯而坚实的始原，
当它们通过虚空的时候，没有遇到任何
外来的阻滞，它们同自身各部分构成一体
并且一往无前地奔向所往的地方，
因此显然必定具有无限大的速度，
比阳光的飞奔的速度不知快了多少，
[同一时间里在空间跑过的距离
也比太阳光辉在天空划过的路程远许多倍]。"（第 157 行及以下几行）
"……即使我对物的始原一无所知，
那么就象根据许多别的现象一样，
我也敢根据天体现象断定：
整个现存世界并非为我们也绝非神力
创造的……"（第 177 行及以下几行）
"……任何物体本身都不可能
靠自身的力量上升或向上运动。"（第 185 行及以下几行）

"原子偏离直线"是最深刻的结论之一,并且是根据伊壁鸠鲁哲学的本质而来的。西塞罗可以嘲笑说:哲学之于他,就同北美利坚合众国总统一样陌生。

直线,即简单的方向,是直接的自为存在的扬弃,点的扬弃;它是被扬弃的点。直线是点的异在。原子——从自身排除了异在的点的存在,——是绝对的、直接的自为存在,因而它不可能有简单的方向,不可能有直线,它偏离直线。原子显示,它的本性不在于空间性,而在于自为存在。它服从的不是空间性的规律,而是别的规律。

直线不仅表示点的扬弃,它也是点的定在。原子不关心定在的宽广,它不分离成存在着的差别,但同时它也不单纯是存在,不单纯是一种仅仅是直接的、似乎对自身的存在感到无所谓的东西,但它的存在恰恰与定在不同,它与这种定在相反,被隔绝在自身内;这个意思翻译成感性语言就是:它偏离直线。

正象原子偏离它的前提,摆脱它的质的本性,因而显示出这种摆脱,这种没有前提的空洞的自我隔绝对它本身是存在的,显示出它本身的质就是这样表现出来的,——整个伊壁鸠鲁哲学也同样偏离了前提。例如,快乐仅仅是避开痛苦,因而也就是避开这样一种状态,在这种状态中原子表现为被区分的,表现为具有定在的、受不存在和前提拖累的东西。但是原子的有限性在于:痛苦等等是存在着的,导致偏离发生的这些前提对个人来说是存在着的,在这方面原子是一种偶然的东西。诚然,我们看到,这种前提本身对于原子已经是存在着的,因为假如它对原子不存在的话,原子就不会偏离直线。但这是根据伊壁鸠鲁哲学的观点得出的结论;伊壁鸠鲁哲学在实体前提的世界上寻找着一种没有前提的东西,或者,用逻辑学术语来表达:由于自为存在是伊壁鸠鲁哲学唯一的、直接的原则,因而定在同伊壁鸠鲁哲学直接相对立,伊壁鸠鲁哲学在逻辑上没有能克服这个定在。

在这种情况下人们通过偶然上升为必然性、任意性上升为规律那样的途径来回避决定论。神回避世界,世界对它说来是不存在的,所以它才是神。

这样就可以说,"原子偏离直线"是原子的规律,是原子的脉动,是原子的特殊的质,正因为如此,德谟克利特的学说才具有完全不同的性质,才不象伊壁鸠鲁哲学那样只是某一个时期的哲学。

"如果它们［象雨点一样地］继续下落，

经过广阔的虚空时丝毫也不偏斜，

那原子既不会有遇合，也不会有碰撞，

自然界也就永远不会产生出任何东西。"（第 221 行及以下几行）

因为世界在创造中，因为原子同自身，即同另一个原子发生关系，它的运动就不是那种必须先有异在的运动，——直线运动便是这种运动，——而是那偏离直线、同自身发生关系的运动。在感性概念里这一点可以这样表达：原子只能同原子发生关系，并且其中的每一个都偏离直线。

"我再重复一遍：物体必定要偏斜，

但一点也觉察不出来；绝不会使人觉得我们不顾明显性把运动想象成斜的。"（第 243 行及以下几行）

"如果所有运动形成一条连接不断的链条，

新的运动总是按一定秩序从旧的运动中产生，

而原子也不能由于偏斜而

引起打破命运的束缚的别的运动，

以便使原因不致永远跟着原因而来，

那么你说说看，大地上的生物是如何

和从何得到那不受命运支配的、使我们

能向欲望所招引的地方迈进的自由意志……"（第 251 行及以下几行）

"……［在我们胸中仍然有

某种东西］……

由于它的裁决全部物质

包括所有关节，有时包括［四肢］必得向前推去……"（第 281 行及以下几行）

"偏离直线"就是"自由意志"，是特殊的实体，原子真正的质。

"所以在原子中除了撞击和重量之外，

你还必须承认有运动的另一种原因，

是我们身上这种天赋能力的根源，

因为，如我们所见，无中不能生有。
诚然，重量妨碍着一切事物由某种外力
撞击而生；但智慧所做的一切不仅是
由于内在的必然性，它也并非只是被迫
忍受和负担并作为被征服者而听命于必然性，
这情况的发生乃是由于原子的微小偏斜，
不过不是在规定的期限，在一定的地点。"（第284行及以下几行）
　　这种偏斜不是在空间一定的地点、一定的时间发生的，它不是感性的质，它是原子的灵魂。
　　在虚空中重量的差别消失了，这就是说，虚空不是运动的外部条件，而是自己存在着的、内在的、绝对的运动。
　　"反之，虚空在任何时候，任何地方都不能
作为一种支柱阻挡住任何事物，
而总是凭它的本性向一切让路。
因此一切东西尽管重量不等，
却必定以同等的速度冲下，
通过寂静的虚空在运动。"（第235行及以下几行）
　　卢克莱修提出这一点来反对受感性条件限制的运动。
　　"因为一切在水中或稀薄空气中下落之物，
之所以因本身的重量而一定下落得更快，
仅仅是由于水或空气的细微本质
不能给所有的物造成同样的阻碍，
而是对较重的东西让开得更快。"（第230行及以下几行）
　　"你终究看到了吧，虽然外力推动许多人
并常常使劲地拉他们，迫使他们违反
自己本意向前进，但在我们胸中仍藏着
某种东西，会抗拒它并能与之斗争。"（第277行及以下几行）
　　见上面援引的诗句。
　　这种"力量"，这种"偏斜"，就是原子的反抗、顽强，就是它"胸中的某种东西";这种力量表明的对世界的态度并不是分裂的、机械的世界对单个人的态度。

就象宙斯是在库列特的嘈杂的战争舞蹈声中长大的一样,在这里,世界就是在原子的斗争声中形成的。

卢克莱修是一位真正的罗马史诗诗人,因为他歌颂罗马精神的实体;我们在这里看到的不是荷马笔下的生气勃勃的、强大的、完整的形象,而是坚强的、武装到不可穿透的、没有任何其他品质的英雄,"一切人反对一切人"的战争【"一切人反对一切人的战争"是托霍布斯的用语。见他的著作《哲学原理》第三部分《论公民》的致读者序和《利维坦》。——编者注】、僵硬的自为存在形式,失去神性的自然和与世隔绝的神。

我们来看看原子更具体的质的规定;我们已经弄清了它们内部的内在特性,这种特性,说得确切一点,就是它们的实体。在卢克莱修那里,这些规定非常不能令人满意,一般地说,它们是整个伊壁鸠鲁哲学最武断的,因而也是最困难的部分之一。

(1) 原子的运动

"物质的总库从不曾比现在更

拥挤,也不曾比现在更空疏

……………………………

任何力量都不能改变物的总量。"(第294行及以下几行)

"在这里你不要感到惊奇:

虽然所有原子都在运动着,

其总量对我们来说却处在绝对的静止中,——

……………………………………

因为原子的整个自然都远在我们的

感觉范围之外。因此既然我们的视觉

看不见它们,我们就见不到它们的运动。

就是我们能看见的东西如果离我们太远,

也常常把它们的运动隐藏起来不让我们看见。"(第308行及以下几行)

(2) ［原子的］ 形状

"现在你来进一步认识一下一切实体的原子的
本质和特性；它们的形式是如何
多样，它们的形状又是如何不同。
……………………………………
……既然它们的数量是如此之多，
以致象我已指出的既无止境也无法计数，
那它们自然就不会都具有完全
相同的体形和相象的形状。"（第 333 行及以下几行）
"所以物的原子有不同的形状，
这样才能够引起各种不同的感觉。"（第 442 行及以下几行）
"物的原子的……
但这些形状的种类数目有限，
因为如果这些形状的数目不是有限的，
有些原子就会有无限的体积。
因为在原子所固有的同样微小的体积里，
不容许各种形状有很大的不同，
譬如说，假定一个原子包含
三个或更多一些的最小部分；
然后你把这个原子的这些部分
自下而上或自左而右重新摆放，
当你摆完所有的组合后你就会看到
这个原子所可能有的全部形状上的变化；
如果你还想进一步改变它原有的形状，
你就得增加新的部分。
如果你想一再地改变形状的话，
那么每一次组合都要加进新的部分。
可见，随着形状的每一新的变化

必然是它的结构的增大,

因此,你不能相信原子在形状方面有无限多的不同。

否则就应认为有些原子是非常巨大的,

而这一点我已证明过是不能接受的。"(第479行及以下几行)

伊壁鸠鲁说,"形状的多样不是无限的",但是"存在着无限多同一形状的微粒,由于它们不断的碰撞便创造了——并且在继续创造着——世界",这种论点是对原子同它们的质,同作为世界本原的原子本身的关系的最重要、最内在的考察。

"因为一切会不断出现,一个比一个更好。"(第507行)

"但也可以反过来:一切同样会

退而变得更坏,就象它能臻于尽善尽美一样,

因为一切会不断出现,一个比一个更丑恶……"(第508行及以下几行)

"如果事实并非如此,而万物又都有两面,

都有一定界限,那你就必须承认,

物质形状的不同也是有限的。"(第512行及以下几行)

"给你说明这点之后,我再说下去:

正如你现在不难证实的那样,

那些形状彼此相同的物的原子

是不可胜数的。因为形状的差别虽然是有限的,

而相同的始原却应是无限的,

不然物质的总量会是有限的,

这我已证明是不可能的……"(第522行及以下几行)

原子的距离即差别是有限的;假定它是无限的,那原子在自身里就是居间的,就会包含理想的多样性。原子的无限性作为一种排斥,作为对自身的否定关系,产生无限多类似,它们的无限性同它们的质的差别没有任何关系。假定原子形状的多样性是无限的,那么每一个原子本身便包含着被它否定的另一个原子,在这种情况下就存在着代表世界全部无限性的原子,象莱布尼茨的单子一样。

"因此,无论哪一种物的原子都

不可胜数并显然能使万物得到补充。"（第567行及以下几行）

"从亘古开始的本原之间的战争

就这样胜负不定地永远进行着：

时而充满活力的自然的力量获胜，

时而死亡战胜了它们。送葬的哀泣

混和着初见太阳的婴儿的啼叫。

没有一夜，没有一天，没有一个早晨

听不见婴孩的啼哭，夹杂着

那死了人的和黑色葬仪上的号哭。"（第573行及以下几行）

"什么东西里面具有更大的力量和效能，

就表明它包含着更多的

种类不同和形状完全不同的原子。"（第586行及以下几行）

"因为一切神灵必定天生是永远

在绝对的宁静中享受着不朽的生命，

他们没有我们的那些操心事，逸然超脱，

没有任何痛苦，远离一切危险，

他们拥有一切，不需要我们要的东西，

他们用不着恩赐，也不知愤怒为何物。"（第646行及以下几行）

"……物的本原永远不会被照亮。"（第796行）

"但是你不要以为原子只是

没有颜色，它们里面没有一点热气，

冷和酷热也同样与它们无缘，

它们跑来跑去，既无声又无味，

它们身上也不发出特殊的气味。"（第842行及以下几行）

"所有这一切都必须同原始物体分开，

如果我们想在不朽的基础上建造世界，

使它能够保持完好无损的话，

否则你的一切东西都将化为乌有。"（第861行及以下几行）

"显然，任何痛苦都不能触及原子，

它们本身也不会有快乐的感觉,

因为它们没有任何自己的原初物体,

以致会因其运动的变化而感到痛苦

或者尝到任何惬意的快乐之果。

所以原子不具有任何感觉。"(第 967 行及以下几行)

"如果生物之所以能有感觉只是由于

它们的原子本身具有感觉,

[那人类身上的原子又该是什么样子?]"(第 973 行及以下几行)

对此的回答是:

"因为假如它们〈即原子〉各方面完全象人一样,

那么它们自己就应由其他元素构成,

这些元素又由其他元素构成,如此类推,没完没了……"(第 980 行及以下几行)

[第三卷]

"首先,我断言,精神是由最精细

最微小的本原构成……"(第 179 行及以下几行)

"但是如此灵活的精神,必定全部

由极圆和极微小的原子所构成。"(第 186 行及以下几行)

"[相反,蜜比水分不知稳定多少倍,

它滴得比较迟缓,也流得慢得多],

因为在蜜里面全部物质凝聚得更

紧密得多,并且无疑是由较不光滑

和不那么圆不那么细的原子构成。"(第 193 行及以下几行)

"[相反,那些]更大更粗糙的

[物体]总是显示出更大的稳定性。"(第 201 行及以下几行)

取消联结、比重:

"……精神和灵魂按天性说

无疑是由极小的种子所构成,

因为它们飞离时没有把重量带走分毫,

但也不能以为它们的本性是简单的。

人死时离开的是一种混合着热的

稀薄的微风,而热又带着气走;

不混合着气的热是没有的。"(第 228 行及以下几行)

"所以我们已看到精神的性质是三重的。

但要产生感觉这一切仍嫌不足,

因为不能设想由此能够产生

我们身上的运动的感觉……

因此我们还应当再增加某种

第四种性质。它还没有任何名称,

自然里面没有比它更细更活动的东西,

没有一样东西的原子比它更小更光滑。"(第 237 行及以下几行)

"但是通常这些运动在身体的表面就

受到限制,我们因此才能保住生命。"(第 256 行及以下几行)

"[显然,死不值得我们感到害怕],

那不复存在的人是不可能不幸的,

哪怕根本就未曾出世,于他也一样,

既然必有死亡的生命已被不朽的死亡夺走。"(第 867 行及以下几行)

可以说,在伊壁鸠鲁的哲学中,死亡是不朽的本原。原子、虚空、偶然、任意、化合都包含着死亡。

"因为如果死后被野兽的嘴撕碎

是悲惨的,那我真不懂,为什么

躺在火葬的烈火中被燃烧

或者放进冰里因严寒而断气,

或者尸体放在陵墓冰冷的石上

或盖上坟土被沉重地压在土里就不可怕。"(第 888 行及以下几行)

"如果人们也能象他们清楚地感到
沉重地压迫着他们精神的负担那样,
去认识它的原因以及何以会有
这么多悲苦象石头般地压在心上,
他们也许就不会象现在这样过日子,
不知道他们自己想要的是什么,
常想变换地方来摆脱重压。"(第 1053 行及以下几行)

第三卷完

众所周知,偶然是伊壁鸠鲁派居支配地位的范畴。这是把观念只看作状态的必然结果;状态就是偶然的存在本身。因此世界的最隐秘的范畴——原子,它的联系等等便被推向远方,被看作过去的状态。在虔诚主义者和超自然主义者那里我们也见到同样的情况。世界的创造、原罪、赎罪,这一切及其全部虔诚的规定例如天堂等等,不是永恒的、内在的、不受任何时间限制的观念规定,而是状态。正如伊壁鸠鲁把他的世界的观念性——虚空移到世界的创造中一样,超自然主义者则把脱离前提的自由,即把世界的观念体现在天堂里。

［笔记五］
［卢克莱修《物性论》］
第四卷

"［物中存在着我们称之为］映像［的东西］,
象从物体的外表剥离出来的薄膜,
在空中向各方来往飘荡。"(第 30 行及以下几行)
"因为这种反映出来的映像和把它们投射出来使之到处飞动的物体两者之间,保持着一种相同的外貌和形式。"(第 52 行及以下几行)
"可见,形象必定也能同样地在一瞬间穿过不可想象的巨大空间;首先,因为有一个特别细小的原因,在它们后面推动它们前进并把它们赶向远方……

最后，因为它们具有稀疏的组织，
所以飞动时能无困难地穿过任何障碍，
在太空中随便渗透到任何地方。"（第191行及以下几行）
"……必须承认：
物体飞近我们的眼睛，刺激我们的视觉神经。
气味也总是从某种物体中流出，正象冷从江河，热从太阳，
拍岸之浪来自海洋咸味的波涛，
它冲蚀着四周壁立的海岸，
各种声音不断地在空中到处飞扬；
还有，要是我们沿着海边行走，
带咸味的湿气常常跑进我们口里；
而当我们观看附近的人们泡制苦艾时，我们就会闻到苦味。
所以各种东西象一股不断的流，从各种东西中流出，
它们漫溢各处，流向四方；
这股流无休止地流动，
既然我们的感觉不断地被引起，
我们就能经常看到一切，嗅到气味，听到音响。"（第216行及以下几行）
"此外，既然我们在黑暗中用手触摸到的形状，
和我们在白天在阳光照耀下看见的同样，
可见，触觉和视觉
都由类似的原因所引起。"（第230行及以下几行）
"由此可以看出，视觉的原因是形象，
没有形象我们什么也看不见。"（第237行及以下几行）
"因此就发生这样的情况，我们看出每件东西
离我们有多远；
而被驱赶的空气越多，
擦过我们眼睛的气流越长，
那各类东西离我们就越远。
当然这一切是以极大的速度进行的，

所以我们立刻就能看出它是什么物体，
和离我们有多远。"（第 251 行及以下几行）
"形象也是这样：当它从镜子里反射出来，
立刻投向我们眼睛的时候，
它把它和我们眼睛之间的空气向前推动、驱赶，
使我们在感知镜子之前，
先感知那分空气。但是只要我们一看到镜子，
那从我们飞去的形象也就马上到达镜子，
经过反射又折回我们的眼睛，
它驱赶它前面的新的气流，
使我们先于形象而看见气流；
这就使我们在距镜子适当的地方看到形象。"（第 279 行及以下几行）

第五卷

"……那时，这个经历了亿万年的大块世界
必将轰隆一声倒塌，
世界的结构从此毁灭。"（第 95 行及以下几行）
"但愿是推理而不是事实使我们相信，
万物随着一声可怕的巨响而毁灭……"（第 108 行及以下几行）
"因为，如果我们知道
某种东西的各个部分或肢体，
它们的体有起源而形会消亡，
那么我们就可以得出结论：就整个来说，
这个东西在生的同时就注定要死。
[如果我看到世界巨大的肢体和部分，
在消失后又再生出来，
那么显然，]不论天或地都曾有某个

起源的时候,
将来也会有毁灭之日。"(第240行及以下几行)
"再者,难道你未曾看见……
……………………………………
神殿日趋破旧,神像行将倾颓,
而神并不能延缓劫运的期限,
也无法抗拒自然的不可违反的规律和秩序。"(第306行及以下几行)
"此外,凡永恒存在的一切,
或是由于物体坚实而必然能抵抗住打击,
不使任何东西渗入内部,
分解各个部分之间的紧密联系,——
物体的物质便具有这样的本性,
这是我在前面已经指出的。
或是它能够永存的原因,
在于不受任何冲撞,——
虚空就具有这种性质:
它完全无法触摸到,也不会受到打击。
或是还由于周围再没有什么地方,
使一切向那里消散,——
永恒宇宙整个说来就是如此,
在它之外没有别的地方,
万物能够向那里飞散,
也没有别的物体能够落到宇宙上,
用猛烈的冲击使它毁灭。"(第351行及以下几行)
"可见对于天空和太阳,
对于大地和海洋,
死亡之门并非关闭而是敞开着,
向它们张开可怕的巨口。"(第373行及以下几行)
"须知问题在于,远古时候

世代的凡人清醒时偶尔看见

神的美妙的容貌；而更经常地是在梦中，

对神的强大的身躯感到惊异。

那时人们赋予神以感觉能力，

因为他们好象能够活动肢体

并且说着一些配得上

他们那光辉的容貌和魁梧躯体的豪言壮语。

人们还认为神的生命是永恒的，

因为他们的容貌永不改变，

他们的形象始终如一；

但是主要是人们认为神的威力无边，

看来什么力量都不能制服他们。

而人们以为他们的幸福无与伦比，

因为死的恐惧不会令任何一个神担忧。

在梦景中人们还看见，

神毫不费力地做出许多伟大的奇迹。"（第1169行及以下几行）

第六卷

正如阿那克萨哥拉的智慧出现在诡辩学派那里（在他们那里智慧实际上变成世界的非存在）和这一直接的灵异活动本身在苏格拉底的灵异中变成是客观的那样，——苏格拉底的实际活动在柏拉图那里也重新变为一般的和观念的活动，而智慧则扩展成为一个理想王国。在亚里士多德那里这个过程又被理解为单一的，但是这个单一的东西现在实际上是概念的单一性。

在哲学史上存在着各种关节点，它们使哲学在自身中上升到具体，把抽象的原则结合成统一的整体，从而打断了直线运动，同样也存在着这样的时刻：哲学已经不再是为了认识而注视着外部世界；它作为一个登上了舞台的人物，可以说与世界的阴谋发生了瓜葛，从透明的阿门塞斯王国走出来，投入那尘世的茜林丝的怀抱。这是哲学的狂欢节；它象犬儒主义者那样装出一副狗相，象亚历山大里亚派哲学家那样穿起祭司的法衣，或者象伊壁鸠鲁派那样披上芬芳的春装。对哲学来说现在极其重要的是，它给自己戴上了各种具有特色的假面具。象传说中的杜卡利昂创造人时把石头向后扔那样，哲学在决心创造世界后，则把自己的眼睛往后扔（哲学的母亲的骨骼，就是明亮的眼睛）；然而象普罗米修斯从天上盗来天火之后开始在地上盖屋安家那样，哲学把握了整个世界以后就起来反对现象世界。现在黑格尔哲学正是这样。

虽然哲学被封闭在一个完善的、整体的世界里面，但这个整体的规定性是由哲学的一般发展所制约的；这个发展还决定了哲学在转变为与现实的实际关系时所采取的形式。因此，世界的整体性一般地说是内部分离的，并且这种分离达到了极点，因为精神的存在是自由的，其丰富达到普遍的程度，心脏的跳动在其内部，也就是在作为整个机体的具体形态之中形成了差别。只有当世界的各个方面都是整体的时候，世界的分裂才是完整的。所以，与本身是一个整体的哲学相对立的世界，是一个支离破碎的世界。因而这个哲学的能动性也表现得支离破碎，自相矛盾；哲学的客观普遍性变成个别意识的主观形式，而哲学的生命就存在于这些主观形式之中。但是不应对这场继伟大的世界哲学之后出现的风暴，感到惊慌失措。普通竖琴在任何人手中都会响；而风神琴只有当暴风雨敲打琴弦时才会响。

不理解这种历史必然性的人，一定会坚决否认：一般说来在整体哲学之后人们还能活下去，要不然的话，他必定会承认度量辩证法本身是意识到自身的精神的最高范畴，并和没有正确了解黑格尔这位大师的某些黑格尔分子一起断言，适度是绝对精神的正常表现；但是冒充为绝对物的经常表现的适度，本身变成一种无度的东西——即无度的要求。撇开这种必然性就不可能理解，为什么在亚里士多德之后还能够出现芝诺、伊壁鸠鲁甚至塞克斯都·恩披里柯，为什么在黑格尔之后还能够出现现代哲学家们的大部分毫无价值的尝试。

在这样的时代，模棱两可的智者们的观点同全体统帅们的观点是对立的。统帅们认为，裁减战斗部队，分散战斗力量并签订符合现实需要的和约，可以挽回损失，而泰米斯托克利斯在雅典城遭到毁灭的威胁时，却劝说雅典人完全抛弃这个城市，而在海上，即在另一个原素上建立新的雅典。

我们还不应该忘记，在这些大灾难之后的时代是铁器时代——如果这个时代以伟大斗争为标志，那它是幸运的；如果这个时代象艺术史上跟在伟大的时代之后跛行的那些世纪那样，那它是可悲的，因为这些世纪只会从事仿造：用蜡、石膏和铜来仿造那些用卡拉拉大理石雕刻出来的东西，就象帕拉斯雅典娜是从诸神之父宙斯的头颅中出来的一样。但是继在自身中完成的哲学及其发展的主观形式之后到来的那些时代具有宏伟的特点，因为形成这些时代的统一性的分裂是巨大的。于是继斯多葛派、怀疑派和伊壁鸠鲁派哲学之后来到的就是罗马时代。这些时代是不幸的铁器时代，因为它们的诸神死去了，而新的女神还命运莫测，不知是一派光明，还是一片黑暗。她还没有白昼的色彩。

然而不幸的根源在于，那时的时代精神，即本身是充实的而且在各方面都形成得十分理想的精神单子，不可能承认那种不是由精神单子形成的现实。这种不幸的幸运的一面，是作为主观意识的哲学在对待现实的态度上所采取的主观形式样态。

例如，伊壁鸠鲁哲学和斯多葛派哲学曾是它那个时代的幸运；又如在大家共有的太阳落山后，夜间的飞蛾就去寻找人们各自为自己点亮的灯光。

另一方面，也是对哲学史家更为重要的一个方面，是哲学的这个转变过程，它转化为有血有肉的过程，因规定性而异，这种规定性象胎记一样把在自身中完成的哲学和具体的哲学区别开来。同时这也是对某些人的反驳，这些人认为并抽象片面地得出结论说：例如，黑格尔哲学本身宣判自己有罪，因为黑格尔认为对苏格拉底的判决是公正的，即必要的，还因为乔尔丹诺·布鲁诺应该在火堆的熊熊烈焰中为自己火焰般的激情赎罪。然而在哲学上指出这个方面是重要的，因为根据这一转变的一定形式，可以得出关于哲学发展过程的内在规定性及其世界历史性质的相反结论。以前作为成长过程表现出来的东西，现在已成了规定性；而曾经是存在于自身中的否定性的东西变成了否定。在这里我们仿佛看见哲学的生活道路之最集中的表现和主观的要点，就象根据英雄的死可以判断英雄的一生一样。我认为伊壁鸠鲁哲学所占的地位正是希腊哲学的这种形式，——再者，这点应该可以说明，为什么我不把以前的希腊哲学中的这个或那个因素放在首位，并且不把它们说成是伊壁鸠鲁哲学发展的条件，而是相反，从伊壁鸠鲁哲学追溯希腊哲学，从而让它本身表现自己的特殊地位。

为了更为准确地确定柏拉图哲学主观形式的某些特点，我将较详细地分析鲍尔教授先生在其所著《柏拉图主义中的基督教成分》中阐述的某些观点。这样我们可以把矛盾的观点互相对比从而得出结论。

神学博士斐克鲍尔《柏拉图主义中的基督教成分，或苏格拉底和基督》1837年杜宾根版。

鲍尔在第24页上写道：

"这样一来，假如我们从这个出发点来分析苏格拉底哲学和基督教，那么它们之间的相互关系就象自我认识和承认罪孽之间的关系一样。"

我们觉得，把苏格拉底和基督这样来加以比较所证明的，恰恰跟要求证明的东西相反，也就是说，在苏格拉底和基督之间没有任何类似之处。当然，自我认识和承认罪孽的相互关系恰如一般和个别的关系，就是说，恰如哲学和宗教的关系。任何一个古代的或近代的哲学家都会采取这样的立场。这与其说是它们二者之间的统一的确立，勿宁说是它们二者之间的永恒的分离，但是这当然也算是一种相互关系，因为任何分离都是某种统一物的分离。这可能仅仅意味着，哲学家苏格拉底跟基督的关系如同哲学家跟传道师的关系一样。如果恩典和苏格拉底的助产术、"讥讽"之间的相同、类似之处得到确立，那么这样弄清楚的只是极端的矛盾，而不是类似。正如鲍尔理解的和根据黑格尔所应该理解的那样，苏格拉底的讥讽，——即一种辩证法圈套，通过这个圈套，普通常识应该摆脱任何僵化，但不是要弄到自命不凡以为无所不知的地步，而是要达到它本身所包含的内在真理，——这种"讥讽"不是别的，正是哲学在其对普通意识的主观关系方面所固有的形式。它在苏格拉底身上以一个讥讽的人、哲人的形式表现出来，这是从希腊哲学的基本性质和它同现实的关系中产生的；在我们这里，作为一般内在形式的讥讽，是弗里德里希·冯·施勒格尔当作某种哲学而提出来的。但是在客观上，就内容而言，不论是轻蔑乃至憎恨普通常识的赫拉克利特，还是认为万物产生于水的泰勒斯（尽管任何一个希腊人都知道他不能单靠水生存），抑或是费希特及其创造世界的"自我"（尽管连尼古拉也知道他不能创造世界）——总而言之，凡坚持内在论而反对经验个人的哲学家都会使用讥讽。

相反，在恩典方面，在承认罪孽方面，不仅蒙受恩典、承认罪孽的主体，而且连赐予别人恩典的主体以及因承认罪孽而振作起来的人，都是经验的个人。

因而，如果说在这里显示出苏格拉底和基督之间的类似之处，那么这一类似就在于，苏格拉底是哲学的化身，而基督是宗教的化身。但是这里所说的并不是哲学和宗教的一般关系，相反地，问题在于拟人化的哲学如何对待拟人化的宗教。说它们之间有关系，那是一个很含糊的说法，或者不如说是提出问题的一般条件，而不是答案的特定根据。在这种努力去证实苏格拉底身上存在着基督教成分的企图中，上述两个人即基督和苏格拉底的关系只不过是一般地被确定为哲学家与传道师之间的关系；同样如果把苏格拉底理念的一般道德划分，把柏拉图的理想国与理念的一般划分联系在一起，以及把基督作为历史上的个人主要与教会联系在一起，也会出现这种内容空虚的现象。【往下手稿中删去了这样一句话："同时忽略了一个重要的情况：柏拉图的理想国是他的精神产物，反之，教会则是一种完全不同于基督的东西。"——编者注】

如果说鲍尔赞同的黑格尔的下述观点是正确的，即柏拉图在他的理想国中坚持了希腊的实体性，拒绝了那种掺进来的主观性原则，那么须知，柏拉图恰恰是跟基督直接对立的，因为基督坚持主观性因素，反对现存的国家，他把国家看成仅仅是世俗的，因而是渎神的。至于柏拉图的国家依然是一种理想，而基督教会已成为现实——这也还不是真正的差别。这个差别以颠倒的形式表明，柏拉图的理念跟在现实之后，而基督教的观念则先于现实。

本来，说基督教里有柏拉图的成分比说柏拉图那里有基督教的成分要正确得多，更何况古代的教父如奥利金和伊里奈乌斯，在历史上部分地是以柏拉图哲学为根据的。在哲学方面重要的是，在柏拉图理想国中第一等级是有知识的人或哲人。关于柏拉图的理念与基督教逻各斯的关系（第38页）、柏拉图的回忆与基督教关于回到自身原始样子的人的新生的关系（第40页）、柏拉图的灵魂堕落与基督教的原罪的关系（第43页），以及先有灵魂的神话，情况也是这样。

神话和柏拉图意识的关系。

柏拉图的灵魂轮回，与星辰的联系。

鲍尔在第83页上写道：

"没有一种古代世界的哲学体系象柏拉图主义那样带有深刻的宗教性质。"

这个结论显然也是根据下述情况得出的：柏拉图把"哲学的任务"（第86页）规定为从肉体中"解放、拯救和分离"灵魂，规定为"死和想死的念头"。

"把这种拯救的力量归根到底始终赋与哲学，这无论如何是柏拉图主义的片面性。"（第89页）

从一方面看，就算可以同意鲍尔的这种意见，即没有一种古代世界的哲学体系象柏拉图哲学体系那样具有深刻的宗教性质。但这不过是说，没有一个哲学家曾以这样强烈的宗教激情教导哲学，没有任何一个哲学家的哲学具有这样多可以说是宗教仪式的规定性和形式。对于亚里士多德、斯宾诺莎和黑格尔这样一些更激烈的哲学家说来，他们的态度本身具有更普遍的形式，而不那么沉湎于经验的感情之中。但正因为如此，他们的激情就更富有内容，更热烈，对启蒙教育的社会精神更为有益——亚里士多德以这种激情颂扬"理论认识"是最美好的，是"最令人愉快的和最卓越的"，或者在《论动物的本性》这篇论文中赞美自然的理性；斯宾诺莎以这种激情论述关于"从永恒的角度"观察世界，关于对神的爱或关于"人类精神的自由"；黑格尔以这种激情揭示观念的永恒存在，精神世界的庞大机体。因此，柏拉图的激情在达到登峰造极时就使他变得如痴如狂，而亚里士多德、斯宾诺莎和黑格尔的激情则燃烧成纯洁的理想的科学之火；因此前者只是个别人的感情的加温器，而后者则成为世界历史进程中生气勃勃的精神。

因此，一方面可以断定，正是在作为宗教发展最高阶段的基督教里，跟柏拉图哲学的主观形式相同之处，要比跟其他古代世界哲学学说的主观形式相同之处多。但是与此相反，根据这一点我们有同样的权利断言，再没有任何一种其他的哲学体系能够更明显地表现出宗教成分和哲学成分的对立，因为在哲学成分中哲学以宗教的规定出现，而在宗教成分中宗教又以哲学的规定出现。

再者，柏拉图关于拯救灵魂及诸如此类的名言什么也证明不了，因为任何一个哲学家都希望使灵魂摆脱其经验的局限性；与宗教进行类比所显示出来的只会是哲学的不足——如果把这视为哲学的任务的话，——然而这仅仅是解决这一任务的条件，仅仅是起点的起点。

最后，柏拉图把这种拯救的力量归根到底赋予哲学，这绝不是他的缺点和片面性，——正是这个片面性使他成为一个哲学家，而不是一个传教士。这不是柏拉图哲学的片面性，而正是使柏拉图哲学成为哲学的那一方面。正是由于这一点，他重新摒弃了刚刚遭到斥责的、把完全与哲学无关的东西当作哲学的任务的提法。

"这样一来，那种想给哲学所认识的东西找到一个不依个人主观性为转移的根据的意图，也就成了为什么柏拉图正好在阐述那些具有极大的道德宗教意义的真理的同时，以神话的形式表达这些真理的理由。"（第94页）

这样一来可以说明一点什么吗？这一回答，就实质而言，没有包含关于这一理由的理由是什么的问题吗？这里的问题正是，为什么柏拉图要竭力给哲学所认识的东西找到一个实证的，首先是神话的根据呢？这种意图对于一个哲学家来说是最令人惊讶不过的，如果他不在自己的体系本身中，在思想的永恒威力中寻求客观力量的话。所以亚里士多德把神话解释称为空话。

如果局限于事情的表面，那就可以在柏拉图体系的主观形式，即它的对话形式和"讥讽"中找到答案。个人的名言，或者认为是名言，与许多意见或许多人相对立时，就需要取得一种支持，有了这种支持，主观的信心就成为客观的真理。

但随后产生一个问题：为什么这种神话解释恰恰是在主要阐述道德宗教真理的那些对话中遇到，而在纯粹形而上学的对话《巴门尼德》篇中却没有？产生这样一个问题：为什么这个实证的根据是神话性质的，是建立在神话的基础上的？

这里我们找到了谜底。柏拉图在说明某些道德的、宗教的甚至自然哲学的问题（例如在《蒂迈欧》篇中）时，他对绝对的东西所作的否定的解释是不充分的；在这样作时他把万物都淹没在一个漆黑的夜里是不够的，因为正象黑格尔所说：夜里母牛一般黑；于是柏拉图对绝对的东西采用了实证的解释，而这种解释的基本的，从自身中产生出来的形式则是神话和寓言。凡是在绝对的东西占据着一方，被分隔开来的实证的现实占据着另一方，而同时实证的东西又必须保留下来的地方，在这样的地方，实证的现实就成为一种介质，绝对之光透过介质，在神奇的五光十色中折射，有限的实证的东西表示出一种与本身不同的别的东西；在有限的、实证的东西本身中有灵魂，对灵魂说来，这种蛹化是神奇的；整个世界变成神话世界。每个形象都是谜。由于受类似的规律所制约，这种现象在近代还一再发生。

　　这种对绝对的东西作实证的解释和它的神话寓言外衣是超验东西的哲学的源泉，是它的心跳，——在这种超验的东西里面同时显示出与内在的东西的本质关系，因为它在本质上突破后者。当然，这里也显示出柏拉图哲学与一切实证的宗教，特别是与基督教——超验的东西的完美哲学——的血缘关系。因而在这里也可以弄清楚若干历史观点之一，根据这些历史观点可以确定历史上的基督教和古代哲学史之间的更深刻的联系。从对绝对的东西的这一实证解释中可以看出，对于柏拉图来说，某个个人，亦即苏格拉底是一面镜子，也可以说是智慧的神话表现；他称苏格拉底为死和爱的哲学家。这并不意味着柏拉图摒弃了历史的苏格拉底；对绝对的东西的实证解释与希腊哲学的主观性质，与哲人的使命是有联系的。

　　死和爱是否定的辩证法的神话，因为辩证法是内在的纯朴之光，是爱的慧眼，是不因肉体的物质的分离而告破灭的内在灵魂，是精神的珍藏之所。于是关于辩证法的神话就是爱；但辩证法又是急流，它冲毁各种事物及其界限，冲垮各种独立的形态，将万物淹没在唯一的永恒之海中。于是关于辩证法的神话就是死。

　　因此辩证法是死，但同时也是精神花园中欣欣向荣、百花盛开景象的体现者，是盛着一粒粒种子的酒杯中冒出的泡沫，而统一的精神火焰之花就是从这些种子中萌发出来的。因此普罗提诺把它称为使灵魂"简化"，即使灵魂直接与神合一的一种方法，——一种表达死和爱，甚至连同亚里士多德的"理论认识"都与柏拉图的辩证法合为一体的方法。但是因为这些规定在柏拉图和亚里士多德那里可以说是预先决定了的，而不是由于内在的必然性而发展形成的，这些规定向经验的个体意识的潜入，在普罗提诺那里表现为一种状态——这就是出神状态。

　　李特尔（在1829年汉堡出版的《古代世界哲学史》第一卷中）以令人厌恶的道德说教的口吻谈论德谟克利特和留基伯，谈论一般原子论学说（以后也谈到普罗塔哥拉和高尔吉亚等人）。再没有什么比利用一切机会来充分享受自己的道德完善更容易的事了；最容易的是对死人这样做。甚至德谟克利特的渊博的学识也使他在道德方面受到责备（第563页）；这方面的言论有：

"把证明为伪善激情的高昂言论同作为世界观和人生观基础的卑劣的思想意向加以比较，定会形成非常强烈的对照。"（第564页）

这本来就不应认为是历史的评价！为什么一定要把思想意向当作德谟克利特的世界观的基础，而不是相反，即把一定的世界观和理解力当作他的思想意向的基础呢？这后一原则不仅具有更大的历史意义，而且还是在哲学史上用来恰当地考察一个哲学家思想意向的唯一原则。——我们认为在精神的个人形象中有一种作为体系而展现在我们面前的东西。我们仿佛在他的世界中心里看到一个有生命的创造主。

"这也正是德谟克利特认为应当假设有某种始原的、无起始的东西的根据的内容，因为时间和无限的东西没有起始；所以如果要问它们有何根据，这就意味着寻求无限的东西的起源。这只能被看作是诡辩地拒绝提出关于一切现象的基源的问题。"（第567页）

我只能认为李特尔的这个声明，纯粹是从道义上拒绝提出关于德谟克利特的这个规定的根据是什么的问题；无限的东西在原子中被设定为一个原则——这包含在他的规定中。如果要问这个规定的根据是什么，当然会意味着取消他的概念规定。

"德谟克利特认为原子只有一种物理性质——重量……在这里可以再次断定其具有数学意义，即力图使数学摆脱适用于计算重量的状况。"（第568页）

"因此原子论者也从必然性中引伸出运动，因为他们把必然性想象成向着不定的远方离去的运动的无原因性。"（第570页）

[19]"而德谟克利特认为，某些形象接近（遇到）人们，其中有一些起有益的作用，而另一些起有害的作用。因而他[德谟克利特]希望遇到具有理性的形象，这些形象非常巨大，象巨人一般，虽然它们很难破坏，但并不是不可破坏的，他们能向人们预告未来，是可见的，并且有发声的能力。就是在关于这些形象的观念的影响下古代人产生了存在神的想法。"（塞克斯都·恩披里柯《反对数学家》第311页及以下几页[第13卷]）。

[20—21]"亚里士多德说过，人们关于神的观念产生于两个因素：一是产生于心灵中的体验，一是产生于天象。产生于心灵中的体验，是由于梦中显

示的心灵上的神的灵感和预言所造成的。因为据他说，处于睡梦状态中的心灵是独立自在的，那时它领悟了它所固有的本性，因而能够预告和预言未来……他说，正因为如此人们才猜测，神是某种按其本性来说与心灵相似并通晓一切的东西。但也产生于天象。"（同上，第311页及以下几页）

[25]"而伊壁鸠鲁认为，人们关于神的观念是由于梦中出现的幻觉造成的。他说，因为在梦中出现了很大的、象人一样的形象，所以人们便以为真的，存在着某种象人一样的神。"（同上，第312页）

[58]"关于伊壁鸠鲁，有些人［认为］，他的神是为大众而设的，而绝非为了说明事物的本性。"（同上，第319页）

（a）[68] 灵魂。（《反对数学家》第321页［第8卷］）

[218—219]"亚里士多德说，神是无形体的，[是]天界；而斯多葛派［说］，神是连丑陋的东西也能渗透的灵气；照伊壁鸠鲁看来，神象人一样，照色诺芬尼看来，神是无感觉的圆球……伊壁鸠鲁说：

"［神］是幸福的、不死的，自身无忧无虑，也不给别人添烦恼。"（《皮浪的基本原理》第3卷第155页）

[219—221]"对于试图把时间规定为偶性之偶性的伊壁鸠鲁，除了许多别的反对意见外，还可对他提出下述的反驳：作为实体呈现的一切东西都属于基质，属于作为基础的主体。但是"偶性"这个词的意思是不具有任何坚实的存在，因为偶性不可能与实体分离。此外，因为除了抗体之外，不存在任何抗力；除了正在离去的东西和虚空之外，不存在任何退让"等等。（《反对数学家》第9卷第417页）

[240]"因此当伊壁鸠鲁说，物体应当设想为体积、形状、抗力和重量的结合时，他就迫使人们从那不是物体的东西中去设想真实的物体。"

[241]"因此要使时间存在，就必定要有偶性存在，而要使偶性存在，就［必定］要有某种作为它们基础的东西［存在］；但是并没有那样的基础与它们在一起，所以时间就不可能存在。"

[244]"因此，既然这是时间，而伊壁鸠鲁认为时间是所有这些现象的偶性〈这些现象应理解为日、夜、小时、运动、静止、内心的感受和无感觉状态等〉，那么在伊壁鸠鲁看来，时间本身就是它自己的偶性。"（《反对数学家》

第 420—421 页 [第 9 卷])

如果根据黑格尔的意见（见《全集》第 14 卷第 492 页），以客观成就作为评价的标准时，伊壁鸠鲁的自然哲学不值得特别称赞的话，——那么从另一方面，即从历史现象不需要这种称赞这方面来看，那种毫不掩盖的、纯哲学的彻底性是令人惊讶的，因为随着这种彻底性，原则本身中所固有的不彻底性却全面发展起来了。由于这种异常的客观的素朴性，希腊人将永远是我们的老师，因为这种素朴性把每一事物可以说是毫无掩饰地、在其本性的净光中亮出来——尽管这光还是晦暗的。

特别是我们这个时代甚至在哲学方面也产生了一些罪恶现象，暴露出其严重的罪过——反对精神和真理，因为在这里被掩盖着的意图隐藏在解释后面，而被掩盖着的解释又隐藏在事物后面。

[笔记六]
鲁齐乌斯安涅乌斯塞涅卡《全集》第 [一] 至三卷，1672 年阿姆斯特丹版

"伊壁鸠鲁在他的一封信中批评那些认为哲人孤芳自赏因而不需朋友的人；你想知道他的这个批评是否正确。这里伊壁鸠鲁是在指责斯蒂尔蓬和那些认为不动情的精神是至善的人。"（第 2 卷，第 9 封信，第 25 页）

"伊壁鸠鲁……本人……说过：'谁要是不觉得他拥有的东西是最美满的，他即使当了全世界的统治者，也仍然不会幸福'。"（同上，第 30 页）

"他（即伊壁鸠鲁）补充说：'在这样多的好事中，尽管在著名的希腊不仅根本无人知道他和梅特罗多罗斯，而且连他们的名字几乎也没听说过，这个情况对他们 [俩人] 毫无损害'。"（第 79 封信，第 317 页）

"因为伊壁鸠鲁自己说，他有时会拒绝享乐甚至会寻求痛苦，要是享乐有招致悔恨之虞，或忍小苦而得以避免大苦的话。"（第 1 卷，《论哲人的宁静》，第 582 页）

"伊壁鸠鲁说：'倘若在法拉里斯牛【公元前六世纪中叶，西西里岛的阿

格里真托的暴君法拉里斯曾制一铁牛，将死刑犯置于牛腹中，然后用火将铁牛烧红，使罪犯惨叫而死。——译者注】里煎烤哲人，他一定会大声说：多么舒服啊！与我毫不相干．'……因为伊壁鸠鲁说，忍受痛苦是愉快的。"（[第2卷] 第66封信，第235页；以及第67封信，第248页）

"伊壁鸠鲁认为，构成上述最高幸福的有两种善：即肉体无痛苦和精神得安宁。"（第66封信，第241页）

"因为伊壁鸠鲁说，害病的膀胱和发炎的肚子给他带来痛苦，痛苦达到无以复加的地步；但这对他说来仍不失为幸福的一天。"（第66封信，第242页）

"我想起伊壁鸠鲁一段精彩的话：'这个小花果园……不是引起而是消除食欲，它不是以它的饮料使人更口渴，而是自然而然地、免费地给人解渴。我是在这种快乐中进入老年的．'我和你谈的是那些不是用安慰的言词所能满足的欲望，而是必须给点什么才能使其平息下来的欲望。因为关于那些可以延缓、制止或抑制的特殊［欲望］，我提醒注意的只是：这种快乐是自然的，而不是必需的。你并不欠它什么。如果你要付给它点什么，那是自愿的。肚子不听教训，它提出要求、大声疾呼，但它毕竟不是一个令人厌烦的债主，无需多少东西就能使它平息下来，只要你把应给它的东西给它，而不是把可能给它的东西给它。"（第21封信，第80—[81]页）

"你把伊壁鸠鲁看作是你的怠惰的庇护者，并认为他教导那种使人怠惰的愉快和导致快乐的东西，但是伊壁鸠鲁说：'哲人很少得到幸福'。"（第1卷，《论哲人的坚强》，第416页）

"伊壁鸠鲁对那些渴望死的人所作的谴责，并不亚于对那些怕[死]的人所作的谴责，他说：'当你由于自己的生活方式弄到非去寻死不可的地步时，这种因为厌恶生活而去寻死乃是可笑的．'他在另外一个地方还说：'由于害怕死亡你的生活变得惶惶不安之后，有什么东西能象去寻死一样可笑呢？'还有下面的话：'人类的不明智，不，人类的疯狂，达到如此地步，以致某些人由于怕死而自己逼着自己去死'。"（[第2卷] 第24封信，第95页）

"我至少是持这种意见的（我这样说会使我的同道者们不满），我认为伊壁鸠鲁的学说是完美而正确的，如果进一步考察的话，也是严肃的：著名的

'快乐'的作用是渺小的和没有意义的，而我们对美德提出的要求，他对快乐提出来了。他要求快乐要合乎本性，而满足本性［所需］的东西不多。由此究竟该得出什么结论呢？那种把无所事事的闲暇和整天价吃喝淫荡称作幸福的人，想为不道德的事寻找一位体面的辩护士。当他在诱人的称呼的怂恿下朝这里走来的时候，他追求快乐，但并不是别人告诉他的那种快乐，而是他自己带来的那种快乐"等等。（第 1 卷，《论幸福的生活》，第 542 页）

"'朋友们'……我们的伊壁鸠鲁赋予他们〈即奴隶们〉的名字。"（［第 2 卷］，第 107 封信，第 526 页）

"伊壁鸠鲁，斯蒂尔蓬的批评者。"（第 9 封信，第 30 页）

"你应该知道，伊壁鸠鲁也说过同样的话：'［实际上］只有哲人才知恩'。"（第 81 封信，第 326 页）

"伊壁鸠鲁说，有一些人，他们努力寻求真理而无需别人的帮助；他就是属于那种为自己开辟道路的人。他最称赞这种靠着内在的动力自己独立成名的人。另一方面，有些人则需要别人的帮助；如果没有别人在他们前面开辟道路，他们自己就不能前进，但是他会热心地跟着别人走。他把梅特罗多罗斯列入这类人之中。他说，这也是出色的头脑，但是只属于第二流。"（第 52 封信，第［176］—177 页）

"此外，你还可以看到另一种人——这些人也不应该被忽视，他们可以被迫走上正确的道路：但是他们需要的不是领导者，而是帮助者，也可以说是鼓励者。这是第三流的［人］。"（同上）

"伊壁鸠鲁这个快乐学说的著名导师有一些日子以简陋的食物充饥，目的是要观察在快乐的尽善尽美和细致入微方面是否会有所减少，减少多少以及这种减少是否值得每一个人为此而付出沉重的劳动。他至少在写给哈林执政官波利安的那些信中谈到这件事，甚至还炫耀他自己用在饮食上的钱不到一阿司【阿司——古罗马的铜币，也是重量单位，等于 12 盎司。——译者注】，而梅特罗多罗斯［在限制自己的需求方面］还没有获得这样大的成绩，他得花上整整一阿司。你想想看这样的饮食可以吃饱吗？可以，甚至还能得到快乐，——不是那种微小的、转瞬即逝的快乐，亦即经常需要重新开始的快乐，而是持久的真实的快乐。诚然，水和大麦粒或一块大麦面包不是什么惬意的东西，但是最大的快乐在于：你甚至从这样的东西中也能得到快乐；在于意识到你已使自己进入一个任何厄运都不能加以剥夺的境界。"（第 18 封信，第 67—[68]页）

"[伊壁鸠鲁写给他（即伊多梅奈乌斯）这个有名的教导，在这个教导中他劝他用非一般所采用的、又非令人怀疑的方法使皮托克勒斯变富。他说，'假若你要使皮托克勒斯变富，不应该使他的钱增多，而是应该减少他的欲望'。"（第 21 封信，第 79 页）

参看斯托贝谈话录十七。"如果你想使某人变富，请你不要给他钱，而是打消他的欲望。"

"'在必然性中生活是不幸的事，但是在必然性中生活，并不是一个必然性'。而为什么并不是必然性呢？通向自由的道路到处都开放着，这种道路很多，它们是短而容易走的。因此谢天谢地，在生活里谁也不会被束缚住，而对必然性本身加以制约倒是许可的……伊壁鸠鲁说。"（第 12 封信，第 42 页）

"除了其他的缺点之外，蠢人还有这样一个固有的缺点：他总是在开始生活……还有什么比才在开始生活的老头子更令人憎恶的呢？如果这个意见不是那么著名，不是属于流传颇广的伊壁鸠鲁格言的话，我就不会说出它的作者的名字。"（第 13 封信，第 47 页）

"'谁最不需要财富，谁就最能够享受财富的快乐……'[这句格言]是伊壁鸠鲁说的。"（第 14 封信，第 53 页）

"伊壁鸠鲁说过：'你若按照本性生活，你永远不会穷；而[你]若按照人们的观念[生活]，你永远[不会]富。'本性要求不多，而人们的观念所要求的则漫无节制。"（第 16 封信，第 60 页）

"对于许多人说来，获得财富并不是他们不幸的结束，而只是不幸的一种新形式。"（第 17 封信，第 64 页）

"我将引用伊壁鸠鲁的话作为对你的训戒……'过度忿怒是疯狂的原因。'你应该知道，这是何等地正确，因为你既有奴隶又有敌人。所有的人都会发怒。忿怒的产生，既基于爱也基于恨，既产生在严肃的事情里，也产生在玩笑之中。重要的不是引起忿怒的原因，而是发怒人的个性。火也是这样：火势有多大并不重要，重要的是火在什么环境中燃烧，事实上，非燃物品甚至连强烈

的大火也经得住，相反地，干燥可燃的物品由于一个火星儿就能燃成一场大火。"（第 18 封信，第［68］—69 页）

"［伊壁鸠鲁］说，应当首先看一看你和谁在一起吃吃喝喝，而不是看你吃的是什么，喝的是什么，因为不跟朋友［在一起］而大食其肉，那是狮子和狼的生活。"（第 19 封信，第 72 页）

"他（即伊壁鸠鲁）说：'任何一个人离开人世，都象他当年来到人间一样'……象出生那样无忧无虑而死的人，认识了哲理。"（第 22 封信，第 84 页）

"我可以……用伊壁鸠鲁的格言告诉你……：'总是从头开始生活是很艰难的'。"（第 23 封信，第 87 页）

"据伊壁鸠鲁说，'谁将自己的欲望缩小到这种地步〈即面包和水这样一些本性所需要的东西，参见第 110 封信，第 545 页〉，谁就可以和丘必特争论什么是幸福。'"（第 25 封信，第 97 页）

"伊壁鸠鲁说过：'请你考虑这两种情况那一种更好：是死亡到我们这里来，还是我们［到］它那里去'。"（第 26 封信，第 101 页）

"［伊壁鸠鲁］，符合自然规律的贫穷就是富有。"（第 27 封信，第 105 页）

"'意识到罪过是得救的开端。'我觉得伊壁鸠鲁这句话说得非常好。"（第 28 封信，第 107 页）

"伊壁鸠鲁在给他的一位学友的信中说过：'这句话我不是［写］给许多人的，而［只是］给你的：我们俩人相互构成足够多的听众'。"（第 7 封信，第 21 页）

"至今我们还在重复伊壁鸠鲁的话说：'……为了获得真正的自由，你必须为哲学服务。一个献身于哲学的人，不须长久等待，他立即就会变得自由。因为为哲学服务本身就是自由。'"（第 8 封信，第 24 页）

"不是伊壁鸠鲁的学派，而是与伊壁鸠鲁的交往使［这些］人伟大起来。"（第 6 封信，第 16 页）

"照我看来，伊壁鸠鲁说得很聪明：'罪犯可以掩盖［自己的罪行］，但是他不可能确信［它］不会被发现'。"（第 97 封信，第 480 页）

"我读了伊壁鸠鲁致伊多梅奈乌斯的一封有关这个问题的信。他要他在某个强大的力量出来干涉并剥夺他逃跑的自由之前，尽［快］地逃跑。但他又补充说，只有［当］这一意图能方便地和及时地实现的时候，才可一试。然而，他说，一旦这个盼望已久的机会来到，就应该一跃而起。他不准许想逃跑的人打瞌睡，他希望即使在最困难的情况下也能幸运脱逃，只要我们事前不慌忙又不错过良机。"（第22封信，第82页）

"没有一个头脑健全的人惧怕神。因为惧怕善行是荒诞的；从另一方面看，谁也不爱他所惧怕的人。最终，你——伊壁鸠鲁解除神的武装：你缴去了他的一切武器，使他丧失一切威力；而为了使谁都不应该惧怕他，你把他逐出世界之外。这个神被隔绝在某堵不可逾越的高墙之外，与凡人断绝往来，甚至凡人连看都看不到，没有理由惧怕他：他既无法赏赐人，也无法伤害人。神孤零零地在我们的天空与别的天空之间那个没有生物、没有人、没有一切的空间之中，他力求躲避那些从他上面和在他周围崩溃的世界的废墟，对我们的哀求充耳不闻，对我们毫不关心。而你却想使我觉得你仿佛象尊敬父亲一样尊敬这个神，甚至带有感激之情；而如果因为他没有给予你任何恩赐，而构成你的是这些偶然地和意外地集聚起来的你的原子和粒子，所以你不愿意表示感谢，——那么，你为什么要尊敬［他］呢？你说，是由于伟大、由于［他的］唯一独特的本性。我同意你这个说法；当然，你这样做时未抱任何希望，不指望得到任何报偿。因而，有一种本身就是值得人们追求的东西，本身所具有的美质吸引着你：这就是美德。"（第1卷，《论善行》，第4册，第19章，第719页）

"伊壁鸠鲁说，所有这些原因都可能存在，并且还力图提出一些别的原因；同时他斥责那些断言在这些原因中只有某一个原因的人：因为在那些按照必然性不得不确立仅仅一些假设的事物中，是很难保证什么可靠性的。因而，据他说，地震可能是由水引起的，如果水流冲走了某些部分的土地的话，因为在没有受损害的情况下，这些部分的土地是支撑着相应的那块土地的，可是现在支撑部分变弱了，再也支撑不住了。土地还可能在空气压力的作用下移动。也就是说空气可能因受外部跑进来的空气的影响而失去平衡。可能，在某一部分土地突然崩塌的影响下，空气发生震动并开始运动。可能，在某个地方土地是由某种类似柱和杆的东西支撑着，——而当它们遭到毁坏并倒塌的时候，压在它们上面的重物就会震动。可能，一团灼热的空气变成一团火，象闪电般喷出，烧毁碰到的一切。可能，沼地的水和静止不动的水被一阵风一刮，结果土地或因受到冲击而震动，或者运动着的空气团由于增大并加快运动速度而从最深处向外冲出。但是照他的意见，在［引起地震的］各种原因中没有一种比空气的运动更为重要的了。"（第 2 卷，《自然问题》，第 6 册，第 20 章，第 802 页）

"在这个问题上意见分歧的主要有两个学派：伊壁鸠鲁派和斯多葛派，并且他们每一派都指出达到宁静的不同途径。伊壁鸠鲁说：'哲人不关心国家大事，除非发生什么特殊情况'。"

"芝诺说：'哲人要关心国家大事，除非有什么情况阻碍他。'一个由于内在的动机而力求达到宁静，另一个则由于［外在的］原因。"（第 1 卷，《论哲人的宁静》，第 30 章，第 574 页）

"可是受到重视的不是伊壁鸠鲁［所指的］那种快乐，因为这种快乐是清醒而有节制的；他们不过是利用这一名称来为自己淫佚放荡的生活好歹寻找一块遮羞布而已。这样一来他们便失去了当他们堕落时还保留着的唯一的好品质：对犯罪感到羞耻。实际上，他们现在称赞的正是以前使他们脸红的事情，并夸耀其放荡行为；由于这个原因甚至连青年人也不可能打起精神，因为可耻的游手好闲在体面的名称下得以隐蔽。"（第 1 卷，《论幸福的生活》，第 12 章，第 541 页）

"因为他们所有的人〈即柏拉图、芝诺、伊壁鸠鲁〉讲的都不是他们自己如何生活，而是人们应该如何生活。"（同上，第 18 章，第 550 页）

"可见，神并不滥施恩惠，他无牵无挂，对我们毫不关心，他甚至不理睬这世界，他对善行和恶行都无动于衷。他做点什么别的事情，或者什么事情也不做（伊壁鸠鲁觉得这是最大的幸福）。"（第 1 卷，《论善行》，第 4 册，第 4 章，第 699 页）

"这里应该肯定伊壁鸠鲁的见解是正确的，他一再抱怨我们对过去忘恩负义，忘记了我们已得到的幸福，甚至不把它们当作快乐，其实没有哪一种快乐比这种再不会失去的快乐更可靠。"（［第 1 卷］，《论善行》，第 3 册，第 4 章，［第 666 页］）

"可以同苏格拉底一起辩论,同卡尔奈阿德斯一起怀疑,同伊壁鸠鲁一起享受宁静的快乐,同斯多葛派一起征服人的本性,同昔尼克派一起干古怪的事情,还可以作为每个时代的同时代人自然地跟上每个时代的步伐。"(第 1 卷,《论人生短暂》,第 512 页)

"在这方面我们同那些在豪华的筵席桌旁高谈哲理、放纵沉溺、离群索居的伊壁鸠鲁派是有斗争的;对于他们美德是快乐的婢女:她听从快乐,服务于快乐,她认为快乐比自己高出一筹。"(第 1 卷,《论善行》,第 4 册,第 2 章,第 697 页)

"美德怎么能支配快乐呢?因为快乐的婢女是跟在快乐后面的,须知跟随是服从者的事,但支配则是发号施令者的事。"(第 1 卷,《论幸福的生活》,第 2 章,第 538 页)

"对于你们〈即伊壁鸠鲁派〉,快乐意味着放纵自己的躯体使之懒散悠闲,象梦幻般无忧无虑地生活,躲蔽在浓密的阴影下,通过你们称之为精神宁静的多愁善感的思考使萎靡不振的精神得到愉快,在花园的树荫中用美味的食物和饮料填满我们由于闲散而多病的躯体。对于我们,快乐意味着行善,无论这善行要化多么大力气,只要它能减轻别人的劳苦就行;无论这善行带有什么样的危险,只要它能使别人免遭危险就行;无论这善行如何加重我们私人财产的负担,只要它能减少别人的贫苦和困难就行。"(第 1 卷,《论善行》,第 4 册,第 13 章,第 713 页)

"缺少经验和不老练的人会不断地犯错误:他们往往陷入伊壁鸠鲁的这个无底的、无法填平的混乱深渊之中。"(第 2 卷,第 72 封信,第 274 页)

"伊壁鸠鲁派认为,哲学只包括两部分:物理学和伦理学,他们否定了逻辑学。后来当事实本身强迫他们对争论的问题加以分析,揭穿在真理的幌子下掩盖着的虚伪东西的时候,他们自己也以另外一个名称提出了逻辑学,称之为'关于判断的准则',但是他们认为它是物理学部分的补充。"(第 89 封信,第 397 页)

"伊壁鸠鲁的神……自己什么事都不做,也不强迫别人[做]。"(第 2 卷,《悼克劳狄乌斯皇帝》,第 851 页)

"'那么,你是说:塞涅卡,你向我推荐宁静吗?——[这是说],你转而相信伊壁鸠鲁的教导。'——是的，我向你推荐宁静，为的是使你在此时能做［某种］比你过去丢开不做的更重要、更美好的事情。"（第 68 封信，第 251 页）

"我并不如此愚蠢，竟然在这个地方重复伊壁鸠鲁的著名寓言，说什么对彼岸世界的恐惧［是］无谓的［恐惧］，说什么伊克西昂并没有在旋转车轮上旋转，息息法斯并没有用肩往山上推石头，任何人的肝脏都不会每天被啄食而又重新长好。谁也不会象小孩子那样无知到害怕塞卜洛士、黑暗和样子象骷髅的鬼魂。死亡把我们或者变为无，或者把我们带到另一个地方。对于那些被带到另一个地方的人来说，会更好些，因为他们摆脱了重负；而对于那些变为无的人什么也没有留下，因为善和恶离他们都同样遥远。"（第 24 封信，第 93 页）

完

约斯托贝《箴言和牧歌》1609 年日内瓦版

"安乐的自然太值得赞美了，因为它使必要的东西容易得到，使难以得到的东西成为不必要的。

如果你想使某人变富，请不要给他钱，而是打消他的欲望。"

"节制是一种美德，借助于它人们以理性节制追求不道德的快乐的意图。

节制的特性就是能够用理智来抑制追求不道德地享受快乐的欲望，顽强而勇敢地忍受自然的困苦和悲伤。"（《论适度》，谈话录十七，第 157 页）

"我们只生一次，［任何人］也不会生两次，所以应该使生命不要延续太久。你既然对自己的明天都无权支配，就利用眼前的一瞬。人生皆毁于拖拉，也正因为如此，我们每个人正当自己活动最旺盛的时候便死去了。"（《论珍惜》，谈话录十六，第 155 页）

"当我有水和面包时，我充满我可怜的肉体［提供给我的］快乐，同时我对昂贵的快乐毫不介意,不是由于这种快乐本身,而是由于同它有关的不愉快。

当我们由于没有快乐而感到痛苦的时候,我们才感到对快乐的需要;当我们能控制自己的感情,并不因没有快乐而感到痛苦的时候,则对快乐没有任何需要,因为引起外在不愉快的原因,并非自然的快乐,而是追求那些与空洞的表象有关的东西的意图。"(《论适度》,谈话录十七,[第159页])

"对哲人来说,颁布法律不是为了使他们不作不正当之事,而是为了使他们不受不正当行为之害。"(《论国家》,谈话录四十一,第270页)

"死对我们来说算不了什么,因为凡是死了的东西都没有感觉,而没有感觉的东西对我们来说也就算不了什么。"(《论死亡》,谈话录一一七,第600页)

"加尔格蒂的伊壁鸠鲁深信不疑地说:'谁对少量的东西感到不满足,他就会对什么都感到不满足。'他还宣称,只要有了面包和水,他就准备同任何人辩论什么是幸福。"(《论适度》,谈话录十七,第158页)

"因此伊壁鸠鲁还认为,功名心重和追求荣誉的人不应该沉湎于平静,而是应该根据自己的天性参与国家大事和社会活动,因为他们生来就是这样一种性格的人,如果他们达不到所追求的目的,就会由于无所事事而更加担忧和难受。然而,这样的一种人是愚蠢荒诞的,他吸收的不是那些能够为公共谋福利的人,而是一些不能无所作为的人;须知精神的平静或不安不是以所做的事情的多寡为转移,而是取决于行为的善恶。

因为,正如常言所说,不行善令人痛苦和不安的程度,不亚于作恶。"(《论坚定性》,谈话录二十九,第206页)

"当有人说:'哲人不会有爱情,至少[活的]见证人……伊壁鸠鲁……'[克里齐普斯]说,'我引用这个证据,因为,如果……不动情的伊壁鸠鲁……没有过爱情的话(当然哲人不会有爱情)'。"(《论性欲和爱情》,谈话录六十一,第393页)

"但是我们要注意那些枯燥乏味的哲学家,对他们来说,快乐与本性不符,而是伴随着符合本性的东西,即正义、自制和自由。那么到底为什么小小的肉体幸福能使精神快乐和平静(tranquillatur),正如伊壁鸠鲁所说的那样呢

[……？]"（《论非适度》，谈话录六，第 81—82 页）

"伊壁鸠鲁说，一切神都有人一样的外表，但是只有用智慧透过形象的自然的细微之处才能认识他们。他还认为不能摧毁的实体有四种：原子、虚空、无限和同类粒子。这种粒子还称作同素体和元素。"（《自然的牧歌》，第 1 卷，第 5 页）

"伊壁鸠鲁遵循必然性、自由的决定、命运……

关于命运，他们［毕达哥拉斯派］是这样表述的：在命运中确乎有某种神性的成分，因为某些人从神那里得到启示去做好事或者去做坏事。并且显然正是由于这个原因，一些人是幸福的，另一些人则是不幸的。大家亲眼看到有这样的现象，有的人做事轻率不加考虑，却往往是很有成就；而相反地，另一些人，尽管他们事先反复商量和考虑，如何正确处理某件事，但结果一无所获。还有命运的另一种表现，它使一些人有天赋、有才干、什么都能做，而另一些人则没有才干，因为他们具有相反的禀性；前一种人不管预计达到什么目的都能达到，而后一种人希望总是落空，因为他们从来不能正确地、而是紊乱地进行思考。但是这种不幸天生就已存在，而非外界造成的。"（《自然的牧歌》，第 1 卷，第 16 页）

"伊壁鸠鲁（称时间）为偶性，即伴随运动的东西。"（同上，第 19 页）

"伊壁鸠鲁［断言］，一切存在物的始原是那些由智慧所认识的、本身不包含虚空的、无始无终的物体；它们既不会变小又不会被弄碎。［这种物体］之所以被称为原子，并非因为它是［存在物中］最小的，而是因为它不能再被分割，因为它没有感觉，并且本身不包含虚空。"（《自然的牧歌》，第 1 卷，第 27 页）

"伊壁鸠鲁［认为］，始原的物体就其体积来说是难以觉察的和最简单的，而由它们（原子）构成的物体则具有重量。原子的运动有时是直线式的下落，有时是偏斜的，而向上的运动则是撞击和排斥的结果。"（《自然的牧歌》，第 1 卷，第 33 页）

"伊壁鸠鲁……［说］，有颜色的物体在黑暗中没有颜色。"（《自然的牧歌》，第 1 卷，第 35 页）

"伊壁鸠鲁［断言］，原子在数量上是无限的，而虚空在范围方面是无限

的。"(《自然的牧歌》,第1卷,第38页)

"伊壁鸠鲁交替使用各种名称——虚空、空处、空间。"(《自然的牧歌》,第1卷,第39页)

参看:第欧根尼拉尔修:"假使没有那种我们称之为虚空、空处和不可捉摸的自然的东西。"([Ⅹ,40],致希罗多德的信,第32页)

"伊壁鸠鲁[把]运动[分为]两种:直线运动和偏斜运动。"(《自然的牧歌》,第1卷,第40页)

"伊壁鸠鲁[说过],世界以多种方式灭亡:一部分以动物的方式,一部分以植物的方式,还有一部分以其他不同的方式灭亡。"(《自然的牧歌》第1卷,第44页)

"所有其他的哲学家们[都认为],世界是有灵魂的并受天意支配。而留基伯、德谟克利特和伊壁鸠鲁则不[承认]上述这种或那种[假设],他们[断言],世界是由原子本身自然而然地产生的。"(《自然的牧歌》,第1卷,第47页)

"伊壁鸠鲁[说过],一些世界的边缘是稀疏的,而另一些世界的边缘是稠密的,并且它们[边缘]之中有一些是活动的,而另一些是静止的。"(《自然的牧歌》,第1卷,第51页)

斯托贝著作中下面一段话不是伊壁鸠鲁的,然而可能是最崇高的。

"天父,除上述外〈"除上述外"应指:形状、颜色和躯体〉还有什么更美好的东西吗?"——"我的孩子,只有上帝;而更伟大的勿宁说是上帝的名字。"(斯托贝《自然的牧歌》第1卷,第50页)

"伊壁鸠鲁的老师梅特罗多罗斯断言:始原就是原子和元素。"(同上,第52页)

"留基伯、德谟克利特和伊壁鸠鲁[认为],无数个世界在无限中沿着各种圆轨来回[飞驰]。阿那克西曼德[断言],无数个可见的世界相互间距离相等。而伊壁鸠鲁[说过],各个世界之间的距离不相等。"(同上,第52页)

"伊壁鸠鲁并不排斥其中任何一种意见〈即关于星体的意见〉,他坚持那可能的东西。"(同上,第54页)

"伊壁鸠鲁说,太阳是一个多微孔或海绵状结构的密度极大的土团,其周

围笼罩着从微孔中［冒出来的］火焰。"（同上，第 56 页）

以上摘引自《自然的牧歌》，第 1 卷，第 5 页上的一段话，较之绍巴赫引用的那一段显然更能证实关于两种原子的观念。在《牧歌》中的这个地方，作为不灭的本原，除了原子和虚空以外，还列举了一种"同类的粒子"，这种粒子不是映象（反映），对它们的解释是："它们叫做同素体和元素。"无论如何由此可以得出结论：原子是现象的基础，它在作为元素时是没有同素体的，而具有以它们为基础的物体的性质，这当然是不正确的。梅特罗多罗斯也同样把"原子和元素"作为始因。（第 1 卷，第 52 页）

《亚历山大里亚的克雷门斯全集》 1688 年科伦版

"但是伊壁鸠鲁也从德谟克利特那里剽窃了他的基本原理。"（《地毯集》，第 6 卷，第 629 页）

"似乎荷马也知道神，虽然他描绘的神充满着强烈的人的感情。伊壁鸠鲁对神就不如此虔敬。"（《地毯集》，第 5 卷，第 604 页）

"伊壁鸠鲁则认为，消除痛苦就是快乐；他说，这是应该追求的，它首先是自身向往自身的，显然，它一般处于运动之中……

于是，伊壁鸠鲁和昔勒尼学派说，快乐首先是［和我们的本性］密切相关的。因为，他们说，美德是为了快乐而树立的，它本身就产生快乐。"（《地毯集》，第 2 卷，第 415 页）

"而伊壁鸠鲁认为，一切精神的快乐都产生于首先是具有感觉的肉体。

梅特罗多罗斯在他的题为《论幸福与其说来源于外部环境，不如说来源于我们自身》的论文中说道：'精神的幸福，若不是身体的健康，和继续保持健康的可靠希望，还会是别的什么呢？'（《地毯集》，第 2 卷，第 417 页）

"至少伊壁鸠鲁设想，按他的规定，凡是明哲的人，都不愿意由于某种利益而干不道德的事，因为他不可能确信其不道德的行为能掩盖得住。因而，如果他确信不会被察觉，那么照他［伊壁鸠鲁］的意见，他就会干不道德的

事。"(《地毯集》，第4卷，第532页)

克雷门斯并非不知道，对阴间生活的希望也摆脱不了功利原则。

"而如果有谁希望神奖赏善行因而放弃作恶，那么，这并不意味着是自愿行善。因为，正如恐惧能使一个人变得善良一样，奖赏也可以使一个人变得善良，——更确切地说，使他好象显得善良起来。"(同上及以下几页)

"伊壁鸠鲁把快乐看得远远高于真理之上，他认为［信仰是］思想的预想。他又把预想规定为对某种明显的东西和对关于事物的清楚概念的暗示。但是没有预想，任何人就既不能研究，也不能怀疑，甚至不能思考和反驳。"(《地毯集》，第2卷，第365—366页)

克雷门斯补充说：

"这样一来，如果信仰只不过是思想关于所论述的东西的预示。"

由此可见，应该怎样理解信仰。

"德谟克利特不赞成婚姻和生育子女，因为这会带来无穷的烦恼并使人把更必要的事丢开（abstractio）。伊壁鸠鲁和所有那些把快乐以及无骚动和无痛苦看作幸福的人，都同意他的观点。"(《地毯集》，第2卷，第421页)

"而相反，伊壁鸠鲁认为，唯有希腊人能够从事哲学研究。"(《地毯集》，第2卷，第302页)

"可见，伊壁鸠鲁在致梅诺伊凯乌斯的信中说得好：'趁着年青，谁也不要耽搁哲学的研究'。"(《地毯集》，第4卷，第501页)参看第欧根尼·拉尔修致梅诺伊凯乌斯的信。

"但是伊壁鸠鲁派说，有某些秘密的学说，并不是每一个人都被允许阅读有关这些学说的著作。"(《地毯集》，第4卷，第575页)

根据亚历山大里亚的克雷门斯的意见，使徒保罗所说的下面的话指的是伊壁鸠鲁：

"弟兄们，你们要当心，不要让人用哲学和空洞的诱惑之言把你们引入邪道，去顺从人的传说，顺从世界的自然力量，而不顺从基督【圣经《新约·歌罗西书》第2章第8节。——编者注】。要［提防］的不是一切哲学，而是象保罗在《使徒行传》中所提到的伊壁鸠鲁那样的哲学，他谴责这种哲学，因为它鄙弃天意和崇奉快乐，他还要人提防一切别的推崇自然力、不把创造的

始因放在自然力之上、并且不理会创造主的哲学。"(《地毯集》，第 1 卷，第 295 页)

很好，那些不幻想上帝的哲学家被摈弃了。

现在人们对这一段理解得更清楚，现在知道，保罗是泛指一切哲学。

伊壁鸠鲁哲学
笔记七
西塞罗
I.《论神性》
II.《土斯库兰的谈话》，五卷本
西塞罗《论神性》
第一卷

第 8 章 [18] "于是韦莱按他们（即伊壁鸠鲁派）的习惯非常自信地谈说，怕会显出他对什么都有怀疑，仿佛他刚刚与众神聚会后从伊壁鸠鲁的世界之间的空隙下来似的。"——等等，等等。

第 13 章 [32] 安提西尼著作中一段很好的话：

"他在名为《物理学家》的那部书里说，在一般人的观念中有许多神，而自然的神却只有一个……"

第 14 章 [36] 关于斯多葛派的芝诺是这样写的：

"而当芝诺注释赫西俄德的《神谱》时，他完全抛弃了关于神的习惯和公认的概念：不论丘必特、朱诺、维斯塔或被这样称呼的任何人，他全不认为是神，但是他断言，这些名字是根据某种寓意加在没有灵魂和不会讲话的事物上的。"

第 15 章 [41] 关于斯多葛派的克里齐普斯是这样写的：

"在第二本书中〈即《论神性》一书中〉他力图使奥菲士、穆赛乌斯、赫

西俄德和荷马的寓言同他本人在第一本书中关于不朽的神所说的东西一致起来，以便让人看起来好象远古时代的诗人就是斯多葛派，尽管对这一点这些诗人本身连想都没有想到。"

"而在他之后，巴比伦的第欧根尼在名为《论密纳发》的一本书中，对丘必特的生孩子和童贞女神的分娩给予自然的解释，从而同神话分离开来。"

第16章［43］"总共只有他一个人〈即伊壁鸠鲁〉认为，神的存在首先是因为自然本身在所有［人们］的心灵里印下了关于神的观念。难道真的会有一种没有人教而获得关于神的预示观念的民族、部族吗？伊壁鸠鲁称它为预想，即对客体的某种预示的观念，没有它什么都不可能理解、研究和讨论。我们从伊壁鸠鲁的《论判断的准则》这本无与伦比的著作中懂得了这个学说的意义和作用。"

第17章［44］"……应该明白，存在着神，因为我们有关于神的内在的、或者不如说是天赋的观念。而与一切人的本性相一致的观念，按必然性来说是真实的。"

［45］"……如果是这样，那么伊壁鸠鲁的这句著名的格言就说得对：'凡是幸福和永恒的东西，它自身既无所事事，也不麻烦他人；所以不知忿怒为何物，也不怀感恩之情，因为此类感情……只是软弱的象征'。"

"……凡卓越出众的东西都有充分理由受到崇拜。"

第18章［46］"我们大家，一切民族，都本能地把神想象成人的样子而不是别的样子……但是为了不把万物都归结为最初的印象，理性本身也确认同样的东西……"

［47］"有什么形象……能比人的形象更美好呢？……"

［48］"不得不承认，就外貌来看神乃是人。"

［49］"这个形象仍然不是躯体，而是躯体的类似物；这个躯体没有血液，而只有血液的类似物。"

第18章［49］"伊壁鸠鲁……教导说，神的威力和本质是这样的，首先它们不是被感觉而是被智慧所认识的，——不是某种坚实的东西、不是按照数量来认识的，也不同于伊壁鸠鲁因其坚硬而称之为 στερέμνια【硬的物体。——编者注】的东西，它们是由于相似和相连续而作为映象被领会到的。"

第 19 章 "当由无数的形象产生接连不断的一系列非常相似的映象并上升到神时，紧张地贯注于这些映象上的我们的思维以极大的快乐获得关于幸福的和永恒的本质的概念。"

［50］"而无限性的最高原则很值得进行长期缜密的研究；同时，根据必然性可以理解，这种本质是：万物皆与万物相应，同等的东西皆与同等的东西相应。伊壁鸠鲁把这称为同名，即平均分布。所以由此可以得出，如果有这样大量的会死的凡人，那么不死者的数量就不会更少；如果毁灭的力量无限大，那么保存的力量也应该是无穷无尽的。"

［51］"还有，巴尔布，你们平常还问我们神的生活是怎样的和他们的一生是怎样度过的。显然［他们的生活］如此美好，再也想不出什么更幸福、更充满应有尽有的富贵的了。实际上他［神］什么也不做，与任何事务无关，不负担任何工作。他享受自己的明哲和美德的快乐，他真正相信他将永远生活在最大的不朽的幸福之中。"

第 20 章 ［52］"我们可以公正地说这个神是幸福的，而你们的神真命苦：事实上，或者神只不过是宇宙本身——那么还有什么可能比一刹那也不停顿地以惊人的速度沿着天轴转动更不平静的呢？而没有平静则无所谓幸福。或者在世界本身之中存在着某一个神，他主宰着宇宙，他管理着宇宙，他指引星球运转，维持四季的变化、万物的更迭和秩序，并且观察着陆地和海洋，保护人们的美好生活和生命：［你看］他真正担负着繁重和十分困难的事务。［53］而我们认为幸福的生活在于精神的安宁，在于摆脱任何职责。因为那个［解释］其他［一切东西］的人教导我们，世界是自然地产生的；它不是某个巨匠的艺术作品。而这与你们否定自然无需神的艺术也能创造、正在创造或已经创造出无数个世界相比，并不更难想象。因为你们不明白：自然是如何无需任何理性而创造这一切，所以你们就象悲剧诗人那样，在无法想象出戏的结局时，便求助于神。［54］假使你们四处看到的都是无边无际的巨大空间，在这个巨大的空间里，精神急急奔驰，到处漫游，但是它看不到它可以停下来的任何最后边界，那么当然你不会希望得到神的帮助。总之，在这个宽度、长度和深度方面都无穷无尽的［空间］里，飞驰着数量上多得无穷的原子；这些原子虽然被虚空所分开,但是他们互相联结着,彼此连接,连绵不断;由此产生了万物的各种形态和形状,而你们会认为没有铁砧和风箱它们的形成是不可能的。可这样一来你们就把一个永恒的统治者强加在我们头上,使我们不分昼夜地畏惧他。的确,谁不有点儿畏惧这么一个神呢?这个神预见一切、想到一切、觉察一切、认为一切都和他有关,好奇地盯着眼睛包揽一切事务。"

[55]"由此在你们面前就第一次出现了那个由命运注定的必然性,也即你们称之为'天命'的东西;所以你们就断定,不管发生什么事情都是永恒真理和一系列接连不断的原因的结果。但是我们应该如何看待这样一种哲学,在它看来,——就象在一个无知的老妖婆看来一样,——一切都由于命运而发生。其次是你们的占卜,我们把它翻译成'预言术';如果我们真的要听你们的那一套,那么我们就要在这种占卜的影响下满脑子都是这样一种迷信,即我们应该崇拜祭司、预言家、算命者、占卦者和释梦者。"

[56]"伊壁鸠鲁把我们从这些恐惧中拯救了出来,并使我们获得了自由,我们不怕那些[神],我们知道,这些神既不会为自己臆造也不会为别人增添任何烦恼,所以我们恭敬地和虔诚地尊敬这个卓越而高超的自然的存在物。"

接着科塔提出了反对意见。

第21章[58]"我承认……你的话是可以理解的,你的话不仅思想丰富,而且表达得比你们[即伊壁鸠鲁派]通常所用的词汇更优美。"

第23章[62]"因为照你的说法,似乎一切民族和种族都有同样的认识这么一个事实,就是我们之所以应该承认神的存在的充足理由。这本身不仅是轻率的,而且是错误的。"

(科塔在叙述了否定神存在的普罗塔哥拉的书在国民会议上被焚毁,而普罗塔哥拉本人则被驱逐出国之后)[继续说道]:[63]"因此至少我认为,许多人对于公开发表这种意见变得更慎重,因为甚至怀疑也不能避免遭到惩治。"

第24章[66]"因为德谟克利特或者更早一些时候留基伯的这些使人极为厌恶的主张,即似乎存在着某些原子,一些是光滑的,另外是一些粗糙的,一些是圆的,而部分是有棱角的,某些是钩状和仿佛向内弯的;正是由这些原子在没有任何来自自然的强制的情况下,由于某种偶然的冲撞而生成天和地……"

[67]"那么这就是你的真理吗?因为我丝毫也不反对幸福生活,而按照你的意见,如果神不处于绝对的平静和悠闲之中,连他也享受不到这种生活……"

"那么我同意假定万物都是由原子构成的。但这究竟和问题有什么关系呢?须知谈的是关于[68]神的本性的问题。就算神也是由原子构成的吧。因而,他们不是永恒的,因为凡由原子构成者,皆应在某一个时候形成。如果他们[神]是在过去形成的,那么在他们产生之前便没有任何神。而如果神有生,那么根据必然性[神]必定有死,你本人在此不久之前关于柏拉图的宇宙就是这样议论的。这样那里还有你们用来表示神的两个著名的词:'幸福的和不朽的'。正当你们想证明这一论点的时候,你们便陷入无法通过的密林。例如,你曾说,神没有躯体,但有类似躯体的东西,神没有血,但有类似血的东西。"

第25章[69]"当你们谈论某种不足信的事并希望不受到指责时,你们总是经常援引某种根本不可能发生的事:同意还在进行争论中的问题,要比这样厚颜无耻地坚持己见更好。例如伊壁鸠鲁就是这样。因为伊壁鸠鲁明白,如果原子由于本身的重量而往下坠,那么什么都由不得我们的力量作主,因为原子的运动是规定了的和必然的,——于是他为了避开必然性,就想出了一个德谟克利特显然没有想到的办法。伊壁鸠鲁说,虽然原子由于它们的重量和重力而从上往下坠,但还是有一点点偏斜。"[70]"这种说法比起不能够证明自己想要证明的主张来更为不光彩。"

相当有意义的现象是,构成纯粹希腊哲学的那一套三个希腊哲学体系,即伊壁鸠鲁、斯多葛派和怀疑派体系,都从过去已知的东西中吸取各自的基本要素。例如斯多葛派的自然哲学大部分是赫拉克利特的,而它的逻辑学与亚里士多德的逻辑学相似,所以西塞罗已经看出:

"看来,斯多葛派在实质上是同意逍遥派的,只是口头上不同意。"(《论神性》第1卷第7章[16])

伊壁鸠鲁的自然哲学基本上是德谟克利特的,而道德规则与昔勒尼派的道德观相似。最后,怀疑论者是哲学家中的科学家;他们的工作是进行比较,因而也就是收集各种不同的,先前阐述过的主张。他们以平均调和的学术观点看待以前的体系,这样来揭露出矛盾和对立、他们方法的一般原型包含在埃利亚派、诡辩派和学院派之前的辩证法中。然而这些体系不失为独创的并构成一个整体。

但是它们不仅为自己的科学找到了现成的建筑材料;它们的精神世界的活生生的精神本身可以说作为先知出现在精神世界之前。那些属于它们体系的个人是历史人物。一个体系可以说包含在另一个体系之中。亚里斯提卜、安提西尼、诡辩派和其他一些哲学家就是这样。

应该如何理解这一点呢?

关于"植物灵魂",亚里士多德说道:

"它可以脱离别的而存在,但在凡人那里别的没有它便不能存在。"(亚里士多德《论灵魂》第 2 卷第 2 章)

对待伊壁鸠鲁哲学,不论对于理解其哲学本身,还是对于弄清楚伊壁鸠鲁本人的一些看来显得荒谬的话,以及后来批评他的人的愚蠢,都应该注意到上述这一意见。

在伊壁鸠鲁那里,概念的最一般的形态是原子,因为这是它的最一般的存在形态,可是这一存在本身是具体的并且是一个类概念,但同时它对其哲学概念的更高的特征和具体化来说,又是个种概念。

这样一来,原子是一种例如个人、哲人、神的抽象的自在的存在。这是同一概念的更高的、更进一步的质的规定。因此,在分析这一哲学的形成过程时,不应该提出象培尔、普卢塔克和其他一些人所提的那种不适当的问题:个人、哲人、神怎么能由原子产生和构成呢?另一方面,看来,伊壁鸠鲁本人对这个问题进行了辩护,因为关于更高级的形态,例如关于神,他说,神是由更精微的原子构的笔记成的。对于这点应该指出,伊壁鸠鲁本人的认识同这一认识的进一步发展的关系,同对他来说不可避免的这一认识的原则的进一步规定的关系,正象较后各个时代的人们的不科学的【手稿中显然有笔误:把"科学的认识"写成"不科学的认识"。——编者注】认识同他的体系的关系一样。

例如,如果对神等等提出关于他的存在的问题、关于他的自在的存在问题,而把构成这个体系中一个必要环节的神的形态的进一步规定放在一边,那么存在的一般形态一般说来是原子和原子群体；但正是在神、哲人的概念中这一存在变成更高级的形态。他的特殊的自在的存在正是他的概念的进一步规定，是在构成这个体系的整体中所必需的。如果此外还提出关于某种存在的问题，那么这是倒退到原则的低级阶段和低级形态。

但是伊壁鸠鲁不得不经常倒退到这个低级阶段，因为他的认识和他的原则一样，是原子论的。他所理解的自然的本质就是他的现实的自我意识的本质。然而他又把激励他的本能和这个本能的本质的进一步规定看作是和其他现象相同的现象，并从研究哲学的较高级的范围重新倒退到最一般的范围，这主要是因为作为一般的自为存在的存在被他看成是一般的任何存在的形态。

哲学家的这个本质的意识脱离他自己所表现出来的知识，但是这个表现出来的知识本身（在哲学家仿佛同自己进行的关于他的真正内心动机、关于他所思考的思想的谈话中表现出来的）是某种受制约的东西，——它是受到构成他的认识本质的那个原则所制约的。

编纂哲学史的任务，不是要把哲学家的个性，即使是他的精神上的个性理解为好象是他的体系的焦点和形象，更不是要罗列心理上的琐屑小事和卖弄聪明。哲学史应该找出每个体系的规定的动因和贯穿整个体系的真正的精华，并把它们同那些以对话形式出现的证明和论证区别开来，同哲学家们对它们的阐述区别开来，因为哲学家是了解他们自己的。哲学史应该把那种象田鼠一样不声不响地前进的真正的哲学认识同那种滔滔不绝的、公开的、具有多种形式的现象学的主体意识区别开来。这种主体意识是那些哲学论述的容器和动力。在把这种意识区别开来时应该彻底研究的正是它的统一性，相互制约性。在阐述具有历史意义的哲学体系时，为了把对体系的科学阐述和它的历史存在联系起来，这个关键因素是绝对必需的。这一联系所以是不可忽视的，正是因为这个存在是历史的。但是与此同时哲学史还应该被确定为哲学的联系，——因而，它应该根据它的本质来展开。最不可取的是仅仅根据威望和真诚的信仰来断定那一种哲学是真正的哲学——尽管这种威望的体现者是整个民族并且这种信仰已存在了千百年。要提供证明，只能够通过揭示这一哲学的实质；此外，每个写哲学史的人要辨别本质的东西与非本质的东西，阐述与内容；否则他就只好去抄袭，甚至都用不着翻译；他更不会有自己的见解或进行删改等等。他只是一个缮写员。

相反,应该这样提出问题:关于个人、哲人和神的概念以及这些概念的特殊规定如何纳入体系之中?它们是怎样从体系中发展起来的?

西塞罗《论最高的善和恶》
第一卷

第6章[17]"[西塞罗说]我将一开始就要断言,他(即伊壁鸠鲁)在他所特别夸耀的物理学中,首先完全是一个门外汉……

那个人(即德谟克利特)认为,原子这个由于本身的坚实而不可分割的物体,飞驰在既无上中下也无始无终的茫茫无际的虚空之中。这些原子在冲撞时相互联结在一起,并由此产生出那存在着的和为我们视觉所感知的宇宙万物。原子的这种运动在他看来没有起始,而是自开天辟地以来就存在着……"

[18]"可是他(伊壁鸠鲁)断言,这些不可分割的、坚实的物体由于它们的重量而沿直线下落;照他的意见,这是一切物体的自然运动。"

[19]"后来这个有敏锐智慧的人又忽然想起,如果一切原子都真的象所说的那样沿直线从上往下落,那么任何一个原子永远也不能碰到另一个原子。于是他就提出了这样一种虚构:他宣称,原子稍微有一点儿——没有什么东西比这更小了——偏斜。因此在原子之间据说就产生了缠结、结合和联结,结果就形成了世界、世界的各个部分和世界所包含的一切……的确偏斜本身就是任意的虚构,——要知道他[伊壁鸠鲁]说原子是没有原因而偏斜的,而对于一个物理学家来说,没有比断言某物是没有原因造成的更不光彩的了……"

[20]"太阳在德谟克利特这位有学问的并且精通几何学的人看来很大,而在他[即伊壁鸠鲁]看来,太阳约莫只有两英尺大;这就是说,他认为太阳实际上只有它看起来那样大,或者稍大些或稍小些。"

[21]"这就是说,凡是他[伊壁鸠鲁]修改了的地方,他都损害了原意,而他所遵循的东西完全是属于德谟克利特的,如原子、虚空、被他们称为idola的形象——由于这种形象流[对眼睛]的作用我们不仅能看见而且还能思

维以及他们用 άπειρìα 一词表示的无限本身，——所有这一切都是从他［德谟克利特］那里剽窃来的；其次，还有每日都在产生和消亡的无限数量的世界"等等。

第 7 章［22］"而就是在……被称为逻辑学的哲学的第二部分中，你们这位哲学家［伊壁鸠鲁］也完全……缺乏论据和束手无策：他取消规定，排除关于分类和分割的学说，不讲述如何形成和如何作出推理，不说明如何弄清诡辩和解释模棱两可的话；他以感性知觉作为判断事物的根据；他认为，哪怕只有一次由于感性知觉的影响而把某件虚假的东西误认为真实的，那么也就失去了判断真理和谬误的任何可能性。"

［23］"他特别强调指出——用他的话说，——自然本身所赞成和摒弃的东西：快乐与痛苦；他把这说成是我们应该摆脱和追求的一切。"

第 9 章［29］"……伊壁鸠鲁把这看作快乐。他认为快乐是至善，而痛苦是极恶，并且他企图这样来证明这一原则：

［30］凡有生命的东西，生来就追求快乐并把快乐当作至善来享受；而把痛苦当作极恶加以摒弃，并竭力避开它；在未受坏影响时，它能按照本性自身的不受诱惑的公正的指使做到这一点。因此他［伊壁鸠鲁］断言，没有必要论证和议论为什么应该力求得到快乐和避免痛苦……应当由本性本身指明，什么是与本性一致的，什么是违背本性的。"

第 11 章［37］"这样一来在任何情况下消除痛苦的结果是快乐的到来。"

［38］"因此伊壁鸠鲁不承认存在着一种介于痛苦和快乐之间的中间状态的东西。"

第 12 章［40］"谁处于这样的心境，他就必然应该具有既不怕死也不怕痛苦的坚强精神，因为死亡带来感觉的丧失，至于痛苦，如果它是长久的，则通常是轻微的，而如果它是剧烈的，则通常是短暂的，因此痛苦的剧烈由于瞬息即逝而减轻，而时间的延长则使［痛苦的程度］减轻。"

［41］"如果对此再补充一点：神的意志不会引起他的恐惧、过去的快乐不会［从他的记忆中］消失，而每当回忆起那些快乐就使他高兴，那么还有什么更美好的东西可以添加到这里来呢？"

［42］"但是因为这就是至高的，极大的或最终的幸福，希腊人称之为

τέλος【终极目的。——编者注】——因为一切都可以归结为它,而它不能归结为别的——,不得不承认,至善就是过愉快的生活。"

第13章［45］"真的有哪一种［对欲望的］分类比伊壁鸠鲁所作的分类更有益和对于美好的生活更适宜的吗?他所规定的一类欲望既是自然的又是必需的;另一类是自然的但不是必需的;第三类既不是自然的也不是必需的;它们之间的关系是,必需的欲望不要费很大力气和［很多］钱就能得到满足;而自然的［欲望］要求不多,因为自然本身拥有使其感到满足的财富,这些财富是容易获得的和有限的;至于那些空洞的欲望则不可能找到任何边际和限度。"

第18章［57］"正如你所断言,那个伊壁鸠鲁太迷恋于快乐,他大声宣称,如果不理智地、光明正大地和正直地生活,也就不可能生活得愉快,反之,如果不愉快地［生活］也就不可能生活得理智、光明正大和正直……［58］与自身不一致不和谐的精神(更不)会尝到什么真正的和心安理得的快乐。"

第19章［62］"关于那种永远幸福的哲人,伊壁鸠鲁是这样描写的:他的欲望是有限度的,对死无动于衷,对不朽的神他毫无畏惧地抱有正确的看法、他会毫不犹豫地——如果这样更好的话——离开人世。由于有这样的精神状态,他总是生活在快乐之中,——因为他无时无刻不感到快乐多于痛苦:实际上,他以感激的心情回忆起过去并把握住现在,意识到现在是多么有意义和愉快;他不听命于未来,而是［泰然自若地］等待着未来,并享受现在;……当他把蠢人的生活和自己的［生活］加以比较时,他心中充满极大的快乐;而如果遭到痛苦,那么它永远不会达到使哲人感到悲多于欢的这种剧烈程度。"

［63］"伊壁鸠鲁实在说得好,命运对哲人的支配有限,最重大的事情由哲人按自己的想法和判断来解决,在无限的生命期间内不可能比在我们看来是有限的生命期间内得到更多的快乐。

至于你们的辩证法,他不认为它对更美好的生活和更方便的叙述有什么意义。

他认为最有意义的是关于自然的学说……一旦我们认识了万物的本性之后,我们就从迷信中得到解放,摆脱对死亡的恐惧和由于不认识存在的东西而引起的烦恼，可怕的幽灵往往正是由此产生的；最后，如果我们研究自然的要求，我们的品德将更完善。"

当我们承认自然是有理性的时候，我们对它的依附关系就不复存在。自然对我们的意识来说，不再是恐惧的来源，而正是伊壁鸠鲁使直接的意识形态、自为存在成为一种自然的形态。只有当自然被认为完全摆脱了自觉的理性，本身被看作是理性的时候，它才完全成为理性的财产。对自然的任何关系本身同时也就是自然的异化。

[第19章，64]"如果不理解物的本质，那么我们就无论如何也不能维护感官所得到的感觉的正确性。其次，凡是我们用理智认识的一切，都渊源于感性知觉；不过照伊壁鸠鲁学说的主张，只有在一切感性知觉都是真实的情况下，才能有所认识和理解。而那些否认感性知觉的真实性并断言一切都不可知的人，他们在否定感性知觉时，连自己的这个主张都无法阐述清楚……这样一来，从关于自然的学说中既能获得不怕死的勇气，又能获得不怕宗教所引起的恐怖的坚定性。"

第12章 [65]"伊壁鸠鲁……这样说：在智慧提供给幸福生活的全部内容之中最有意义、最有益处、最愉快的莫过于友谊……"

[68]"伊壁鸠鲁在大意如下的一句话中说得好：认识到在我们享有的这段生命之中最可靠的［保障］是友谊的保障这一点，使得我们的精神坚强起来，不怕一切邪恶——不论是永恒的还是长久的。"

第21章 [71]"如果我所说的一切都渊源于自然，如果我的一切言论的可靠性为感性知觉——公正无私的见证人所证实，那么……"

[72]"因为，不是伊壁鸠鲁没有学问，无知的倒是那么一些人，他们认为一直到老都应该学习那些连小孩都以不知道它们为羞耻的东西。"

第二卷

第2章 [4]"因为他否定有必要给事物作出规定……"

第7章 [21]（引自伊壁鸠鲁所著《主要原理》中的一处）"倘若给放荡

的人带来快乐的事情能使他们免除对神、死亡和痛苦的畏惧并给他们指出欲望的限度,我们决不会踌躇不定;因为他们从任何方面都会得到大量的快乐,无论从哪里都不会得到痛苦和悲伤,即恶。"

第26章［82］"我觉得,在［这些原理］中我熟悉伊壁鸠鲁本人所说的一条,［即］:友谊是和快乐分不开的,之所以应该尊重友谊,正是因为没有它不可能安全和无忧无虑地生活,因而——不可能愉快地生活。"

第29章［100］"他〈即伊壁鸠鲁〉的确写过:死对我们毫不相干,因为凡是消散了的都没有感觉,而凡无感觉的一般说来与我们毫无相干。"

第三卷

第1章［3］"伊壁鸠鲁本人说:关于快乐根本无需证明……"

选自《马克思恩格斯全集》第40卷,北京:人民出版社1982年版,第25—175页。

第五部分

延伸阅读书目

《马克思恩格斯全集》中文第 1 版第 2、20、23、29、40 卷，北京：人民出版社 1982 年版。

马克思：《德漠克利特的自然哲学和伊壁鸠鲁的自然哲学的差别：德文》，上海：上海辞书出版社 2023 年版。

麦克莱伦：《马克恩主义以前的马克思》，李兴国等译，北京：社会科学文献出版社 1992 年版。

麦克莱伦：《卡尔·马克思传》，王珍译，北京：中国人民大学出版社 2005 年版。

梅林：《保卫马克思主义》，吉洪译，北京：人民出版社 1982 年版。

梅林：《马克思传》，樊集译，持平校，上海：三联书店 1963 年版。

费多谢耶夫等：《卡尔·马克思》，上海：三联书店 1980 年版。

瓦尔特·维克多：《卡尔·马克思》，马度译，北京：中国青年出版社 1954 年版。

格姆科夫等：《马克思传》，上海：三联书店 1978 年版。

李季：《马克思传》（全三册），上海：神州国光社 1949 年版。

奥古斯特·科尔纽：《马克思恩格斯传》，刘丕坤、王以铸、杨静远译，持平校，上海：三联书店 1963 年版。

阿尔弗雷特·施密特：《马克思的自然概念》，欧力同、吴仲昉译，赵鑫珊校，北京：商务印书馆 1988 年版。

高光、间树森、马迅：《马克思早期著作研究》，北京：中共中央党校出版社 1992 年版。

城冢登：《青年马克思的思想》，尚晶晶、李成鼎等译校，北京：求实出版社 1988 年版。

《马克思早期思想研究译文集》，熊子云、张向东译，重庆：重庆出版社 1982 年版。

俞吾金：《重新理解马克思》，北京：北京师范大学出版社 2005 年版。

鲁路：《马克思博士论文研究》，北京：中央编译出版社 2007 年版。

汪越：《〈博士论文〉这样学》，北京：研究出版社 2022 年版。

罗晓颖：《马克思与伊壁鸠鲁》，上海：华东师范大学出版社 2010 年版。

黑格尔：《自然哲学》，梁志学、薛华、钱广华、沈真译，北京：商务印书馆 1986 年版。

陈乐民：《莱布尼茨读本》，南京：江苏教育出版社 2006 年版。

卢克莱修：《物性论》，林瑄译，北京：台海出版社 2021 年版。

亚里士多德：《物理学》，张竹明译，北京：商务印书馆 1982 年版。

伊壁鸠鲁：《自然与快乐——伊壁鸠鲁的哲学》，包利民、刘玉鹏、王纬纬译，北京：中国社会科学出版社 2004 年版。

诺尔曼·李莱佳德：《伊壁鸠鲁》，王利译，北京：中华书局 2005 年版。

罗素：《西方哲学史》上卷，何兆武、李约瑟译，北京：商务印书馆 1963 年版。

北京大学哲学系外国哲学史教研室编译：《古希腊罗马哲学》，北京：商务印书馆 1961 年版。

张广照：《马克思〈博士论文〉研究读本》，北京：中央编译出版社 2017 年版。

张雨欣：《马克思博士论文〈德漠克利特的自然哲学和伊壁鸠鲁的自然哲学的差别〉研究》，北京：中央编译出版社 2019 年版。

聂锦芳：《马克思的"新哲学"原型与流变》，北京：中国社会科学出版社 2013 年版。

后　记

《马克思博士论文句读》同样是在桂林的酷热中完成的，但甚感欣慰，因为它标志着我所开创的财产哲学的溯源工作收官。

针对专家学者们关于财产哲学提出的重要建议和质疑，我通过一系列著作来作出回应，《马克思博士论文句读》就是这样的一部著作。我的《财产哲学研究》是马克思主义财产哲学的开篇之作，它以归纳和演绎的方法得出了财产的基本概念，并对财产进行了系统解析。为了使它的学术定位更为清晰，我还单辟了一章用于阐明历史唯物主义和财产哲学的关系。不过，仍然有一些学者抱怨我给了柏拉图、阿奎那、洛克、魁奈、斯密等较多的篇章，言下之意，他们是与马克思相对立的，因而存在着归纳不周延的问题。我首先感谢这样的质疑，批判正是不断创新的动力源之一。为此，我也在不断寻求较好的解决办法。当《德谟克利特的自然哲学和伊壁鸠鲁的自然哲学的差别》再次出现在面前的时候，这一问题已经不再令人困扰。这篇文章是马克思哲学的真正意义上的开山之作，而其思想内核正是承自于古希腊哲学。这样，马克思主义财产哲学的思想来源并不必然排斥柏拉图等人的观点，因为马克思哲学本身就是起源于古希腊哲学的。

《财产哲学研究》给出了财产的定义，即"财产是人的影响范围"，但这个概念是归纳各家财产观点，并在马克思恩格斯对西方经典作家私有财产观超越的基础上得出来的，在某种程度上并未触及它的理论基础。而马克思在《德谟克利特的自然哲学和伊壁鸠鲁的自然哲学的差别》中的原子论圆满解决了这一问题。当马克思赋予原子以自我意识时，原子就变成了我们所说的人，脱离直线而偏斜、排斥、旋涡、原子王国、现象世界等才能够出现。因而，才能发现伊壁鸠鲁应用了排斥的一些更具体的形式。"在政治领域里，那就是契约，在社会领域里，那就是友谊，友谊被称赞为最崇高的东西。"回到"财产是人的影响范围"，它的原子论解释就是原子和虚空的统一。无独有偶，我发现一些学者已经在运用《德谟克利特的自然哲学和伊壁鸠鲁的自然哲学的差别》的理论研究相关的范畴，这是非常令人欣喜的。比如，有人认为资本就是原子，按照这一思路，商品、社会等好多范畴都可以视为原子。单就资本来说，其有多重定义，其中之一见之于《共产党宣言》。这一标志着马克思主义诞生的巨著中说："资本，即剥削雇佣劳动的财产。"从这个定义来看，资本正是财产之一种，而资本也是人，资本家是资本的人格化，这与马克思原子论是相一致的，显然是马克思对其原子论的运用。可以这样认为，马克思在他的博士论文中已经完成了他的哲学。

很多人都把《德谟克利特的自然哲学和伊壁鸠鲁的自然哲学的差别》归于唯心主义，但也有很多人并不同意这种看法，有在马克思早期著作深耕较多的学者指出序言中的 Idealismus（德语）应当理解为一种思维方式，而不是某种倾向性的判断标准。的确，认为原子具有"自我意识"似乎是一种幻想，就像让石头具备思维一样。但从我们今天科技的发展来看，这当然不是唯心的。人工智能的出现证明机器是可以思维的，因此图灵才被认为是人工智能的奠基人，他的《计算机与智能》（Computing Machinery and Intelligence）也才被奉为奠基之作，这篇文章的核心就是回答"图灵之问"["机器能思维么？"（Can machines think?）]。当前，哲学社会科学领域中研究机器伦理的成果已经遍地开花。回到理论的思考，智能并非人类所独有，万物存在智能阶梯，机器狗、机器甲虫、蜂群无人机正是人们模仿动物的智能而制造的。再往深里讲，但凡存在的东西，尤其是具形的东西，必然具有维持其存在的力量，如果这种力量中没有智能，那该物是不可能存在的。从这个意义上来说，但凡存在的东西都可以视为财产性的存在，假使不存在影响范围，不存在赖以生存的空间，那任何东西都是不存在的。

最后，我要感谢韦冬雪常务副院长给了撰写《马克思博士论文句读》的机会，感谢本书的编辑们认真卓越的工作，特别要感谢陈智婷、唐艳娜等学生做出的重要贡献，还要感谢远雁老师对书稿的润色校正。

希望《马克思博士论文句读》能够为马克思主义理论的传播、发展和研究提供一些新的启示！

常　青

2023 年 10 月于桂林